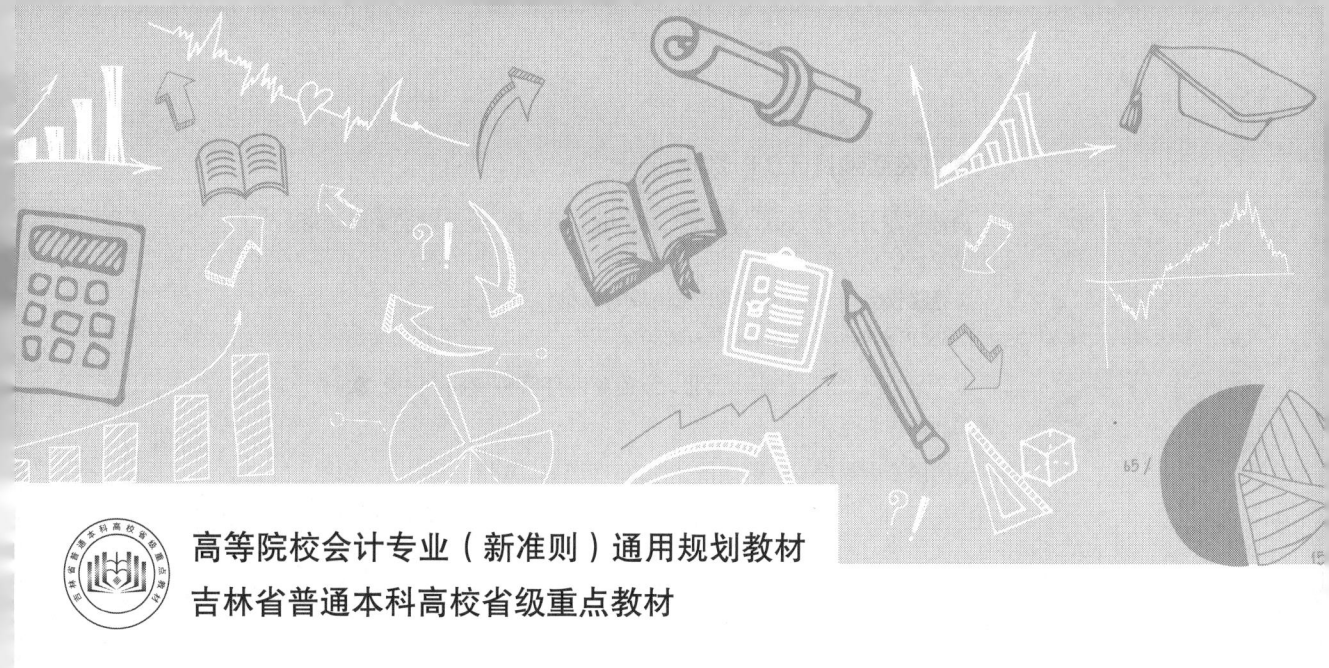

高等院校会计专业（新准则）通用规划教材

吉林省普通本科高校省级重点教材

内部控制与评价

Internal Control and Assessment

第二版

杨雪　向慧　陈师阳　朱春玲 ◎ 编著

上海财经大学出版社

上海学术·经济学出版中心

图书在版编目(CIP)数据

内部控制与评价/杨雪等编著. —2版. —上海:上海财经大学出版社,2024.1
高等院校会计专业(新准则)通用规划教材
ISBN 978-7-5642-4220-6/F·4220

Ⅰ.①内… Ⅱ.①杨… Ⅲ.①企业内部管理-高等学校-教材 Ⅳ.①F272.3

中国国家版本馆CIP数据核字(2023)第141266号

□ 责任编辑　吴晓群
□ 封面设计　贺加贝　杨雪婷
□ 电子邮箱　79387013@qq.com
□ 投稿电话　021—65904700

内部控制与评价
(第二版)

杨　雪　向　慧　陈师阳　朱春玲　编著

上海财经大学出版社出版发行
(上海市中山北一路369号　邮编200083)
网　　址:http://www.sufep.com
电子邮箱:webmaster @ sufep.com
全国新华书店经销
上海天地海设计印刷有限公司印刷装订
2024年1月第2版　2025年1月第3次印刷

787mm×1092mm　1/16　17.25印张　442千字
印数:7 501—8 500　　定价:59.00元

前　言

　　2008年6月28日,财政部、证监会、审计署、银监会和保监会五部委联合发布《企业内部控制基本规范》。2010年4月26日,五部委进一步出台"企业内部控制配套指引"。以此为起点,我国上市公司对内部控制的认知从无到有,发展中取得了显见的进步。2018年2月,本教材适时出版。2019年,国务院国资委颁布《关于加强中央企业内部控制体系建设与监督工作的实施意见》(2019);2021年,北交所注册成立,财政部与证监会联合发布《关于深交所主板与中小板合并后原中小板上市公司实施企业内部控制规范体系的通知》(财会〔2021〕3号);2022年,财政部与证监会进一步发布《关于进一步提升上市公司财务报告内部控制有效性的通知》(财会〔2022〕8号)。为适应新的规范与企业的发展需要,本次修订版在第一版的基础上对内容做了调整,删除了一些案例,补充了一些更新的、更有针对性的案例,并且在核心章节后增加了思政内容。

　　全书对内部控制的基本理论、工作程序及操作实务做了系统化的解释,适合作为高等院校会计、审计专业学生的参考教材,也适合公司高级管理人员、内部控制人员、内部审计人员阅读,还适合财会人员以及其他相关人员阅读。

　　需要特别说明的是,依据国家教材委员会办公室《关于做好党的二十大精神进教材工作的通知》(国教材办〔2022〕3号)的要求,推动党的二十大精神进教材、进课堂、进头脑,除了本教材中已经体现的二十大精神内容外,为了及时增补与本教材相关的思政案例和二十大精神内容,及时修改在教学过程中发现的本书错误之处,我们与出版社共同建设新媒体动态服务窗口,使用本教材的教师可以通过手机微信扫以下二维码,获取相关最新内容和练习题参考答案。

《内部控制与评价(第二版)》
持续更新窗口

练习题参考
答案

　　受时间及资料等条件的制约,书中尚有不足之处,敬请各位读者批评、指正。

编　者
2024年1月

目 录

第一篇 内部控制基础

第一章 内部控制的基础知识/3

本章要点提示/3

本章内容提要/3

第一节 内部控制框架/3

 关键概念/7

 练习题/7

第二节 我国企业内部控制规范体系/9

 关键概念/15

 综合案例/16

 练习题/18

第二篇 内部控制应用

第二章 管理活动内部控制/23

本章要点提示/23

本章内容提要/23

第一节 组织架构/24

 关键概念/28

 综合案例/28

 练习题/29

第二节 发展战略/32

 关键概念/37

 综合案例/37

练习题/38

第三节　人力资源/40

　　关键概念/45

　　综合案例/45

　　练习题/46

第四节　社会责任/49

　　关键概念/55

　　综合案例/55

　　练习题/56

第五节　企业文化/58

　　关键概念/63

　　综合案例/63

　　练习题/64

第三章　业务活动内部控制/66

本章要点提示/66

本章内容提要/66

第一节　资金活动/66

　　关键概念/77

　　综合案例/77

　　练习题/80

第二节　采购活动/83

　　关键概念/91

　　综合案例/91

　　练习题/92

第三节　资产管理/95

　　关键概念/106

　　综合案例/107

　　练习题/109

第四节　销售业务/112

　　关键概念/119

　　综合案例/119

　　练习题/120

第五节　研究与开发/122

关键概念/131

综合案例/131

练习题/133

第六节　工程项目/137

关键概念/146

综合案例/146

练习题/147

第七节　担保业务/150

关键概念/157

综合案例/157

练习题/159

第八节　业务外包/162

关键概念/168

综合案例/168

练习题/168

第九节　财务报告/171

关键概念/179

综合案例/179

练习题/180

第十节　全面预算/182

关键概念/190

综合案例/190

练习题/192

第十一节　合同管理/195

关键概念/202

综合案例/202

练习题/204

第四章　信息活动内部控制/206

本章要点提示/206

本章内容提要/206

第一节　内部信息传递/206

关键概念/212

综合案例/212

练习题/212

第二节　信息系统/215

 关键概念/221

 综合案例/221

 练习题/223

第三篇　内部控制评审

第五章　内部控制评价与审计/231

本章要点提示/231

本章内容提要/231

第一节　内部控制评价/231

 关键概念/242

 综合案例/242

 练习题/246

第二节　内部控制审计/251

 关键概念/260

 综合案例/260

 练习题/261

参考文献/265

第一篇

内部控制基础

本篇内容提要

内部控制是组织运营和管理活动发展到一定阶段的产物,作为组织内部的一种制度安排,内部控制在企业的生存和发展过程中具有重要作用,有助于提高企业管理水平、防范经营风险、促进可持续发展,实现企业价值最大化的经营目标。

本篇主要介绍内部控制的基础知识,包括COSO提出的《内部控制——整合框架》《企业风险管理框架》和我国企业的内部控制规范体系。

1992年9月,COSO提出的《内部控制——整合框架》(又称《内部控制框架》)是内部控制发展历史上的里程碑,对内部控制做出了权威的定义,明确了内部控制的内容,即内部控制"五要素"。2017年9月,COSO发布新版《企业风险管理框架》,强调内部控制与风险管理两个体系是相互补充的关系,指明企业应该完善风险管理系统。

2008年5月,我国财政部会同证监会、审计署、银监会、保监会联合颁布《企业内部控制基本规范》,2010年4月又颁布了18项应用指引,以及《企业内部控制评价指引》和《内部控制审计指引》的配套指引。内部控制基本规范和配套指引共同构成了我国企业的内部控制规范体系。其后,国务院国资委颁布了《中央企业合规管理指引(试行)》(2018)、《中央企业违规经营投资责任追究实施办法(试行)》(2018)、《关于加强中央企业内部控制体系建设与监督工作的实施意见》(2019),财政部、证监会发布了《关于深交所主板与中小板合并后原中小板上市公司实施企业内部控制规范体系的通知》(2021)、《关于进一步提升上市公司财务报告内部控制有效性的通知》(2022)。

第一章 内部控制的基础知识

本章要点提示

了解内部控制的基本发展历程；

掌握《内部控制框架》的基本内容和我国内部控制体系。

本章内容提要

内部控制是组织运营和管理活动发展到一定阶段的产物，作为组织内部的一种制度安排，内部控制对于企业的生存和发展具有重要作用，有助于提高企业管理水平、防范经营风险、促进可持续发展、实现企业价值最大化的经营目标。本章主要介绍了内部控制的基础知识，包括COSO[①]提出的《内部控制框架》和我国的内部控制规范体系。

第一节 内部控制框架

本节要点提示

熟悉内部控制的定义；

熟悉内部控制框架的组成要素；

了解内部控制框架的发展。

本节内容提要

《内部控制框架》的提出标志着内部控制理论已发展到新的阶段，对企业完善和优化内部控制、增强风险防范能力具有十分重要的意义。《内部控制框架》被广泛作为构建和完善内部控制体系的标准，该标准提出的由"三个目标"和"五个要素"组成的内部控制整体框架已得到各行业的企业管理当局、利益相关者、审计人员及专家学者的普遍认可，成为迄今为止最权威的内部控制标准。它是一种较为完整和系统化的关于内部控制的理论，并且其中许多新的、有

---

① COSO是美国反虚假财务报告委员会下属的发起人委员会(The Committee of Sponsoring Organizations of the Tredadway Commission)的英文缩写。

价值的观点不断地在实践中找到现实的意义。

一、内部控制的定义

1992年9月,COSO提出了《内部控制——整合框架》(1994年进行了增补),又称《内部控制框架》。该框架的提出是内部控制发展历程中一座重要的里程碑,对企业完善和优化内部控制、增强风险防范能力具有十分重要的意义。

《内部控制框架》对内部控制的定义:"内部控制是受企业董事会、管理层和其他人员影响,为经营的效率效果、财务报告的可靠性、相关法规的遵循性等目标的实现而提供合理保证的过程。"

在该框架下,内部控制的定义主要从以下几个方面理解:第一,内部控制是一个"过程",是一个"发现问题→解决问题→发现新问题→解决新问题"的循环往复的动态过程;第二,内部控制受"人"的因素的影响,它并不仅仅是政策手册和表格,也不认为只有管理人员、内部审计或董事会对内部控制负有责任,而是认为组织中每一个人都对内部控制负有责任并受内部控制的影响;第三,基于内部控制本身的局限性,内部控制只能为企业的管理层和董事会提供合理的保证,而不是绝对的保证;第四,内部控制被用来实现一个或多个彼此独立又相互交叉的目标,包括营运目标、财务报告目标以及合规目标。

二、内部控制框架的组成要素

《内部控制框架》认为,内部控制框架是由控制环境、风险评估、控制活动、信息与沟通、监督五个相互独立而又相互联系的要素组成,它们取决于管理层经营企业的方式,并融入管理过程本身。

(一)控制环境

控制环境是企业的基调、氛围,直接影响企业员工的控制意识。控制环境要素是内部控制的基础,对内部控制的运行以及企业的经营管理产生重要影响。内部控制环境具体包括员工的诚信、职业道德和工作胜任能力,管理层的经营理念和经营风格,董事会或审计委员会的监管和指导力度——企业的权责分配方法,以及人力资源政策等。

(二)风险评估

风险评估是指识别、分析相关风险以实现既定目标,它是风险管理的基础。风险评估包括风险识别与风险分析两个过程。风险识别主要是对企业面临的风险进行正确识别,包括内部风险和外部风险。风险分析则是针对企业面临的风险进行分析评价,包括风险发生概率的判断、损失程度的确定、风险控制机制的建立等方面。

(三)控制活动

控制活动是指有助于管理层决策顺利实施的政策和程序,是针对风险采取的控制措施。控制活动主要包括的内容有职责分离、授权审批、信息处理、实物控制、业绩评价等。

(四)信息与沟通

信息与沟通是指企业经营管理所需的相关信息必须被识别、获得并以一定形式及时传递给需要的人,以帮助人们行使各自的控制和其他职能。信息既包括企业内部产生的信息,也包括与企业经营决策和对外报告相关的外部信息。沟通是指信息在企业内部各层次、各部门,在企业与顾客、供应商、监管者和股东等外部环境之间的流动。

(五)监督

随着时间、环境的变化,内部控制曾经有效的程序可能会失效,因此需要对内部控制进行监督。监督是对内部控制系统有效性进行评估的过程,目的是保证内部控制持续有效。监督可通过两种方式进行:持续性的监督活动和独立的评估。

内部控制五要素之间相互配合和联系,组成一个完整的系统。内部控制五要素之间的关系可以理解为,企业的核心是人,人的诚信、道德价值观和胜任能力构成企业的内部控制环境,这是企业发展的基础。每家企业都有自己的发展目标,为了目标的实现,必须分析影响因素,即进行风险评估。针对风险评估的结果,需要采取相应的内部控制活动来控制和减少风险;同时,与内部控制环境、风险评估和内部控制活动相关的信息应及时被获取和加工整理,并在企业内部传递,这就是信息与沟通。信息与沟通系统围绕着内部控制活动,反映企业各项管理活动的运转情况。为了保证内部控制体系的正常运转,还需要对整个内部控制过程进行监督。

三、内部控制框架的发展

《内部控制框架》自提出以来,在国际上受到普遍认可,应用范围十分广泛,已经成为全世界通行的内部控制权威标准,被国际的和各国的审计准则制定机构、银行及证券监管机构和其他机构所采用。随着经济的发展,国际商业环境与经济形势发生了显著变化,《内部控制框架》也在不断发展和完善。

(一)《内部控制框架》

2013年5月,COSO发布了修订后的《内部控制框架》。该框架保留了原《内部控制框架》对内部控制五要素的划分,同时针对这五要素明确提出了17项原则,具体包括:

1. 控制环境
(1)组织承诺将遵守诚信的价值观及道德规范。
(2)董事会独立于管理层,并对内部控制的建立和实施情况进行监督。
(3)管理层在董事会的监督下建立相应的组织结构、报告流程、恰当的授权和职责体系。
(4)吸引、发展和保留具有职业胜任能力且与组织目标相匹配的人才。
(5)为实现组织目标明确个人的内部控制职责。

2. 风险评估
(1)组织能够有效识别和评价与目标实现有关的风险。
(2)识别与目标实现有关的风险并对其进行分析,以便判断如何对这些风险进行管理。
(3)在评估与目标实现有关的风险时,应考虑潜在舞弊风险。

(4)识别与评估对内部控制系统产生重大影响的变化事项。

3. 控制活动

(1)组织选择并且实施控制活动,将与实现目标有关的风险降低到可接受水平。

(2)针对技术选择并且实施一般控制活动,以支持目标的实现。

(3)明确控制预期的政策,并将其转换为具体流程来贯彻控制活动。

4. 信息与沟通

(1)组织获取或者产生并使用相关的、高质量的信息,以支持内部控制系统发挥作用。

(2)在内部沟通相关信息(包括控制目标和职责),以支持内部控制系统发挥作用。

(3)与外部相关各方沟通可能对内部控制功能发挥产生影响的事项。

5. 监督

(1)组织选择、推动和执行持续和(或)独立的评估,以确认内部控制各要素是否存在并发挥作用。

(2)对内部控制进行评价,并且及时将发现的内部控制缺陷(视缺陷情况)报告给负责纠正措施的主体,包括高级管理层、董事会等。

(二)《企业风险管理框架》

2004年9月,COSO在《内部控制框架》的基础上发布了《企业风险管理框架》。该框架重述了风险的定义,更加注重公司的风险评估与应对,但是并没有明确内部控制与风险管理的关系,难以指导实务工作。

2017年9月,COSO发布了新版《企业风险管理框架》(《企业风险管理——与战略和绩效协同》),重新对风险管理进行了定义,并强调内部控制与风险管理两个体系是相互补充的关系,指明企业应该在哪些方面完善风险管理系统。

《企业风险管理框架》提出了五要素和对应的20项原则:

1. 治理和文化

(1)实现董事会对风险的监督。

(2)建立运作模式。

(3)定义期望的组织文化。

(4)展现对核心价值的承诺。

(5)吸引、发展并留住优秀人才。

2. 战略和目标设定

(1)考虑业务环境。

(2)定义风险偏好。

(3)评估代替战略。

(4)建立业务目标。

3. 绩效

(1)识别风险。

(2)评估风险的严重程度。

(3)风险排序。

(4)执行风险应对。
(5)建立风险的组合观。
4. 审阅与修订
(1)评估重大变化。
(2)审阅风险和绩效。
(3)企业风险管理改进。
5. 信息、沟通与报告
(1)利用信息和技术。
(2)沟通风险信息。
(3)对风险、文化和绩效进行报告。

关键概念

《内部控制——整合框架》　　内部控制　　内部控制五要素　　《企业风险管理框架》

练习题

一、单项选择题

1. COSO提出的著名的《内部控制——整合框架》是在（　　）发布的,该报告是内部控制发展历程中的一座重要里程碑。

　　A. 20世纪80年代　　B. 1992年　　C. 2002年　　D. 2004年

2. （　　）是指主体对所确认的风险采取必要的措施,以保证其目标得以实现的政策和程序。

　　A. 控制环境　　B. 风险评估　　C. 控制活动　　D. 信息与沟通

3. 下列各项中,不属于《内部控制框架》五要素的是（　　）。

　　A. 控制环境　　B. 事项识别　　C. 控制活动　　D. 监督

4. 在《内部控制框架》中,属于其他内部因素根基的是（　　）。

　　A. 信息与沟通　　B. 监督　　C. 控制环境　　D. 控制活动

5. 在《内部控制框架》中,控制活动的类别可分为（　　）三个类别。

　　A. 经营、财务报告及合规　　B. 经营、信息及合规
　　C. 信息、财务报告及监察　　D. 经营、信息及监察

6. 以下选项中,不属于《企业风险管理框架》中治理和文化要素内容的是（　　）。

　　A. 识别风险　　　　　　　　B. 实现董事会对风险的监督
　　C. 建立运作模式　　　　　　D. 展现对核心价值的承诺

二、多项选择题

1. 下列选项中,属于内部控制系统构成要素的有（　　）。

　　A. 控制环境　　B. 风险评估　　C. 控制活动　　D. 信息与沟通

E. 监控

2. 下列选项中,属于2013年COSO修订的《内部控制——整合框架》中与旧框架相比发生重大变化的有(   )。

A. 关注的商业和经营环境发生的变化
B. 增加了战略目标和资产安全目标
C. 扩充了经营目标和报告目标
D. 将支撑五个要素的基本概念提炼成原则
E. 针对经营、合规和新增加的非财务报告目标提供了补充的方法和实例

3. 根据《企业风险管理框架》,COSO提出的《内部控制框架》的构成要素包括(   )。

A. 内部环境、目标设定　　　　　　B. 事项识别、风险评估
C. 风险应对、控制活动　　　　　　D. 信息与沟通、监控
E. 控制环境、监督

4. 《内部控制框架》提出的目标主要包括(   )。

A. 战略目标　　B. 经营目标　　C. 报告目标　　D. 合规目标
E. 发展目标

5. 下列各项中,属于《企业风险管理框架》五要素的有(   )。

A. 治理和文化　　　　　　　　　　B. 战略和目标设定
C. 绩效　　　　　　　　　　　　　D. 信息、沟通与报告

三、判断题

1. 《内部控制框架》明确了内部控制的三个目标和五个构成要素,这五个构成要素分别为内部环境、风险评估、控制活动、信息与沟通和监督。(   )

2. 内部控制的现实意义是有助于企业提升自身管理水平、提高风险防御能力、维护社会公众利益,最终服务于企业价值创造的终极目标。(   )

3. 2013年5月COSO更新了《内部控制——整合框架》(1992),对旧框架的许多重要原则和概念进行了革命性修正。(   )

4. 在《企业风险管理框架》中,新提出了合规的内部控制目标。(   )

5. 2004年COSO发布的《企业风险管理框架》,明确了内部控制与风险管理的关系。(   )

四、简答题

1. 内部控制框架的组成要素包括哪些内容?
2. 2013年5月,COSO发布的《内部控制框架》有哪些变化?

五、案例分析题

A股份有限公司成立于2009年,是一家节能材料研发及生产的企业,集节能诊断、方案设计、项目融资、项目实施、后期维护、设计咨询服务于一体的全产业链的专业化节能宜居改造服务的国家级高新技术企业。该公司于2017年整体改制为股份有限公司。为完善公司治理、优

化股权结构,2019年9月该公司引进了三家机构投资者。2020年公司注册资本总额为4 256.083 1万元。

A公司最初拟定的内部控制手册框架:第一部分,行政部控制规范及流程;第二部分,人力资源部控制规范及流程;第三部分,采购部控制规范及流程;第四部分,合约部控制规范及流程;第五部分,成本部控制规范及流程;第六部分,工程部控制规范及流程;第七部分,生产中心控制规范及流程;第八部分,能源中心控制规范及流程;第九部分,营销中心控制规范及流程;第十部分,技术中心控制规范及流程;第十一部分,设计部控制规范及流程;第十二部分,基地建设指挥部控制规范及流程;第十三部分,审计部控制规范及流程;第十四部分,财务部控制规范及流程。

A公司最初拟定的风险管控手册框架:第一部分,风险管理总体目标和原则;第二部分,风险管理组织机构及职责;第三部分,公司采用的风险评价办法;第四部分,公司的风险承受度;第五部分,公司面临的重大风险;第六部分,重大风险间的关系;第七部分,投资风险及应对措施;第八部分,经济合同风险及应对措施;第九部分,产品风险及应对措施;第十部分,市场风险及应对措施;第十一部分,存货风险及应对措施;第十二部分,汇率风险及应对措施,第十三部分,自然灾害风险及应对措施。

【要求】 请根据《内部控制框架》和《企业风险管理框架》对该公司的内部控制手册框架和风险管控手册框架进行补充。

【思政】　　　　　建立内控框架　提升管理效率

当前我国正面临世界百年未有之大变局,也为我国的现代化建设带来了一系列新课题、新挑战。建设高标准、高水平的现代化企业需要保持创新精神、工匠精神,自觉担当时代使命,不断完善企业内部结构,同时制定合理的企业发展目标,实施可靠的风险应对战略,防范化解企业可能面临的风险挑战。A公司十分重视企业的内部发展问题,通过不断调整内部结构,制定了企业内部的风险管控手册,统筹了企业发展与内部控制安全问题。有效的内部控制管理体系不仅可以帮助企业防范可能面临的各种风险和挑战,而且可以提升企业的管理效率,开拓企业事业发展新天地,全面促进企业的现代化建设。

第二节　我国企业内部控制规范体系

本节要点提示

掌握我国企业内部控制的目标和原则;
熟悉我国企业内部控制规范的框架;
熟悉我国企业内部控制基本规范的主要内容。

本节内容提要

我国企业内部控制规范体系包括基本规范和基本指引,基本指引又分为应用指引、评价指引和审计指引三个方面。整个体系以基本规范为指导,以应用指引、评价指引和审计指引等配套指引为补充,以法律为标准,以企业为实施主体,以政府监督为保障,社会各方面共同参与,一起构成我国企业内部控制的体系标准。

一、我国企业内部控制规范体系概述

2008年5月22日,我国财政部、证监会、审计署、银监会、保监会联合颁布了《企业内部控制基本规范》,2010年4月15日又颁布了18项应用指引、《企业内部控制评价指引》及《内部控制审计指引》的配套指引。内部控制基本规范和配套指引共同构成了我国企业的内部控制规范体系,两者的颁布是我国内部控制制度发展的里程碑。基本规范起总领作用;应用指引体现了内部控制的原则和要素,起着主导作用;评价指引是对企业内部控制有效性进行评价的指引;审计指引是注册会计师执行审计业务时的执业准则。四者之间既彼此独立,又互相关联,形成了内部控制的一个有机整体。

二、《企业内部控制基本规范》概述

《企业内部控制基本规范》被称为中国版的《萨班斯法案》,它把内部控制的核心内容概括为五个目标、五个原则和五个要素,全文有"总则""内部环境""风险评估""控制活动""信息与沟通""内部监督""附则"共七章,是我国第一部全面规范企业内部控制的规章制度,也是我国企业内部控制的总体框架。

《企业内部控制基本规范》明确了内部控制的目标、原则及要素,明确了内部控制的框架结构,是制定应用指引、评价指引、审计指引和内部控制制度的根本依据。

(一)内部控制的目标

1. 合理保证企业经营管理合法合规

经营管理合法合规目标是指内部控制应当合理保证企业的经营活动在国家法律法规的允许范围内,严禁违法经营。

2. 资产安全

资产安全目标是指企业应当防止资产流失,保护资产的安全和完整。企业的各项资产是企业进行生产经营的物质保证。

3. 财务报告及相关信息的真实、完整

财务报告及相关信息的真实、完整目标是指内部控制要合理保证企业提供的财务信息及其他相关信息真实、完整。

4. 提高经营效率和效果

企业的最终目标是获得经济利益,这也是企业的根本目的,而企业获利与否往往取决于经营的效率和效果。

5. 促进企业实现发展战略

促进企业实现发展战略是企业内部控制的最高目标和终极目标。

(二)内部控制的原则

1. 全面性原则

内部控制应当贯穿决策、执行和监督的全过程,包含企业的各项业务和事项。

2. 重要性原则

内部控制应在全面控制的基础上,关注重要业务事项和高风险领域。

3. 制衡性原则

内部控制应在治理结构、机构设置和权责分配、业务流程等方面相互制约和监督,兼顾运营效率。

4. 适应性原则

内部控制应与企业的生产规模、业务范围、竞争状况和风险水平等相适应,并根据情况变化及时调整。

5. 成本效益原则

内部控制应权衡成本和效益状况,用适当的成本进行有效控制。

(三)内部控制的要素

1. 内部环境

内部环境包括治理结构、机构设置、权责分配、内部审计、人力资源政策、企业文化等。

2. 风险评估

风险评估是指企业对于经营过程中存在的风险进行及时识别和合理分析,并提出相应的解决策略。

3. 控制活动

控制活动是指企业按照风险评估的结果,通过相应的控制措施,把风险控制在企业可承受的范围内。

4. 信息与沟通

信息与沟通是指企业要及时收集和传递内部和外部与企业内部控制有关的信息,确保与内部和外部进行及时有效的沟通。

5. 内部监督

内部监督是指企业对内部控制制度的建立和实施进行监督和评价,发现存在的缺陷和问题并及时进行修订和改正。

三、企业内部控制应用指引

企业内部控制应用指引分为三类,即内部环境类指引、控制活动类指引、控制手段类指引,基本涵盖了企业资金流、实物流、人力流和信息流等各项业务和事项。

(一)内部环境类指引

内部环境类指引是企业实行内部控制的基础,影响着企业全体员工的内部控制意识,决定着全体员工进行控制活动、履行控制责任的态度、认识及行为,包括组织架构、发展战略、人力资源、社会责任和企业文化共 5 项。

组织架构是企业根据国家法律法规、企业章程和自身实际,明确内部机构设置、工作程序、职责权限、人员编制等安排,包括治理结构和内部机构设置。企业要实施发展战略,就必须具备科学的组织架构,实行科学决策,建立良性的运行机制。

发展战略是指企业根据对当前情况和未来形势的综合分析和科学预测,制定并实施的发展目标和战略规划。企业想要长期持续的发展,关键在于制定和实施适合自身实际和外部环境的发展战略。

人力资源是指企业组织生产经营活动中的各种人员,包括董事、监事、高级管理人员和全体员工。人力资源是企业实现发展战略的智力支持,实现人力资源的合理配置可以全面提升企业核心竞争力。

社会责任是指企业在经营发展过程中应当履行的社会职责和义务,主要包括安全生产、产品质量、环境保护、资源节约、促进就业、员工权益保护等。企业认真履行社会责任,对实现社会和环境的全面协调可持续发展具有重要的促进作用。

企业文化是指企业在生产经营实践中形成的、被企业整体认同并遵守的价值观、经营理念、企业精神及在此基础上形成的行为规范。企业文化是企业的灵魂,贯穿于企业的一切经营管理活动之中,是推动企业持续发展的不竭动力。

(二)控制活动类指引

企业在改进和完善内部环境控制的同时,还要对各项具体业务活动进行相应的控制,因此需要有控制活动类的指引。控制活动类指引有9项,即资金活动、采购业务、资产管理、销售业务、研究与开发、工程项目、担保业务、业务外包、财务报告。

资金活动是指企业筹资、投资和资金营运等活动的总称。资金是企业生存和发展的基础,是企业生产经营循环的"血液",决定着企业的竞争能力和可持续发展能力。

采购业务是指购买物资或接受劳务及支付款项等相关活动。采购掌握企业经营活动的物资来源,采购环节出现问题会给企业造成采购物资、资金损失或信用受损等问题。

资产管理是指企业在经营活动中对其各项资产进行有效管理。保证资产安全完整、提高资产使用效率,有利于维持企业正常生产经营。

销售业务是指企业出售商品、提供劳务及收取款项等相关活动。企业应当采取有效控制措施,加强销售、发货、收款等环节的管理,规范销售行为,扩大市场份额,确保销售目标的实现。

研究与开发是指企业为获取新产品、新技术和新工艺等所开展的各种研发活动。企业通过研发新产品和新技术,创造新工艺,能够增强核心竞争力,促进其发展战略的实现。

工程项目是指企业自行或委托其他单位所进行的建造安装活动。因工程项目周期较长,涉及大额资金及物资的流转,与企业发展战略密切相关,故企业必须强化对工程的控制和监督。

担保业务是指企业按照公平、自愿、互利的原则向被担保人提供一定形式的担保并依法承担相应法律责任的行为。企业应当严格限制担保业务活动,明确担保的相关事项,规范工作流程和控制措施,防范担保业务风险。

业务外包是指企业利用专业化分工优势,将日常经营中的部分业务委托给其他专业服务机构或组织完成的经营行为。企业应当建立和完善业务外包管理制度,防范外包风险,充分发挥业务外包的优势。

财务报告是企业财务信息对外报告的重要形式之一。财务报告是投资者进行决策的重要依据,也是政府进行经济决策时关注的重要信息来源。

(三)控制手段类指引

控制手段类指引侧重"工具"的性质,一般是对企业的整体业务进行相应的控制或管理。控制类指引有4项,即全面预算、合同管理、内部信息传递和信息系统。

全面预算是企业对一定期间的经营活动、投资活动、财务活动等做出的预算安排。具体而言,就是将企业的资金流与实物流和信息流结合,以优化企业的资源配置,提高资金的利用效率。

合同管理是指对企业与自然人、法人及其他组织等平等主体之间设立、变更、终止民事权利义务关系的协议进行管理。合同包括书面合同和口头合同。在市场经济环境下,合同已成为企业最常见的契约形式,现在的市场经济就是合同经济。

内部信息传递是企业内部各管理层之间通过内部报告的形式传递生产经营管理信息的过程。企业应当建立科学的内部信息传递机制,明确内部信息传递的相关内容和要求,促进内部报告的有效利用,充分发挥内部报告的作用。

信息系统是信息内部传递和信息对外报告的技术手段,是企业利用计算机和通信技术,对内部控制进行集成、转化和提升所形成的信息化管理平台。通过信息系统强化内部控制,有利于减少人为因素,提高控制的效率和效果。

四、内部控制评价指引

内部控制评价是指企业董事会或决策机构对内部控制的有效性进行全面评价,形成评价结论,出具评价报告的过程。制定内部控制评价指引的目的是为评价企业内部控制的有效性提供专业指导和规范,是企业内部控制实务中重要的一环。

内部控制评价指引包括评价的原则和组织、评价的内容和标准、评价的程序和方法、缺陷认定和评价报告等。企业要对与实现整体内部控制目标有关的内部环境、风险评估、控制活动、信息与沟通、内部监督等内部控制要素进行系统、全面及有针对性的评价。应用信息系统要对信息系统的有效性进行评价,包括信息系统一般控制评价和应用控制评价。

对于在内部控制评价中发现的问题和缺陷,按来源可分为设计缺陷和执行缺陷,按严重程度可分为一般缺陷、重要缺陷和重大缺陷。解决这些问题,企业可以从定量和定性两个方面考虑:对于财务报告的内部控制缺陷,一般采取定量的方式;对于非财务报告的内部控制缺陷,需要企业根据情况和财务报告内部控制缺陷的认定标准,合理确定定量和定性的认定标准。

五、内部控制审计指引

内部控制审计是指会计师事务所接受委托,对企业特定基准日内部控制设计和运行的有效性进行审计。制定内部控制审计指引的目的是规范注册会计师执行企业内部控制审计业务的程序和内容,为企业提供专业的指导和规范,这样既有利于建立健全企业内部控制体系,又能增强企业财务报告的可靠性。

内部控制审计指引从以下几个方面对内部控制审计业务提出了明确要求或强调说明:

（一）审计责任划分

评价内部控制的有效性是企业董事会的责任，对内部控制的有效性发表审计意见是注册会计师的责任。

（二）审计范围

注册会计师执行内部控制审计工作要获取充分、适当的证据，为发表内部控制审计意见提供合理保证，同时要对财务报告内部控制的有效性发表审计意见，并对内部控制审计过程中识别到的非财务报告内部控制的重大缺陷，在内部控制审计报告中增加"非财务报告内部控制重大缺陷描述段"予以披露。也就是说，注册会计师审计的范围是企业整体内部控制而不限于财务报告内部控制。

（三）整合审计

注册会计师可以单独进行内部控制审计，也可以将内部控制审计与财务报表审计整合进行，但不是说注册会计师可以对同一家企业既做咨询又做审计，为企业内部控制提供咨询的会计师事务所不得同时为同一家企业提供内部控制审计服务。

（四）利用被审计单位人员的工作

注册会计师应当对内部审计人员、内部控制评价人员和其他相关人员的专业胜任能力和客观性进行评估，判断这些人员工作的可利用程度，对风险高的控制应当更多地进行亲自测试。注册会计师对发表的审计意见独立承担责任，不因利用相关人员的工作而减轻责任。

（五）审计方法

注册会计师要按照自上而下的方法实施审计工作，作为识别风险、选择拟测试控制的基本思路。

（六）评价控制缺陷

注册会计师评价其所识别出的内部控制缺陷的严重程度，确定这些缺陷单独或组合起来能否构成重大缺陷，主要包括：注册会计师发现董事、监事和高级管理人员舞弊；企业更正已经公布的财务报表；注册会计师发现当期财务报表存在重大错报，而内部控制在运行过程中未能发现该错报；企业审计委员会和内部审计机构对内部控制的监督无效。

（七）出具审计报告

注册会计师出具的审计报告包括财务报告内部控制和非财务报告内部控制。报告格式有四种：标准内部控制审计报告、带强调意见段的无保留意见内部控制审计报告、否定意见内部控制审计报告和无法表示意见审计报告。对非财务报告的内部控制缺陷，注册会计师认为是一般缺陷的，应与企业沟通，提醒企业改进，但不用在内部控制审计报告中说明；认为是重要缺陷的，应当采取书面形式与企业管理层进行沟通，提醒企业改进，但不用在内部控制审计报告中说明;认为是重大缺陷的,应当以书面形式与企业管理层沟通,提醒企业改进,同时在内部控制审计报告中增加非财务报告内部控制重大缺陷描述段,对重大缺陷的性质及其对实现相关控制目标的影响程度进行披露。

六、内部控制体系的发展

2011年1月1日,境内外的上市公司首先实行企业内部控制配套指引,2012年1月1日,扩展到上海证券交易所和深圳证券交易所的上市公司,而后逐渐推广到中小板、创业板的上市公司和非上市大型企业。

为了确保内部控制体系建设落到实处,稳步推进上市公司有效实施企业内部控制相关指引,2012年5月7日,国资委和财政部联合行文,正式颁布《中央企业内部控制建设工作指引》。同年8月14日证监会和财政部又发布了《关于2012年主板上市公司分类分批实施企业内部控制规范体系的通知》,提出企业的董事会或类似机构,应当对内部控制的建立和运行情况进行自我评价,并披露内部控制报告,外部审计师应对公司与财务报告相关的内部控制有效性发表审计意见。

财政部为提高行政事业单位的内部管理水平,规范其内部控制,加强廉政风险防控机制的建设,于2012年11月制定并印发了《行政事业单位内部控制规范(试行)》。该规范要求行政事业单位建立内部控制体系时应符合以下目标:"合理保证单位经济活动合法合规,资产安全和使用有效,财务信息真实完整,有效防范舞弊和预防腐败,提高公共服务的效率和效果。"此规范适用于各级党的机关、人大常委会机关、行政机关、政协机关、审判机关、检察机关、各民主党派机关、人民团体和事业单位经济活动的内部控制。

2014年1月3日,证监会联合财政部发布了《公开发行证券公司信息披露编报规则第21号——年度内部控制评价报告的一般规定》,以规范内部控制评价信息的披露,并对纳入实施范围的上市公司披露的内部控制评价报告提出了具体的要求。

2015年12月,财政部印发《关于全面推进行政事业单位内部控制建设的指导意见》,内容大致分为"总体要求""主要任务""保障措施"三部分,旨在解决部分行政事业单位对内部控制重视不够、制度建设不健全、发展不平衡等问题。

为规范行政事业单位内部控制报告的编制、报送、使用及报告信息质量的监督检查等工作,2017年1月,财政部又在现有的政策基础上,印发了《行政事业单位内部控制报告管理制度(试行)》,以此促进行政事业单位内部控制信息公开,提高行政事业单位内部控制报告质量。

其后,国务院国资委颁布了《中央企业合规管理指引(试行)》(2018)、《中央企业违规经营投资责任追究实施办法(试行)》(2018)、《关于加强中央企业内部控制体系建设与监督工作的实施意见》(2019),财政部、证监会发布了《关于深交所主板与中小板合并后原中小板上市公司实施企业内部控制规范体系的通知》(2021)、《关于进一步提升上市公司财务报告内部控制有效性的通知》(2022)。

关键概念

内部控制基本规范　　　内部控制应用指引　　　内部控制评价指引　　　内部控制审计指引

综合案例

A公司是境内外同时上市的公司,根据《企业内部控制基本规范》及其配套指引和据此修改的公司内部控制手册,应于2011年起实施内部控制评价制度。鉴于公司在2008年5月《企业内部控制基本规范》发布后就已经着手建立、完善自身内部控制体系并取得了较好效果,公司决定自2010年开始提前实施内部控制评价制度,并由审计部牵头拟订内部控制评价方案。该方案摘要如下:

1. 内部控制评价的组织领导和职责分工

董事会及其审计委员会负责内部控制评价的领导和监督。经理层负责实施内部控制评价,并对本公司内部控制有效性负全责;审计部具体组织实施内部控制评价工作,拟订评价计划、组成评价工作组、实施现场评价、审定内部控制重大缺陷、草拟内部控制评价报告,及时向董事会、监事会或经理层报告;其他有关业务部门负责组织本部门的内部控制自查工作。

2. 内部控制评价的内容和方法

内部控制评价围绕内部环境、风险评估、控制活动、信息与沟通、内部监督五要素展开。鉴于公司已按《公司法》和公司章程建立了科学规范的组织架构,组织架构相关内容不再纳入公司层面评价范围。同时,本着重要性原则,在实施业务层面评价时,主要评价上海证券交易所重点关注的对外担保、关联交易和信息披露等业务或事项。

在内部控制评价中,可以采用个别访谈、调查问卷、专题讨论、穿行测试、实地查验、抽样和比较分析等方法。考虑到公司现阶段经营压力较大,为了减轻评价工作对正常经营活动的影响,在本次内部控制评价中,仅采用调查问卷和专题讨论法实施测试和评价。

3. 实施现场评价

评价工作组应与被评价单位进行充分沟通,了解被评价单位的基本情况,合理调整已确定的评价范围、检查重点和抽样数量。评价人员要依据《企业内部控制基本规范》及其配套指引和公司内部控制手册实施现场检查测试,按要求填写评价工作底稿,记录测试过程及结果,并对发现的内部控制缺陷进行初步认定。现场评价结束后,评价工作组汇总评价人员的工作底稿,形成现场评价报告。现场评价报告无须与被评价单位沟通,只需由评价工作组负责人审核、签字确认后报审计部。审计部应编制内部控制缺陷认定汇总表,对内部控制缺陷进行综合分析和全面复核。

4. 内部控制评价报告

审计部在完成现场评价和缺陷汇总、复核后,负责起草内部控制评价报告。内部控制评价报告应当包括:董事会对内部控制报告真实性的声明、内部控制评价工作的总体概括、内部控制评价的依据、内部控制评价的范围、内部控制评价的程序和方法、内部控制缺陷及其认定情况、内部控制缺陷的整改情况、内部控制有效性的结论等。对于重大缺陷及其整改情况,只进行内部通报,不对外披露。内部控制评价报告经董事会审核后对外披露。

5. 内部控制审计

聘请某具有证券期货业务资格的大型会计师事务所对本公司内部控制有效性进行审计。鉴于本公司在2008年5月《企业内部控制基本规范》发布后就已建立内部控制体系并取得较好效果,内部控制审计自2010年起重点审计本公司内部控制评价的范围、内容、程序和方法等,并出具相关审计意见。

【思考】 根据《企业内部控制基本规范》及其配套指引,逐项判断 A 公司内部控制评价方案中的 1～5 项内容是否存在不当之处,若存在,请逐项指出不当之处,并逐项简要说明理由。

【案例分析】

1. 第一项工作存在的不当之处

(1)经理层对内部控制有效性负全责。

理由:董事会对建立健全和有效实施内部控制负责。经理层负责组织、领导企业内部控制的日常运行。

(2)审计部审定内部控制重大缺陷。

理由:董事会负责审定内部控制重大缺陷。

2. 第二项工作存在的不当之处

(1)组织架构相关内容不纳入公司层面评价范围。

理由:组织架构是内部环境的重要组成部分,直接影响内部控制的建立健全和有效实施,应当纳入公司层面评价范围;或虽然 A 公司已经建立科学规范的组织架构,但是还应当对组织架构的运行情况进行评价。

(2)在实施业务层面评价时,主要评价上海证券交易所重点关注的对外担保、关联交易和信息披露等业务。

理由:业务层面的评价应当涵盖公司各种业务和事项或体现全面性原则,而不能仅限于证券交易所关注的少数重点业务事项来展开评价。

(3)为了减轻评价工作对正常经营活动的影响,在本次内部控制评价中,仅采用调查问卷法和专题讨论法实施测试和评价。

理由:评价过程中应按照有利于收集内部控制设计、运行是否有效的证据的原则,充分考虑所收集证据的适当性与充分性,综合运用评价方法;或评价过程中应视被评价对象的具体情况,适当选择个别访谈、调查问卷、专题讨论、穿行测试、实地查验、抽样和比较分析等方法。

3. 第三项工作存在的不当之处

(1)现场评价报告无须与被评价单位沟通。

理由:现场评价报告应向被评价单位通报或与被评价单位沟通。

(2)现场评价报告只需评价工作组负责人审核、签字确认后报审计部。

理由:现场评价报告经评价工作组负责人审核、签字确认后,应由被评价单位相关责任人签字确认后,再提交审计部或内部控制评价部门。

4. 第四项工作存在的不当之处

对于重大缺陷及其整改情况,只进行内部通报,不对外披露。

理由:对于重大缺陷及其整改情况,必须对外披露。

5. 第五项工作存在的不当之处

会计师事务所内部控制审计的重点是审计该公司内部控制评价的范围、内容、程序和方法等。

理由:会计师事务所实施内部控制审计,可以关注、利用上市公司的评价成果,但必须按照《企业内部控制审计指引》的要求,对被审计上市公司内部控制设计与运行的有效性进行独立审计或全面审计,不能因为被审计上市公司实施了内部控制评价就简化审计的程序和内容;或内部控制审计不是对内部控制评价进行审计,而是对特定基准日内部控制设计与运行的有效性进行审计。

练习题

一、单项选择题

1. 内部控制的目标是(　　)。
   A. 合理保证财务报表是公允合法的
   B. 绝对保证财务报表是公允合法的
   C. 合理保证经营合规、资产安全、财务报告及相关信息真实完整、经营有效性,促进企业发展
   D. 绝对保证经营合规、资产安全、财务报告及相关信息真实完整、经营有效性,促进企业发展

2. 下列各项中,不属于内部环境类指引的是(　　)。
   A. 组织架构　　　B. 企业文化　　　C. 社会责任　　　D. 信息系统

3. 下列各项中,不是内部控制实施主体的是(　　)。
   A. 董事会　　　B. 监事会　　　C. 外部审计机构　　　D. 全体员工

4. 《企业内部控制基本规范》中的重要性原则是指(　　)。
   A. 该事项频繁出现
   B. 该事项涉及法律法规问题
   C. 该事项额度大且涉及高风险领域
   D. 该事项影响到关键管理层人员

二、多项选择题

1. 下列关于《企业内部控制基本规范》的说法中,正确的有(　　)。
   A. 基本规范要求企业根据国家相关法律法规和企业章程,建立规范的公司治理结构和议事规则,明确股东大会、董事会、监事会和经理层在决策、执行、监督等方面的职责权限
   B. 内部控制的目标是合理保证经营合规、资产安全、财务报告及相关信息真实完整、经营有效性,促进企业发展
   C. 基本规范要求股份公司对本公司内部控制的有效性进行自我评价,披露年度自我评价报告,但提供的内部控制规范不可以审计
   D. 内部控制主要是规范企业"三高"的文件,对一般员工没什么意义

2. 《企业内部控制基本规范》及具体应用指引由(　　)联合制定。
   A. 财政部　　　B. 证监会　　　C. 审计署　　　D. 银监会和保监会

3. 下列关于中央企业实施企业内部控制基本规范体系的要求的说法中,正确的有(　　)。
   A. 中央企业应当按照《企业内部控制基本规范》和配套指引的要求,建立规范、完善的内部控制体系
   B. 中央企业在开展内部控制自我评价的同时,必须聘请会计师事务所对财务报告内部控制的有效性进行审计并出具审计报告

C. 中央企业应当自 2013 年起,于每年 4 月 30 日前向国资委报送内部控制评价报告,同时抄送派驻本企业的监事会

D. 中央企业应当建立内部控制重大缺陷追究制度,内部控制评价和审计结果要与履职评估成绩或绩效考核相结合

4. 下列各项中,属于控制类指引的有( )。

A. 采购业务　　　　B. 业务外包　　　　C. 资金活动　　　　D. 人力资源

E. 合同管理

5. 2012 年 11 月,财政部制定并印发了《行政事业单位内部控制规范(试行)》,该规范适用于( )。

A. 人大常委会机关　B. 行政机关　　　　C. 政协机关　　　　D. 事业单位

三、判断题

1. 我国企业内部控制规范的框架体系由《企业内部控制基本规范》《企业内部控制评价指引》和《企业内部控制审计指引》组成。　　　　　　　　　　　　　　　　　　　　( )

2. 《企业内部控制评价指引》是注册会计师执行审计业务时的职业准则。　　　( )

3. 应用指引是对企业按照内部控制原则和内部控制五要素建立健全本企业内部控制所提供的指引,在配套指引乃至整个内部控制规范体系中占主体地位。　　　　　　　( )

4. 组织架构、发展战略、人力资源属于内部环境应用指引内容,而合同管理、内部信息传递和信息系统属于控制业务类应用指引。　　　　　　　　　　　　　　　　　　( )

5. 企业内部控制配套指引适用于上市公司及非上市大型企业。　　　　　　　( )

四、简答题

1. 内部控制的目标是什么?
2. 内部控制的要素有哪些?
3. 内部环境类指引包含哪些内容,有什么意义?
4. 内部控制评价指引包含哪些内容?
5. 内部控制审计指引包含哪些内容?
6. 内部控制体系在行政事业单位中是如何落实的?

五、案例分析题

某国一家公司为提高管理水平和增强风险防范能力,召开了关于内部控制的高层会议,讨论并通过了关于集团内部控制建设和实施的决议。有关人员的发言如下:

总经理:加强内部控制建设十分重要,可以杜绝财务欺诈、串通舞弊、违法违纪等现象的发生,这是关系到集团可持续发展的重要举措;公司内部控制建设应当抓住重点,尤其要关注控制环境、风险评估、控制活动等内部控制要素。

副总经理:企业生产经营过程中面临着各种各样的风险,这些风险能否被准确识别并得以有效控制,是衡量内部控制质量和效果的重要标准。建议重点关注集团内部各种风险的识别,找出风险控制点,据此设计相应的控制措施,来自集团外部的风险不是内部控制所要解决的问

题,可不必过多关注。在内部控制建设与实施过程中,对于那些可能给公司带来重大经济损失的风险事项,应采取一切措施予以回避。

总会计师:集团公司是基于行政划转的原因而组建的,母子公司内部连接纽带脆弱,子公司各行其是的现象比较严重。建议集团公司加强对子公司重大决策权的控制,包括筹资权、对外投资权、对外担保权、重大资本性支出决策权等,对子公司重大决策应当实行集团公司总经理审批制。

人事部门主管:集团公司可以从完善人事选聘和培训政策入手,健全内部控制。建议子公司的总经理和总会计师由集团统一任命,直接对集团公司董事会负责。要注重加强内部控制知识的教育培训,中层以上干部每年必须完成一定学时的内部控制培训任务,其他基层员工应以岗位技能培训为主,没有必要专门组织内部控制培训。

采购部门主管:原材料采购环节也存在诸多风险,在加强内部控制建设时,建议将职责分离作为主要任务,供应商名册的编制与采购环节要职责分离,采购环节与验收环节也要职责分离。此外,关于采购计划的制订,由我们部门人员先分析销售部门和财务部门的销量、资金资料,再制订全年采购计划,并严格按照计划执行。

销售部门主管:市场行情瞬息万变,销售部门要组织市场调研,收集产品的市场走势、市场份额及同比增长率、竞争品牌、同行竞争对手促销活动等信息,进行调研及分析并制定相应的市场战略。销售部门的主要职责是与市场以及消费者对接。内部控制是公司内部的事,我们部门没什么可以贡献的。

董事长:以上各位的发言我都赞同。最后提三点意见:(1)思想要统一。对集团公司而言,追求的是利润最大化。一切制度安排都要将利润最大化作为唯一目标,包括内部控制。(2)组织要严密。建议由总会计师全权负责建立健全和有效实施集团内部控制,我和总经理全力支持和配合。(3)监督要到位。应当成立履行内部控制监督检查职能的专门机构,直接对集团公司总经理负责,定期或不定期对内部控制执行情况进行检查评价,不断完善集团公司内部控制。

【要求】 从企业内部控制理论和方法角度,指出总经理、副总经理、总会计师、人事部门主管、采购部门主管、销售部门主管以及董事长在会议发言中的观点有何不当之处并分别简要说明理由。

【思政】　　　　明确权责分工　强化组织管理

实现高质量发展是"十四五"甚至更长时期我国经济社会发展的主题,企业的高质量发展是中国经济高质量发展的微观基础。企业要实现高质量发展,不仅需要适应激烈的市场竞争环境,而且需要建立健全内部管理体系,明确企业内部权责分工,做到有权可行、有责必究,全面提高企业的组织管理效率。因此该公司要努力完善公司的内部管理体系,做好内控管理,落实权责分工,加强组织管理,建立良好的企业文化,使公司成为富有竞争力的高质量企业。

练习题参考答案

第二篇

内部控制应用

本篇内容提要

企业内部控制应用指引依据《企业内部控制基本规范》制定,是对企业按照内部控制原则和内部控制五要素建立健全本企业内部控制所提供的指引,在配套指引乃至整个企业的内部控制规范体系中占据主体地位。企业内部控制应用指引分为三大部分,即内部环境类指引、控制活动类指引、控制手段类指引。本篇主要讲述管理活动内部控制、业务活动内部控制及信息活动内部控制三个方面。

管理活动内部控制,主要是对企业内部环境进行控制的行为。内部环境是企业实施内部控制的基础,决定了组织的控制基调,也决定了一个经济组织的内部控制特点和有效性。内部环境主要包括组织架构、发展战略、人力资源、社会责任和企业文化等。

业务活动内部控制,主要是对企业各项具体的业务活动实施的控制,涵盖了企业日常经营和管理的各项活动,实现对企业"资金流"和"实物流"的控制,包括资金活动、采购活动、资产管理、销售业务、研究与开发、工程项目、担保业务、业务外包、财务报告、全面预算和合同管理等内容。

信息活动内部控制属于控制手段类指引,侧重"工具"性质,涉及企业整体业务或管理,具体包括内部信息传递和信息系统等内容。

第二章 管理活动内部控制

本章要点提示

了解组织架构、发展战略、人力资源、社会责任、企业文化的概念；
掌握组织架构的相关风险点及方法设计；
掌握发展战略的制定步骤和实施方法；
掌握人力资源的主要风险点及制度设计；
掌握社会责任的内容及控制措施；
掌握企业文化的主要风险点及建设企业文化的关键点。

本章内容提要

管理活动内部控制是企业实行内部控制的基础和目标，影响着企业的内部控制意识，决定着企业进行控制活动、履行控制责任的态度和行为。本章分五节，主要阐述组织架构、发展战略、人力资源、社会责任和企业文化。

组织架构是企业根据国家法律法规、企业章程和自身实际，明确内部机构设置、工作程序、职责权限、人员编制等安排，包括治理结构和内部机构设置。建立科学的组织架构有利于企业通过科学决策，保证运行机制的高效、稳定。

发展战略是指企业根据对当前情况和未来形势的综合分析与科学预测，制定并实施的发展目标和战略规划。制定和实施适合自身实际和外部环境的发展战略是企业长期稳定发展的关键所在。

人力资源是指企业组织生产经营活动中的各种人员，包括董事、监事、高级管理人员和全体员工。人力资源是企业实现发展战略的智力支持，合理配置人力资源有利于企业全面提升核心竞争力。

社会责任是指企业在经营发展过程中应当履行的社会职责和义务，主要包括安全生产、产品质量、环境保护、资源节约、促进就业、员工权益保护等。企业履行社会责任，对自身品牌的建立和对社会的可持续发展都具有重要的促进作用。

企业文化是指企业在生产经营实践中形成的、被企业整体认同并遵守的价值观、经营理念、企业精神及在此基础上形成的行为规范。企业文化贯穿于企业的一切经营管理活动之中，是企业持续发展的灵魂和动力。

第一节　组织架构

> **本节要点提示**
>
> 熟悉组织架构的概念及分类；
> 掌握组织架构存在的主要风险点及设计。

> **本节内容提要**
>
> 企业的组织架构是一种决策权的划分体系以及各部门的分工协作体系。现代企业，无论是处于新建、重组改制还是存续状态，要实现发展战略，都必须高度重视组织架构的建立、完善和之后的运行工作。因此，组织架构是保证发展战略顺利实施的必要手段。组织架构不合理会严重阻碍企业的正常运作，甚至导致企业经营失败；相反，科学、合理的组织架构能够最大限度地释放企业的能量，使组织更好地发挥协同效应，提升经营管理效能，促进企业建立现代企业制度，强化企业内部控制建设，保障企业的稳定可持续发展。

一、组织架构的概念

根据《企业内部控制应用指引第1号——组织架构》的相关阐述，组织架构是指企业按照国家有关法律法规、股东(大)会决议、企业章程，结合本企业实际，明确股东(大)会、董事会、监事会、经理层和企业内部各层级机构设置、职责权限、人员编制、工作程序和相关要求的制度安排，包括治理结构和内部机构设置。组织架构解决的是完善公司治理结构、管理体制和运行机制的问题，指导企业进行组织架构设计和运行，并加强组织架构方面的风险管理控制。

二、组织架构的分类

组织架构分为治理结构和内部机构两个层面。

(一)治理结构

治理结构即企业治理层面的组织架构，它是企业成为可以与外部主体发生各项经济关系的法人所必备的组织基础，具体是指企业根据相关的法律法规，设置不同层次、不同功能的法律实体及其相关的法人治理结构，从而使企业能够在法律许可的框架下拥有特定权利、履行相应义务，以保障各利益相关方的基本权益。

(二)内部机构

内部机构是企业内部机构层面的组织架构，是指企业根据业务发展需要，分别设置不同层次的管理人员及由各专业人员组成的管理团队，针对各项业务功能行使决策、计划、执行、监督、评价的权力并承担相应的责任，从而为业务顺利开展进而实现企业发展战略提供组织机构的支撑平台。

三、组织架构存在的主要风险点及设计

(一)治理结构存在的主要风险点及设计

1. 治理结构存在的主要风险点

治理结构存在的主要风险点包括企业治理结构形同虚设,缺乏科学决策、良性运行机制和执行力,可能导致企业经营失败,难以实现发展战略,具体表现为:

(1)股东大会是否规范而有效地召开,股东是否可以通过股东大会行使自己的权利。

(2)企业与控股股东是否在资产、财务、人员方面实现相互独立,企业与控股股东的关联交易是否贯彻平等、公开、自愿的原则。

(3)对与控股股东相关的信息是否根据规定及时、完整地披露。

(4)企业是否对中小股东权益采取了必要的保护措施,使中小股东能够与大股东同等条件参加股东大会,获得与大股东一致的信息,并行使相应的权利。

(5)董事会是否独立于经理层和大股东,董事会及其审计委员会中是否有适当数量的独立董事且能有效地发挥作用。

(6)董事对于自身的权力和责任是否有明确的认知,并且有足够的知识、经验和时间来勤勉、诚信、尽责地履行职责。

(7)董事会是否能够保证企业建立并实施有效的内部控制,审批企业发展战略和重大决策并定期检查、评价其执行情况,明确设立企业可接受的风险承受度,并督促经理层对内部控制有效性进行监督和评价。

(8)监事会的构成是否能够保证其独立性,监事能力是否与相关领域相匹配。

(9)监事会在发现违反相关法律法规或损害公司利益的行为时,是否能够对其提出罢免建议或制止、纠正其行为。

(10)经理层是否认真有效地组织实施董事会决议、完成董事会确定的生产经营计划和目标。

2. 企业治理结构的设计要求

(1)企业治理结构设计的一般要求

治理结构涉及股东(大)会、董事会、监事会和经理层。企业应当根据国家有关法律法规的规定,按照决策机构、执行机构和监督机构相互独立、权责明确、相互制衡的原则,明确董事会、监事会和经理层的职责权限、任职条件、议事规则和工作程序等,以确保决策、执行和监督相互分离,形成制衡。

企业的重大决策、重大事项、重要人事任免及大额资金支付业务等,应当按照规定的权限和程序实行集体决策审批或联签制度。任何个人不得单独进行决策或者擅自改变集体决策意见。而重大决策、重大事项、重要人事任免及大额资金支付业务的具体标准由企业根据自身情况自行确定。

(2)上市公司治理结构的特殊要求

上市公司治理结构的设计,应当充分反映其"公众性"。具体来说,主要包括以下三个方面:

①建立独立董事制度。上市公司董事会应当设立独立董事。独立董事应独立于所受聘的

公司且其主要股东不得在上市公司担任除独立董事外的其他任何职务；独立董事应按照有关法律法规和公司章程的规定，认真履行职责，维护公司整体利益，尤其要关注中小股东的合法权益不受损害；独立董事应独立履行职责，不受公司主要股东、实际控制人以及其他与上市公司存在利害关系的单位或个人的影响。

②设置董事会专门委员会。上市公司应当根据公司治理的需要，结合本公司经营和管理的实际，设立审计委员会、薪酬与考核委员会、战略决策委员会等。在董事会各专业委员会中，独立董事应当占多数并担任负责人。审计委员会对董事会负责并代表董事会对经理层进行监督，对经理层提供的财务报告和内部控制评价报告进行监督，同时对内部审计和外部审计工作进行监督和指导，并且审计委员会中至少应有一名独立董事是会计专业人士。薪酬与考核委员会主要负责制定、审查公司董事和经理人员的薪酬政策及方案，对相关人员进行考核。战略决策委员会则主要制定公司的长期发展战略，对公司的重大投资、融资等项目做出决策和监督。

③设立董事会秘书。上市公司应当设立董事会秘书。董事会秘书为上市公司的高级管理人员，直接对董事会负责，并由董事长提名，董事会负责任免。董事会秘书主要负责公司股东大会和董事会会议的筹备，文件保管以及公司股东资料的管理，办理信息披露事务等事宜。

(3) 国有独资企业治理结构设计

国有独资企业作为独特的企业群体，其治理结构设计应充分反映其特色，主要体现在以下几个方面：

①国有资产监督管理机构代行股东（大）会职权。国有独资企业不设股东（大）会，由国有资产监督管理机构行使股东（大）会职权。国有独资企业董事会可以根据授权部分行使股东（大）会的职权，决定公司的重大事项，但公司的合并、分立、解散、增加或者减少注册资本和发行公司债券，必须由国有资产监督管理机构决定。

②国有独资企业董事会成员应当包括公司职工代表。董事会成员由国有资产监督管理机构委派；但是，董事会成员中的职工代表由公司职工代表大会选举产生。国有独资企业董事长、副董事长由国有资产监督管理机构从董事会成员中指定产生。

③国有独资企业监事会成员由国有资产监督管理机构委派；但是，监事会成员中的职工代表由公司职工代表大会选举产生。监事会主席由国有资产监督管理机构从监事会成员中指定产生。

④外部董事由国有资产监督管理机构提名推荐，由任职公司以外的人员担任。外部董事在任期内不得在任职企业担任其他职务。外部董事制度对于规范国有独资企业治理结构、提高决策科学性、防范重大风险具有重要意义。

【例2—1】 雷士照明有限公司为了符合上市的要求，成立了董事会以及相关的专业委员会。但是公司在披露的报告中说明其董事长和首席执行官均为创始人吴长江，当时的公司内部管理层一致认为这种双重角色有助于统一管理。后因公司管理层的权力争斗，2014年公司运营出现了严重的问题，监事会遂以管理不善为由提出了对吴长江的罢免建议，董事会批准通过。在后来的调查过程中，发现吴长江在发现公司内控漏洞后，非但没有采取补救措施，反而利用职务之便钻空子。该公司内部一直存在私款公用、公款私用的现象，吴长江便故意绕开董事会，利用内控的漏洞，策划损害公司利益及股东利益的行为。例如，将公司的流动存款账户转为保证金,再为自己所控制的公司提供质押担保等,给公司造成了巨额损失。这种行为明显超过了职权范围,也构成了挪用资金罪、职务侵占罪。

【分析】 该案例中,雷士照明有限公司在组织架构的治理结构方面存在一定的缺陷。公司过于追求统一领导所带来的业务规划和决策运行的高效性,忽略治理结构对于公司运作的重要性,很可能会因领导者私占、挪用资金进行财务造假等问题而造成巨额损失,导致股东利益受损。另外,监事会规范有效地运行,发现了领导者违反相关法律法规、损害公司利益,及时地提出了罢免建议。雷士照明有限公司采取诉讼及反担保措施,也能够收回部分损失。

(二)内部机构存在的主要风险点及设计

1. 内部机构存在的主要风险点

内部机构存在的主要风险点包括内部机构设计不科学,权责分配不合理,可能造成机构重叠、职能交叉或缺失、推诿扯皮,导致运行效率低下,具体表现如下:

(1)企业内部组织机构是否考虑经营业务的性质,按照适当集中或分散的管理方式设置。

(2)企业是否对内部组织机构设置、各职能部门的职责权限、组织的运行流程等有明确的书面说明和规定,是否存在关键职能缺位或职能交叉的现象。

(3)企业内部组织机构是否支持发展战略的实施,并根据内外部环境变化及时做出调整。

(4)企业内部组织机构的设计与运行是否适应信息沟通的要求,有利于信息的上传、下达和在各层级、各业务活动间的及时顺畅流通,有利于为员工提供履行职权所需的信息,提高内部机构运行的效率。

(5)关键岗位员工是否对自身权责有明确的认识,有足够的胜任能力去履行权责,是否建立关键岗位员工轮换制度和强制休假制度。

(6)企业是否对董事、监事、高级管理人员及全体员工的权限有明确的制度规定,对授权情况是否有正式的记录。

(7)企业是否对岗位职责以发展目标为导向进行了恰当的描述和说明,是否存在不相容职务未分离或只有权力而没有相对应的责任和义务的情况。

(8)企业是否对权限的设置和履行情况进行审核和监督,对于越权或权限缺位的行为是否及时予以纠正和处理。

2. 企业内部机构的设计

内部机构的设计是组织架构设计的关键环节,具体要满足以下几个要求:

(1)企业应当按照科学、精简、高效、透明、制衡的原则,综合考虑企业性质、发展战略、文化理念和管理要求等因素,合理设置内部职能机构,明确各机构的职责权限,避免职能交叉、缺失或权责过于集中,形成各司其职、各负其责、相互制约、相互协调的工作机制。

(2)企业应当对各机构的职能进行科学合理的分解,确定具体岗位的名称、职责和工作要求等,明确各个岗位的权限和相互关系。尤其要体现不相容岗位相分离的原则,设立内部牵制机制。其中,不相容岗位通常包括可行性研究与决策审批、决策审批与执行、执行与监督检查等。

(3)企业应当制定组织结构图、业务流程图、岗(职)位说明书和权限指引等内部管理制度或相关文件,使员工了解和掌握组织架构设计及权责分配情况,正确履行职责。就内部机构设计而言,建立权限指引和授权机制非常重要。有了权限指引,不同层级的员工就知道该如何行使并承担相应责任,有利于事后考核评价。"授权"表明的是,企业各项决策和业务必须由具备适当权限的人员办理,这一权限通过公司章程约定或其他适当方式授予。

企业内部各级员工必须获得相应的授权,才能实施决策或执行业务,严禁越权办理。按照授权对象和形式的不同,授权分为常规授权和特别授权。常规授权一般针对企业日常经营管理过程中发生的程序性和重复性的工作,可以在企业正式颁布的岗(职)位说明书中予以明确,或通过制定专门的权限指引予以明确。特别授权一般是由董事会给经理层或由经理层给内部机构及其员工授予处理某一突发事件(如法律纠纷)、做出某项重大决策、代替上级处理日常工作的临时性权力。

【例 2—2】 某企业在最初设计组织架构的时候没能处理好机构的设置和权责的分配这一问题。在后来因经营不善被并购前的审查中,发现其最初设计和后续运行存在以下的内部机构问题:(1)权力机构职能缺失,未将实际权责落在实处;(2)未遵循不相容职务分离的原则;(3)内部机构设计不合理导致信息沟通不及时。

【分析】 从该案例可见,该企业内部组织机构设计及运行环节都存在缺陷、不合理等情况。这些问题的存在会导致企业无法协调各部门的运作,运行效率低下,不能对内外部环境的变化做出及时调整。因其最初设计不合理,而后续运行时又没能发现并及时纠正内部机构存在的问题,从而为后来的经营和管理埋下隐患。

(三)组织架构的运行后续要求

企业应当根据组织架构的设计规范,对现有治理结构和内部机构设置进行全面梳理,确保本企业治理结构、内部机构设置和运行机制等符合现代企业制度要求。

(1)在梳理治理结构时,企业应当重点关注董事、监事、经理及其他高级管理人员的任职资格和履职情况,以及董事会、监事会和经理层的运行效果。治理结构存在问题的,应当采取有效措施加以改进。

(2)在梳理内部机构设置时,企业应当重点关注内部机构设置的合理性和运行的高效性等。内部机构设置和运行中存在职能交叉、缺失或运行效率低下的,应当及时解决。

(3)在基本完成组织架构的设计后,企业应当定期对组织架构设计与运行的效率和效果进行全面评估,发现组织架构设计与运行中存在缺陷的,应当进行优化调整。定期全面评估的目的在于发现可能存在的缺陷,及时优化调整,使企业的组织架构始终处于高效运行状态,保持健康、可持续发展。

关键概念

组织架构　　治理结构　　内部机构

综合案例

内部控制制度作为一种现代化管理手段,在企业的经营管理中得到了广泛的运用,有利于把控企业的经营管理,促进企业长足发展。M汽车公司十分重视其内部控制体系建设,其组织架构相对完善。但由于该公司内部控制存在固有局限性,加之外部环境的变化,因此其内部控制仍存在不足之处。例如,各个部门在工作中没有树立全局观念,没有明确划分各部门的具体职能要求;治理结构虽然十分全面,但是在落实过程中各个主体没有承担相应的责任;M公司的监事会组成人员几乎都来自企业内部,并且相关监管人员多数受企业的领导层管理。另外,在后续的完善过程中,新部门建立和旧部门撤销后并没有及时对原有制度进行修改,并且新部门建立后并未与旧部门进行有效的信息沟通,部门之间相对独立,以致后来合作时新部门与旧部门之间配合效果不佳。

【案例分析】 由上述资料可见,该公司的组织框架实际上存在以下风险:

(1)部门职能模糊。M公司没有明确划分各部门的具体职能要求,极易导致部门职能交叉、缺失或权责过于集中的现象,会扰乱内部控制体系。

(2)治理结构存在缺陷。M公司各个主体不承担相应的责任,没有做到各司其职,很容易使公司的监督审查工作范围缩减,起不到它应有的作用,影响内部控制的效果。监事会人员大多来自企业内部,在很大程度上影响了监管工作的独立性。

(3)内部机构设计调整不科学。M公司在进行新部门建立和旧部门撤销以后没有对原有的制度进行及时的调整。在制度可能存在漏洞的情况下,业务相关人员极易做出违法乱纪的行为。

(4)内部组织机构的运行没有适应信息沟通的要求,不利于信息的上传、下达以及在新部门和旧部门之间的及时顺畅流通传递,导致运行效率低下,业务配合不佳。企业内部信息流转不通畅,在一定程度上也会导致各部门信息闭塞。

针对以上可能存在的风险,可以采取以下措施进行防范:

(1)企业应当按照科学、精简、高效、透明、制衡的原则,综合考虑企业性质、发展战略、文化理念和管理要求等因素,合理设置内部职能机构,明确各机构的职责权限,避免职能交叉、缺失或权责过于集中,形成各司其职、各负其责、相互制约、相互协调的工作机制。

(2)加强企业的风险防范意识,完善企业的治理结构。设立董事会、监事会、股东会和各级经营管理层,使各部门之间相互监督、相互制约,将每个人的责任落到实处。

(3)根据做出的调整,建立相应的规章制度,明确各职能部门的职责权限以及各岗位的相互关系,并明确体现出不相容岗位分离的原则。制定详细的组织结构图等相关文件,使企业全体员工充分掌握组织框架,明确自己的责任和义务。

(4)企业应当完善部门之间信息传递链的建立,有利于为员工提供履行职权所需的信息,提高内部机构运行的效率。

练习题

一、单项选择题

1. 企业的组织架构是一种(　　)体系以及各部门的分工协作体系。
 A. 内部控制　　　B. 可行性研究　　　C. 决策权的划分　　　D. 监督执行

2. 组织架构分为(　　)两个层面。

A. 治理结构和内部机构　　　　　　B. 内部结构和外部结构
C. 治理结构和防范结构　　　　　　D. 治理结构和外部结构

3. 在组织框架的内部控制中,上市公司治理结构的设计应当充分反映其( )。

A. 独立性　　　B. 公众性　　　C. 重要性　　　D. 及时性

4. 下列选项中,( )体现了治理机构存在的主要风险点。

A. 企业内部组织机构是否考虑经营业务的性质
B. 对与控股股东相关的信息是否根据规定及时完整地披露
C. 企业内部组织机构是否支持发展战略的实施
D. 关键岗位员工是否对自身权责有明确的认识

5. ( )的设计是组织架构设计的关键环节。

A. 治理结构　　　B. 外部结构　　　C. 预防机构　　　D. 内部机构

6. 企业组织架构调整应当充分听取( )的意见。

A. 董事、监事、高级管理人员、其他员工　　B. 政府、监事、高级管理人员、其他员工
C. 股东、监事、高级管理人员、其他员工　　D. 政府、董事、监事、高级管理人员、其他员工

7. 通常所说的"三重一大"是指( )

A. 重大决策、重大事项、重要人事任免、大额资金支付业务
B. 重大投融资、重大事项、重要人事任免、大额资金支付业务
C. 重大担保、重大事项、重要人事任免、大额资金支付业务
D. 重大决策、重大投融资、重要人事担保、大额资金支付业务

二、多项选择题

1. 组织架构主要解决的核心问题是完善公司( )。

A. 治理结构　　　B. 管理体制　　　C. 人力资源　　　D. 运行机制

2. 治理结构存在的主要风险点包括( )。

A. 公司治理结构形同虚设　　　　　B. 缺乏科学决策
C. 缺乏良性运行机制　　　　　　　D. 缺乏执行力

3. 治理结构涉及( )。

A. 监事会　　　B. 股东(大)会　　　C. 董事会　　　D. 经理层

4. 下列选项中,体现内部机构存在的主要风险点的有( )。

A. 企业是否对中小股东权益采取了必要的保护措施
B. 企业内部组织机构的设计与运行是否适应信息沟通的要求
C. 企业与控股股东是否在资产、财务、人员方面实现相互独立
D. 企业是否对岗位职责进行了恰当的描述和说明

5. 上市公司治理结构设计主要包括的内容有( )。

A. 设置监事会　　　　　　　　　B. 建立独立董事制度
C. 设置董事会专门委员会　　　　D. 设立董事会秘书

6. 组织架构设计和运行的主要风险点,从治理结构层面看,包括( )。

A. 治理结构形同虚设　　　　　　B. 内部机构设计不科学

C. 缺乏科学决策、良性运行机制和执行力　　D. 权责分配不合理,职能交叉或缺失

7. 不相容职位通常包括(　　)。

A. 可行性研究与决策审批　　　　　　　　B. 决策审批与执行

C. 执行与记录　　　　　　　　　　　　　D. 执行与监督检查

8. 企业应当制定(　　)等内部管理制度或相关文件,使员工了解和掌握组织架构设计及权责分配情况,正确履行职责。

A. 组织结构图　　　　　　　　　　　　　B. 业务流程图

C. 岗(职)位说明书　　　　　　　　　　　D. 权限指引

三、判断题

1. 组织架构是指企业按照国家有关法律法规、股东(大)会决议、企业章程,结合本企业实际,明确董事会、监事会、经理层和企业内部各层级机构设置、职责权限、人员编制、工作程序和相关要求的制度安排。(　　)

2. 治理结构是企业根据业务发展需要,分别设置不同层次的管理人员及由各专业人员组成的管理团队,针对各项业务功能行使决策、计划、执行、监督、评价的权力并承担相应的责任,从而为业务顺利开展进而实现企业发展战略提供支撑平台。(　　)

3. 股东大会是否规范而有效地召开,以及股东是否可以通过股东大会行使自己的权利是内部结构的表现。(　　)

4. 监事会的构成是否能够保证其独立性,以及监事能力是否与相关领域相匹配是治理结构的表现。(　　)

5. "授权"表明的是,企业各项决策和业务必须由具备适当权限的人员办理,这一权限通过企业章程约定或其他适当方式授予。(　　)

6. 企业应当定期对组织架构设计与运行的效率和效果进行全面评估,发现组织架构设计与运行中存在缺陷的,应当进行优化调整。(　　)

四、简答题

1. 什么是组织架构?
2. 简要阐述治理结构中存在的主要风险点。
3. 根据内部结构存在的风险做出的设计应包括哪些要求?
4. 企业在组织架构设计与运行中必须关注的风险点是什么?
5. 组织架构的后续运行有何要求?

五、案例分析题

苏宁易购集团股份有限公司(以下简称苏宁易购)在2021年4月披露的《2020年度内部控制评价报告》中说明:按照企业内部控制规范体系,建立健全和有效实施内部控制,评价其有效性,并如实披露内部控制评价报告是公司董事会的责任。2020年,苏宁易购治理运作规范,信息披露合规,严格按照国家法律法规和中国证监会有关规定要求,积极推行现代企业制度,不断完善法人治理结构。该公司根据规范性文件明确了股东大会、董事会、监事会和高级管理

人员之间的权责范围和工作程序,设立了董事会战略委员会、董事会审计委员会、董事会薪酬与考核委员会等。

苏宁易购的管理层在集团会议上反复强调内部控制的重要性,内审部门检查出公司内部的违规事项后也会在企业内部系统的首页进行通报,以确保每个员工都能知晓。董事会牵头制定并下发战略目标,预算管理部根据董事会下发的战略目标进行分解,传达到各个部门,各个部门根据分解后的目标制订并完成计划。公司也会在了解自身经营情况的前提下,适时调整经营目标,降低经营风险。

【要求】 在上面的例子中,有哪些关于组织架构的内部控制措施,有何借鉴意义?

【思政】 坚持党对国有企业的领导不动摇　开创国有企业党的建设新局面

2016年10月,习近平总书记在全国国有企业党的建设工作会议上强调:"坚持党对国有企业的领导是重大政治原则,必须一以贯之;建立现代企业制度是国有企业改革的方向,也必须一以贯之。"两个"一以贯之"深刻阐明了国有企业改革是有立场、有方向、有原则的,必须体现中国特色社会主义的本质要求,同时必须遵循市场经济规律和企业发展规律,坚持中国特色现代企业制度改革方向。

第二节　发展战略

本节要点提示

熟悉发展战略的概念;
掌握发展战略的内外因素;
掌握发展战略的实施。

本节内容提要

企业发展战略是企业发展的蓝图,描绘了企业的发展方向、目标和实施路径,关系着企业的长远生存和发展。只有制定科学、合理的发展战略,企业才有行动的指南。同时,发展战略也为内部控制设定了最高目标:一方面,企业内部控制的最终目标是通过强化风险管理控制来促进企业实现发展战略;另一方面,实现发展战略必须通过建立健全内部控制体系来提供保证。因此,发展战略为企业内部控制指明了方向,内部控制为企业实现发展战略提供了保障。

一、发展战略概述

发展战略是指企业在对当前现实情况和未来发展趋势进行综合分析和科学预测的基础上,制定并实施的中长期发展目标与战略规划。企业发展战略是企业战略中的一种,其本质是促进企业的发展,具有整体性、长期性、基本性、计谋性和系统性的特征,是企业战略中的最高战略。任何企业的战略谋划都是从整体出发,着眼于企业的长远发展,谋划最基本的方向问题,关注的是企业的计谋而不是常规思路,然后根据远景目标设立阶段目标,从而形成一个环环相扣的发展战略目标体系。由于可持续发展对企业的意义至关重大,因此企业发展战略在企业战略中占有极其重要的地位,是实现企业发展的纲领和灵魂。

二、发展战略的制定

制定发展战略是企业可持续发展的起点。企业应当根据当前形势和自身情况,结合未来的发展目标和发展规划,制定顺应市场经济趋势的、适合本企业发展的、科学合理的发展战略。发展战略的制定主要包括以下内容:

(一)建立健全发展战略制定机构

企业发展战略的制定属于企业的重大决策,决定着企业的发展前景,因此要予以高度重视,在组织机构设置方面给予大力支持,以保证发展战略的科学、合理。企业可以设立战略委员会,或指定机构负责发展战略管理工作,履行相应职责。企业应当明确相关议事规定,对战略委员会会议的召开程序、表决方式、提案审议、保密要求和会议记录等进行严格约定,保证议事过程透明、决策程序科学民主。

战略委员会的主要职责是对企业长期发展规划和重大投资决策进行研究并将提出的建议整合后形成战略建议方案,包括:对企业的长期发展战略、经营目标进行研究并提出建议,对企业涉及的市场战略、产品战略、研发策略、营销策略、人才战略等进行研究并提出建议,对企业的重大战略性投资、融资方案进行研究并提出建议,对企业的重大资本运作、资产经营项目进行研究并提出建议等。必要时,可借助中介机构和外部专家的力量为其履行职责提供专业咨询意见。

战略委员会委员包括董事长和其他董事,对董事会负责。主席应当由董事长担任,委员中应当有一定数量的独立董事,以保证其独立性和专业性。委员的任职资格和选任程序应当符合相关法律法规和企业章程的规定。战略委员会委员应当具备较强的实践经验和综合素质,熟悉企业的经营运作,了解宏观经济政策,具有敏锐的市场洞察力和判断力等。

(二)综合分析影响发展战略的内外因素

企业的外部环境和内部资源是影响发展战略制定的重要因素。企业应当综合考虑各种影响因素,对所处的外部环境和拥有的内部资源进行深入、系统的分析,这样才能制定出科学、合理的发展战略。

1. 分析外部环境

外部环境包括企业所处的宏观环境、行业环境及竞争对手、经营环境等,是决定企业发展战略的重要因素。分析外部环境时应重点关注环境的变化和发展趋势,分析其对企业战略的影响,并对其存在的机遇和风险进行评估。

第一,宏观环境分析。企业的经营管理会受政治环境、经济环境、社会环境、法律环境等外部环境的影响,企业要在综合考虑宏观经济政策、充分了解外部经济形势的基础上,抓住有利机遇,避免不利环境影响。

第二,行业环境及竞争对手分析。企业应当掌握行业的总体发展趋势,分析产业机构与竞争结构的发展方向和趋势,结合行业盈利水平、市场竞争的激烈程度、技术发展趋势,综合决定企业发展战略的定位、发展战略的重点和竞争优势,制定差异化竞争战略,将自身与竞争对手区别开来,建立和巩固消费市场。

第三,经营环境分析。经营环境分析主要是指基于自身优势和劣势对顾客、市场、竞争规则等因素的分析。与宏观环境和行业环境相比,经营环境对企业的影响更为迅速,带来的机遇和风险也更容易应对。

2. 分析内部资源

内部资源包括企业资源、企业能力、核心竞争力等各种有形资源和无形资源。分析内部资源时应重点关注这些资源和能力的优势和劣势,以此判断当前企业所面对的市场形势。

第一,企业资源分析。企业应了解现有资源的数量和利用效率,找出自身资源的优势和劣势,并与主要竞争对手的资源状况进行比较,发展有利于促进企业核心能力和竞争优势的战略性资源。

第二,企业能力分析。企业能力是企业各种有形资源与无形资源的有机结合。企业应当根据现有能力,分析当前在市场中所面对的机遇和风险,不断稳定和拓展市场;同时,积极开发新产品、拓展新领域,深入挖掘企业的潜力。

第三,核心竞争力分析。核心竞争力是指企业所拥有的具有明显竞争优势的资源和能力,如稀缺资源、不可替代资源、持久资源等。制定发展战略时,企业如果重点关注自身拥有的核心竞争力资源,就可以在激烈的市场竞争中获得巨大优势。

(三)制定科学的发展战略

发展战略主要分为发展目标和战略规划两个方面。其中,发展目标是企业发展战略的基础,体现了企业未来的发展方向;战略规划是企业为了实现发展目标而制订的具体计划,体现了企业在各个发展阶段的具体目标、工作任务和实施路径。

第一,制定发展目标。发展目标是企业发展战略的核心,是企业发展的方向,企业应当根据发展目标制定发展战略。制定发展目标的过程中应当突出主业,不断增强核心竞争力,并且发展目标不能过于激进,如果一味追逐市场潮流、盲目扩张、脱离企业实际,则必将导致企业经营失败。

第二,编制战略规划。确定发展目标后,就应当考虑采用什么方法来实现目标,也就是编制战略规划。战略规划应当明确企业发展的阶段性和发展程度,制定每个发展阶段的具体目标和任务以及实现发展目标所需要的实施路径。

【例2—3】 甲集团的发展经历了实业公司、投资公司、资本集团、战略投资四个阶段:先是涉足股市,积累了发展的原始资本,一年后成立房地产开发公司,两年后又成立农业开发公司进行农牧业开发,五年后向投资行业转型。之后,甲集团先后控股3家上市公司,并进行大规模的企业收购,涉及旅游业、矿业、文化产业、种植业、林业、水电业等众多行业。其后不久,甲集团由于资金链断裂而引发债务危机,所属各上市公司的股价开始狂跌,在短短几周内共蒸发了一百多亿元市值,甲集团瞬间崩溃。

【分析】 甲集团崩溃的根本原因是在积累了发展的原始资本后发展目标制定不明确,企业发展没有突出的主业。甲集团在实施多元化发展战略过程中违背了多元化结构产业互补、分散风险、稳健经营的基本原则,尽管规模庞大,但其投资领域过宽,严重偏离主业,没有形成经营主线,产业优势和财务优势也没有建立,并没有起到增强核心竞争力的作用。进入的每一个领域都未能实现充足的现金流、低负债率、高效率团队和精细化管理等,盲目扩张,脱离了企业发展的实际情况,最终造成了企业发展战略的失败。

【例2—4】 乙公司在充分分析了其外部环境和内部条件的基础上,根据宏观政策和自身优势,提出了自己的发展目标是把公司建成控股型、集团化、现代化、国际化的大型企业集团,并根据该目标制定了公司的总体战略规划。第一阶段,利用三年时间进行创业,使战略体系基本确立,运营机制和企业文化基本形成,管理制度进一步完善。第二阶段,利用五年时间使公司进入稳步发展状态,运营机制基本成熟,在主业较快发展的同时同步扩大规模,公司的盈利能力、发展能力、国际竞争力也明显增强。第三阶段,进入以主业为主、多元经营、跨国经营的阶段,在把主业做大做强的同时,发展周边产业,形成完整的产业链和规模效应,国际化经营逐步扩大,国际影响力进一步增强,成为世界知名公司。在制定总体规划的同时,还制定了五个有各自目标和措施的具体战略,以此保障总体发展战略的实施。

【分析】 乙公司制定的总体发展规划明确了公司发展的阶段性和发展程度,制定了每个发展阶段的具体目标和任务以及实现发展目标所需要的实施路径,具有一定的前瞻性和科学性;同时,根据总体规划制定了相应的具体战略规划,对总体战略形成了重要的支撑和保障。制定发展战略后,应当按照规定程序对发展战略方案进行审议和批准,这一职能一般由董事会负责行使,董事会审议通过,经股东大会批准后即可实施。在审议过程中,董事会应从发展战略的全局性、长期性和可行性方面综合考虑,重点分析发展战略与国家行业发展规划、产业政策、经济结构调整方向是否相符,是否有助于提升核心竞争力,是否客观、全面地预测了商业机遇和风险,是否有相应的资源保障等。如果在审议中发现发展战略方案存在问题,就应当责成战略委员会对建议方案进行调整。

三、发展战略的实施

企业发展战略的实施是一个复杂的系统工程,只有保障发展战略的实施,才有可能将发展战略的目标转变为现实。因此,企业应当积极采取相应措施,为发展战略提供相应的人力、物力、财力及制度等相关支持,尽全力将企业发展战略落到实处,保证发展战略的顺利实施。

(一)着力加强对发展战略实施的领导

加强组织领导是促进企业发展战略实施的重要环节。在发展战略实施落实前,董事会应当严格审议战略委员会提交的发展战略方案,重点关注其全局性、长期性和可行性,通过后,报经股东(大)会批准实施。企业管理层作为制定发展战略的直接参与者,掌握着更多的战略信息,对企业发展目标、战略规划和战略实施路径的理解也更加深入、全面,因此应当担任发展战略实施的领导者,在资源配置、优化内部结构、培养企业文化、建设激励制度等方面发挥协调和决策作用,确保发展战略的有效实施。

【例2—5】 A公司在发展过程中,管理层尽管根据形势和自身情况制定了科学的发展战略,但是在发展战略实施的过程中并没有认识到发展战略的重要性,既没有采取积极的措施,也没有给予相关支持,导致其制定的发展战略方案沦为一张无用白纸。

【分析】 企业管理层作为制定发展战略的直接参与者,对企业发展目标、战略规划和战略实施路径的理解更加深入、全面,因此企业管理层应在资源配置、优化内部结构、培养企业文化、建设激励制度等方面发挥协调和决策作用,以确保发展战略的有效实施。

(二)着力将发展战略分解落实

制定发展战略后,企业应将发展战略具体化并逐步落实。第一,制定年度发展目标,并将发展目标细化到各单位,制订各单位年度工作计划;第二,编制全面预算,确定各业务的经营目标,为各业务配置相应的资源和支持,从生产规模、产销水平、技术创新、品牌建设、社会责任等方面分解和落实企业的发展战略,确保发展战略能有效指导企业的经营管理活动;第三,以年度预算为根本依据,进一步把年度预算细分为季度、月度预算,通过控制分期预算,实现年度预算目标;第四,建立发展战略实施的激励机制,把各单位年度预算目标实施进展纳入绩效考评体系,做到奖惩分明,从而保证发展战略的有效实施。

(三)着力保障发展战略有效实施

战略实施过程是一个系统的有机整体,需要各职能部门之间的密切配合。为此,企业应当采取有效的保障措施,确保发展战略的贯彻实施。第一,培养企业文化,发挥企业文化的导向和凝聚作用,为发展战略的有效实施提供精神支持。第二,优化调整组织结构。企业要尽快调整企业产业(组织)结构,解决发展战略前导性与产业组织滞后性之间的矛盾,适应发展战略的要求。第三,整合内外部可利用资源。企业在实施发展战略的过程中,要对拥有的资源进行优化配置,调动和分配不同领域的资源来适应发展战略,保证发展战略顺利实施。第四,调整管理方式。在管理体制和管理模式等方面进行变革,由粗放型管理向集约型管理转变,为发展战略的实施提供有力保障。

【例2-6】 B公司为了保障发展战略的有效实施,公司管理层加强贯彻落实企业文化的力度,同时配合发展战略的要求重新调整了管理格局和部门,重新设计和分配决策层和执行层。增设了风险管理部门和审计部门,并将相同的部门合并,使优化调整后的组织架构更符合公司的战略定位。

【分析】 B公司为保障发展战略的顺利实施,强调了企业文化的重要性。企业文化决定了企业战略的成败。该公司又为了适应战略调整和业务的发展,优化调整了组织结构,对内部资源进行了整合和优化。这些措施都为发展战略的顺利实施提供了有力保障。

(四)着力做好发展战略宣传培训工作

企业应当做好发展战略的宣传培训工作,为推动发展战略的实施提供思想支撑和行为导向。在企业管理人员中树立战略意识和战略思维,充分发挥领导人员在战略制定与战略实施过程中的带头作用;通过内部各层级会议或培训、讲座、知识竞赛等有效的教育培训方式,把发展战略及落实情况传递到管理层级和员工层面,营造强大的舆论氛围;企业管理层要加强与员工的沟通,使员工充分了解企业的发展目标和具体举措,自觉将发展战略与具体工作结合起来,促进发展战略的有效实施。

(五)对发展战略实施动态调整

企业应当加强对发展战略实施情况的监控,定期收集和分析相关信息,发现明显不符合发展战略要求的状况,应当及时向上级汇报。由于经济形势、行业趋势、产业政策、技术进步或不可抗力等因素,企业需要对发展战略做出调整的,应当按照规定程序,调整优化发展战略或实行战略转型。

【例 2—7】 F 公司曾把发展目标定为三年内营业收入达到 150 亿元。可是三年后营业收入还没有达到预定目标的一半,甚至除了主业外其他业务都在亏损。F 公司对这种情况做了全面认真的分析,认识到自己对外部环境的评估过于乐观,长远风险估计不足,上一个计划目标定得过高,应当重新评估公司内部资源和外部环境,制定新的发展战略。

【分析】 企业应当加强对发展战略实施情况的监控,定期收集和分析相关信息,根据经济形势、行业趋势、产业政策、技术进步等因素,对发展战略做出优化和调整,必要时还要进行企业战略转型。

(六)制定和实施发展战略需关注的主要风险

其一,缺乏明确的发展战略或战略实施不到位,可能导致企业盲目发展,难以形成竞争优势,从而丧失发展机遇和动力。

其二,发展战略过于激进,脱离企业实际能力或偏离主业,可能导致企业过度扩张,甚至经营失败。

其三,发展战略因主观原因频繁变动,可能导致资源浪费,甚至危及企业的生存和持续发展。

关键概念

发展战略　　发展目标　　战略规划

综合案例

安踏公司(以下简称安踏)一直致力于成为国内最优秀的体育用品供应商,这也是该公司发展战略的核心所在。最初制定企业使命时,安踏按照国家的相关政策,提出要做到以产业报国,提供可靠的品牌产品,促进社会的可持续发展,并采取支持公益事业的一系列实际行动对生态环境进行保护。在建立企业文化的过程中,安踏重视营造良好的工作环境,使员工有充分的发展空间,建立信任的氛围,提高员工的成就感和责任心。安踏在市场研究和分析的基础上,采用了利基战略确定自身发展方向;以产业整合与结盟战略,使其产业供应链更加完整,提高市场竞争力;在实施蓝海战略的过程中及时调整产业布局,推进技术研发,探索新的关键元素,创造更多的价值服务。为了保证发展战略的实施,安踏将相应的管理人才分配到对应的战略岗位上,在战略实施过程中让管理层积极参与,达到了充分调动全体员工的积极性和主动性的效果。安踏虽赶不上国外一流品牌的水平,但也做到了以质量求生存、以品牌求发展。

【思考】 安踏是如何制定发展战略并保证其实施的?

【案例分析】 安踏明确自身整体的发展目标,对企业的战略目标认识清楚,并且根据需要实现资源的合理配置,对各种日常活动合理安排,正确指出其任务和职责。在制定发展战略前,安踏综合分析影响发展战略的内外因素,考虑宏观经济政策,整合内部资源。在明确自身发展目标后,根据其发展方向和自身具体情况,安踏采取了利基战略、产业整合、结盟战略以及蓝海战略。

在发展战略实施的过程中,安踏加强其组织领导,将相应的人才分配到对应的岗位上,管理层积极参与,在资源配置、优化内部结构、培养企业文化等方面发挥了协调和决策作用;在蓝海战略实施的过程中,定期收集和分析相关的市场信息,及时对发展战略进行相应调整,避免了因频繁变动导致的资源浪费。明确战略且实施到位,使安踏形成了竞争优势,公司得以蓬勃发展。且战略适合安踏公司自身,没有脱离其实际能力。

练习题

一、单项选择题

1. 企业应当根据(　　)制订年度工作计划。
   A. 发展战略　　　B. 全面预算　　　C. 管理制度　　　D. 以前年度工作计划
2. 企业应当根据(　　)制定战略规划。
   A. 企业现实情况　B. 企业发展目标　C. 同业发展前景　D. 社会经济发展趋势
3. 企业将发展战略及其分解落实情况传递到内部各管理层级和全体员工,体现了企业对(　　)的重视。
   A. 发展战略有效实施　　　　　　B. 发展战略宣传工作
   C. 发展战略实施情况监控　　　　D. 发展战略变化
4. 企业发展战略实施情况的监控由(　　)组织实施。
   A. 董事会　　　B. 股东大会　　　C. 战略委员会　　　D. 企业相关部门
5. 为了实现发展目标而制定的具体规划,表明企业在每个发展阶段的具体目标、工作任务和实施路径,这指的是(　　)。
   A. 发展目标　　B. 战略规划　　　C. 企业规划　　　D. 企业战略
6. 企业应当根据发展战略,制订年度工作计划,编制(　　),将年度目标分解、落实;同时,完善发展战略管理制度,确保发展战略有效实施。
   A. 全面预算　　B. 发展标准　　　C. 工作任务　　　D. 战略规划
7. 下列各项中,不属于分析内部资源的是(　　)。
   A. 企业资源分析　B. 企业能力分析　C. 经营环境分析　D. 核心竞争力分析

二、多项选择题

1. 企业在进行战略改变时,要注意(　　)。
   A. 对手的战略　　　　　　　　B. 市场的变化
   C. 企业目标的变化　　　　　　D. 企业员工的意愿
2. 战略委员会工作的范围包括(　　)。
   A. 对公司产品战略提出建议　　B. 对公司融资方案进行研究

C. 对公司营销战略提出建议　　　　D. 考虑公司的长期发展规划
3. 保证发展战略的有效实施,要做到(　　)。
A. 培养与发展战略相匹配的企业文化　　B. 优化调整组织结构
C. 整合内外部资源　　　　　　　　　　D. 相应调整管理方式
4. 影响企业发展战略的因素包括(　　)。
A. 企业经营环境变化的风险　　　　　　B. 科学技术发展的风险
C. 走向国际化的风险　　　　　　　　　D. 企业内部发展的风险
5. 企业制定科学、合理的发展战略的重要意义体现在(　　)。
A. 发展战略可以为企业找准市场定位　　B. 发展战略是企业执行层的行动指南
C. 发展战略是内部控制的最高目标　　　D. 没有发展战略,企业就不会成功
6. 企业发展目标是指导企业生产经营活动的准绳。在制定企业发展目标的过程中,(　　)。
A. 应当突出主业,这样才能增强企业核心竞争力,才能在行业发展、产业发展中发挥引领和带头作用
B. 发展目标不能过于激进,不能盲目追逐市场热点,不能脱离企业实际
C. 发展目标不能过于保守,否则会丧失发展机遇和动力
D. 发展目标应当组织多方面的专家和有关人员进行研究论证
7. 战略规划应当明确发展的阶段性和发展程度,确定每个发展阶段的(　　)
A. 具体目标　　　B. 工作任务　　　C. 实施路径　　　D. 市场状况

三、判断题

1. 企业制定与实施发展战略,只要明确战略并稳健执行,就可以避免所有的风险。
(　　)

2. 企业的战略规划应当明确发展的阶段性和发展程度,确定各发展阶段的具体目标、工作任务和实施路径。　　　　　　　　　　　　　　　　　　　　　　　(　　)

3. 发展战略是企业在对现实状况和未来趋势进行综合分析和科学预测的基础上制定并实施的中长期发展目标与战略规划。　　　　　　　　　　　　　　　　　(　　)

4. 要确保发展战略有效实施,加强组织领导是关键。企业董事会作为发展战略制定的直接参与者,往往比一般员工掌握更多的战略信息,对企业发展目标、战略规划和战略实施路径的理解和体会也更加全面、深刻,应当担当发展战略实施的领导者。(　　)

5. 企业的发展战略一经实施,就不能调整。　　　　　　　　　　　　　(　　)

6. 企业能力是企业有形资源、无形资源和组织资源等各种资源有机组合的结果。
(　　)

7. 发展战略因主观原因频繁变动,可能导致资源浪费,甚至危及企业的生存和持续发展。　　　　　　　　　　　　　　　　　　　　　　　　　　　　　　　(　　)

四、简答题

1. 企业制定与实施发展战略应当关注哪些风险？
2. 企业在制定发展目标的过程中，应当考虑哪些影响因素？
3. 企业在实施发展战略时应当如何做好发展战略宣传培训工作？
4. 影响发展战略的内部因素和外部因素有哪些？
5. 企业应当怎样编制发展规划？
6. 制定发展战略需要注意哪些主要风险？

五、案例分析题

张某建立了一家服装公司。几年后该公司在业界小有名气，于是张某决定扩大规模，拓展业务，建立分销网络。他制定了一份战略规划书，准备生产一系列高档服装，在高档百货商店和专卖店分销上市；取代对手公司，成为米兰高级服装在中国市场的总代理；把高收入顾客作为主要销售对象，只销售高档服装，放弃目前市场上销量最好的中低端品牌服装。张某把业绩目标定为开业当年销售额8 000万元，这一想法遭到了各部门经理的反对，均认为时间太短，没有进行充分的调查和准备，公司生产能力还未核准，无法确定业绩目标。但是张某急于开展新的业务，还是给生产经理下达了每月70 000件产品的指标，结果到了年终，生产部未能完成该项指标。

【要求】 结合材料分析张某的发展战略存在哪些问题。

【思政】　　　　持续深化国资国企改革　加快建设世界一流企业

党的二十大报告赋予了国资国企新使命和任务，就是持续深化国资国企改革，推动国有资本和国有企业做强做优做大；同时，保障国资国企高质量发展，提升企业核心竞争力，加快建设世界一流企业，成为本阶段国资国企新担当。发挥"顶梁柱"作用的国有企业需要深刻认识加快建设世界一流企业的重要意义，夯实我国经济高质量发展的基础，从做强做优做大的角度，准确把握加快建设世界一流企业的深刻内涵，对照"产品卓越、品牌卓著、创新领先、治理现代"的标准，推动企业各项经营管理工作不断提升、迈向一流。

第三节　人力资源

本节要点提示

了解人力资源的概念；
掌握人力资源的主要风险点；
熟悉人力资源的引进与开发、使用与退出。

本节内容提要

随着社会的发展，企业之间的竞争日趋激烈，而人力资源对企业竞争力起着重要作用，如人力资源是企业获取并保持成本优势的控制因素、人力资源是企业获取和保持产品差别优势的决定性因素、人力资源是制约企业管理效率的关键因素、人力资源是企业在知识经济时代立于不败之地的宝贵财富。完善的人力资源管理制度和机制是增强企业活力、提升企业核心竞争力的重要基础。企业应当重视人力资源建设,根据发展战略,结合人力资源现状和未来需求预测,建立人力资源发展目标,制定人力资源总体规划和能力框架体系,优化人力资源整体布局,明确人力资源的引进、开发、使用、培养、考核、激励、退出等管理要求,实现人力资源的合理配置,全面提升企业核心竞争力。

一、人力资源的概念

根据《企业内部控制应用指引第3号——人力资源》的阐述,人力资源是指企业组织生产经营活动而录(任)用的各种人员,包括董事、监事、高级管理人员和全体员工,其本质是企业组织中所具有的脑力和体力的总和。从宏观角度来看,人力资源是指能够推动特定社会系统发展进步并达成其目标的该系统的人们的能力的总和。从微观角度来看,人力资源是指特定社会组织所拥有的能推动其持续发展、达成其组织目标的成员能力的总和。

人力资源主要包括高级管理人员、专业技术人员和普通员工。高级管理人员包括决策层和执行层,决策层主要是企业董事会成员和董事长,执行层通常是指经理层。决策层和执行层的高管团队建设是企业人力资源管理的重要领域。决策层要具有战略眼光,具备对国内、国际形势和宏观政策的分析判断能力,要对同行业、本企业的优势具有很强的认知度。执行层应当树立的重要理念就是执行力。企业科学的发展战略必须通过经理层的贯彻实施才能实现;否则,再好的发展战略若执行不力,也会导致经营失败。专业技术人员掌握着企业生存与发展的核心技术,普通员工则构成人力资源的主体。提供高科技产品的企业,在人力资源管理中,应该凸显专业技术人员团队的重要性。此类企业需要建立和完善良好的人力资源制度和机制,激发科研人员研发的积极性。从某种程度上讲,专业技术人员掌握了企业生存与发展的核心技术和命脉。

二、人力资源管理的重要作用

(一)良好的人力资源管理制度和机制是增强企业活力的源泉

人力资源管理要求企业根据发展战略,合理配置人力资源,调动全体员工的积极性,发挥员工的潜能和创造性,为企业创造价值,确保企业战略目标的实现。其核心和要义体现为"以人为本"的管理理念,力图实现董事、监事、高级管理人员和全体员工与企业之间的良性互动和共同发展。健全和实施良好的人力资源管理制度与机制,企业就可以实现公开、公平、公正的用人自主权,引进需要的人,建立干部能上能下、员工能进能出的灵活竞争机制,提高生产效率,让优秀人才能够在适合自己的岗位上得到全面发展,同时为企业和社会做出更大贡献。

(二)良好的人力资源管理制度和机制是提升企业核心竞争力的重要基础

随着我国经济社会的快速发展和经济全球化,优秀人才已经成为市场竞争中最重要的战略资源,人力资源在综合国力的提升和企业竞争中起着决定性作用。无论从宏观的还是微观的角度,人力资源都是最活跃的、最有创造力的因素。人才就是效率,人才就是财富。无数事实证明,一家企业的生死存亡、经营成败,在很大程度上取决于人力资源。只有具备良好的人力资源机制和制度,才能凝聚全体员工,为实现企业发展战略而不懈奋斗。

(三)良好的人力资源管理制度和机制是实现发展战略的根本动力

现代企业要在激烈的竞争中求生存、谋发展,在完善组织架构和制定科学的发展战略之后,起决定作用的就是建立良好的人力资源制度和机制。在企业发展战略和人力资源管理两者的关系中,发展战略决定了人力资源政策;反过来,良好的人力资源政策又对发展战略具有积极促进作用,主要表现为:人力资源是企业发展的灵魂,有了良好的人力资源制度和运行机制,才能制定出科学的发展战略,决策才不会失误;有了良好的人力资源制度和运行机制,才能最大限度地激发专业技术人员从事研究与开发的创造力;有了良好的人力资源制度,才能激发全体员工为实现发展战略而不懈奋斗,最终确保发展战略有效贯彻落实,实现预期发展目标。

三、人力资源管理的主要风险点

(一)人力资源缺乏或过剩、结构不合理、开发机制不健全

这一风险可能导致企业发展战略难以实现。该风险主要针对企业决策层和执行层的高管人员。在企业发展过程中,应当通过发展战略的制定与实施,不断验证决策层和执行层的工作能力和效率。如果发现重大风险,或对经营不利的情况,就应当及时评估决策层和执行层的高管人员是否具备应有的素质和水平。在对决策层和执行层高管团队的评估考核过程中,如果发现有不胜任岗位工作的,就应当通过有效方式及早加以解决,避免企业面临崩溃或走向消亡。当然,也不完全限于高管人员,其他人员缺乏或过剩、结构不合理等,也可能影响企业实现发展战略。

【例2—8】 某企业众多员工中有一部分员工出现"搭顺风车"的行为,极大地影响了企业的工作效率,同时导致底层员工怨声载道。

【分析】 我们可以发现该案例中的企业人力资源过剩,企业的管理层没有及时检验企业内部人力资源的工作能力和效率,没有考核员工是否具有相应的素质和水平,导致企业出现"搭顺风车"的现象,降低了企业的工作效率,影响了企业的发展战略。

(二)人力资源激励约束制度不合理、关键岗位人员管理不完善

这一风险可能导致人才流失、经营效率低下,或者关键技术、商业秘密和国家机密泄露。该风险主要针对企业的专业技术人员,特别是掌握企业核心技术的专业人员。就实现发展战略而言,核心专业人才的流失,无疑会给企业的正常运作和长远发展带来巨大隐患,同时也会对人力资源造成巨大损失。为了留住核心专业人才,企业要有容纳人才共同创造价值的企业文化和环境;面对科学技术日新月异的飞速发展,要不断更新专业技术人员的知识结构,紧密结合企业技术攻关及新技术、新工艺和新产品开发,开展各种专业培训等继续教育,帮助专业技术人员不断补充、拓宽、深化和更新知识。与此同时,还要建立良好的人才激励约束机制,做到以事业、待遇、情感留人与有效的约束限制相结合。企业对于掌握或涉及产品、市场、管理等

方面关键技术、知识产权、商业秘密或国家机密的工作岗位的员工,要按照国家有关法律法规并结合企业实际情况,加强管理,建立健全相关规章制度,防止企业的核心技术、商业秘密和国家机密泄密,给企业带来严重后果。

(三)人力资源退出机制不当

这一风险可能导致法律诉讼或企业声誉受损。该风险侧重于企业辞退员工、解除员工劳动合同等而引发的劳动纠纷。为了避免和减少此类风险,企业应根据发展战略,在遵循国家有关法律法规的基础上,建立健全良好的人力资源退出机制,采取渐进措施执行退出计划。在具体执行过程中,要充分体现人性化,避免双方利益受到损害。

【例2—9】 某电子企业人事部门招聘了一批员工,其中包括王某。两年后王某被该企业辞退。在办理相关手续时,他发现与企业劳务合同相关的条例内容模糊,遂与企业发生了纠纷。最终,王某以企业违反《中华人民共和国劳动法》为由将该企业告上法庭。

【分析】 本例中王某由于被辞退而与企业产生劳动纠纷,体现了企业在人力资源管理的退出机制上存在漏洞。企业的人力资源退出机制不当,可能引发劳动纠纷等法律问题,因此,企业必须完善人力资源的退出机制。

四、人力资源的引进与开发制度设计

无论是新设立企业还是存续企业,为实现其发展目标,都会遇到人力资源引进和开发问题。人力资源作为企业总体资源的组成部分,在保障企业持续健康发展方面发挥着重要作用。因此,企业应依据年度人力资源需求计划,重视人力资源的引进与开发工作。

(一)人员选聘

人力资源部门根据审定后的年度人力资源需求计划,拟定企业招聘实施方案。提出人力资源需求的部门在提出需求时,应在人力资源申请表中建议人员选拔方式。例如,通过企业内部选拔还是采用对外招聘,或者两者同时进行,择优录取。如果单独建议由内部选拔,就可以推荐合适的人选。

人力资源部门审核用人部门的用人需求,决定是否可以通过内部竞聘的方式解决人力需求。当企业内部无适当人选,且对人才的需求量较大时,主要考虑外部招聘,并根据职位技能需求确定选拔条件。如果企业某些岗位需要具备特殊技能和专业知识的人才,就必须广泛对外招聘。

在遴选到一定的后备人员后,人力资源部门对应聘者的各项数据进行初步审核,审阅应聘者的学历、经验是否符合岗位所需,初步淘汰不合格者。此后,将审核通过的应聘者资料转交用人部门进一步审核。根据情况,由人力资源部门主导,对初审合格者进行各项测验,测验项目包括性格测验、智力测验、专业技能测验和专业科目测验等。除此之外,还要对应聘者的思想道德素质进行重点考核,以确保所选拔的人员德才兼备。对测验合格者,在条件许可的情况下,根据应聘人员应聘岗位的重要性,决定是否对拟录用人员进行复试,以减少招聘风险。对于录取者,还应该要求其出具医院的体检证明;对于没有被录取的应聘者,其资料存入企业人力资源后备资料库。

（二）建立用工关系

企业通过与员工签订劳动合同的形式确立劳动关系，并依据《中华人民共和国劳动法》和《企业劳动合同管理办法》等管理规定对员工实施必要的管理。在某些特殊行业，企业依据《中华人民共和国劳动法》和《企业劳动合同管理办法》，应与员工在劳动合同中约定企业的商业秘密和与知识产权相关的保密事项。企业可以通过与员工签订保密协议防止商业秘密泄露。企业可以按照既定的程序，通过制定一定的规章制度，对企业生产设备、工艺过程原材料，甚至废弃物及有关文件、计算机电子文档等提出保密要求。人力资源管理部门可以在与员工签订保密协议时针对不同的层级施行相应的保密制度。

在确立劳动关系时，企业可以通过签订竞业禁止协议，约定员工在双方劳动关系存续期间，甚至离职以后一定的时间、区域内对企业的商业秘密具有保密义务，不得兼职从事与用人单位相同或者类似业务的竞争性行为。

（三）培训

培训是企业提高员工素质、增强企业人力资源竞争力的重要方式。企业每年都应该制定企业员工培训工作的具体规定等有关规章制度，并下达培训工作计划，有针对性地组织业务和知识培训，确保员工技术素质和业务能力达到岗位工作要求。企业除了要对新进员工进行培训外，还应对在职员工进行有计划的培训。

教育培训计划包括新入职员工的教育培训、基层从业人员的教育培训、专业技术人员的教育培训、各中级管理人员的教育培训和高级管理人员的教育培训。

人力资源部门于每年预算编制前，审核及综合协调各单位的教育培训计划，并根据公司的人力资源计划，编制全年度的教育培训计划，报上级批准，作为企业培训计划实施的依据。

五、人力资源的使用与退出制度设计

人力资源的使用与退出是人力资源管理的重要组成部分。良好的人力资源使用机制可以促进企业员工队伍充满活力，有利于提高企业员工的积极性，实现企业和员工的"双赢"。同时，为了确保人力资源的有效利用，使员工队伍持续保持优化状态，企业应当建立和完善人力资源激励约束机制，从战略层面、管理层面，理性对待人力资源退出，致力促进企业人力资源系统良性循环。

（一）人力资源的使用

企业应当设置科学的业绩考核指标体系，对各级管理人员和全体员工进行严格考核与评价，以此作为确定员工薪酬、职级调整和解除劳动合同等的重要依据。为了充分发挥人才的作用，要创新激励保障机制；完善以"按劳分配为主体、多种分配方式并存"的分配制度，坚持效率优先、兼顾公平，多种生产要素按贡献参与分配。企业要注意发挥绩效考核对调动员工积极性和创造性的引导作用，注重对绩效考核结果的科学运用。

绩效考核要与薪酬挂钩，切实做到薪酬安排与员工贡献相协调，既体现效率优先又兼顾公平，杜绝高管人员获得超越其实际贡献的薪酬；同时，要注意发挥企业福利对企业发展的重要促进作用,既吸引企业所需要的员工、降低员工的流动率,又激励员工、提高员工对企业的认可度与忠诚度。企业应当制定各级管理人员和关键岗位员工定期轮岗制度,明确轮岗范围、轮岗周期、轮岗方式等,形成相关岗位员工的有序持续流动,全面提升员工素质。

(二)人力资源的退出

建立企业人力资源退出机制是实现企业发展战略的必然要求。人力资源只进不出,就会造成人力资源滞胀,严重影响企业有效运行。实施人力资源退出,可以保证企业人力资源团队富有活力和工作高效。通过自愿离职、再次创业、待命停职、提前退休、离岗转岗等途径,可以让不适合企业战略或流程的员工直接或间接地退出,让更优秀的人员充实相应的岗位,实现人力资源的优化配置和战略目标。

人力资源的退出必须以科学的绩效考核机制为前提,同时需要相关的环境支撑:第一,要在观念上将人员退出机制纳入人力资源管理系统和企业文化,使人力资源退出从计划到操作成为可能,同时获得员工的理解与支持;第二,要建立科学、合理的人力资源退出标准,使人力资源退出机制程序化、公开化,有效消除人力资源退出可能造成的不良影响;第三,人力资源退出一定要建立在遵守法律法规的基础上,严格按照法律规定进行操作。

企业应当按照有关法律、法规规定,结合企业实际,建立健全员工退出(辞职、解除劳动合同、退休等)机制,明确退出的条件和程序,确保员工退出机制得到有效实施。企业对考核不能胜任岗位要求的员工,应当及时暂停其工作,安排再培训,或调整工作岗位,安排转岗培训;仍不能满足岗位职责要求的,应当按照规定的权限和程序与其解除劳动合同。企业应当与退出员工依法约定保守关键技术、商业秘密、国家安全机密和竞业限制的期限,确保知识产权、商业秘密和国家机密的安全。企业关键岗位人员离职前,应当根据有关法律、法规的规定进行工作交接或离任审计。

总之,为确保企业发展战略实现,企业应当注重健全人力资源管理制度与机制;同时,还应当定期对其制订的年度人力资源计划执行情况进行评估,总结人力资源管理经验,分析存在的主要缺陷和不足,及时改进和完善人力资源政策,促进企业整体团队充满生机和活力,为企业长远战略和价值提升提供充足的人力资源保障。

关键概念

人力资源　　人力资源的引进与开发　　人力资源的使用与退出

综合案例

DL 公司于 1998 年创立,专业从事通信产品的研发、生产和销售。DL 公司于 2000 年成功登陆美国纳斯达克。DL 公司在上市后,充分把握了中国电信、中国网通两家公司进军移动通信市场的机会与需求,大力发展小灵通,并由此进入了"无竞争"的细分市场。七年间,DL 公司营业额翻了百倍,雇员人数也迅速增加,由 20×0 年的 500 人增至 20×7 年的 7 000 人。DL 公司的高管大多是技术人才,"制度管理公司"的概念比较模糊,在人才引进、开发、使用、退出等主要环节中,缺乏完善的开发、激励、约束、退出机制。业务的飞速增长导致聘任的员工不具备充分的胜任能力。比如,DL公司的一些核心技术人才因业绩考核制度的不完善而流失。另外,DL公司的财务人员缺少必要的专业培训,经常会发生财务违规、数据造假等问题。DL公司事后还发现,张某没有会计资格证书,但由于与公司的财务主管有亲戚关系,因此才能进入公司上班。随着时间的推移,由于移动通信技术的不断升级和智能手机的迅猛发展,DL公司的小灵通业务大幅萎缩,公司的战略转型受阻,大量的员工选择了离职。一些核心业务人员甚至将公司的客户、技术和商业秘密转移到了竞争对手的手中,造成了巨大的经济损失,导致DL公司的销售和财务状况一落千丈,最终被纳斯达克摘牌。

【思考】 本案例中,DL公司在人力资源环节中所需关注的主要风险有哪些?

【案例分析】 (1)人力资源缺乏或过剩、结构不合理、开发机制不健全,可能导致企业发展战略难以实现。"DL公司的高管大多是技术人才,'制度管理公司'的概念比较模糊,在人才引进、开发、使用、退出等主要环节中,缺乏完善的开发、激励、约束、退出机制。快速发展的企业造成聘用的人员缺乏足够的能力。"

(2)人力资源激励约束制度不合理、关键岗位人员管理不完善,可能导致人才流失、经营效率低下或关键技术、商业秘密和国家机密泄露。"比如,DL公司的一些核心技术人才因业绩考核制度的不完善而流失。另外,DL公司的财务人员缺少必要的专业培训,经常会发生财务违规、数据造假等问题。DL公司事后还发现,张某没有会计资格证书,但由于与公司的财务主管有亲戚关系,因此才能进入公司上班。……公司的小灵通业务大幅萎缩,公司的战略转型受阻,大量的员工选择了离职,一些核心业务人员甚至将公司的客户、技术和商业秘密转移到了竞争对手的手中。"

(3)人力资源退出机制不当,可能导致法律诉讼或企业声誉受损。"在人才引进、开发、使用、退出等主要环节中,缺乏完善的开发、激励、约束、退出机制……大量的员工选择了离职,一些核心业务人员甚至将公司的客户、技术和商业秘密转移到了竞争对手的手中,造成了巨大的经济损失,导致DL公司的销售和财务状况一落千丈,最终被纳斯达克摘牌"。

练习题

一、单项选择题

1. 以下选项中,不属于高管任用制度的是( )。
   A. 高管人员任职亲属回避制度　　　B. 高管人员任职试用期制度
   C. 高管人员录用管理制度　　　　　D. 高管人员系统培训制度

2. 企业确定选聘人员后,应签订( )。
   A. 职业生涯规划　　　　　　　　　B. 薪酬福利承诺书
   C. 培训计划　　　　　　　　　　　D. 劳动合同

3. 根据《企业内部控制应用指引第3号——人力资源》,人力资源是指企业组织生产经营活动而任用的各种人员,包括( )。
   A. 股东、监事、高级管理人员和一般员工　　B. 董事、监事、高级管理人员和一般员工
   C. 监事、高级管理人员和一般员工　　　　　D. 董事、高级管理人员和一般员工

4. 下列各项中,不符合《企业内部控制应用指引第3号——人力资源》要求的是( )。
   A. 企业选聘人员应当实行岗位回避制度
   B. 企业选拔高级管理人员时,应切实做到因人设岗
   C. 人力资源退出机制不当时,可能导致法律诉讼
   D. 企业确定选聘人员后,应当依法签订劳动合同,建立劳动用工关系

5. 人力资源退出机制不当,可能导致法律诉讼或企业声誉受损。这一风险侧重( )。
   A. 企业决策层
   B. 企业辞退员工、解除员工劳动合同等而引发的劳动纠纷
   C. 企业的专业技术人员
   D. 企业执行层的高管人员

6. 在人力资源的使用方面,为了充分发挥人才的作用,要创新激励保障机制,建立以( )为核心的分配激励制度。
   A. 绩效　　　　B. 阶级　　　　C. 利益　　　　D. 工作时长

二、多项选择题

1. 人力资源主要包括( )。
   A. 董事　　　　B. 高级管理人员　　　　C. 专业技术人员　　　　D. 普通员工

2. 决策层主要包括( )。
   A. 股东大会　　　　B. 董事会成员　　　　C. 董事长　　　　D. 监事会成员

3. 下列风险中,侧重于企业决策层和执行层高管人员的有( )。
   A. 人力资源缺乏或过剩　　　　B. 人力资源退出机制不当
   C. 开发机制不健全　　　　D. 结构不合理

4. 在科学技术日新月异的情况下,要不断更新专业技术人员的知识结构,还需要( )。
   A. 紧密结合企业技术攻关及新技术、新工艺和新产品开发
   B. 帮助专业技术人员不断补充、拓宽、深化
   C. 开展各种专业培训等继续教育
   D. 帮助企业员工更新知识

5. 企业应明确各岗位的职责权限、任职要求,遵循( )原则,以公开招聘、竞争上岗等方式来选聘优秀人才。
   A. 以才为先　　　　B. 以德为先　　　　C. 德才兼备　　　　D. 公开、公平、公正

6. 通过( )方式可实现不适合企业战略或流程的员工直接或间接地退出,让更优秀的人员充实相应的岗位,实现人力资源的优化配置和战略目标。
   A. 自愿离职　　　　B. 待命停职　　　　C. 离岗转岗　　　　D. 提前退休

三、判断题

1. 人力资源管理主要包括引进、开发、使用和退出四个方面。　　　　( )
2. 人力资源主要包括高级管理人员、专业技术人员和普通员工。　　　　( )
3. 专业技术人员的引进要满足企业当前实际生产经营的需要,只需关注专业人才的专业

素质、科研能力即可。（   ）

4. 为体现薪酬对绩效考核的作用，调动高管人员的管理积极性，可以允许高管人员获得超越其实际贡献的薪酬。（   ）

5. 企业选聘人员应当实行岗位回避制度。（   ）

四、简答题

1. 企业的人力资源具体包括哪些人员？
2. 简要描述人力资源管理的三个主要风险。
3. 如何对专业技术人员进行引进与开发？
4. 对于高管人员的引进与开发需要注意哪些问题？
5. 人力资源的绩效考评结果应当着重哪些方面？

五、案例分析题

【案例一】

A公司一直倡导"快乐工作，开心挣钱"的企业文化。在公司的薪酬体系中，公司股东往往身居要职，薪酬远高于其他员工，而其他员工的工资却低于同行业的平均水平。但实际上，股东很少参与实际工作，也不参与考勤，而其他员工必须考勤，并且加班不计加班费。所以员工很少加班，即使工作繁忙也没有人加班。为了激励员工，公司决定在年底发年终奖，统一标准为500元/人。员工常常抱怨薪酬设置不合理、不健全，部分员工开始陆续离开公司，对公司的生产经营造成了很大的影响。

【要求】 根据上述资料，分析A公司哪里出了问题，应如何解决。

【案例二】

DS公司自成立15年以来，现有十余家连锁门店。近几年，公司的高级经理中约50%达不到职位要求，其工作业绩显著低于公司内部晋升的员工。近两年来，有9名中高级经理不是自动离职就是被辞退。在外聘的商业二部经理因为业绩考核不及格而被开除后，董事长亲自召开了一次专门的会议，其中参会的有行政副总裁和人力资源部经理，旨在对公司高管的频繁变动现象进行分析，并提出一个综合的解决办法。

首先，人力资源部经理介绍了招聘和聘用的流程。该公司是通过求职中介或在报纸上发布招聘信息来寻找应聘者的。招聘人员选择的手段有：一张申请表、三项测验（一项智力测验和两项个性测验）、一项个人资格审查和一次必要的面谈。

行政副总裁觉得，他们在雇用一些人时，有一个错误的判断——他们的简历看起来很好，说话也很有条理，可是工作了几周以后，他们的缺点就很明显了。

董事长认为，最根本的问题是没有按照职位需求来挑选合适的人才。"从表面上来看，我们雇用的每一个人，都能把上级交给他们的任务做好，但他们很难做出什么成绩，或者说，没有什么创新。"

人力资源部经理表示，公司在聘用员工时，过于注重员工的个性，而忽略了员工以往在零售领域的表现。

行政副总裁表示，大多数被聘用的员工有一些共性。比如，他们大多是三十多岁的人，频繁地跳槽,频繁地更换工作;他们都是野心勃勃的人,并不满足于自己的成就;进入公司后,大多数人与同事之间的关系并不好,尤其是与下属之间的关系。

最后,董事长向人力资源部经理提出了"从根本上解决公司现有员工的问题,并采取切实的措施,提升公司的人才招募质量"。

【要求】 (1)DS公司管理人员的招聘出现上述问题的原因是什么?

(2)对该公司管理人员的招聘有哪些更好、更具体的建议?

【思政】　　　构建现代化人力资源管理　谱写人才工作新篇章

人才是第一资源,国家科技创新力的根本源泉在于人。习近平总书记在党的二十大报告中深刻指出,"深入实施人才强国战略,坚持尊重劳动、尊重知识、尊重人才、尊重创造,完善人才战略布局,加快建设世界重要人才中心和创新高地,着力形成人才国际竞争的比较优势,把各方面优秀人才集聚到党和人民事业中来"。国有企业是中国特色社会主义的重要物质基础和政治基础。以中国式现代化全面推进中华民族伟大复兴,要求国有企业必须勇挑重担、勇于担当,并对国有企业人力资源管理提出了全新的要求,人力资源管理变革必须与国企改革协同共振,紧抓机遇,积极构建基于现代化公司治理制度的人力资源管理体系。

第四节　社会责任

本节要点提示

掌握社会责任的内容及其控制措施;

了解社会责任的意义。

本节内容提要

企业作为市场发展的主体,在享受社会提供的发展资源和发展机遇的同时,还要承担相应的社会责任。企业不仅应当追求经济利益,而且要积极履行社会责任,这是企业应尽的义务,也是企业的光荣使命。企业具备高度的社会责任感,不但会形成良好的企业文化,而且会使企业的社会影响力增强,进一步推动企业内部控制建设,从而形成企业发展的良性循环。

一、社会责任的主要内容

社会责任是指企业在经营发展过程中除了对股东利益负责之外,还要对员工、社会和环境履行的社会职责和义务,主要包括安全生产、产品质量(含服务)、环境保护与资源节约、促进就业与员工权益保护等。强调企业的社会责任,就是要约束企业在努力创造利润的同时,不要被利益冲昏头脑而做出违背道德甚至法律的行为,更好地维持市场秩序;同时,也促使企业能更好地回馈社会,推动市场经济的和谐健康发展。

(一)安全生产

企业安全生产存在的主要风险点:第一,企业安全主体责任不落实。安全生产制度流于形式,安全生产机构形同虚设,安全管理人员配备不足。第二,企业安全投入不足。未提取和使用安全生产费用,特种设备未定期检验和及时更换。第三,企业员工缺乏安全意识。企业负责人对安全生产工作重视不够,不清楚自己的法定职责;安全生产管理人员安全生产意识差,不具备相应的安全生产知识和管理能力;特种作业人员未经过专门的培训取得上岗证就上岗作业。第四,缺乏安全事故应急预案。应急救援预案缺乏演练,可操作性差,事故发生后,迟报、谎报、瞒报,给管理部门的调查造成困难。

企业防范生产安全的管控措施包括:第一,建立健全安全制度和安全管理机构。企业应当根据国家有关生产安全的法律法规,结合企业自身特点,建立健全生产安全的规章制度、操作规范和应急预案,并严格执行,确保责任落实到位。第二,增加生产安全投入和经常性维护管理。及时进行生产安全技术的更新换代,保证生产安全所需的人力、物力、财力充足、及时地投入。企业还应当进行经常性的设备维护管理,及时发现和解决安全隐患,切实保证生产安全。第三,对员工进行生产安全教育,特殊岗位实行资格认证制度。加强对员工的生产安全培训教育,把安全培训作为企业的一项制度执行,提高员工的生产安全意识,增强员工应对风险的技能。对于有特殊资质要求的岗位,必须持证上岗,严格执行资格认证制度。第四,建立生产安全事故应急预警制度。企业应成立专门的应急部门,预备事故应急预案,及早发现存在的风险,遇到事故按程序快速、有效地处理。重大生产安全事故应当启动应急预案,同时按照国家有关规定及时报告,严禁迟报、谎报和瞒报。

【例2—10】 长春市某爆竹厂接到一份大额订单,客户要求春节前交付。因为时间紧迫,所以该厂人事专员与总经理商量,考虑到交付期以及工作性质,决定临时招收一批没有受过任何安全教育和安全培训的人员务工。在此期间,该厂配药车间工人张某违反安全规范操作,先造成仓库发生小范围爆炸,后因库存的原料和成品数严重超标,直接引发连环爆炸,最终导致二十多人死亡,造成重大安全生产事故。公安、安监等部门介入后经调查发现,张某此前并不是该厂正式员工,也没有相关安全操作资质,是人事专员从当地劳务市场引进的。

【分析】 该爆竹厂引起生产安全事故的原因主要有两个方面:一是工人没有严格执行安全规范和操作流程,安全管理不足;二是企业生产安全意识较为淡薄,没有对员工进行安全培训教育就开始生产,最终导致事故的发生。

(二)产品质量

企业产品质量存在的主要风险点:第一,因产品存在瑕疵导致产品质量风险。产品不符合明示的产品标准,或者不符合产品说明、实物样品等表明的质量状况,在适用性、可靠性、稳定性等方面存在质量瑕疵,虽不会危及人身、财产损失,但也会遭到消费者投诉,影响企业形象,导致市场萎缩。第二,因产品缺陷导致的产品质量风险。产品存在设计缺陷、制造缺陷、指示缺陷,即产品的设计、制造或者产品的指示缺乏合理的安全性,对消费者的人身安全与财产安全造成损害。第三,售后服务风险。销售作为生产者与消费者之间的一个纽带,如果售后服务质量不能提高,则可能损害企业在消费者心目中的整体形象,给企业带来无法估量的损失。

企业保证产品质量安全的管控措施包括:第一,建立健全产品质量标准体系。企业应当根据国家有关生产安全的法律法规,结合企业产品的特点,按照国际或者国内质量管理和质量保证系列标准,制定完善的产品质量标准体系,为社会提供优质、安全、健康的产品和服务,对社会和公众负责。第二,建立严格的质量控制和检验制度。企业应当加强从采购到生产,再到销售各个环节的产品质量检验,通过严格的质量监控,消除可能产生的不合格产品因素。验收环节更是重中之重,未经检验合格或检验不合格的产品禁止从企业流入市场。第三,提高产品售后服务。售后服务是企业与消费者沟通的"桥梁",企业通过优质的售后服务,使企业与消费者的联系更加密切,并且通过消费者的反馈,可以发现产品质量存在的问题,及时采取补救措施并不断改进,从而增强企业信誉,提升企业形象,提高客户的忠诚度与企业竞争力。

【例2—11】 2021年5月,市场监管总局发布了关于22批次食品抽检不合格情况的通告。其中,作为全球医疗健康行业领导者的雅培公司,其生产的雅培铂优恩美力婴儿配方奶粉0~6月龄1段(原产国:爱尔兰)经宁波海关技术中心检验,发现其中的香兰素检测值不符合食品安全国家标准规定。上海市市场监管局已督促召回同批次产品,并对雅培贸易(上海)有限公司做出行政处罚,没收违法所得343.74万元,罚款909.31万元。

【分析】 该奶粉企业违反了产品质量这一原则。根据《食品安全国家标准食品添加剂使用标准》,凡使用范围涵盖0~6个月婴幼儿配方食品,均不得添加任何食用香料,即1段奶粉中不得添加香兰素。该企业未对产品质量引起重视,不了解产品质量标准的相关规定。企业应严格遵守与产品质量标准相关的规定,提高社会责任意识,为婴幼儿建立安全成长的屏障,对社会和公众负责。

(三)环境保护与资源节约

企业环境保护与资源节约存在的主要风险点:第一,环境法律法规、行业政策限制的风险。《环境保护法》《节约能源法》等一系列法律法规的实施为环境保护与资源节约设置了屏障,如果企业违反法律法规,则会受到严厉的处罚。第二,绿色消费的推广和绿色贸易壁垒的设置产生的风险。在大力倡导绿色消费、绿色出行、绿色贸易的今天,消费者会抵制对环境造成污染、对资源造成浪费的消费品和消费行为,企业如果不正视环境污染和资源浪费所带来的问题,则必然因此遭受巨大损失。第三,对环境造成污染的企业,存在巨额赔偿或停产等风险,如一些工厂因排放废水、废气、废渣,向环境中释放有害气体或有害物质,或者建筑企业产生噪音扰民,而被罚款、停产整顿等。

企业环境保护与资源节约的管控措施包括:第一,转变经济发展方式,发展低碳经济和循环经济。企业应当调整产业结构,加大在环保方面的资金和技术投入,加强节能减排,降低能耗和污染物排放水平,实现清洁生产。加强对废弃物的回收和循环利用,提高资源利用效率,以最小的环境代价来换取最大的经济效益。第二,依靠技术进步和创新,开发利用可再生资源。企业应当提高自主创新能力,依靠技术进步开发可再生资源,保护不可再生资源。第三,建立健全监测考核制度,加强日常监控。企业应当建立环境保护和资源节约监测考核制度,严格落实岗位职责,强化日常的监督管理,发现问题及时解决,遇到重大环境污染事件时,应立即启动应急预案并及时上报。

【例2—12】 2021年10月11日,推动长江经济带发展领导小组办公室综合协调组因尾矿库污染严重、风险隐患突出等问题而约谈中国有色集团及大冶有色金属集团控股有限公司(以下简称"大冶有色")相关负责人。大冶有色对尾矿库问题明知故犯。大冶有色是中国有色集团的下属企业,而在同年9月份,中央第六生态环境保护督察组督察中国有色矿业集团时就已发现,其下属沈阳矿业投资有限公司(以下简称"沈阳矿业")不落实生态环境保护主体责任,高能耗问题突出,废气恶臭扰民严重,环境管理不到位。

【分析】 上述企业严重违反了环境保护与资源节约原则。大冶有色忽略其长期存在的环境污染和风险隐患,逃避履行生态环境保护主体责任,甚至虚假整治。沈阳矿业也未承担起环境治理的责任。因此,中国有色集团应该落实环保主体责任,转变生产方式,将绿色发展、循环发展、低碳发展作为转型发展新方向,积极履行社会责任。

(四)促进就业与保护员工合法权益

1. 企业促进就业的主要风险点和管控措施

企业促进就业存在的主要风险点:第一,法律风险。企业因违反相关法律法规,形成事实上的就业歧视,招致诉讼风险。第二,招聘失败风险。招聘的员工不能胜任工作岗位要求,或招聘的员工道德不符合要求。第三,人才过剩风险。人才的引进计划与企业发展阶段脱节,导致人才过剩,裁员解聘带来赔偿、诉讼等,增加企业的运行成本。

企业促进就业的管控措施包括:第一,提供公平的就业机会,转变落后的用人观念,在满足自身发展的情况下,实行公开招聘和公平竞争,尽可能为社会提供更多的就业岗位。公开招聘、公平竞争、公正录用,不因性别、种族、信仰等而歧视,增加就业机会,广开就业门路。第二,加强对应聘人员的审查。严格审查应聘人员的年龄、身份、学历、资格、工作经历等信息的真实性。审查应聘人员是否与其他企业签订了未到期的劳动合同。可委托第三方调查核实。

2. 企业保护员工合法权益的主要风险点和管控措施

企业保护员工合法权益存在的主要风险点:第一,侵犯员工民主权利。影响员工的工作热情,导致员工消极怠工或者跳槽。第二,侵犯员工人身权利。生产作业环境恶劣,导致员工身体伤害;不尊重员工,体罚员工,产生恶劣社会影响,使企业声誉受损。第三,薪酬管理风险。企业未能提供合理的薪酬,如"五险一金"等,导致员工积极性不高,或者员工频繁离职,导致人力成本上升,缺乏熟练工人。第四,员工发展风险。企业未能给员工提供晋升和提高的机会,导致员工流失。

企业保护员工合法权益的管控措施包括:第一,建立科学完善的员工培训与晋升机制。企业应当对员工进行定期培训,公开考核,增加其知识储备并提升其专业技能,保证每位员工都有公平的晋升机会,通过竞争机制吸引和培养优秀人才。第二,建立科学、合理的员工薪酬增长机制。企业应当根据企业环境和员工表现等因素,建立科学的薪酬制度和激励机制,严格考核管理,充分激发员工的工作热情。员工薪酬和保险应当及时、足额发放和缴纳,不能私自拖欠和克扣。第三,建设先进科学的企业文化,保护员工的身心健康。企业应当在保障员工充分休息、休假的同时,积极开展各类文化体育活动;定期组织员工进行身体检查,制定员工健康档案等,预防和减少职业危害,保障员工身心健康。

【例2-13】 2021年7月,国家企业信用信息公示系统显示,西门子数控(南京)有限公司新增行政处罚信息,处罚机关为南京市江宁区人力资源和社会保障局,处罚事由为违反工作时间规定。西门子数控(南京)有限公司于2020年8月份至2021年2月份期间均存在不同程度的超时加班问题,其中最为严重的是在2021年2月份,超时加班36小时以上54小时以内的有49人,超时加班54小时以上72小时以内的有14人,超时加班72小时以上的有13人。

处罚结果显示,南京市江宁区人力资源和社会保障局决定对西门子数控(南京)有限公司做出人民币12 900元的行政处罚。其中,超时加班36小时以上54小以内的49人按每人100元进行行政处罚,超时加班54小时以上72小以内的14人按每人200元进行行政处罚,超时加班72小时以上13人按每人400元进行行政处罚。

【分析】 西门子数控(南京)有限公司违反了促进就业与员工权益保护这一原则。该公司严重违反了《中华人民共和国劳动法》第四十一条法规,出现多人加班超过72小时的情况。让劳动者超时工作、透支健康,是企业缺乏社会责任的体现。只有加强对劳动者合法权益的保护,企业才能有效保障员工身心健康,更好地履行社会责任。

(五)重视"产""学""研""用"结合

企业"产""学""研""用"结合存在的主要风险点:第一,研发风险。企业研发失败,承担巨额研发经费损失的风险。第二,市场风险。技术研发选题脱离市场,使得技术转化先天不足。技术成果不能转化为生产力,从而无法实现预期效益。第三,利益分配风险。企业、院校和科研院所联合创造的收益产生分配纠纷,影响成果的转化,加大企业交易成本。

企业"产""学""研""用"结合方面的管控措施包括:第一,重视"产""学""研""用"结合,把技术创新放在主体地位,重视人才培养。要充分运用市场机制,与高校和科研院所积极开展战略合作,实行优势互补,激发科研机构的创新活力。重视和加强与高校和科研机构的人才培养和交流,同时促进应用型人才的培养,创建重点实验室,加速科技成果的转化,把技术创新要素导入企业创造社会财富的过程中,使企业获得持续创新的能力。第二,确定不同结合模式下的利益分配模式。分配模式包括委托开发模式下的利益分配方式、合作开发模式下的利益分配方式、共建实体模式下的利益分配方式等。

(六)支持慈善事业

中华民族具有深厚的慈善文化传统,扶贫济困、乐善好施、安老助孤、帮残助医、支教助学等爱心活动是弘扬中华民族传统美德的重要组成部分。大力推动企业支持社会慈善事业,帮助社会弱势群体,对于调节贫富差距、促进社会公平、充分调动社会资源、构建和谐社会具有重要作用。企业通过捐赠等公益事业能够产生无与伦比的广告效应,既能享受税收优惠,又能提升企业形象和消费者的认可度,提高市场占有率。

企业应当勇于承担社会责任,积极支持慈善事业,帮助社会弱势群体;把参与慈善活动视为开拓产品和服务的潜在市场,将慈善行为与企业发展目标有机结合起来,不断提高自身参与社会慈善活动的积极性,用实际行动履行企业对社会的责任和义务。

【例2—14】 2021年7月21日,鸿星尔克官方微博宣布捐赠5 000万元物资驰援河南。除了本次向河南特大洪灾捐款5 000万元外,鸿星尔克一直热衷公益事业:2008年汶川地震,鸿星尔克捐款600万元以及大量物资抗震救灾;2018年,鸿星尔克针对残疾人发起了两年6 000万元的捐赠项目用以帮助贫困残疾人和家庭改善生活;2021年"新冠"疫情防控期间,鸿星尔克捐赠了约1 000万元的物资,包括口罩、消毒液、防寒服等协助控制疫情的物资。2023年8月,受台风"杜苏芮"的影响,京津冀等地区连续强降雨引发严重灾情。灾情发生后,鸿星尔克再次豪捐5 000万元驰援涿州。

【分析】 鸿星尔克大力支持社会慈善事业,帮助社会弱势群体,通过积极参与公益事业,承担应尽的社会责任,能够产生很好的广告效应,同时还能提升公司形象和消费者的认可度。

二、履行社会责任的意义

(一)企业创造财富的本质要求

企业通过创造财富,以缴纳税收、股东分红、发放工资等方式,为国家、股东和员工做出了贡献,这在本质上也属于履行社会责任。只要企业是合法合理地创造利润,就是在履行社会责任。

(二)增加企业经济效益,提升企业形象

企业形象是指社会对企业的认可程度,企业形象的提高能很好地促进企业经济效益的增长。若想真正提升形象,企业就必须切实履行社会责任。如果一家企业把履行社会责任作为发展战略的重要部分,在切实履行社会责任的前提下实现了发展目标,那么这样的企业必然得到社会的认可,经济效益也自然会随之增长。

(三)促进企业可持续发展

企业承担社会责任有利于企业创造更广阔的生存环境,如提高企业员工的责任感,提升员工的积极性和创造性,有助于企业生产活动的有序进行。履行社会责任是企业提高发展水平的重要标志。企业履行社会责任可以形成良好的企业文化,增强企业的社会影响力,进一步推动企业的内部控制建设。只有重视和履行社会责任,才能从根本上转变发展方式,提高企业发展水平,形成企业发展的良性循环,实现企业长远发展的目标。

(四)推动优秀企业文化建设

企业社会责任作为企业文化的新内容,重新塑造和创新了企业文化的价值观念,推进了企业文化的相关建设。而企业文化作为企业的一种价值体系,又将企业社会责任建设提升到新的理论高度和较高的文化层次。

三、履行社会责任的内部控制制度设计

企业重视并切实履行社会责任既是为企业前途、命运负责,也是为社会、国家、人类负责。企业应当高度重视履行社会责任,积极采取措施促进社会责任的履行。

(一)建立健全社会责任运行机制

企业应当把履行社会责任融入发展战略,在生产经营的各个环节落实,逐步建立和完善企业社会责任指标统计和考核体系,将社会责任纳入管理体系框架,通过合理有效的运行机制为企业履行社会责任提供坚实的基础与保障。

(二)建立健全企业社会责任报告制度

发布企业社会责任报告可以使股东、员工、社会等各方面了解企业在承担社会责任方面所

做的工作及取得的成就,使企业的管理能力提高,并且有助于企业更加深入地审视其与社会的密切关系,从而提高企业的服务能力和水平,提升企业的品牌形象和价值。

(三)建立责任危机处理机制

在遇到社会责任危机时,企业应当主动向利益相关者、媒体、社会说明真相,真诚认识自己的错误,认真检讨和承诺,以求得公众的谅解与支持。对尚未发生但可能发生的问题主动采取补救措施。只有建立这样的危机处理机制,才能更好地取得社会的信任,从而顺利度过社会责任危机。

关键概念

社会责任　　生产安全　　环境保护

综合案例

长春长生生物科技股份有限公司(以下简称"长春长生")成立于1992年,并于2015年借壳上市。长春长生主营业务为人用疫苗产品的研发、生产和销售,是中国首批自主研发销售流感疫苗及人用狂犬病疫苗的疫苗企业,在疫苗行业长期保持着实力领先、竞争力强劲、影响力显著的优势地位。长春长生疫苗事件实质上起始于2017年11月3日,国家药监局发布公告称,由长春长生公司生产的一批百白破疫苗效价没有达到国家规定的要求。百白破疫苗效价不满足效价标准,有可能影响疫苗的免疫效果。在不合格百白破疫苗事件发生将近一年后的2018年7月15日,国家药品监督管理局发布通告指出,长春长生公司冻干人用狂犬病疫苗生产存在记录造假等行为,严重违反了《药品生产质量管理规范》,已责令公司停止生产,收回药品GMP证书,对公司立案调查。2018年7月23日,习近平主席对长春长生生物疫苗案件做出重要指示,强调要一查到底,严肃问责,始终把人民群众的身体健康放在首位,坚决守住安全底线。2018年8月6日,国务院调查组公布了长春长生违法违规生产狂犬病疫苗案件调查的进展情况。调查组介绍,长春长生从2014年4月起,在生产狂犬病疫苗过程中严重违反药品生产质量管理规范和国家药品标准的有关规定,没有按照制造流程进行处理。长春长生混合了不同批次的原料,并通过纯化处理方式处理勾兑后的原液,甚至将一些过期的原液混入加工生产,并任意篡改成品的生产日期,利用各种卑劣手段企图掩盖违法罪行,以应付监管部门检查。除了产品质量存在问题,长春长生还因水污染物排放问题,在2018年7月接受了长春市环境保护局的调查。结果显示其在线数据和实际检测数据均违反国家水污染防治法的规定,重点水污染物排放量严重超标,并于2018年8月收到长春市环境保护局下发的《责令改正违法行为决定书》。2019年10月8日,深交所发布公告称,长生生物股票终止上市。

【思考】　从企业履行社会责任的角度分析长春长生存在的问题。

【案例分析】　疫苗的质量风险会给人民的生命安全带来严重威胁,因为疫苗生产及疫苗自身特性,使疫苗企业承担着巨大的社会责任风险。长春长生以疫苗的生产和销售作为自己的主营业务,其所在的医药行业具有特殊性,本身风险水平就比较高,作为行业龙头之一的长春长生本应带头承担社会责任,可长春长生不仅没有展现出一家医药企业应有的担当,反而接二连三地出现疫苗质量不合格的问题,可见其社会责任意识薄弱,在日常经营管理中存在过度逐利的情况。企业在抢占市场份额的过程中缺乏对产品质量的足够重视,甚至通过篡改生产技术参数、向后标示生产日期等方式企图蒙混过关,说明了长春长生的管理层未能秉持正确的道德价值观,存在诚信缺失的问题,其内部控制环境不佳。长春长生未认真落实节能减排责任,过度追求经济利益而忽视了应当承担的保护环境的社会责任。

练习题

一、单项选择题

1. 企业应当根据国家和行业相关产品质量的要求,从事生产经营活动,切实提高产品质量和服务水平,努力为社会提供优质、安全、健康的产品和服务,最大限度地满足消费者的需求,对(   )负责,接受社会监督,承担社会责任。

   A. 社会和公众   B. 政府和公众   C. 社会和政府   D. 公众和所有者

2. 企业应当按照国家有关环境保护与资源节约的规定,结合本企业实际情况,建立环境保护与资源节约制度,认真落实节能减排责任,积极开发和使用节能产品,发展(   ),降低污染物排放率,提高资源综合利用率。

   A. 低能经济   B. 高产经济   C. 循环经济   D. 环保经济

3. 企业应当重视(   ),加大对环保工作的人力、物力、财力的投入和技术支持,不断改进工艺流程,降低能耗和污染物排放水平,实现清洁生产。

   A. 土地保护   B. 空气保护   C. 水源保护   D. 生态保护

4. 华为在欧洲发展二十年,满足了人们在线办公、在线教育等需求,推动了行业、产业发展。2019年,华为在欧洲的经营活动为欧洲创造了164亿欧元的经济收益,直接或通过其供应链支撑了22.43万个工作岗位。该材料说明华为履行了(   )的社会责任。

   A. 保护员工合法权益　　　　　B. 保护员工自主择业的权利
   C. 促进就业　　　　　　　　　D. 促进社会稳定,缩小贫富差距

二、多项选择题

1. 企业履行的社会责任包括(   )。

   A. 安全生产   B. 产品质量   C. 促进就业   D. 树立企业形象

2. 企业在发展过程中履行社会责任的意义有(   )。

   A. 履行社会责任是政府的强制要求
   B. 企业是在价值创造过程中履行社会责任
   C. 履行社会责任可以提高企业经济效益
   D. 履行社会责任可以实现企业可持续发展

3. 企业履行社会责任应关注的主要风险包括(   )。

   A. 安全生产措施不到位,责任不落实,可能导致企业发生安全事故
   B. 产品质量低劣,侵害消费者利益,可能导致企业巨额赔偿、形象受损,甚至破产

C. 环境保护投入不足,资源耗费大,造成环境污染或资源枯竭,可能导致企业巨额赔偿,缺乏发展后劲,甚至停业

D. 促进就业和员工权益保护不够,可能导致员工积极性受挫,影响企业发展和社会稳定

4. 企业在保护员工合法权益方面的风险主要包括( )。

A. 侵犯员工民主权利的风险　　　B. 侵犯员工人身权益的风险
C. 薪酬管理风险　　　　　　　　D. 员工发展风险等

5. 实现环境保护,企业应当采取的措施有( )。

A. 建立废料回收和循环利用制度　B. 加大环境保护投入
C. 推行集约生产　　　　　　　　D. 实现清洁生产

三、判断题

1. 创造利润最大化或者实现股东财富最大化是企业发展的唯一目标,承担社会责任则是政府的事情。( )
2. 企业履行社会责任总能给企业带来正面的社会形象。( )
3. 企业对外公布社会责任报告,应聘请独立第三方出具意见,或者聘请大中型会计师事务所进行审验并出具审验声明或报告,但有特殊情况时,可以由企业自身出具报告。( )
4. 企业通过公开渠道公布慈善行为的全过程属于误导外界的行为。( )
5. 企业应当勇于承担社会责任,积极支持慈善事业,把参与慈善活动作为创新产品和服务的潜在市场。( )

四、简答题

1. 企业应承担的社会责任有哪些?
2. 简述企业履行社会责任的意义。
3. 企业应如何保证产品质量?
4. 企业在生产过程中应采取哪些措施来实现资源节约和环境保护?
5. 企业应该如何履行社会责任?

五、案例分析题

随着互联网的高速发展,越来越多的外卖平台出现,与此同时也带来了不少的问题。2016年"3·15"晚会曝光了著名网上订餐软件饿了么平台的商户存在虚假信息,有些甚至是无照经营。第三方平台对入网企业的资质审查并不严格,使得许多虚假资质的企业或者无资质的企业入驻平台。商户资质问题过去不久,一篇题为"外卖骑手,困在系统里"的文章又一度引发众议。文章关于外卖系统算法导致外卖员"玩命"的描述,引起了社会广泛的关注。外卖骑手为了达到系统约定按时送餐的目标,在马路上争分夺秒,人们对于外卖骑手闯红灯、逆行、超速等行为已经司空见惯,这些行为使得外卖骑手遭遇交通事故的数量也急剧增加。当算法驱使的骑手求快行为导致交通违章带来日益频繁的伤亡时,外卖平台则有必要反思是否应该对这种算法进行改进与优化。尽管骑手工作如此拼命,但是在外卖行业,大部分骑手并没有与平台签订劳动合同,骑手与平台之间有些是第三方劳务派遣关系,有些是来自代理商,甚至有些还是

纯粹的自由注册。当外卖平台遇到劳动纠纷或者法律诉讼时,往往声称自己与骑手不存在劳务关系,从而拒绝承担赔偿等相关责任。

【要求】 从社会责任的角度分析,外卖平台的行为违反了哪些原则,应该如何改进。

【思政】　　　　　践行初心使命　勇担社会责任

党的二十大报告指出,"完善中国特色现代企业制度,弘扬企业家精神,加快建设世界一流企业"。企业家精神是广大企业家在长期市场实践中艰难求索取得的宝贵精神财富,是激发新征程磅礴奋进力量的精神内核。企业财富来源于社会,只有切实履行社会责任,才能实现财富的最大价值。企业家要平衡好企业发展与回报社会的关系,努力构建双向良性互动机制,以真诚回报为企业发展提供更坚实的市场根基,以更稳健发展推动企业在履行社会责任上做出更大贡献。

第五节　企业文化

本节要点提示

掌握企业文化的主要风险点；
了解建设企业文化的关键点。

本节内容提要

企业文化是指企业在生产经营实践中逐步形成的,为团队所认同并遵守的价值观、经营理念和企业精神。企业文化对于企业发展具有极其重要的作用。优秀的企业文化能够营造良好的企业环境,提高员工的文化素养和道德水准,对内能形成凝聚力、向心力和约束力,形成企业发展不可或缺的精神力量和道德规范,能对企业产生积极的作用,使企业资源得到合理的配置,从而提高企业的竞争力。

一、企业文化概述

(一)企业文化的概念

根据《企业内部控制应用指引第1号——组织架构》的相关阐述,企业文化是指企业在生产经营实践中逐步形成的价值观、经营理念和企业精神,以及在此基础上形成的行为规范的总称。这里的价值观和企业精神,不是泛指企业管理中的各种文化现象,而是企业或员工在从事经营活动中所秉持的价值观念,这是企业文化的核心内容。

(二)企业文化与内部控制的关系

企业内部控制制度的贯彻执行依赖于企业文化建设的支持和维护。企业文化影响着员工的思维和行为方式。在良好的企业文化基础上所建立的内部控制制度必然成为人们的行为规范,会有效解决企业的治理和会计信息失真的问题。内部控制与企业文化的有效结合能从根本上解决企业经营中的不协调、不统一的问题,能够有效提升企业的管理水平。当然,企业的内部控制制度必须是科学、合理的,企业文化必须是企业价值观和经营理念的表现,由此所实现的两者结合才能为企业的良性发展保驾护航。

二、企业文化建设的主要风险点

企业文化建设的目的,是企业运用文化的力量将员工的思想团结凝聚起来,营造出有利于企业管理和发展的内部环境,构建出人与人之间和谐相处的关系,激发员工的工作积极性和创造性,促进企业获得更高的劳动生产率,实现企业效益的最大化。但是,在建设发展企业文化的过程中存在诸多风险,如有不慎就会导致企业文化建设失效,对企业及员工的发展造成负面影响。

(一)企业文化不明确

企业文化不明确这一风险可能导致员工丧失对企业的信心和认同感,使企业缺乏凝聚力和竞争力。企业文化不等同于思想政治工作和精神文明建设,也不等同于文体活动,更不是企业的标语和口号。企业文化应该清晰而明确,一种好的企业文化应该能充分显示本企业的特色,如实地反映本企业的价值取向,起到凝聚人心、形成合力的作用。

【例2-15】 迪士尼公司的企业文化是"欢乐等于财富",企业希望每一个在迪士尼工作过的员工都学会创造欢乐和带给别人欢乐,这样的理念也成为迪士尼品牌得以持续发展的一个基础。

【分析】 由上例可见,迪士尼公司对于本企业的企业文化定义明确,合理地控制了企业文化建设存在的风险,得到了员工的认同,形成了凝聚力。

(二)企业文化缺乏创新意识

创新是一切文化发展的本质特征,企业文化也重在建设、贵在创新。企业文化建设必须以创新作为发展的动力,按照先进文化的本质要求,将企业文化建设纳入先进文化的范畴和轨道。企业文化创新的实质在于突破企业经营管理中,与实际脱节的僵化文化理念和观点的束缚,向不断创新的新型经营管理方式转变。

面对日益深化、日益激烈的国内外市场竞争环境,企业应该从思想上认识到,创新是企业文化建设的灵魂,是不断提高企业竞争力的关键,并逐步深入地把创新贯彻到企业文化建设的各个层面,落实到企业经营管理的实践中。

【例2-16】 在2022年全国"两会"上,全国政协委员、李锦记集团执行主席李惠森提交了《关于进一步支持家族企业创新发展 积极履行社会责任 参与共同富裕的建议》的提案。早在2009年6月6日,李惠森就凭借其在管理创新、企业文化创新、营销创新取得的成就,被授予"2009年中国企业最具创新力十大领军人物"称号。他总结李锦记集团旗下成员无限极公司(以下简称无限极)"永远创业"精神的精髓是"创新精神",以社会责任带动创新发展。无限极不断加大在产品科研方面的投入和创新,不断进行自我知识产权的产业升级,大力加强自主创新,丰富和强化具有自主知识产权的核心技术。2008年12月无限极获得了"国家高新技术企业"认定。回想整个创业过程,李惠森深刻认识到李锦记集团"思利及人"的核心价值观带来的企业持续稳定的发展。在"思利及人"的基础上,李惠森进一步提出"直升机思维",鼓励员工想问题、做事情时要多"坐直升机",不要局限于自己,要打开看事物的眼界,要做到从企业整体利益和长远利益的高度去看待一项决策。无限极期初是李锦记集团与南方医科大学(原第一军医大学)合作成立的,后来国家收回公司直销经营权,无限极面临严峻的生存危机。本着"直升机思维"和对合作伙伴负责的态度,李锦记集团毅然买断了南方医科大学的股权,从而赢得了一个优秀的长期合作伙伴。后来,南方医科大学在不参加任何管理和投资的前提下,继续为无限极提供科研成果,实现了与无限极的双赢发展。

【分析】 李锦记从"思利及人"到"直升机思维"的逐步深化,体现了企业对于企业文化创新从思想上的高度认知;在与南方医科大学的合作中,公司凭借"直升机思维"的文化精神,化危机为转机,实现双方的合作共赢,更是体现了企业文化创新在提升企业价值中的积极贡献。

(三)忽视企业的文化差异和理念冲突

企业文化差异存在于文化的各个层次,包括企业的外部环境、组织机体和个人,每个层次的文化差异都可能导致企业发展或并购环节产生文化冲突。

1. 外部环境因素

文化的异质性不仅体现在企业文化的差异上,而且体现在企业生存发展的国别、民族、产业及地域的文化差异上。例如,美国企业文化与日本企业文化迥然不同,这与东西方的文化差异是紧密相关的;即使在同一个国家里,不同地区也存在着很大的文化差异,这些都会在企业文化中表现出来。

2. 企业组织因素

不同的企业在发展过程中会形成不同的管理方式,如果产生并购行为,并购后不同的管理方式就很可能产生冲突。一方面,并购企业认为,自己是优势企业,被并购方是劣势企业,因此被并购企业一切都要按并购企业的管理方式行事,实际上并购企业的这种优越感往往会限制它的理性思维;另一方面,被并购企业则认为被剥夺了原来的处事方式和权力,产生抵触情绪甚至严重的文化冲突。

3. 个人因素

员工自身差异较大时也会产生冲突。例如,员工的年龄、性别、个性等生理差异,文化程度、技术熟练程度等方面的差异,都直接或间接影响员工的价值观,从而影响企业文化的个性。

【例2—17】 某国内企业需要收购国外一家企业,在收购之前,对该企业所在地的地域文化、风俗习惯等进行了详尽的调查,并制定了一系列方案来解决收购后的整合问题。

【分析】 该企业没有忽视两国之间的文化差异,尊重各地的文化,并做了相应的企业文化方案调整,从而使其企业文化不仅适合国内员工,而且适合国外文化,这种做法为企业未来的迅速发展起到了一定的铺垫作用。

三、企业文化建设的关键点

(一)塑造企业核心价值观

核心价值观是企业在经营过程中坚持不懈、努力使全体员工都必须信奉的信条,体现了企业核心团队的精神,往往也是企业家身体力行并坚守的理念。企业文化建设始于对核心价值观的精心培育,终于对核心价值观的维护、延续和创新。这是成功企业不变的法则。首先,企业应当从特定的外部环境和内部条件出发,把共性与个性、一般与个别有机地结合起来,总结出本企业的优良传统和经营风格,挖掘、整理出本企业长期形成的宝贵的文化资源,在企业精神提炼、理念概括、实践方式上体现出鲜明的特色,形成既具有时代特征,又独具魅力的企业文化。其次,博采众长、融合创新,广泛借鉴国外先进企业的优秀文化成果。最后,根据上述内容塑造而成的核心价值观指导企业的实际行动。

【例2—18】 宜家一直以来倡导的是"娱乐购物"的家居文化,他们认为,"宜家是一个充满娱乐氛围的商店,我们不希望来这里的人们失望"。宜家最先将"家居"这个全新的概念引入中国,一般的家具商店在人们心目中是很死板、没有美感的家具"仓库"。但宜家以独有的风格,将商场营造成了适合人们娱乐的购物场所。

【分析】 宜家推崇"娱乐购物"的家居文化,具有鲜明的企业特色,形成了既具有时代特征又独具魅力的简洁、自助式家居企业文化。

(二)打造核心品牌

品牌通常是指能够给企业带来溢价、产生增值的一种无形的资产,企业产品或劳务的品牌与企业的整体形象联系在一起,是企业的"脸面"或"标识"。品牌之所以能够增值,主要来自消费者心中形成的关于其载体的印象。打造以主业为核心的品牌,是企业文化建设的重要内容。企业应当将核心价值观贯穿于自主创新、产品质量、生产安全、市场营销、售后服务等方面的文化建设中,着力打造源于主业且能够让消费者长久认可、在国内外市场上彰显强大竞争优势的品牌。

【例2—19】 可口可乐公司的一位总裁曾说过:"即使可口可乐的所有厂房一夜间烧毁,第二天就会有银行愿意贷款给可口可乐,可口可乐也会很快重新恢复。"

【分析】 可口可乐公司在企业文化建设过程中,极力打造核心品牌,从而产生了巨大的品牌效应,也使企业拥有了区别于其他饮料公司的核心竞争力。

(三)充分体现"以人为本"的理念

"以人为本"是企业文化建设的重要方面。企业要时刻树立"以人为本"的思想,营造一种尊重劳动、尊重人才的氛围,努力为全体员工的发展创建良好的平台,充分发挥其积极性和创造性;同时,努力使全体员工在主动参与中了解企业文化建设的内容,认同企业的核心理念,形成上下同心、共谋发展的良好氛围。

【例2—20】 海底捞作为餐饮连锁企业广受好评的原因之一,就是其员工服务态度良好且周到。海底捞崇尚家文化、信任文化,理解员工改变命运的渴望,敢于给员工晋升,员工也以良好的工作态度来服务顾客,从而形成良性循环。

【分析】 海底捞在企业文化建设过程中充分考虑员工的思想和感受,体现"以人为本"的思想,使全体员工主动参与并实践企业文化的内容,从而形成良好的工作氛围。

(四)强化企业文化建设中的领导责任

《企业内部控制应用指引第1号——组织架构》强调:董事、监事和其他高级管理人员应当在企业文化建设中发挥主导和模范作用，以自身的优秀品格和脚踏实地的工作作风，影响并带动整个团队，共同营造积极向上的企业文化环境。

在建设企业文化过程中，领导是关键。企业主要负责人应当站在促进企业长远发展的战略高度重视企业文化建设，切实履行第一责任人的职责，对企业文化建设进行系统思考，确定本企业文化建设的目标和内容，提出正确的经营管理理念。与此同时，企业要着力将核心价值观转化为企业文化规范，通过梳理完善相关管理制度，对员工日常行为和工作行为进行细化，逐步形成企业文化规范，以理念引导员工的思维，以制度规范员工的行为。

【例2—21】 华为总裁任正非创建了生生不息的华为文化，以企业文化为先导来经营企业，是他的基本理念，因此也有了华为的"狼性"文化。任正非说：发展中的企业犹如一只饥饿的野狼，要具有狼最显著的三大特性：一是敏锐的嗅觉；二是不屈不挠、奋不顾身、永不疲倦的进攻精神；三是群体奋斗的意识。

【分析】 任正非推崇的企业文化理念，促成了华为企业的快速发展和成长。在企业文化建设中，企业高层的领导责任起着关键作用，是企业发展的风向标。

（五）重视并购重组中的文化整合

企业在并购过程中，应当重视与并购相关的风险，尤其应防止因忽视企业间文化差异而产生的理念冲突，确保并购重组成功。

企业在并购过程中，应当特别注重文化整合。要在组织架构设计环节考虑文化整合因素。如果企业并购采用的是吸收合并方式，就必然遇到参与并购的各企业员工"合并"工作的情况。为防止文化冲突，既要在治理结构层面上强调融合，又要在内部机构设置层面上体现"一家人"的思想，务必防止吸收合并方员工与被吸收合并方员工"分拨"现象。如果企业并购采用的是控股合并方式，就应在根据《公司法》组建企业集团时体现文化整合，要在坚持共性的前提下体现个性化。

【例2—22】 1996年荣事达集团成立了中美合资公司，但是受外部环境恶化、管理和文化冲突等问题的影响，中美合资荣事达公司在几年时间内，由全国洗衣机行业产销量连续三年夺得"三连冠"的巅峰，急剧堕落到连续四年发生巨额亏损的低谷。

【分析】 荣事达集团与美国美泰克公司出资共同组建中美合资公司，与原企业的核心价值观存在巨大差异，在中美合资公司存续期间，文化整合存在矛盾，文化冲突激化，直接导致该公司走向被并购的命运。

（六）加强企业文化创新

创新是事物持续发展的动力，企业文化也是如此。企业文化形成后并不是一成不变的，还需要与时俱进、不断完善。当企业内外部环境和条件发生变化时，企业的发展战略可能发生改变，企业文化也应进行相应的调整，实现文化的创新与发展。企业文化是企业的软实力，可以为企业提供精神支柱，提升企业核心竞争力。企业一方面要加强文化建设，另一方面要防范其中存在的风险，加强控制，建设具有特色的企业文化，形成团队向心力，促进企业健康可持续发展。

【例2—23】 美国IBM公司的"三原则"企业文化曾经是世界最优秀企业文化的典型标

杆,但在时代发展和公司战略变化的情形下,僵化的企业文化就成了公司转型的绊脚石。CEO 郭士纳充分认识到企业文化对企业发展的重要性,他通过一系列措施改变了公司内部保守、封闭、呆板的文化传统,开启了 IBM 公司转型发展的新时代。

【分析】 从 IBM 公司企业文化的变革可以看出,企业文化不是一成不变的,也要创新和变革,这样才能在企业发展的不同阶段,更好地凝聚员工力量,提升核心竞争力。

关键概念

企业文化　　文化建设　　文化整合　　文化创新

综合案例

蒙牛乳业是中国领先、世界知名的乳制品企业,位居全球乳业八强。公司 1999 年成立于内蒙古自治区,总部位于呼和浩特。公司专注于为中国和全球消费者提供营养、健康、美味的乳制品,形成了包括液态奶、冰激凌、奶粉、奶酪等品类在内的丰富产品矩阵。除中国内地外,蒙牛产品还进入了东南亚、大洋洲、北美等区域的十余个国家和地区市场。公司在国内建立了 40 个生产基地,在新西兰和印度尼西亚共建有 2 个海外生产基地,全球工厂总数达 68 家,年产能合计逾 1 000 万吨。

蒙牛乳业的成功离不开优秀的企业文化,公司在经营生产的各个方面都设立了明确的价值导向,追求"正直立本、诚信立事"的价值观。公司对待员工和人才,是"有德有才破格重用,有德无才培养使用,无德有才限制使用,无德无才坚决不用";在与社会的关系中,相信"小胜凭智,大胜靠德";对待消费者的态度,是"以消费者需求为第一、以消费者体验为第一、以消费者福祉为第一"。这样的企业文化让蒙牛乳业持续发展、经久不衰,成为全世界消费者喜爱的乳制品和营养品品牌。

【案例分析】

根据蒙牛乳业的企业文化现状,我们可以将其企业文化总结为以下三点:

第一,以人为本,任人唯贤。在建立具有自身特性的企业文化时,注重人的培养。员工作为企业文化的参与者和体现者,在构建和谐企业文化中起着主要的作用。伴随着知识经济的到来,企业在注重生产经营和管理的柔韧性的同时,更应注重人才的选拔和培养。

第二,重点突出"和谐文化"。蒙牛乳业注重培育共同价值观,在战略决策中塑造了将消费者、股东、银行、员工、合作伙伴和社会的"六满意"作为企业的立身之本,建立了将企业利益置于社会利益之中的价值观。

通过不断推进制度管理文化、精神意识文化、行为习俗文化和物质生活文化的健康发展,坚持重在建设的方针,构建有个性、有特色的形象文化体系,向世人展示了其良好的产品、服务、管理与市场的形象,丰富、和谐了企业的形象文化,放眼于未来,做好和谐文化的建设。

第三,价值观与企业发展目标相辅相成。三个"消费者第一"是关键,意味着蒙牛乳业作为一家拥有数以亿计消费者的快消品企业,正是凭借"以消费者需求为第一、以消费者体验为第一、以消费者福祉为第一",才能从激烈的市场竞争中脱颖而出。

练习题

一、单项选择题

1. 品牌通常是指能够给企业带来溢价、产生增值的（　　）。
   A. 有形资产　　　　B. 可变资产　　　　C. 无形资产　　　　D. 固定资产

2. （　　）是企业在经营过程中坚持不懈、努力使全体员工都必须信奉的信条，它体现了企业核心团队的精神，往往也是企业家身体力行并坚守的理念。
   A. 核心价值观　　　B. 可持续发展观　　　C. 企业文化　　　　D. 凝聚力

3. （　　）是企业文化建设的重要方面。
   A. 利益至上　　　　　　　　　　　　　B. 以德服人
   C. 激励与约束相结合　　　　　　　　　D. 以人为本

4. 企业应当树立（　　）的经营理念。
   A. 产量最大化　　　B. 诚实守信　　　C. 利润最大化　　　D. 销售最大化

5. 企业在并购前，应当对并购双方的企业文化进行调查研究和（　　）。
   A. 文化整合　　　　B. 分析评估　　　C. 相互融合　　　　D. 整改方案

二、多项选择题

1. 企业文化，是指企业在生产经营实践中逐步形成的（　　），以及在此基础上形成的行为规范的总称。
   A. 价值观　　　　　B. 经营理念　　　C. 组织框架　　　　D. 企业精神

2. 企业文化建设的主要风险点有（　　）。
   A. 缺乏积极向上的企业文化可能导致员工丧失对企业的信心和认同感，使企业缺乏凝聚力和竞争力
   B. 缺乏开拓创新、团队协作及风险意识可能导致企业发展目标难以实现，并且影响可持续发展
   C. 缺乏诚实守信的经营理念可能导致舞弊事件的发生，造成企业的损失，并且影响企业的信誉
   D. 忽视企业间的文化差异和理念冲突可能导致并购重组失败

3. （　　）应当在企业文化建设中发挥主导和模范作用，以自身的优秀品格和脚踏实地的工作作风，影响并带动整个团队，共同营造积极向上的企业文化环境。
   A. 股东　　　　　　B. 监事　　　　　C. 董事　　　　　　D. 高级管理人员

三、判断题

1. 打造以主业为核心的品牌是企业文化建设的重要内容。（　　）
2. 企业在并购过程中，应当特别注重相互融合。（　　）
3. 核心价值观是企业在经营过程中要使全体员工都信奉的信条，它体现了企业核心团队的精神，往往也是企业家身体力行并坚守的理念。（　　）
4. 创新是事物持续发展的动力，但企业文化并不是如此。（　　）

四、简答题

1. 什么是企业文化?
2. 企业文化的良好控制对于企业的发展有何意义?
3. 企业文化的控制风险点是什么?
4. 企业文化与企业内部控制的关系是什么?
5. 如何打造优秀的企业文化?

五、案例分析题

20世纪80年代,美国M公司开发了某药品来治疗某种疾病。治疗该疾病的药品的价格十分昂贵,导致贫困地区的患者无法负担。了解到该情况后,M公司决定免费赠送药品给贫困地区的患者。当被问到为什么不暂停这项没有盈利的项目时,公司董事长指出,如果不生产这种药品的话,很有可能会打击研发药品的科研人员的士气,并且违背企业"保存和改善生命"的宗旨。

【要求】 从上述案例中,你得到了哪些关于内部控制方面的启示?

【思政】　　　　加强企业文化建设　促进企业全面发展

企业文化建设,是企业发展的坚实基础,是企业创新发展的必要条件,是提高团队向心力、凝聚力的法宝,企业要获得长足发展,就必须高度重视企业文化建设。各企业要全面贯彻党的二十大精神,认清企业文化建设的路径和方法,因势而谋,夯实企业文化建设的立足点;应势而动,抓住企业文化建设的关键点;乘势而起,找准企业文化建设的着力点;顺势而为,突出企业文化建设的生长点。

练习题参考答案

第三章　业务活动内部控制

本章要点提示

了解各项业务活动的概念；
掌握各项业务活动的流程、风险点及管控措施。

本章内容提要

企业在改进和完善管理活动内部控制的同时，还要对各项业务活动进行相应的控制。本章介绍的业务控制活动共有11项，包括资金活动、采购业务、资产管理、销售业务、研究与开发、工程项目、担保业务、业务外包、财务报告、全面预算和合同管理。

第一节　资金活动

本节要点提示

了解资金集中管理的方法；
掌握筹资活动、投资活动以及资金营运活动业务的内容；
掌握筹资活动、投资活动以及资金营运活动内部控制的主要风险点及其管控措施。

本节内容提要

资金是企业流动性最强、控制风险最高的资产，是企业生存和发展的重要基础。企业必须高度重视资金的管理和控制工作，保证资金安全，提高资金使用效率。资金的管理包括资金集中管理和资金活动具体流程管理，其中资金活动包括筹资活动、投资活动和资金营运活动。本节阐述了资金集中管理的相关内容，同时对资金活动具体流程进行了介绍，分析了各环节存在的风险点，并提出了相应的管控措施。

一、资金集中管理

资金管理是企业内部控制的重要组成部分，其管理的内容主要包括资金的筹集、运用、耗费、收入及分配等。资金集中管理主要是针对大型企业集团的管理模式，主要内容是集团将其附属企业或单位的资金集中到总部,由总部统一调配使用,决定资金的使用规模、方向。资金集中管理作为企业资金活动的重要内容,对企业尤其是集团公司的资金活动管理具有重要意义。

(一)资金集中管理的意义

1. 有利于形成资金优势,降低财务成本,防范信用风险

由于集团公司附属的单位较多,行业、地域分布以及企业发展周期等存在差异性,企业资金较分散,集团难以集中足够的资金来满足生产需要,而资金在企业集团外流转则产生大量在途资金,从而使资金划转效率低,因此在很大程度上需要依靠金融机构贷款来解决流动资金短缺的问题,这也造成了企业债务比例过高、偿债困难等问题。通过资金集中管理,集团公司可以集中各单位应上交的资金及部分闲散资金,降低融资成本,形成雄厚的资金优势,保证企业生产经营的需要。采用集团资金集中管理方案,还能够对全集团的内、外担保行为进行管理,避免出现无序对外担保造成的信用能力下降,有效防范信用风险。集团资金集中管理相当于收拢五指,用企业集团的整体信用进行筹资,自然能够产生较好的筹资效果。

2. 有利于强化财务控制,加强集团管理

资金管理作为财务管理的重要环节,对整个集团的发展至关重要。一方面,通过实行资金集中管理,可以对集团下属企业的资金流入、流出进行控制,提高资金的使用效率,促进企业之间的相互沟通、交流,加强对下属企业生产经营的管理,确保集团资金使用行为规范、合理,达到集团整体战略目的,从而有利于整个集团效益的提高;另一方面,通过资金集中管理,对下属企业资金的使用进行监督,能够保障资金的使用安全,能对资金流向的合理性和合法性进行监督,及时发现问题,并纠正资金使用中的盲目性,使其符合集团的整体发展战略,从而使集团内各子公司的资金运作完全置于集团的监控之下,强化集团的财务监控力度,避免因资金流出现危机而导致的经营风险。

(二)资金集中管理的方法

资金集中管理的方法很多,常用的有统收统支模式、拨付备用金模式、内部银行模式、资金池模式、财务公司模式和结算中心模式等。国内大型集团应用比较多的是财务公司模式和结算中心模式。集团应该根据自身的情况,结合企业的规模、组织架构、业务范围等选择适合的资金集中管理模式。

1. 财务公司模式

财务公司是企业依据相关法律法规,根据企业实际设立的,主要为集团成员单位的技术改造、新产品开发及产品销售提供金融服务,以中长期金融业务为主的非银行机构。国内的财务公司是由集团筹资组建的,它是集团总部常用的资金集中管理模式。在集团发展到一定水平后,由政府监管机构批准,作为集团的子公司设立,主要职能是为本集团成员提供发展配套金融服务。

2. 结算中心模式

结算中心一般由集团内部设立,代表集团进行资金管理的内部机构,通常隶属于财务部门,负责办理内部各成员单位的现金收付和往来结算等业务,是一个独立进行资金运作的职能

部门。结算中心与财务公司有着本质的区别,仅仅是集团的内部管理机构,不具有法人地位。

3. 拨付备用金模式

拨付备用金模式是指集团按一定期限拨给成员单位一定金额的现金,备其使用。在此模式下,成员单位的所有现金收入必须集中到集团财务部门,发生的现金支出必须持有关凭证到总部的财务部门报销以补足备用金。成员单位在总部规定的现金支出范围和支出标准内,可以对拨付的备用金的使用行使决策权。

4. 资金池模式

资金池模式是指集团将其所属成员的银行账户统一归集到一个或几个由集团控制的账户中,以统一调拨集团的资金,成员单位的银行账户余额为零。在资金池框架内,集团及其子公司是委托借款人和借款人。子公司在资金池透支是贷款,要付息;相反,在资金池存款是放款,要收取利息。所以,资金池使集团与商业银行形成了紧密的战略联盟关系,加强了集团管理。

5. 内部银行模式

它是集团下属子公司常用的资金集中管理模式。内部银行是较结算中心更为完善的内部资金管理机构。与结算中心不同的是,它把一种模拟的银企关系引入集团内部的资金管理中,实行银行化管理,各分公司与集团是一种贷款管理关系,建立贷款责任制,强化资产风险管理,实行相对独立核算、自负盈亏,使内部银行成为结算中心、货币发行中心、贷款中心和监管中心。

(三)资金集中管理的不足

1. 集权分权的程度有待优化

企业为了集中资金并进行管理,必须对成员单位进行相关权利的重新制定和分配。集中管理的总体原则是"总体集中,适度分权"。在集权与分权的过程中,如果把握不好,就可能存在控制过度的问题,导致成员单位积极性不高,缺乏灵活性,过分依赖集团,自身风险防范意识差;同时,也可能存在部分成员单位为逃避资金集中管理,利用违规的手段套取资金,支付预算外项目,违反财务制度。

2. 信息化水平不足

大多数集团目前的资金预算系统不够成熟,与资金收支系统的对接存在不完善的地方,不能满足资金集中管理的需求;同时,企业的财务信息传递、分析、评价功能不足,缺乏有力的信息沟通手段,容易造成集团信息掌握不完全,导致决策效率低下甚至失误,降低资金使用效率。

3. 环节增多导致效率降低

由于管理系统和信息化水平不能全面满足资金集中管理的需要,因此企业不得不采用传统落后的手段进行决策,造成额外的审批环节增多,财务人员工作负担加重,效率下降,只注重细节和环节上的问题,而缺乏全局考虑。

二、筹资活动

筹资活动是企业经营和发展的起点。通过筹资活动,企业筹集到足够资金,以满足企业工资和日常生产经营的需要。企业可以通过银行借款、发行股票和债券等形式筹集资金。在资金的筹集过程中,企业要根据其预算和战略规划,明确资金的规模、用途、结构等内容,并对资金使用成本及存在的风险做出估计。另外,还要对宏观经济形势、法律法规、政治等因素进行统筹考虑。

(一)筹资活动主要业务流程

企业应根据不同筹资类型的业务流程以及流程中各个环节体现出来的风险,采用不同的具体措施进行筹资活动的内部控制。筹资活动的业务流程如图 3—1 所示。

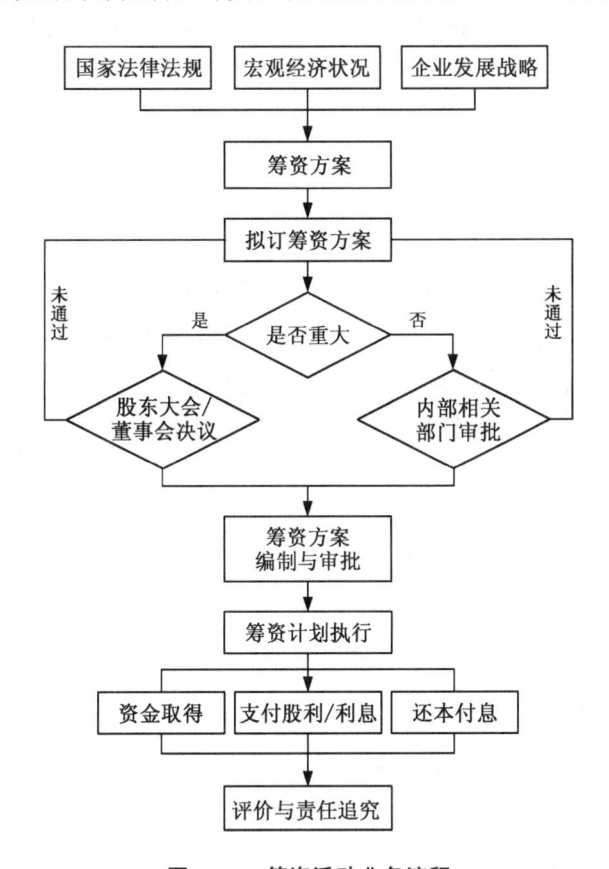

图 3—1 筹资活动业务流程

1. 筹资方案的提出

企业的筹资方案一般由财务部门根据企业全面预算和经营战略规划,结合目前的资金使用现状提出,筹资方案的内容应包括筹资规模、筹资形式、筹资期限、资金使用方向、利率等要素。此外,筹资方案的提出还需要与企业生产经营的相关业务部门进行沟通、协调。

2. 筹资方案的论证

筹资方案提出之后,还应经过充分的可行性论证。企业应组织相关专家对筹资项目进行可行性论证,一般可以从以下几个方面进行分析论证:

(1)筹资方案的战略评估——主要评估筹资方案是否符合企业整体发展战略。企业在筹资规模上要结合企业战略考虑,既要防止筹资不足使企业发展受限的状况,也要避免因筹资过度而造成资金闲置,从而增加筹资成本和财务负担的状况。企业应对筹资方案是否符合企业整体战略方向进行严格审核。

(2)筹资方案的经济性评估——主要评估筹资方案是否符合经济性要求,重点关注筹资成本是否最低,筹资方式是否最优,以及期限、利息和股息是否合理等。就筹资方式而言,筹集相同的资金,股票与债券两种方式的筹资成本不同,而不同的债券种类或者期限结构也会面临不同的成本。企业必须认真评估筹资成本,并结合收益与风险进行筹资方案的经济性评估。

(3)筹资方案的风险评估——主要对筹资方案面临的风险进行分析。企业要基于利率、汇率、货币政策、宏观经济走势等重要因素对筹资方案面临的风险做出全面评估,应对可能出现的风险。例如,企业选择债权方式筹资,按期还本付息会给企业带来现金流压力;而采用股权筹资方式,其股利支付具有较大的灵活性,且无须还本,因而企业的现金流压力较小,但股权筹资的成本较高,企业可能面临较大的控制权风险。所以,企业应在不同的筹资风险之间进行权衡。

3. 筹资方案的决策审批

企业提出筹资方案并经过可行性论证后,需要按照授权审批的原则进行审批。其中,重大的筹资项目需要提交董事会或股东大会进行审议,筹资方案需要政府相关管理部门或者上级单位审批的,应及时申请批准。审批人员与筹资方案编制人员应适当分离。在审批过程中,要实行集体决策或者联签制度,综合考虑各方建议后进行决策,以保证决策的科学性,且决策过程中要有相关书面记录。筹资方案发生重大变更或者调整的,需要重新进行决策,履行相关审批程序。

4. 筹资计划的编制与执行

企业的筹资方案经过授权审核批准后,需要指定切实可行的具体筹资计划,在经过财务部门的批准后,科学、高效率地规划筹资活动。筹资计划的编制要根据宏观经济形势、金融政策、市场、政治等因素的要求,对不同筹资方式的优劣、资金成本、筹资难度等进行分析,合理选择筹资方式。

通过银行等金融机构贷款进行筹资的,要明确借款的数量、利率、期限、担保措施、偿付安排等内容,双方就相关权利和义务达成共识后,依据相关合同和协议办理借款业务。

通过债权融资的,企业要合理选择债券的种类,对还本付息等偿付机制做出安排,保证按时足额偿还到期本金和利息。

通过股权融资的,应当按照《证券法》和有关部门的规定,完善公司治理结构,选择具有资质的中介机构,保证股票发行的合法合规。另外,企业应综合考虑投资者利益和企业具体实际,就股利分配方案及股利支付方式做出合理安排,其中,股利分配方案还要经股东大会审批通过。

5. 筹资活动的监督、评价与责任追究

企业要严格按照筹资计划筹集、使用资金,加强筹资活动的监管,确保筹资的数量、用途、偿付、保管等符合相关规定,并进行筹资活动的评价,追究违规人员的责任。此环节的控制目的在于加强筹资活动的监管,保证资金的正确有效运用,维护筹资信用。

(二)筹资活动的主要风险点及其管控措施

由于外部环境和企业内部治理存在诸多不确定性因素,因此企业的筹资活动存在相应的风险,企业要根据筹资活动的具体业务流程,综合考虑筹资方式、资金成本、资金使用效率等因素,对筹资活动业务流程中存在的风险点进行规避和控制,发现并纠正筹资活动中存在的错误。

1. 筹资方案的提出与论证

该环节的主要风险:缺乏完整的筹资战略规划,筹资方案与企业的实际需求存在偏差,筹资规模不合理,出现盲目筹资行为,加重企业财务负担等。筹资活动违反国家法律法规,可能遭受外部处罚、带来经济损失和信誉损失或产生资金冗余及债务结构不合理等现象,从而增加企业的筹资成本。此外,没有考虑筹资成本和风险评估等因素,可能产生重大差错、舞弊或欺诈行为。筹资方案的选择没有考虑企业的经营需要,筹资结构安排不合理,筹资收益就会低于筹资成本,可能造成企业到期无法偿还利息。

该环节的主要管控措施:企业的筹资活动要以企业的战略规划尤其是财务战略为指导。在筹资过程中,遵循企业的资金战略,结合目前企业资金的使用现状,明确目标资本结构,对资金规模、资金来源、期限结构、利率结构等内容进行科学、合理的规划和设置,避免其频繁变动带来的财务风险。

(1)进行筹资方案的战略性评估,如是否与企业发展战略相符合,筹资规模是否恰当。

(2)进行筹资方案的经济性评估,如筹资成本是否最低,资本结构是否恰当,筹资成本与资金收益是否匹配。

(3)进行筹资方案的风险性评估,如筹资方案面临哪些风险,风险大小是否恰当、可控,是否与收益匹配。

2. 授权审批

该环节的主要风险:授权审批程序不完善而导致方案不科学;筹资条款审核不到位使企业在合同中处于被动地位,从而给企业带来潜在的不利影响。筹资分析报告未经适当审批或超越授权审批,可能产生重大差错或舞弊、欺诈行为而使企业蒙受损失。

该环节的主要管控措施:授权审批制度。作为筹资方案的重要风险控制程序,在审批流程中的每一个审批环节都要认真履行审批职责,加强对筹资风险的管控。如果授权审批制度存在缺陷,就会导致筹资方案中的潜在风险不能及时被发现,使得筹资方案决策不科学、不合理,给企业带来相应的风险。企业在筹资活动中需要签订相应的合同、协议等法律文件,并且要对筹资活动中签订的合同、协议等法律文件中载明的筹资数额、筹资期限、利率、违约责任等具体条款进行认真审核,权衡利弊,必要时,可以通过法律中介机构来协助进行合同的审核。审批中应实行集体审议或联签制度,以保证决策的科学性。

【例3—1】 A集团P项目的借款筹资方案审批内部程序:

(1)确定项目,成立项目组并提出融资方案。

(2)进行融资方案论证。

(3)由项目工作组中负责融资工作的融资小组就融资方案的可行性向项目组全体成员进行详细汇报,通过后由项目组负责人审批。

(4)由项目组就项目整体投资方案向公司董事会等逐级详细汇报,由公司董事会和集团党组审批。

(5)形成针对筹资方案的原则性意见。

【分析】 通过对以上A集团P项目的借款筹资方案审批内部程序的分析,可认为A集团建立了完整的审批决策流程,通过各部门的协调、沟通,以及集体决策等形式,保证了决策的正确、有效。

3. 筹资计划编制与执行

该环节的主要风险:筹资方式选择不合理会导致企业筹资成本过高,对企业经营造成不利影响。另外,筹资计划在具体执行过程中,部分环节中可能出现管理缺失,导致企业资金被挪用、贪污,利息没有及时支付而被银行罚息等问题,使企业面临不必要的财务风险。筹资计划没有依据上期预算的完成情况编制,可能导致筹资决策失误,进而造成企业负债过多,增加财务风险。

该环节的主要管控措施:筹资方式不同,其筹资成本也存在差异。债权类筹资成本表现为固定的利息费用,企业必须按期足额支付,到期还需要偿还本金。而股权类筹资不需要偿本付息,其股利支付具有较大的灵活性,但股权筹资的成本较高。企业要制定科学、合理的股利支付方案,包括股利金额、支付时间、支付方式等,以确保股利支付顺利进行,并维持企业的股价稳定。在筹集资金的使用过程中,企业要制定完善的筹资活动日常管理制度,加强筹集资金的动态监控,提高资金使用效率,保障企业现金流的稳定。

【例3—2】 1996年,巨人大厦资金告急,史玉柱被迫抽调保健品的流动资金来填补巨人大厦的建设用款,而保健品方面因为巨人大厦的资金抽调和管理不善,迅速衰落。

【分析】 从上述案例可以看出,当房地产项目缺乏强有力的金融资本支撑时,片面地认为保健品收入完全能满足巨人大厦建设的资金需求而采用全凭自有资金开发的方式兴建巨人大厦的后果是危险的:巨大的筹资规模使生物工程不堪重负,无力再提供建设资金,最终导致企业名存实亡。

三、投资活动

企业投资活动是筹资活动的延续,对于筹资成本补偿和企业利润创造具有重要意义。企业应该根据自身发展战略和规划,结合企业资金状况,综合考虑市场、金融、利率等因素,确定投资目标,制订投资计划,合理安排资金投放的数量、结构,确保投资活动的顺利进行。

(一)投资活动的业务流程

企业应该根据不同投资类型的业务流程,以及流程中各个环节体现出来的风险,采用不同的具体措施进行投资活动的内部控制。投资活动的业务流程如图3—2所示。

1. 投资方案的提出

企业的投资方案要根据企业经营战略规划、宏观经济环境、市场状况等提出,投资方案的内容应包括投资规模、投资方向、投资方式、收益率等要素。

2. 投资方案的可行性论证

投资方案提出之后,还应经过充分的可行性论证。可行性论证主要从以下几个方面开展:第一,投资方案的战略评估。企业的投资方案要符合其发展战略,投资方式、投资方向、投资规模等要结合企业的经营规划,结合目前企业的发展现状确定,投资项目要具有发展前景。第二,投资方案的收益率评估。收益率是投资项目的重要考虑因素。企业要通过相关的计算、分析,合理确定项目的收益率。投资方案的收益率要符合相关预期或规划,避免收益率不稳定的

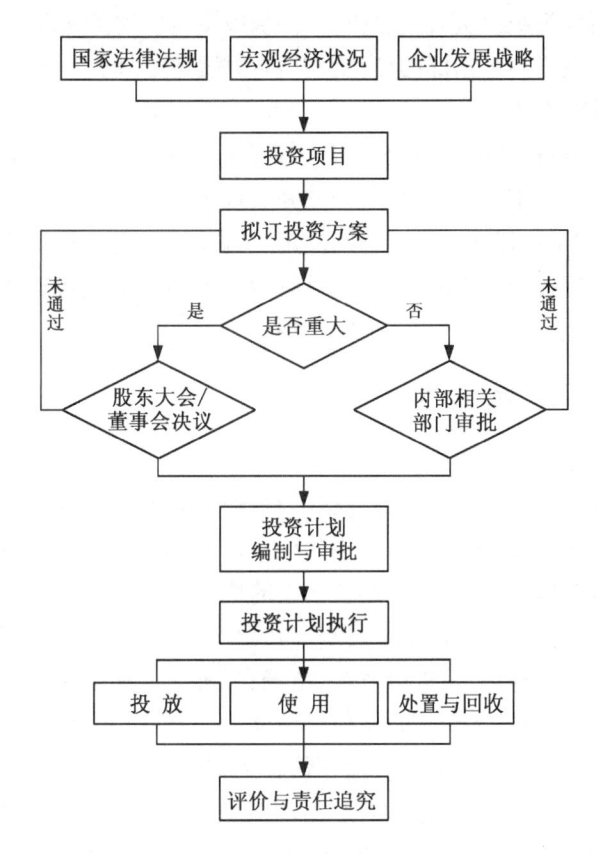

图 3-2 投资活动业务流程

项目上马。第三，投资方案的风险评估。企业不仅要评估投资方案面临的风险是否处于可控或可承担范围内，而且要从投资活动的技术可行性、市场容量与前景等几个方面进行论证。企业要基于宏观经济走势、市场环境、行业前景等重要因素对投资方案面临的风险及风险的可控程度做出全面的评估；同时，企业可以根据实际需要，对重大投资项目委托具有相应资质的专业机构进行可行性研究并提供独立的可行性研究报告。

3. 投资方案决策审批

企业提出的投资方案经过可行性论证后，需要按照授权审批的原则进行审批。重点审批投资方案的可行性、经济性、收益情况、风险情况等。重大的投资项目需提交董事会或股东大会进行审议，投资项目需要政府相关管理部门或者上级单位审批的，应及时报请批准。在审批过程中，综合考虑各方建议进行决策，以保证决策的科学性，且决策过程中要有相关书面记录。投资方案发生重大变更或者调整的，需要重新进行决策，并履行相关审批程序。

4. 投资计划编制与实施

企业的筹资方案经过授权审核批准后，需要与被投资方签订相关合同或协议，制订切实可行的具体投资计划。投资计划的编制要根据双方企业的具体情况，结合宏观经济形势、市场环境等因素的要求，明确投资规模、项目进度、完成时间、质量与标准要求等内容。在投资项目执行过程中，企业要指定专门机构或人员对投资项目进行跟踪管理，密切关注投资项目的市场条件和政策变化，准确做好投资项目的会计记录和处理。企业应及时收集被投资方经审计的财务报告等相关资料,定期组织投资效益分析,关注被投资方的财务状况、经营成果、现金流量以及投资合同履行情况,发现异常情况的,应及时报告并妥善处理。

5. 投资项目的到期处置

企业要对投资效果进行分析,投资未达到预期目的需要提前处置的项目,以及已到期需处置的投资项目,要经过相关审批流程,妥善处置并实现企业最大的经济收益。企业要对投资收回、转让、核销等决策和审批程序做出明确的规定。转让投资应由相关机构或人员合理确定转让价格,报授权批准部门批准,必要时可委托具有相应资质的专门机构进行评估;核销投资应当取得不能收回投资的法律文书和相关证明文件。

(二)投资活动的主要风险点及其管控措施

1. 投资方案的提出与论证

该环节的主要风险:投资方案与企业战略不符,使企业在同行业竞争中处于不利地位;投资与筹资在资金数量、期限、成本与收益上不匹配,可能使企业面临财务风险。

该环节的主要管控措施:第一,进行投资方案的战略性评估。例如,正确选择投资项目,合理确定投资规模,恰当权衡收益与风险。投资项目要突出主业,避免盲目投资,谨慎从事证券等高风险性投资项目。对投资方案进行技术、市场、财务三方面的可行性研究,深入分析项目的技术可行性与先进性、市场容量与前景、项目预计现金流量、风险与报酬,比较或评价不同项目的可行性。第二,进行投资方案的经济性评估。例如,企业投资活动的资金需求很大部分来源于筹资活动筹集到的资金,不同的筹资方式,可筹集资金的数量、偿还期限、筹资成本不一样,这就要求投资应与企业的筹资能力相匹配,尤其是在规模和时间上,要与筹资现金流量保持一致,以避免资金流断裂等财务危机的发生。另外,企业的投资收益要与筹资成本相匹配,确保投资收益在补偿筹资成本后实现最大化。第三,进行投资方案的风险性评估。例如,企业采用并购方式投资的,要充分了解目标公司,注意严格控制并购过程中的风险。

【例3—3】 自1992年开始,"三九"集团在短短几年内通过收购兼并企业,形成了医药、汽车、食品、酒业、饭店、农业、房产等几大产业并举的格局。但是,2004年4月14日,三九医药(000999)发出公告:因工商银行要求提前偿还3.74亿元的贷款,目前公司大股东"三九"药业及"三九"集团("三九"药业是"三九"集团的全资公司)所持有的公司部分股权已被司法机关冻结。至此,整个"三九"集团的财务危机全面爆发。

【分析】 "三九"集团财务危机爆发的主要原因是多元化投资(非主业/非相关性投资)扩张的战略失误。集团没有正确掌握自己的战略,从事了与战略不相符的多元化投资项目。

【例3—4】 德尔惠作为中国体育品牌的一员,曾经十分辉煌。2000年左右,德尔惠的销售总额突破3.5亿元,同时诚意邀请当红明星代言,将品牌一度推向了另一个高峰。但在其未来的发展过程中,德尔惠却没有紧跟时代、精准匹配客户,后来又出现了资金链短缺、库存危机等问题。2017年12月底,德尔惠因债务超过6亿元,其厂房、土地和仓库等多处资产被挂牌抵押拍卖,最终走向了倒塌的命运。

【分析】 究其失败原因,在于德尔惠管理层内部没有精准定位企业自身的发展。对企业进行盲目扩张,无异于揠苗助长,并且导致企业短视行为;发展过程缺乏长远投资战略文化,就会让原本青睐企业的资本在做出投资决策的关键时刻出现犹豫,给企业带来发展阻力。

2. 授权审批

该环节的主要风险:企业缺乏严密的授权审批制度,可能出现人员舞弊、投资活动不合法等问题,使企业面临内部管理风险,进而影响投资计划的实施。

该环节的主要管控措施:企业应当按照职责分工、审批权限及规定的程序对投资项目进行审批,重点审查投资方案的可行性,包括是否符合国家相关法律法规的规定,是否符合企业的经营规划,收益是否能实现及风险是否可控等内容。另外,对于企业重大的投资项目,应按照规定的程序实行集体决策或联签制度,其中需要有关部门批准的,及时报请批准。

【例 3—5】 在 2017 年底,汇源果汁的负债已经高达 114 亿元。汇源果汁在董事长朱新礼的领导下,在人员、渠道、团队方面的战略失误使其市场战略布局缺失,而内部管理和投资决策失误等问题也造成了汇源果汁的巨大损失。盲目扩张、资金链断裂、巨额债务、高层变动、投资失误等众多因素,使得汇源果汁无力再"起死回生"。

【分析】 "汇源果汁危机"的直接导火索,就是频频发生的投资失败和内部管理不善致使资金链断裂。"汇源果汁症结"并非仅仅是投资下的资金问题,关键问题还有自身的管理模式——朱新礼多年来的家族式管理模式。朱新礼在特定环境中创业成功,然而在扩张中缺乏对严密的授权审批制度和不相容职务分离制度应有的风险意识,汇源果汁"近亲繁殖"任用干部的现象使企业对市场缺乏应有的敏感度。

3. 投资计划执行

该环节的主要风险:投资活动过程中由于资产保管与会计控制制度不完善,可能出现资金使用舞弊等问题。

该环节的主要管控措施:企业要建立完善的投资资产保管制度和会计控制制度,加强对投资项目的会计控制,根据投资项目合理确定会计政策并建立账簿体系,并且详细记录与投资对象相关的重要事项。企业财务部门要根据国家相关会计准则的规定,对被投资项目价值进行评估,发生资产减值的,应及时计提减值准备,并进行相关的会计记录。

四、资金营运活动

资金营运,是指企业日常生产经营中合理组织和调度如货币资金、采购资金、生产资金和销售资金等不同形态的资金循环周转的过程,同时也是企业保持生产经营各环节资金顺畅流转的动态平衡过程。企业要恰当组织资金营运,加强对资金营运的内部控制,确保资金在采购、生产、销售等环节的综合平衡,加快资金的循环周转速度,提高资金使用率。

(一)资金营运活动的业务流程

为了保证资金价值运动的安全、完整、有效,企业资金营运的内部控制应按照资金营运的流程,明确企业资金营运的整体要求,区分资金营运内部控制的关键控制点,采用不同措施进行控制。资金营运活动的业务流程如图 3—3 所示。

(二)资金营运活动的主要风险点及其管控措施

1. 缺乏严密的收支审批制度而导致的风险及其管控措施

收支审批制度的建立是控制资金的流入和流出,保证资金营运活动业务顺利开展的前提

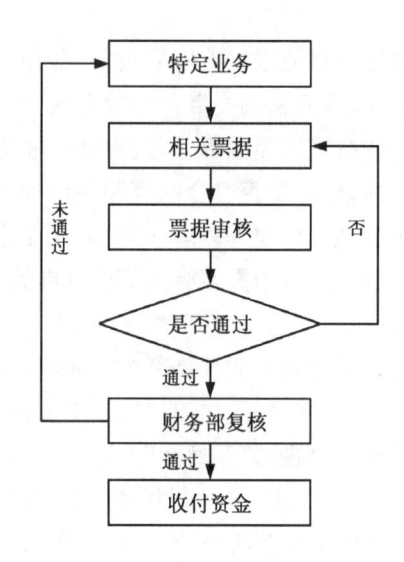

```
            ┌──────────┐
       ┌───▶│ 特定业务 │
       │    └────┬─────┘
       │         ▼
       │    ┌──────────┐◀─────┐
       │    │ 相关票据 │      │
       │    └────┬─────┘      │
    未 │         ▼            │
    通 │    ┌──────────┐      │ 否
    过 │    │ 票据审核 │      │
       │    └────┬─────┘      │
       │         ▼            │
       │      ◇是否通过◇──────┘
       │         │
       │         │ 通过
       │         ▼
       │    ┌──────────┐
       └────│ 财务部复核│
            └────┬─────┘
                 │ 通过
                 ▼
            ┌──────────┐
            │ 收付资金 │
            └──────────┘
```

图 3-3　资金营运活动业务流程

条件。企业要建立严格的收支审批制度,办理资金收支业务的人员必须得到审批授权,禁止未授权人员接触资金收支业务;资金使用部门需要款项时,必须提出申请并出具相关票据和证明,详细记录用途、金额、时间等事项;相关责任人在自己的授权范围内审核业务的真实性和金额的准确性;同时,经办人员在原始凭证上签章,经办部门负责人、主管总经理和财务部门负责人审批并签章。

2. 复核程序不完善导致的风险及其管控措施

复核程序是减少错误和舞弊的重要手段,企业必须完善复核措施,确保资金活动的真实性。企业财务部门收到经过审批授权的相关凭证后,要再次审核业务的真实性、合法性,以及相关签字、印章等内容的完整性。

3. 收付过程中手续不完整而导致的风险及其管控措施

资金的收付过程是资金流入和流出的过程,收付的主要依据是相关收付款原始凭证,企业要加强对收付环节的控制,避免出现"证未到,款先出"或"款已入,证未到"等现象。出纳人员按照原始凭证收付款时,必须审查凭证是否取得相关审核,审查无误后,对已完成收付的凭证加盖戳记,并登记日记账;会计主管人员及时准确地记录在相关账簿中,定期与出纳人员的日记账核对。

4. 记账和对账不真实导致的风险及其管控措施

企业的资金在流入流出过程中必须有完整的记录,即凭证和账簿的记录,这是保证会计信息真实的重要环节。企业的出纳人员根据审核无误的资金收付凭证登记日记账,会计人员根据相关凭证登记有关明细分类账,主管会计登记总分类账;同时,作为账簿记录系统的重要环节,对账的过程必须保证正确性。对账的控制点主要包括:账证核对、账账核对、账表核对、账实核对等。

5. 私自设立银行账户而导致的风险及其管控措施

企业银行账户的开立、使用和清理等工作必须符合国家有关的法律、法规。企业要加强对银行账户的管理,严格按规定开立账户,办理存款、取款和结算。企业银行账户的开立、使用和撤销必须得到相关审批授权,不得私自设立银行账户。企业的下属单位不得设置账外账,应防范"小金库"等问题。

6. 票据与印章管理松弛而导致的风险及其管控措施

印章与票据是保证企业资金安全的重要工具,企业要加强对印章和票据的管理。票据要统一印刷和购买,必须由专人保管;印章的保管要遵循不相容职务分离的原则,严禁将办理资金支付业务的相关印章和票据集中于一人保管,印章要与空白票据分管,财务专用章要与企业法人章分管。

【例3—6】 湖南九芝堂股份有限公司出纳梁某在20×0年1月至20×5年2月期间,采取偷盖公司银行印鉴和法人章,使用作废的、没有登记的现金支票等方法,先后挪用超3 000万元炒股,给公司造成损失超过1 137.8万元,被法院定为挪用公款罪和挪用资金罪。

【分析】 湖南九芝堂股份有限公司的货币资金遭挪用、贪污和诈骗,这些问题的发生与公司内部控制货币资金环节的不健全或未能有效执行有密切关系。上述案例中的梁某利用公司内部控制漏洞,挪用资金,并通过伪造相关凭证、账单、印鉴或偷盖印鉴等手法掩盖舞弊行为,而公司监督、检查机制的不健全使得舞弊行为长期未能被发现。

关键概念

资金活动　　筹资活动　　投资活动　　资金营运活动

综合案例

【案例一】

一、项目基本情况

B集团经过改组整合,现已形成工程建设、设计咨询等四大核心业务板块,并且是两家A股上市公司的控股股东。20×8年年初,为了补充公司中期流动资金和置换银行贷款,B集团拟发行中期票据。

二、筹资方案的提出

由资金部提出发行方案,筹资额度为60亿元,分两期发行:首期发行30亿元,发行时间为获得注册后立即发行,利率为3年期固定利率;第二期为3年期30亿元,拟在20×8年第三季度至第四季度发行。

三、筹资方案的可行性论证

方案提出后,B集团重点围绕以下几点对筹资方案组织论证:

(1)筹资用途:对于B集团来说,一方面,集团承揽的工程项目一般为国家重点项目以及特大型优质工程,该类工程具有工程造价高、技术性强等特点,在建设过程中,除施工前可获得部分预付款外,需要承包商垫付大量的自有资金购买工程所需物资和支付相关费用;另一方面,施工行业的惯例和结算特点使得集团有相当多的资金被占压。因此,集团在以自有资金缴纳保证金后,将产生一定的中期流动资金缺口。集团每年的中期贷款增量均与主营业务增量保持一定的比例关系,基于对未来几年业务稳定增长的预期,集团希望发行中期票据以弥补主营业务增长带来的中期流动资金缺口。

(2)对资本结构的影响:在集团现有的债务结构中,一年以内的短期债务在负债总额中比重较高。通过本次中期票据的发行,可适当增加中期债务,减少流动负债,使集团的债务结构得到改善,更好地匹配资产负债结构。

(3)筹资成本:发行中期票据,在集团业务规模不断扩大、合理匹配相应的资金结构型需求的同时,要进一步节约财务费用,提高集团的盈利水平。

(4)筹资风险:在集团的偿还能力方面,截至20×7年12月31日,总资产为1 344亿元,净资产为729亿元。20×7年实现营业收入为1 626亿元,利润总额为94亿元,净利润为72亿元。集团有充足的流动性和偿还能力。

四、筹资方案审批流程

可行性论证后,因该项目筹资数额大,根据B集团内部管理规定,须经董事会审议。20×8年4月10日,筹资方案经B集团董事会第十一次会议以书面决议形式通过。20×8年4月,B集团向中国银行间市场交易商协会申请登记注册,6月获批准,成功发行第一期30亿元中期票据。

【案例分析】 B集团在筹资过程中有完整的论证过程和审批流程;在可行性论证中,对投资方案的必要性、可行性都做了论证;在决策中,以董事会集体决策形式,保证了决策的科学、合理。审批流程完整,对关键风险点进行了有效控制。B集团的整个筹资流程符合企业内部控制要求。

【案例二】

华源集团成立于1992年,在总裁周玉成的带领下,13年间总资产猛增到567亿元,资产翻了404倍,旗下拥有8家上市公司;集团业务跳出纺织产业,拓展至农业机械、医药等全新领域,成为名副其实的"国企大系"。进入21世纪以来,华源集团更以"大生命产业"示人,跃居中国最大的医药集团。

但是2005年9月中旬,上海银行对华源集团的一笔1.8亿元贷款到期,此笔贷款是当年华源集团为收购上药集团而贷的,因年初财政部检查事件,加之银行信贷整体收紧,作为华源集团最大贷款行之一的上海银行担心华源集团无力还贷,遂加紧催收贷款,从而引发了华源集团的信用危机。

国资委指定德勤会计师事务所对华源集团做清产核资工作。清理报告显示:截至2005年9月20日,华源集团合并财务报表的净资产为25亿元,银行负债高达251.14亿元(其中,子公司为209.86亿元,母公司为41.28亿元)。另外,旗下8家上市公司的应收账款、其他应收款、预付账款合计高达73.36亿元,即这些上市公司的净资产几乎被掏空。据财政部2005年会计信息质量检查公报披露:华源集团财务管理混乱,内部控制薄弱,部分下属子公司为达到融资和完成考核指标等目的,大量采用虚计收入、少计费用、不良资产巨额挂账等手段蓄意进行会计造假,导致报表虚盈实亏,会计信息严重失真。

【案例分析】 华源集团13年来高度依赖银行贷款支撑,在其日益陌生的产业领域不断"并购→重组→上市→整合",实则是"有并购无重组、有上市无整合"。华源集团长期以"短贷长投"支撑其快速扩张,最终引发整个集团资金链的断裂。

华源集团事件的核心原因:(1)过度投资引发过度负债,投资项目收益率低、负债率高,说明华源集团战略决策失误;(2)"有并购无重组、有上市无整合",说明华源集团的投资管理控制失效;(3)华源集团下属公司因融资和业绩压力而进行财务造假,应当是受管理层驱使。

【案例三】

主营单晶硅、多晶硅太阳能电池产品研发和生产的益强公司于2003年成立。这是一家由董事长兼总经理李自一手创办并控制的家族式企业。

2010年11月益强公司挂牌上市。在资本市场获得大额融资的同时,益强公司开始了激进的扩张之路。从横向看,为了扩大市场份额,益强公司在欧美多个国家投资或设立子公司;从纵向看,益强公司布局光伏全产业链,实施纵向一体化发展战略,由产业中游的组件生产,延伸至上游的硅料和下游的电站领域。益强公司还大举投资房地产、炼油、水处理和LED显示屏等项目。为了支持其扩张战略,益强公司多方融资,公司上市仅几个月便启动第二轮融资计划发行债券。自2011年2月起,李自及其女儿李丽陆续以所持股份作抵押,通过信托融资约9.7亿元,同时益强公司大举向银行借债。李自还发起利率高达15%的民间集资。这样,益强公司在上市后三年内,通过各种手段融资近70亿元。随后欧盟对中国光伏产品发起"反倾销、反补贴"调查,光伏企业出口遭受重创。而全行业的非理性发展已经导致产能严重过剩,市场供大于求,企业间开始以价格战展开恶性竞争,利润急速下降,甚至亏损。在这种情况下,益强公司仍执着于多方融资扩大产能,致使产品滞销、库存积压。同时,在海外大量投资电站致使公司的应收账款急速增加。存货跌价损失、汇兑损失、坏账准备的计提使严重依赖海外市场的益强公司出现大额亏损。公司把融资筹措的大量短期资金投放于回款周期很长的电站项目,投资回报期和债务偿付期的错配使公司的短期还款压力巨大,偿债能力逐年恶化。2012年和2013年多家银行因贷款逾期、供应商因货款清偿事项向益强公司提起诉讼,公司部分银行账户被冻结,深陷债务危机。益强公司由于资金链断裂,无法在原定付息日支付公司债券利息8 980万元,成为国内债券市场上第一家违约公司,在资本市场上掀起轩然大波,打破了公募债券刚性兑付的神话。2014年5月益强公司因上市后连续三年亏损被ST处理,暂停上市。仅仅三年多的时间,益强公司就从一家市值百亿元的上市公司到深陷债务违约危机,最终导致破产重组。

【案例分析】 益强公司自上市三年来高度依赖银行贷款支撑,长期以"短贷长投"支撑其快速扩张,最终引发整个集团资金链的断裂。

益强公司陷入债务重组最终导致破产重组的主要原因:(1)益强公司筹资决策不当,引发资本结构不合理或无效融资,可能导致企业筹资成本过高或债务危机。为了支持其扩张战略,益强公司多方融资,通过信托、银行等大幅举债70亿元。(2)益强公司投资决策失误,引发盲目扩张或丧失发展机遇,可能导致资金链断裂或资金使用效益低下。益强公司曾执着于多方融资扩大产能,致使产品滞销、库存积压;同时,存货跌价损失、汇兑损失、坏账准备的计提使严重依赖海外市场的益强公司出现大额亏损。(3)益强公司资金调度不合理、营运不畅,可能导致其陷入财务困境或资金冗余。公司把融资筹措的大量短期资金投放于回款周期很长的电站项目,投资回报期和债务偿付期的错配使公司的短期还款压力巨大,偿债能力逐年恶化。

练习题

一、单项选择题

1. 根据《企业内部控制应用指引第 6 号——资金活动》,资金活动需关注的主要风险是( )。
   A. 存货积压,导致流动资金占用过多
   B. 筹资决策不当,引发资本结构不合理
   C. 固定资产更新改造不够,资产价值贬值
   D. 无形资产缺乏核心技术,缺乏可持续发展能力

2. 企业必须按照会计准则的要求,对投资项目进行准确的会计核算、记录与报告,确定合理的会计政策,准确反映企业投资的真实状况,这属于( )控制行为。
   A. 授权   B. 会计记录   C. 不相容职务分离   D. 财产保护

3. 企业财务部的记账员、出纳员与保管员要分离,这属于( )控制行为。
   A. 授权   B. 财产保护   C. 会计记录   D. 不相容职务分离

4. 筹资活动的主要风险不包括( )。
   A. 缺乏完整的筹资战略规划导致的风险
   B. 缺乏对筹资条款的认真审核导致的风险
   C. 缺乏完善的授权审批制度导致的风险
   D. 缺乏严密的投资资产保管与会计记录导致的风险

5. 下列关于资金活动的说法中,不正确的是( )。
   A. 加强企业资金管控有利于企业可持续发展
   B. 资金活动的风险管控无关企业生死存亡
   C. 资金活动内部控制通常是企业内部管理的关键环节
   D. 加强资金活动内部控制的目的是维护资金的安全与完整,促进企业健康发展

6. 下列各项中,不属于对资金活动的内部控制要求的是( )。
   A. 制度建设是基础   B. 严格执行是保障
   C. 落实责任追究制度   D. 资金集中管理是方向

7. 下列关于资金营运的说法中,不正确的是( )。
   A. 资金营运内部控制的主要目标在于保持生产经营各环节资金供求的动态平衡
   B. 企业资金营运活动不是一种价值运动
   C. 资金营运内部控制的主要目标在于确保资金安全
   D. 加强资金营运的内部控制就是要努力提高资金正常周转效率,为短期资金寻找适当的投资机会,避免出现资金闲置和沉淀等低效现象

8. 企业( )部门负责拟订筹资方案。
   A. 投资   B. 证券   C. 销售   D. 财务

二、多项选择题

1. 资金营运活动的主要目标有( )。

A. 保持生产经营各环节资金供求的动态平衡
B. 促进资金合理循环和周转,提高资金使用效率
C. 确保资金安全
D. 加强资金活动的集中归口管理
E. 重点关注投资项目的收益与风险

2. 以下选项中,属于投资活动主要风险的有( )。
A. 投资活动与企业战略不符带来的风险
B. 投资活动忽略资产结构与流动性的风险
C. 缺乏严密的授权审批制度和不相容职务分离制度的风险
D. 缺乏严密的投资资产保管与会计记录的风险
E. 资金调度不合理、营运不畅导致的风险

3. 下列选项中,属于无形资产的有( )。
A. 品牌 B. 商标 C. 专利 D. 专有技术
E. 土地使用权

4. 下列说法中,符合资金活动内部控制要求的有( )。
A. 重大筹资、投资方案应当形成可行性研究报告,企业可以聘请具有相应资质的专业机构进行可行性研究
B. 重大筹资、投资方案,应当按照规定的权限和程序实行集体决策或者联签制度
C. 筹资、投资方案发生重大变更的,应当重新进行可行性研究并履行相应审批程序
D. 企业不得账外设账,严禁收款不入账、设立"小金库"
E. 企业财会部门负责资金活动的日常管理,参与投融资方案的可行性研究

5. 对重大筹资方案应当进行风险评估,形成评估报告,报( )审批。
A. 董事会 B. 股东大会 C. 监事会 D. 总经理
E. 总会计师

三、判断题

1. 企业财会部门负责资金活动的日常管理,参与投融资方案等可行性研究。总会计师或分管会计工作的负责人应当参与投融资决策过程。( )
2. 重大投资项目应当按照规定的权限和程序实行管理层决策。( )
3. 企业应当明确各种与投资业务相关文件的取得、归档、保管、调阅等各个环节的管理规定及相关人员的职责权限。( )
4. 企业对投资项目所进行的可行性研究只可由企业的相关部门或人员进行并编制报告,不可再另行委托具有相应资质的专业机构。( )
5. 企业提出的筹资方案可从战略性、经济性、风险性三个方面进行评估。( )

四、简答题

1. 资金活动内部控制的总体要求是什么?
2. 简述资金集中管理的意义。

3. 投资活动的主要风险点有哪些?如何进行控制?
4. 资金集中管理的模式主要有哪些?
5. 筹资活动的主要业务流程是什么?
6. 资金营运活动的主要风险点是什么?

五、案例分析题
【案例一】

J公司的前身是一家国有企业,于20×8年转制。经过数十年的发展积累了相当丰富的工艺技术和一定的管理经验,公司建立了一套公司管理制度。随着公司的不断发展壮大,其内部管理制度上的缺陷也逐渐暴露。该公司出纳员李某在其工作的一年半期间,先后利用22张现金支票编造各种理由提取现金98.96万元,均未记入现金日记账,构成贪污罪。其具体手段如下:

(1)隐匿3笔结汇收入和7笔会计开好的收汇转账单,共计10笔销售收入98.96万元,将其提现的金额与其隐匿的收入相抵,使32笔收支业务均未在银行存款日记账和银行存款余额调节表中反映。

(2)由于公司财务印鉴和行政印鉴合并,统一由行政人员保管,因此李某利用行政人员疏于监督的漏洞开具现金支票。

(3)伪造银行对账单,将提现的整数金额改成带尾数的金额,并将提现的银行代码"11"改成托收的代码"88"。J公司在清理逾期未收汇时曾经发现有3笔结汇收入未在银行日记账和余额调节表中反映,但当时由于人手较少而未能对此进行专项清查。

李某之所以能在一年半的时间内作案22次,贪污巨款98.96万元,主要原因在于公司缺乏一套相互牵制的、有效的约束机制和监督机制,从而使李某截留收入得心应手,猖狂作案。

【要求】 结合上述资料,分析J公司内部控制方面存在哪些漏洞。针对存在的漏洞,请提出你的应对措施。

【案例二】

A公司是一家国有企业,于20×1年转制。经过数十年的发展积累了相当丰富的工艺技术和一定的管理经验,建立了一套公司管理制度。随着公司的不断发展壮大,其内部管理制度上的缺陷也逐渐暴露。其关于货币资金内部控制的具体流程如下:

(1)为加强货币支付管理,货币资金支付审批实行分级管理办法:单笔付款金额在10万元以下的,由财务部经理审批;单笔付款金额在10万元以上、50万元以下的,由财务总监审批;单笔付款金额在50万元以上的,由总经理审批。

(2)为了保证库存现金账面余额与实际库存相符,仅在每月末定期进行现金盘点,发现不符,及时查明原因,做出处理。

(3)对于银行预留印鉴的管理:财务专用章由财务主管保管,个人名章应由法定代表人管理,法定代表人不在期间,由财务主管代为保管。

(4)财务部门主管人员为A公司法定代表人的同学,出纳人员为财务主管的女儿。

【要求】 结合上述资料,分析A公司内部控制方面存在哪些漏洞。针对存在的漏洞,请提出你的应对措施。

【思政】　　　　　　　明确职责分离　　防范内部腐化

党的十八大以来,一直提倡反腐败斗争,不论是国家层面、社会层面还是公民个人,都要做到遵纪守法,要求全体公民保持反腐败定力,努力做到不敢腐、不能腐、不想腐,全面提升社会整体清廉化程度。同时,在全面推进社会主义现代化市场经济体制建设的过程中,企业作为市场经济的主要组成部分,需要建立完备的内部管理制度,明确岗位职责,做到专人专职,防范因缺乏有效内部管理而造成的企业腐败问题。因此,企业要注重内部控制制度的建立,强化内部管理流程,禁止跨权越职、代行职权等行为,加强企业内部监督,防范内部腐化,提升企业的经营管理效率。

第二节　采购活动

本节要点提示

了解采购业务的流程和内容;
掌握采购业务内部控制的主要风险点及其管控措施。

本节内容提要

采购业务是企业经营活动中的重要环节之一,与生产销售环节紧密相连。采购业务发生频繁,工作量大,运行环节多,很容易产生管理疏漏。建立完善的采购业务内部控制制度,能够及时、准确地提供采购业务的会计信息,确保采购事项的真实性、合理性和合法性,便于及时发现和解决错误,防止欺诈和舞弊行为,从而有利于采购业务系统合理、有效地进行,使企业获得最大的经济效益。本节在介绍采购业务基本流程的基础上,分析了各环节存在的风险点,并提出了相应的管控措施。

一、采购业务的含义

采购,是指企业购买物资(或接受劳务)及支付款项等相关活动。其中,物资主要包括企业的商品、原材料、固定资产、工程物资等。采购是企业生产经营活动的第一步,与企业的生产、销售、经营的各个环节息息相关。供应商的选择、采购物资的质量和价格、采购合同的订立、物资的运输、验收等供应链状况,在很大程度上决定了企业的生存与可持续发展。完善的采购业务内部控制制度可以提供更加准确的采购业务信息,及时发现和解决存在的问题,防止欺诈和舞弊行为,从而促使企业采购流程合理、有效地运行,更好地增加企业的经济效益。

二、采购业务的流程

科学合理的采购业务流程设置及相应的内部控制措施安排是企业正常运营、实现发展目标的前提和保证。企业应对每一采购环节可能存在的风险都实行有效的监督和控制,并不断改进和完善。

采购业务基本流程如图3—4所示。

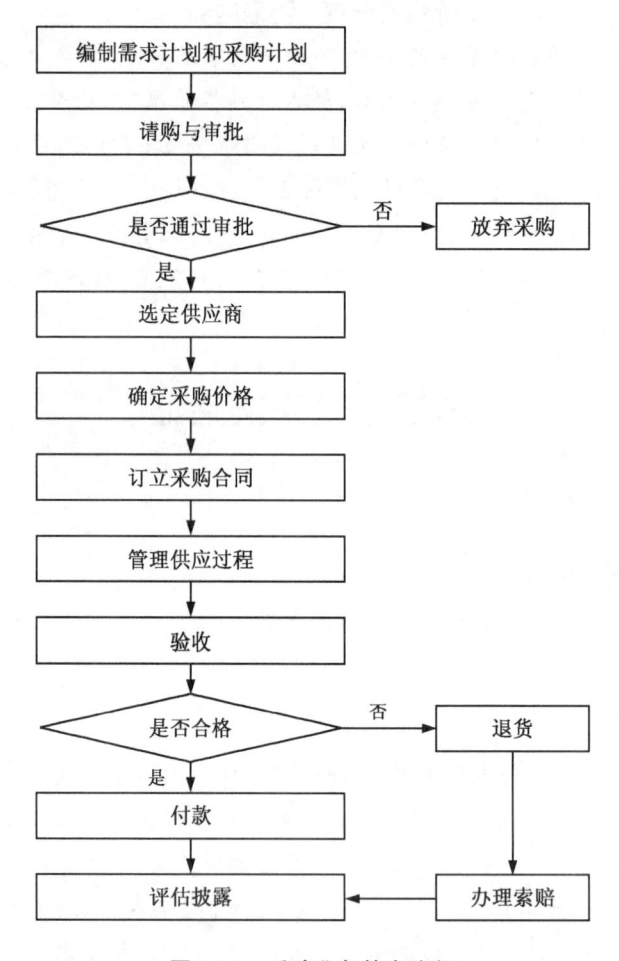

```
编制需求计划和采购计划
        ↓
     请购与审批
        ↓
    是否通过审批 ──否──→ 放弃采购
        ↓是
      选定供应商
        ↓
     确定采购价格
        ↓
     订立采购合同
        ↓
     管理供应过程
        ↓
        验收
        ↓
     是否合格 ──否──→ 退货
        ↓是              ↓
        付款          办理索赔
        ↓              ↓
     评估披露 ←─────────┘
```

图 3—4 采购业务基本流程

（一）编制需求计划和采购计划

采购业务是从编制计划开始的，包括需求计划和采购计划。需求计划是需求部门为配合企业年度销售预测或生产数量，对所需求的物资数量及成本编制的计划。采购计划是采购部门在了解市场供求情况、熟悉企业生产经营活动和掌握物资消耗规律的基础上，对物资采购活动编制的计划。

在实际操作中，由需求部门根据生产经营的实际需要向采购部门提出物资需求的计划，采购部门根据需求计划和现有库存情况，统筹安排采购计划，经过审批后执行。

（二）请购与审批

请购是指企业生产经营部门根据采购计划和实际需要，提出的采购申请。采购申请一般由需求部门或仓储部门提出，由本部门主管或其授权人员审批，若合理则签字认可，再交采购部门，金额巨大的或特殊的采购应由主管总经理审批。

请购单一般一式三联，内容包括请购部门，请购物品的名称、规格、数量，以及要求到货日期和用途等。请购单经使用部门负责人审核后,依照请购核准权限报有关领导签字批准,并根据内部管理要求编号,送到采购部门。采购单一式四份,第一联即使用部门提交的请购单,第二联即采购部门使用的采购申请单,第三联交给财务(采购员核销时),第四联交给仓管员(以备验收)。

(1)重要物品或劳务的请购,应当经过决策论证和特殊的审批程序。

(2)临时需要的物品,通常由使用者根据实际需要直接提出,不必经采购部门审批,但使用者在请购单上一般要解释请购目的和用途,经使用部门主管审批并经财务部门同意后,交采购部门办理采购。

(3)紧急需求的特殊请购,应当制定特殊审批程序。紧急请购时,由请购部门在请购单上注明原因,并加盖紧急采购章。

(4)材料检验必须经特定方式进行的,请购部门应在请购单上注明要求。

(5)特殊原因需取消请购申请时,请购部门应通知采购部门停止采购,采购部门应在原请购单上加盖撤销印章,并退回请购部门。

(6)总务性用品、零星采购及小额零星采购材料项目免开请购单。总务性用品包括:①招待用品,如饮料、香烟等;②礼仪用品,如花篮、礼物等;③书报、名片、文具等;④印章、账票等。

(三)选定供应商

这一环节是企业采购业务流程中非常重要的环节,如果企业供应商选择不当,就很可能导致企业采购物资出现高价格、低质量的情况,甚至有舞弊行为发生。采购部门在确定了采购数量之后及签订购销合同之前,应该按照企业订货报价控制制度,选择最有利于企业生产和成本最低的供应商。各项商品的供应商应该至少有三家,每家的背景和交易资料都应记入供应商信息表存档备用。如果要开发新的供应商,则应由生产管理部门和采购人员一起实地考察生产设备、工艺流程、生产能力、产品质量等条件。对于交货质量不良、无法按期交货或停止营业的供应商,应予撤销设定。

(四)确定采购价格

采购部门的重要任务,是用最优"性价比"采购到最符合需求的物资。如果企业采购的定价方式选择不当、采购价格不合理,就有可能造成企业资金损失。企业应当健全采购价格形成机制,采取多种采购方式,如协议采购、招投标采购、询比价采购、动态竞价采购等,科学、合理地确定采购价格。对于大宗商品的采购,应该采用招标的方式,明确招投标的范围、标准、实施程序和评估规则。对于其他商品的采购,应该参照市场价格变动制定参考价格。价格谈判是采购决策最关键的环节,也是最终确定供应商进而签订采购合同的依据。

(五)订立采购合同

采购合同是指企业根据采购需要、采购方式、采购价格等因素与供应商签订的具有法律效力的协议,该协议中明确规定了双方的权利、义务和违约责任等情况。预付定金、采购金额较大或附带条件的采购项目,采购人员应当先与供应商签订采购合同。采购合同中包含所购物品的名称、价格、数量、交货日期、交货方式、金额、结算方式等内容。企业向供应商支付合同规定的款项,供应商按照约定交付物资给采购方。合同的正本有两份,一份存采购部,另一份存供应商处;副本有若干份,分别存于请购部门、收料部门、财务部门及供应商。

(六) 管理供应过程

管理供应过程,是指企业建立严格的采购合同跟踪制度,选择合适的运输方式和运输工具,随时掌握物资采购供应过程。采购人员对于每一个采购项目都应当根据需要确定进度管制点,预定采购业务进度,严密跟踪供应的详细过程,如有异常则及时反馈,需要变更的,采取必要措施立即解决。对于加工时间长或重要的物资,应当向供应商派驻代表进行监督检查,帮助发现问题,提出改进措施。要掌握好本企业的商品库存量,避免企业库存短缺或积压。同时,要做好采购供应过程的相关记录,综合采取各方面的措施,以保证需求物资的及时供应。

(七) 验收

验收是指企业对采购物资和劳务的检验与接收,以确保符合合同要求或产品质量要求。验收的职能必须由独立于请购、采购和会计部门的人员来承担,由质检部门主导,会同仓储部门、使用部门和采购部,对收到商品的数量和质量进行检验。若发现异常情况,则应立即向有关部门报告,查明原因,及时处理。货物到达后,由仓储部门指派验收人员通过计数、过磅或测量等方法对货物进行实物计量,并与货运单、订购单进行核对,有技术要求的送交质检部门对货物进行检验,正确无误后填制收料单。收料单的内容包括供应商名称、收货日期、货物名称、数量和质量以及运货人名称、原订购单编号等。验收完毕后,对验收合格的商品应当编制一式多联、预先编号的入库单。入库单一式三联,内容包括供应商名称、收货日期、商品名称、数量和质量以及运货人名称、原购货订单编号等,作为验收商品的依据。保管员在入库单上签字后,一联留存,一联送交会计部门办理结算,一联退回采购部门与购销合同、请购单核对,核对后归档备案。财务部对有验收报告而没有发票的采购项目,应暂估入账。

(八) 付款

付款是指企业在对采购预算、采购合同、相关凭证、审批程序等内容审核无误后,按照合同规定向供应商支付款项的过程。这一环节主要由财务部门和采购部门执行。财务部门对发票、运费单、验收单、入库单及相关凭证审核后,与合同进行核对,经企业授权人审批后由采购部门向供应商办理结算。

对于企业采用赊账方式购买物品而引发的债务结算业务,具体规定如下:

(1) 应付账款的入账,必须在取得请购单、企业授权人审批后的发货票、验收入库单、借款通知等凭证后入账。有现金折扣的,直接按照供应商发票金额入账;发生退货的,要从原发票中扣除后入账;有预付货款的交易,在收到供应商发票后将预付金额冲抵部分金额后入账。

(2) 尽量设置专人登记应付账款明细账,并由稽核人员定期与供货商核对账目。如果对账中发现问题,则应及时查明原因,并按有关规定予以处理,确保双方的账目相符。

(3) 按双方事先约定的条件,及时清理债务,支付欠款后,应取得债权人的收款证明,并据此编制记账凭证,登记账簿。

（九）退货

有关部门在接到货物后，如果发现货物有数量上的短缺或质量上的问题，则应及时与供应商联系，要求供应商采取补救措施，如补足数量、扣减价款、提供折扣或折让等。如果退货，采购部门就应通知供货单位并编制退货通知单，同时交由主管人员审核，审核通过后交财务部门，由财务部门调整应付账款。

（十）评估与披露

企业应当建立采购业务评估制度，加强对购买与审批、验收与付款过程的控制，定期对物资需求计划、采购计划、供应商、采购价格、采购质量、合同履行情况等进行评估和分析，及时发现采购业务的薄弱环节。对于供应商情况、采购价格形成机制以及采购过程中的风险等也要及时披露，优化采购流程，不断防范采购风险，促进物资采购与生产、销售等环节的有效连接，全面提升采购效能。

三、采购业务内部控制的主要风险点及其管控措施

（一）编制需求计划和采购计划

该环节的主要风险：需求计划和采购计划不合理，与实际需求不符；不按照编制的计划采购，从而影响企业的生产经营活动；采购计划与企业生产经营计划不协调。

该环节的主要管控措施：第一，各部门应当根据企业实际的生产经营需要及时准确地编制需求计划。需求计划中不能指定或变相指定供应商。有独家代理权或专有权的特殊产品，应当提供相应的独家、专有资料，按照单一货源采购管理规定，经专业技术部门研讨后，由具备相应审批权限的部门审批。第二，企业在制订采购计划时，应建立内部沟通机制，并且根据库存情况，结合发展目标的需要，科学安排采购计划，防止采购过多或过少。第三，采购计划经相关负责人审批后，应该严格执行。

（二）请购与审批

该环节的主要风险：没有建立采购申请与审批制度，可能出现请购审批不当或者越权审批的情况，由此会造成库存短缺或者积压，导致企业生产停滞或资源浪费的现象出现。

该环节的主要管控措施：第一，企业应当建立采购申请制度，明确相关部门的职责权限及相应的请购和审批程序。在这一环节应该把购买物资或接受劳务的各种需求因素考虑在内，然后根据其类型归类汇总，分配到相应的管理部门，并给各管理部门相应的请购权；也可以根据实际需要，设置专门的请购部门对采购需求进行审核，从而更合理地安排企业采购计划。第二，对于已经设置预算的采购项目，有请购权的部门应当严格按照预算来设置进度，办理请购手续，同时应考虑市场因素，提出合理的采购申请。如果项目超出预算，则应先进行预算调整，经具备审批权限的部门审批后，才可以办理请购手续。第三，有相应审批权限的部门在审批采购申请时，需要注意的内容有：采购计划是否合理，是否与实际需求相符，是否符合采购预算等。如果采购申请不符合规定，则应要求请购部门重新调整请购计划或拒绝批准。对于重要

的和技术性较强的采购业务,企业应当组织相关专家进行论证,实行集体决策和审批。

【例3—7】 某公司的内部控制制度规定,每个需求部门每月都要填报产品需求计划书,内容要包括产品的名称、规格、数量等指标,在报相关需求部门审批之后,在月中之前汇总到电子商务中心,追加计划也要履行上述审批程序。电子商务中心收到产品需求计划书之后,复核各个下属部门上报的计划书,审核品种、数量以及审批人是否签字或者盖章。

【分析】 该公司拟通过以上控制措施,防范采购需求计划没有经过必要的审批以及采购需求计划与实际需求不符的风险,从而保证采购需求计划经过必要的审批,并且使采购需求计划与实际需求尽量相符。

(三)选定供应商

该环节的主要风险:没有供应商评估和准入制度,缺乏供应商管理系统和淘汰制度,可能出现供应商选择不当,导致采购物资质次价高的情况发生,还可能产生舞弊行为。

该环节的主要管控措施:第一,建立科学的供应商评估和准入制度,健全企业供应商网络。企业可委托具有相应资质的中介机构对供应商所提供的资质、信誉等资料的真实性和合法性进行资信调查,再通过企业审查确定合格的供应商名单。企业调整供应商物资目录、新增供应商的市场准入及供应商新增服务关系等,都应根据需要向采购部门提出申请,并按规定的权限和程序审批核准后,纳入供应商网络。第二,采购部门对供应商要本着公平、公正和竞争的原则择优选定,并在防止舞弊风险的基础上与供应商签订质量保证协议。第三,建立供应商管理信息系统和供应商淘汰制度,对供应商提供物资或劳务的质量、价格、交货及时性及其资信、经营状况等进行实时考核和管理,根据考核评价结果,提出供应商淘汰和更换名单,经审批后对供应商进行合理调整,并在供应商管理系统中做出相应记录。第四,采购部门应建立供应商管理档案。当供应商信息发生变更时,采购部门应及时对相应的档案进行变更。采购部门每年至少应对生产资料供应商管理档案的准确性审核一次。

【例3—8】 某零件制造企业制定了以下供应商评价管理工作流程及控制点:

(1)相关部门编制供应商体系评价计划并提交生产经营部门审批。
(2)审核人员根据检查表的相关要求进行供应商的现场评价,并做好相关记录。
(3)供应商评价工作小组将审核的报告递交采购委员会。
(4)采购委员会对评价报告进行最终审批。
(5)生产经营部门将决定后的评价报告发送给合格的供应商,要求供应商提交相应的改进措施,并对改进效果进行确认。工作小组督促改进措施的完成,企业与合格的供应商签订质量保证协议,生产经营部门对全部资料进行存档。
(6)对不合格的供应商只传递评价结论,不传递评价报告。
(7)相关部门根据批准后的评价报告维护和更新供应商管理信息系统,做出供应商名单的调整。

【分析】 该企业的供应商评价制度比较完善。该企业建立了科学的供应商评估和准入制度,对供应商的资质、信誉情况做了审查;有严格的供应商审核工作制度,在切实防范舞弊风险的基础上,与供应商签订质量保证协议。此外,该企业还建立了供应商管理信息系统和供应商淘汰制度,对供应商情况进行实时管理和考核评价,并根据考核评价结果对供应商进行合理选择和调整。可见,该企业的供应商管理工作流程及控制要点符合采购业务内部控制规范,能够有效地防范供应商选择环节的风险。

(四)确定采购价格

该环节的主要风险:没有科学合理的采购定价机制,选择采购定价的方式不当,对重要物资的价格没有进行及时的跟踪监控,从而可能导致采购价格不合理,给企业造成资金损失。

该环节的主要管控措施:第一,健全采购定价机制,采取招标采购、协议采购、询比价采购、动态竞价采购等多种方式,科学合理地确定采购价格。对标准化程度高、需求计划性强、价格相对稳定的物资,通过招标、联合谈判等公开、竞争方式签订框架协议,例如,大宗物资应当采用招标的方式进行采购。第二,采购部门应当定期研究大宗通用重要物资的市场价格变动趋势与成本构成,确定采购重要物资的执行价格或参考价格;建立采购价格数据库,对重要物资的市场供求情况和价格走势进行合理分析和利用。

(五)订立采购合同

该环节的主要风险:框架协议签订不当可能导致物资采购不顺畅,或者合同对方的主体资格、履约能力等没有达到企业的要求,或者合同内容存在重大疏漏和欺诈等,都有可能使企业的合法权益受到损害。

该环节的主要管控措施:第一,对拟签订框架协议的供应商的主体资格、履约能力、信用状况等进行风险评估,引入竞争制度,确保供应商具备履约能力。第二,根据选择的供应商、采购价格等情况,订立采购合同,合同条款要清晰、准确,明确双方的权利、义务和违约责任,按照规定权限签订采购合同。对于影响重大、专业技术要求较高或法律关系较为复杂的合同,应当组织企业的法律、技术、财会等专业人员或聘请外部专家参与合同的订立过程。企业签订的采购合同应约定索赔条款,并根据其具体内容进行索赔申请、责任认定、商务谈判及扣款,从而保护企业的商业利益。第三,对重要物资验收量与合同量之间存在的差异,应对其允许范围做出统一规定。

【例3—9】 某公司关于采购合同的内部控制制度如下:

(1)根据公司管理信息系统中标准合同模板拟订合同文本,标准合同模板经法律确认有效、合同盖章生效前,需经过律师事务所审核。

(2)经办人形成合同文本,采办部负责人对合同内容进行审核,由律师事务所审核确认,公司主管经理审批生效后盖章。

(3)采办部负责人对采购价格进行审核。

【分析】 第(1)项规定是为了防范合同没有完整地包括法律规定的必要条款风险,第(2)项规定是为了防范合同内容存在重大疏漏和欺诈以及采购合同未经有效授权的风险,第(3)项规定是为了防范采购合同价格未经审批的风险。

(六)管理供应过程

该环节的主要风险:没有对采购合同履行情况进行有效的跟踪,致使管理供应过程因无法得到有效监控而出现质量问题或到货不及时;或者运输方式的选择不合理,导致运输过程风险增加,造成采购物资损失或无法保证供应;或是缺乏采购登记制度,导致采购过程无法追溯,未能明确相关人员的责任。

该环节的主要管控措施:第一,对生产进程或合同履行情况进行及时的跟踪记录,一旦发现可能影响进度的异常情况,就应及时采取必要措施,以保证需求物资的及时供应。第二,对重要物资建立巡视监造制度。对需要监造的物资,签订监造合同,选择合适的监造责任人,及时向企业汇报监造过程。第三,根据项目进度和采购物资特性等因素,选择合理的运输工具和运输方式并进行投保。第四,实行采购登记制度或信息化管理,以确保采购过程的可追溯性。

(七)验收

该环节的主要风险:验收标准不明确可能造成采购物资质量无法正确判定,造成质量风险;验收程序不规范导致实际质量不符合要求,给企业造成损失;对验收中存在的异常情况不做处理,可能造成账实不符、采购物资损失。

该环节的主要管控措施:第一,制定明确的验收标准,结合物资特性,确定必须有质量检验报告才可入库的物资目录。第二,验收部门应当核对采购合同、发票等原始单据与采购物资的数量、质量和规格等是否一致,验收合格后才可以入库。对验收合格的物资填制入库凭证,加盖物资"收讫章",登记实物账,及时将入库凭证传递给财务部门。物资入库前,采购部门须检查质量保证书、商检证书或合格证等证明文件。涉及大宗的、技术性强的物资或新、特物资时,还应进行专业测试,必要时可委托具有检验资质的机构或聘请外部专家协助验收。第三,对于验收过程中发现的异常情况,比如超出预算的物资、毁损的物资等,验收部门应当立即向企业相关机构报告,待相关机构查明原因后应及时处理。对于不合格或延迟交货的物资,采购部门办理拒绝接收、退货、索赔等相关事宜。

【例3—10】 某公司关于采购验收的内部控制制度如下:
(1)保管员在货到当日做好到货记录,次日通知计划员,不得拖延。
(2)保管员在到货记录上登记收货信息,并进行归档。
(3)货物入库验收以货物实物、质量、数量、入库验收单、合同及软件资料相符为条件。
(4)对验收人员进行专业培训,委托有资质的单位检验。
(5)专业人员负责物资的货源组织。
(6)对验收过程中发现的异常情况,验收人员应当及时做出报告处理。

【分析】 该公司的上述内部控制制度规定严格,是为了防范验收标准不明确、验收程序不规范等问题,因为企业对验收中存在的异常情况如果不做处理,就可能造成账实不符,以及采购物资损失的风险。

(八)付款

该环节的主要风险:没有建立合理的付款管理制度,没有对付款进行严格审核,或付款方式不恰当,付款金额控制不到位,都可能造成企业的资金损失或信用受损。

该环节的主要管控措施:第一,企业应当加强采购付款的管理,完善付款流程,明确付款审核人的责任和权力,严格审核采购预算、合同、单据凭证、审批程序等相关内容,审核无误后按照合同规定,合理选择付款方式,及时办理付款。第二,企业应当重视采购付款的过程控制和跟踪管理,涉及大额或长期的预付款项,应当定期进行追踪核查,综合分析预付账款的期限、不可收回风险等因素,如果发现异常情况,则应及时采取措施,避免出现资金损失和信用受损。第三,根据企业生产经营的实际情况,选择适合的付款方式,并按照合同规定,防范付款方式不当带来的法律风险,保证资金安全。

(九)退货

该环节的主要风险:缺乏科学的退货管理制度,可能出现退货不及时等情况,给企业带来损失。

该环节的主要管控措施:第一,企业应当建立科学的退货管理制度,对退货条件、退货手续等做出明确规定。第二,在合同中明确退货事宜,及时收回退货货款。需要向供应商索赔的,应当在索赔期内及时办理索赔。

(十)评估与披露

该环节的主要风险:缺乏有效的采购会计系统控制,无法全面、真实地记录和反映企业采购各环节的资金和实物状况;或者,相关会计记录与相关采购记录、仓储记录不一致,导致不能如实反映企业采购业务,使采购物资和资金受损。

该环节的主要管控措施:第一,企业应当加强对购买、验收、付款业务的会计系统控制,详细记录供应商、采购申请、采购合同、款项支付、验收证明、退货、商业票据等情况,做好采购业务各环节的记录,确保会计记录、采购记录与仓储记录核对一致。第二,指定专人通过函证等方式,定期向供应商寄发对账函,核对应付账款、应付票据、预付账款等往来款项,对供应商提出的异议应及时查明原因,报有权管理的部门或人员批准后,做出相应调整。企业应当对办理采购业务的人员定期进行岗位轮换。

关键概念

需求计划   采购计划   采购合同   验收

综合案例

据2013年10月5日的《新闻晨报》报道,北京市第二中级人民法院判处利用职务之便贪污公款840万元的原北京市第六市政工程公司水电工程处主任沈某死刑,缓期两年执行,剥夺政治权利终身,并没收个人全部财产。法院经审理查明,2010年2—10月,沈某在担任北京市第六市政工程公司水电工程处主任期间,利用职务之便,向他人索要空白合同及空白商业零售专用发票伪造工矿产品购销合同,虚构水电工程处从北京某电线电缆有限公司购买价值382.6万元电力电缆,并指令保管员填写虚假的材料入库验收单,又用写有187万元和195.6万元的两张空白发票平账。在此期间,沈某还分别将其所在单位共计358万元的两张转账支票转入其女友刘某的个人股票账户,用于个人炒股和购买房产、汽车等,案发后退回及追缴人民币超过141万元、港币超过130万元。

【思考】 为什么该公司存在如此大的问题？除沈某自身原因外，该公司的采购流程内部控制中存在哪些缺陷？

【案例分析】 从本案例可以看出，沈某之所以能够贪污挪用公款达840万元，除其自身道德因素外，还表明该市政工程公司的采购流程内部控制存在以下严重缺陷：

(1)电力电缆的请购、审批和实际采购全由沈某一人完成，没有达到前述不相容职务相互牵制的要求，为虚假采购创造了空间。

(2)采购和验收没有形成牵制。在采购过程中，采购人员不能同时兼任货物验收工作，否则可能造成采购人员购买劣质材料。本案例中虽然采购人和验收人是两个人，但是由于保管员受沈某的控制，实际上采购职务与验收职务两者根本没有起到相互牵制的作用，如同一个人执行，从而产生了虚假的材料入库。

(3)在采购的最后环节，即应付账款的控制上，对于入账凭证的审核不严造成应付账款的入账依据不真实。沈某是用两张空白发票平账，可能是由于会计部门在审核该应付账款入账依据时没有审核这两张发票的真实性或是会计部门也受沈某一人控制，因此造成虚假应付账款。

(4)该公司的支票管理也存在漏洞。在支票支出时，必须有经核准的发票或其他必要凭证作为书面依据，在支票上写明收款人和金额，且由专人签发。在本案例中，沈某将两张转账支票转入个人账户时，没有提供任何支票支出所需要的有效书面证据，造成公款变私款。

练习题

一、单项选择题

1. 未实际按照采购合同的要求进行跟踪管理，没有选择适当的运输方式和工具，忽视投保等，使得采购物资不能保证持续供应或损失，这是（　　）的主要风险。
   A. 审核
   B. 管理供应过程
   C. 制定采购价格和采购批量
   D. 实施采购活动

2. 企业对于重要的采购与付款业务，应当组织专家进行可行性论证，由（　　）审批。
   A. 董事长
   B. 总经理
   C. 企业领导集体决策
   D. 负责采购的副总经理

3. 在一家企业中，采购申请书必须先由（　　）签名批准。
   A. 董事长
   B. 总经理
   C. 部门主管
   D. 负责采购的副总经理

4. （　　）是采购决策最关键的环节，也是最终确定供应商进而签订采购合同的依据。
   A. 审核程序
   B. 价格谈判
   C. 供应商的选择
   D. 采购前期工作

5. 公司财务部对有验收报告而没有发票的采购项目，应（　　）。
   A. 暂不入账
   B. 暂估入账
   C. 付款时入账
   D. 按预付款金额入账

6. 验收环节的主要风险不包括（　　）。

A. 质量风险 B. 账实不符
C. 给企业和采购物资造成损失 D. 供应商选择不当

二、多项选择题

1. 下列说法中,符合采购业务内部控制要求的有(　　)。
A. 企业应当对办理采购业务的人员定期进行岗位轮换
B. 对于重要的和技术性较强的采购业务,企业应当组织相关专家进行论证
C. 对于重要的和技术性较强的采购业务,企业应当实行集体决策和审批
D. 企业不得安排同一机构办理采购业务全过程
E. 大宗采购可以采用询价或定向采购的方式并签订合同或协议

2. 根据《企业内部控制应用指引第6号——资金活动》,资金活动需关注的主要风险有(　　)。
A. 采购计划安排不合理,市场变化趋势预测不准确
B. 供应商选择不当,采购方式不合理,招投标或定价机制不科学,授权审批不规范
C. 采购验收不规范,付款审核不严
D. 存货积压或短缺

3. 企业应当建立采购业务后评估制度,对(　　)进行评估分析。
A. 采购价格 B. 采购质量 C. 采购渠道 D. 采购成本

4. 采购业务控制应通过(　　)环节来进行。
A. 采购申请 B. 合同签订 C. 验收入库 D. 货款结算

5. 企业在确定采购价格时较常采用的手段有(　　)。
A. 询价 B. 比价 C. 招投标 D. 协议

6. 下列选项中,属于采购与付款业务流程的有(　　)。
A. 货款结算 B. 审核 C. 请购 D. 采购决策

三、判断题

1. 企业小额零星物品或劳务采购可以采取直接购买、事后审批的方式。(　　)
2. 企业超过一定金额的采购需求,可由领用部门自行采购。(　　)
3. 企业可以由付款审批人和付款执行人单独完成询价和确定供应商工作。(　　)
4. 企业所有的采购必须由企业管理层集体决定审批,再交采购部门执行。(　　)
5. 企业验收部门应使用连续的验收报告记录收货,对无采购申请表的货物,不得签收。(　　)
6. 企业请购阶段的风险主要是因缺乏采购申请制度,请购未经适当审批或超越授权审批,可能导致采购物资过量或不足,影响企业的正常生产经营。(　　)
7. 验收部门负责人对购进技术性强且采购量大的物资的品种、规格和数量进行验收,如果无误,则在开具验收单后直接入库。(　　)

四、简答题

1. 企业请购的风险有哪些?
2. 采购部门如何用最优性价比确定采购商品的价格?
3. 订立采购合同时应采取哪些管控措施来防范风险?
4. 采购人员应当如何进行采购业务的跟踪管理?
5. 采购业务控制的总体要求是什么?
6. 简要描述采购业务的流程。
7. 为什么要编制需求和采购计划?
8. 采购业务完成后,为什么要进行评估和披露?

五、案例分析题

A汽车公司制定了专门的采购业务控制制度:

(1)采购部收到经批准的请购单后,由其职员王某选择并确定供应商,再由职员张某负责编制和发出预先连续编号的订购单。订购单一式四联,经被授权的采购人员签字后,分别送交供应商、验收部门、提交请购单的部门和采购业务结算的应付凭单部门。

(2)验收部门根据订购单上的要求对所采购的材料进行验收后,将原材料交仓库人员存入库房,并编制预先连续编号的验收单交仓库人员签字确认。验收单一式三联,其中两联分别送应付凭单部门和仓库,一联留存验收部门。如果发生异常情况,则验收人员应在验收完毕后及时通知相关部门进行处理。

(3)凭单部门核对供应商发票、验收单和订购单并编制预先连续编号的付款凭单。付款凭单经批准后,应付凭单部门将付款凭单连同供应商发票及时送交会计部门,并将未付款凭单副联保存在未付款凭单档案中。会计部门收到附供应商发票的付款凭单后应及时编制相关记账凭证,并登记原材料和应付账款账簿。

(4)凭单部门负责确定尚未付款凭单在到期日付款,并把留存的未付款凭单及其附件送交审批后,把未付款凭单及附件交复核人复核,再交出纳员李某。李某据此办理支付手续,登记现金和银行存款日记账,并在月末编制银行存款余额调节表交会计主管审核。

【要求】 根据上述资料,分析A汽车公司的内部控制中存在哪些薄弱环节。

【思政】　　　　　　完善业务流程　提升运行效率

贯彻新发展理念,构建新发展格局,加快转变企业发展方式,需要企业贯彻创新、协调、开放、共享的发展理念,主动树立适应新时代经济高质量发展的管理理念,摒弃陈旧的发展方式,积极学习先进管理经验,提升现代化企业业务管理水平。建立现代化的企业内部管理制度,不仅需要企业建立良好的内部控制制度,而且需要企业完善业务流程,提升内部运行效率,加快内部资本运转,不断提升市场竞争能力,从而增强企业抵御风险的能力。

第三节 资产管理

本节要点提示

了解资产管理业务的流程；
掌握资产管理业务的内容；
掌握资产管理业务内部控制的主要风险点及其管控措施。

本节内容提要

资产作为企业重要的经济资源，是企业从事生产经营活动并实现发展战略的物质基础。在现代企业制度下，资产业务内部控制已从保障货币性资产安全拓展到重点关注资产效能，充分发挥资产资源的物质基础作用。企业应当将合理保证资产安全作为内部控制目标之一，加强资产方面的内部控制。本节介绍了存货、固定资产和无形资产等资产的管理活动的基本流程，分析了各业务环节可能存在的风险点，并提出了相应的控制措施。

一、存货管理

存货是指企业在日常活动中持有的以备出售的产成品或商品、处在生产过程中的在产品、在生产过程或提供劳务过程中耗用的材料和物料等。存货主要包括在途物资、原材料、在产品、库存商品、周转材料及委托加工物资等。存货内部控制是企业整体内部控制中的重要环节，加强存货管理有利于保证企业存货的安全，加快存货流转，提高经济效益，实现经营目标。

（一）存货管理的业务流程

企业要根据其业务特征、存货类型，并结合本企业的生产经营特点等建立和完善存货内部控制制度，针对业务流程中的关键环节，制定有效的控制措施。一般生产企业的存货业务流程可分为取得、验收、仓储保管、生产加工、盘点处置等几个环节。

不同的企业，其存货业务流程也存在差异，可能不仅包括上述所有环节，甚至有更多、更细的流程，也有的企业生产经营活动较为简单，其存货业务流程可能只涉及上述流程中的某几个环节。但总的来说，无论是生产企业，还是其他类型企业，存货取得、验收入库、仓储保管、领用发出、盘点清查、销售处置等都是其共有的环节。以下将对这些环节可能存在的主要风险及其管控措施加以说明。以生产企业为例，图3-5列示了企业存货流转的主要程序。

（二）存货管理的主要风险点及其管控措施

1. 存货采购

该环节的主要风险：采购方式的不合理导致采购费用超预算，或者因采购数量不合理而导致库存损坏变质、库存周转较慢、存货价格下跌和存货信息不畅通，影响企业生产经营计划。

该环节的主要管控措施：企业的存货应根据实际需要编制生产经营计划，结合市场因素、采购费用等综合考虑，选择合适的存货采购方式，如外购、委托加工或自行生产等。采购计划

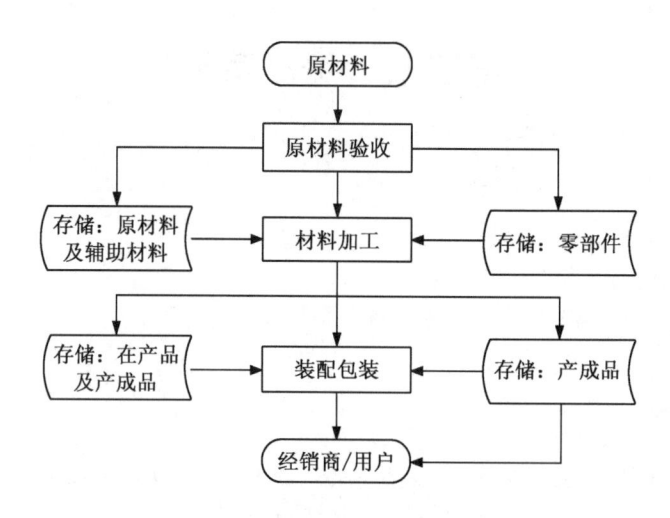

图 3—5 存货管理基本业务流程

应纳入采购预算管理,建立采购申请制度,明确请购相关部门或人员的职责权限及相应程序,严格按照预算进度办理请购手续。对于超预算及预算外的采购,应先履行预算调整程序,经审批后再行办理请购手续。确定采购价格时,建立科学的供应商评估和准入制度,在切实防范舞弊风险的基础上,与供应商签订质量保证协议。在存货管理过程中,应当根据不同存货类型的特点、库存情况以及企业生产计划,合理确定存货采购日期和数量,确保存货处于最佳库存状态。

【例 3—11】 某生产型小企业,采购部一共有 3 位采购员,每个人负责向固定的供应商采购固定的原材料。该企业没有建立供应商管理库,也没有供应商筛选评价机制,供应商的选择完全是按照采购人员口头提供的信息来选定。最后,采购员向总经理大致汇报供应商的情况,但是没有针对每一种材料不同供应商的采购价格予以记录。

【分析】 供应商的选择不规范。该企业业务单一,合作的供应商数量有限,通常是与相熟的几家供应商合作。该企业采购人员在大部分情况下没有向多家供应商询问价格并检验材料质量,而是选择长期与熟悉的供应商合作,并且没有建立一个完善的供应商信息系统库,也没有对供应商进行及时的评估考核。

【例 3—12】 某企业并没有执行具体的采购预算制度,每次业务部都会向总经理做出销售预测,然后采购部根据其销售预测制订采购计划。因此,生产车间偶尔会出现停工待料的情况,此时,企业采购人员在采购数量、价格、供应商等方面有一定的自主权,以解燃眉之急。这就导致在材料采购环节,有时会出现材料价格过高、质量残次等问题,甚至存在采购员私拿回扣现象。

【分析】 该企业没有采购计划和采购预算管理制度,也没有建立有效的采购申请制度。临时采购又赋予采购员过多的权限,存在采购员徇私舞弊、采购材料价高质次的风险。

2. 存货验收

该环节的主要风险:企业的存货验收程序不规范、标准不明确导致存货的数量、品种和质量不符合企业要求,产生数量克扣、以次充好和账实不符等问题。

该环节的主要管控措施:企业要完善验收程序,制定合理的标准和规范,由质检部门主导,会同仓储部门、使用部门和采购部共同验收。(1)外购存货的验收:应当根据装箱单、采购订单、采购合同等采购文件核对存货的名称、规格并清点数量或过磅、测量重量;同时,验收人员填写相关记录,必要时可聘请外部专家协助进行。(2)自制存货的验收:生产部门应组织专业人员对其进行检验,只有检验合格的产成品才能办理入库手续,不合格的则应及时查明原因、落实责任、报告处理。(3)其他方式取得存货的验收:应当重点关注存货来源、质量状况、实际价值是否符合有关合同或协议的约定。仓储部门对于入库的存货,应根据入库单的内容对存货的数量、规格、包装及外观等进行检查,并真实、完整地填写入库记录,符合要求的予以入库,不符合要求的则应及时办理退换货等相关事宜。财务部负责核对发票与收料单,按合同及付款手续填制付款凭证。

【例3-13】 某企业董事长常年在国外工作,材料的采购由董事长个人掌握。材料到达入库后,保管员按实际收到的材料的数量和品种验收入库;但对于实际的采购数量和品种,保管员既无法掌握,也没有与合同相关的资料。

【分析】 该企业基本没有存货管理内部控制制度。在内部控制中,应就单位法定代表人和高管人员对实物资产处置的授权批准制度制定相互制约的规范,并且应建立完善的验收程序。对于不同种类的材料,要根据材料的具体情况对货物进行检查和验收,并填制相关单据及凭证。对重大的资产处置事项,必须经集体决策审批,而不能由企业负责人一人说了算。

【例3-14】 某企业接收了一批来自债务人的商品以为对方抵顶债务,经董事长个人审批通过后将该批商品确认为存货。对于董事长助理日常去查看存货仓储情况,企业存货管理部门和仓储人员并不知情。

【分析】 该企业基本没有存货管理内部控制制度。在内部控制中,取得的存货为对方单位抵顶债务的,该类存货的取得应经过企业采购部门、质检部门、财务部门和管理层审批通过,对大额抵债应经过董事会审核批准,其实有价值和质量状况应当符合双方的有关协议。企业内部除存货管理部门及仓储人员外,其余部门和人员接触存货时,应由相关部门特别授权。对重大的资产处置事项,必须经集体决策审批,而不能由企业负责人一人说了算。

3. 存货的仓储保管

该环节的主要风险:企业的存货进入仓库后,因保管措施不健全、监管力度不够、仓库管理制度不完善而导致存货的数量和质量出现问题,如被盗、失火、损毁变质、价值贬损、资源浪费等。

该环节的主要管控措施:企业要制定合理的保管措施,加强监管,保证存货的储存安全、质量完好、数量准确。同类型的货物不同批次入库要注意分开摆放,不同批次、型号和用途的产品也要分类存放。存货在不同仓库之间流动时,应当按程序办理出入库手续。存货仓储期间要按照仓储物资所要求的储存条件妥善贮存,做好防火、防洪、防盗、防潮、防鼠、防病虫害、防变质等保管工作,定期对货物进行清洁和整理。生产现场的在加工原料、周转材料、半成品等要按照有助于提高生产效率的方式摆放,同时建立责任制,防止浪费、被盗和流失。对代管、代销、暂存、受托加工的存货,应单独存放和记录,避免与本企业存货混淆。仓储部门应对库存物料和产品进行每日巡查和定期抽检,详细记录库存情况。发现毁损、存在跌价迹象的,应及时与生产、采购、财务等相关部门沟通。仓库禁止无关人员进入,所有入库人员均需按照规定执行并遵守仓库管理制度。另外,企业可以根据实际情况,加强存货的保险投保,保证存货安全,降低存货意外损失风险。

【例3-15】 某企业管理层在对本企业仓储部门进行例行检查时发现企业物资摆放混乱

无序,不同品类、用途的产品堆积于一处。同时,仓储人员没有明确的区域及流程分工,而是共同处理企业的存货收发业务,从而导致存货收发业务的运行效率极为低下、产品因堆积而大量腐坏等问题。

【分析】 企业必须根据自身的生产经营特点制订仓储的总体计划,并考虑工厂布局、工艺流程、设备摆放等因素,相应制定人员分工、实物流动、信息传递等具体管理制度。存货的存放和管理应指定专人负责并进行分类编目,严格限制其他人员接触存货,入库存货应及时记入收发存登记簿或存货卡片,并详细标明存放地点。

4. 领用发出程序

该环节的主要风险:存货领用发出制度不完善,审批程序出现漏洞,如发出审核不严格、手续不完备,则可能出现存货浪费、紧缺、货物流失等情况,从而影响企业的正常生产经营。

该环节的主要管控措施:企业要规范存货领用和发出的相关程序,加强该环节的控制。企业应当根据自身的业务特点,采用合理的存货发出管理模式,明确存货发出和领用的审批权限,加强存货领用记录。一般来说,企业生产部门领用材料,需填写领料申请单并办理相应的审批手续,凭借经过审批的领料申请单到仓库领料。仓储部门需要对领料申请单中载明的材料用途、领用部门、数量以及相关的审批签字信息等内容进行审核,做到单据齐全、名称、规格、计量单位准确、签字齐全。审核无误后方能发料,并与领用人当面核对、点清交付。另外,对于大批存货、贵重商品或危险品等特殊项目的发出,还应当履行特别授权程序;仓储部门应当根据经审批的销售(出库)通知单发出货物。

【例3—16】 税务部门在对某外资企业的检查中发现,该企业存货的领用没有建立规范的领用制度,车间在生产中随用随领,没有计划,多领也不办理退库手续。生产中的残次料随处可见,随用随拿,浪费现象严重。

【分析】 该企业没有定额管理制度,也没有规范的材料领用和盘点制度,仅凭生产工人的自觉性来计量材料的消耗。该企业应细化控制流程,完善领用发出程序的控制方法。

【例3—17】 某企业管理层在对本企业的存货发放情况进行检查时发现,存货的领用没有遵循规范的领用制度,实际领用数量与领料申请单的记载严重不符,且仓储部门对剩余材料的库存量没有明确的统计,浪费现象严重。

【分析】 该企业没有定额管理制度和规范的材料领用与盘点制度,材料仓库应按"先进先出,按规定供应"的原则发放材料。发料应坚持核对单据、监督领料、汇总剩余材料库存量的原则。对违规发放材料造成材料失效、霉变、大料小用、优料劣用以及差错等损失,仓库工作人员除承担全部经济损失外,还要接受行政处分。

5. 盘点清查

该环节的主要风险:企业没有完善的存货盘点清查制度,对企业存货及财产的数量和质量不能及时掌握,影响企业各项资产的安全、完整,不利于企业的内部管理,可能导致工作流于形式、无法查清存货真实情况。

该环节的主要管控措施:企业应当建立存货盘点清查制度,合理确定盘点周期、盘点流程、盘点方法等相关内容,定期盘点和不定期抽查相结合。存货盘点需要相关部门一同参与,多部门人员共同盘点,应当充分体现相互制衡,认真记录盘点情况。盘点清查时,应制订详细的盘点计划,合理安排相关人员,使用科学的盘点方法,保持盘点记录的完整,以保证盘点的真实性、有效性。盘点清查结果要及时编制盘点表,形成书面报告,包括盘点人员、时间、地点、实际所盘点存货的名称、品种、数量、存放情况以及盘点过程中发现的账实不符情况等内容。对盘点清查中发现的问题,应及时查明原因,落实责任,按照规定权限报经批准后处理。企业至少应当于每年年度终了开展全面的存货盘点清查,及时发现存货减值迹象,将盘点清查结果形成书面报告。

【例3—18】 某企业仓库的保管员自己盘点,盘点的结果与财务部门核对不一致。但企业既不去查找原因,也不进行处理,使盘点流于形式。

【分析】 发生这种现象的主要原因是存货盘点清查制度不完善,企业没有对入库存货的质量、数量进行检查与验收,不了解采购存货要求。企业没有建立存货保管制度,仓储部门就会对存货盘点的结果做随意调整。

【例3—19】 某企业仓库管理员发现在企业定期存货清查中,经常出现账实不符的情况。但企业没有针对该情况对存货盘点制度进行调整与完善,存货遗失的现象仍然存在。

【分析】 发生这种现象的主要原因是存货盘点清查制度不完善,没有建立存货保管制度。仓库应当做好库存商品的进销存报表,并对仓库所有商品进行盘点清查,核对是否账实相符。仓库对正常报损的商品应清理好数量、品种并注明报损的原因,填制好"商品报损单"以备财务人员清查核实,签字有效。

二、固定资产管理

固定资产是指企业为生产产品、提供劳务、出租或者经营管理而持有的、使用时间超过1年的,价值达到一定标准的非货币性资产,包括房屋、建筑物、机器、机械、运输工具以及其他与生产经营活动有关的设备、器具、工具等。固定资产属于企业的非流动资产,是企业开展正常的生产经营活动必要的物资条件,其价值随着企业生产经营活动逐渐转移到产品成本中。固定资产的安全、完整、有效运行直接影响企业生产经营的可持续发展能力。

(一)固定资产管理的业务流程

企业应该结合本企业生产经营特征,根据固定资产的特点,制定合理的固定资产管理制度,加强固定资产的管理,完善相关的控制措施,以便掌握固定资产的构成与使用情况,并确保企业财产不受损失。固定资产管理大致可分为进入、存续和退出三个阶段。

在固定资产进入阶段,其管理环节包括制定战略、预算作业和取得验收。管理目标是在满足内部需求的同时取得效用最大的固定资产,即实现质优价廉,并通过验收和领用环节,保质保量地将固定资产分配至资产使用人。

在固定资产存续阶段,其管理环节包括登记投保、使用培训、运行维护、更新改造、调拨置换、出租出借和清查盘点。管理目标是确保实现资产的合理使用和有序流动,并通过清查盘点等环节,确保企业固定资产的数量、分布和资产状况等信息完整准确、账实相符。

在固定资产退出阶段,其管理环节包括毁损遗失、变卖出让和资产清理。管理目标是保证企业的支出合理和收益最大,防止企业资产减少时引起企业资产和收益流失,并通过及时的固定资产清理活动,实现资产信息和会计核算及时准确。固定资产业务流程通常可以分为取得、验收移交、日常维护、更新改造和淘汰处置五个主要环节,如图3—6所示。

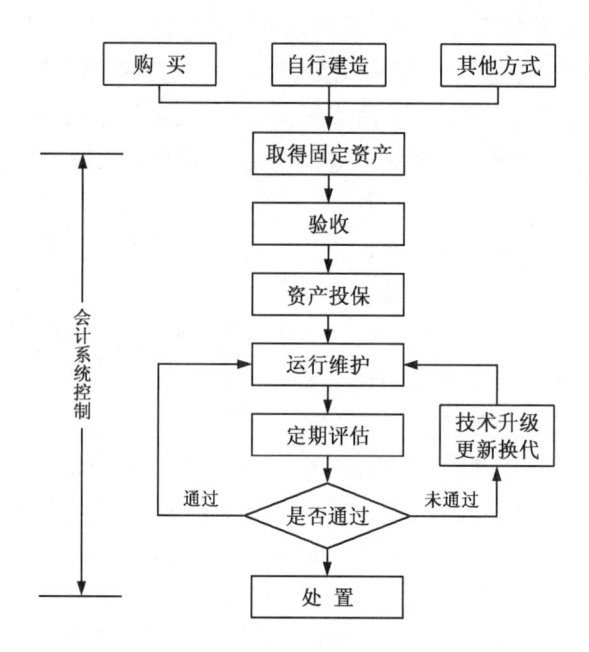

图 3—6　固定资产管理基本业务流程

(二)固定资产管理的主要风险点及其管控措施

1. 资产取得与验收

该环节的主要风险:固定资产取得有外购、自行建造、非货币资产交换或投资者投入等方式,其内容较为复杂,如果固定资产取得方式不合理,就可能导致成本过高。若验收与登记制度不完善,则可能导致资产质量不符合要求,进而影响资产的运行,危害企业经营目标的实现。

该环节的主要管控措施:企业要根据生产经营特点,结合资金计划以及现有条件,确定合理的取得方式。固定资产在购入后要进行合理、有效的验收。第一,企业要建立科学合理的验收程序,确保新增固定资产质量达标。不同类型的固定资产有不同的验收程序和技术要求。办公家具、电脑、打印机等标准化程度较高的固定资产验收过程较为简化;对一些复杂的大型生产设备,尤其是定制的高科技精密仪器,以及建筑物竣工验收等,需要规范、严密的验收制度。固定资产的验收由资产管理相关人员、使用部门和采购人员共同实施。外购固定资产,应当根据合同、供应商发出报单等所列品种、规格、数量、质量、技术要求及其他内容进行验收,出具验收单,编制验收报告;自行建造固定资产,应由建造部门、固定资产管理部门、使用部门共同填制固定资产移交使用验收单,验收合格后,移交使用部门投入使用。未通过验收或不合格资产,使用部门不得接受,必须按照合同等有关规定办理退换,或采取其他弥补措施。对于具有权属证明的资产,取得时必须有合法的权属证书。第二,完善固定资产的投保制度。企业应根据固定资产的性质和特点,合理确定固定资产的投保范围、投保金额等。对应投保的固定资产项目,按规定程序进行审批,办理投保手续,规范投保行为。对于重大固定资产项目的投保,应当考虑采取招标方式确定保险人,防范固定资产投保舞弊。已投保的固定资产发生损失的,及时调查原因及受损金额,向保险公司办理相关的索赔手续。第三,加强固定资产的登记造册等记录。企业取得固定资产后需要进行详细登记,编制固定资产目录,建立固定资产卡片,便于固定资产的统计、检查和管理。企业要结合自身实际情况,制定合适的固定资产目录,列明固定资产编号、名称、种类、所在地点、使用部门、责任人、数量、账面价值、使用年限、损耗等内容;还需要按照单项资产建立固定资产卡片,载明各项固定资产的来源、验收、使用地点、责任单位和责任人、运转、维修、改造、折旧、盘点等相关内容,便于固定资产的有效识别。固定资产目录和卡片均应定期或不定期复核,以保证信息的真实和完整。

【例3—20】 李某是某公司工程部负责人。20×0年9月,某公司欲购水泥砖机十台,但当时该公司没有购买此类机器的配额,李某便利用同行业其他公司的配额到水泥总厂订购。随后,李某将本公司的三十余万元划入水泥总厂。在20×1年年初,他代表公司到水泥总厂核账时发现财务出错:公司已提走的水泥砖机是作为"其他公司购买"的,而他划入的三十余万元却变成了其公司的预付款。20×1年5月,李某再次派人到水泥总厂以公司的名义购买搅拌机等价值五十余万元设备。因为有三十余万元的"预付款",李某仅需向水泥总厂支付二十余万元。同时,李某好友经营的某建筑材料公司为李某开出了其公司以50万元购得这批设备的发票。但公司并不知内情,向水泥总厂支付了全部购货款,李某因此从中得利30万元。同年8月至11月期间,李某又以同样手段骗得公司四十余万元并据为己有。20×4年上半年,水泥总厂发现被骗,遂向公安机关报案,随后李某被捕。法院认定李某贪污公款七十余万元,构成贪污罪。

【分析】 该公司的验收制度和付款程序不合规、不完善。付款员将50万元款项划给了某建筑材料公司,属于李某利用其好友关系而虚构的交易,如果验收员按照购货合同上写明的条款以及发货发票进行验货,就能够发现李某冒用某建筑材料公司的名义购进水泥总厂设备的事实。固定资产的验收应由资产管理人员、使用部门和采购人员共同进行。设备运至公司后,由总务人员和设备使用部门对设备进行开箱检查并填写验收单。验收单一式三联,在与采购合同或采购订单核对一致后,由总务人员、设备使用部门和供货商分别签字确认,并归档保存。由于该公司的验收部门没有仔细查验发货单位,因此李某得以蒙混过关,给公司造成了损失。

2. 运行和维护

该环节的主要风险:固定资产在投入使用后,没有及时对相关人员进行操作培训,出现对固定资产操作不当、缺乏定期维护、维护过剩、失修、登记内容不完整、设备能力不能充分利用等情况,从而导致效率降低、资源浪费,甚至发生生产停顿、资产信息失真、资产丢失等问题。

该环节的主要管控措施:第一,固定资产投入使用后,应当对使用人员进行培训,持证上岗,严格按照固定资产的操作流程,确保其使用流程与既定操作流程相符,实现安全运行。第二,为了保持固定资产处于正常运行状态,企业需要制定和完善固定资产维护和安全防范制度,将日常维护流程制度化、程序化、标准化。第三,固定资产使用部门及资产管理部门要建立固定资产运行管理档案,制订合理的日常维护计划和大修理计划,负责固定资产日常维修、保养,定期检查,及时消除风险,提高固定资产的使用效率,切实消除安全隐患。第四,对固定资产的修理实行分类管理,其中简单维护可由操作人员或内部技术人员完成;大修理则需专人负责,必要时可聘请外部技术人员或专业机构。第五,做好设备监控,企业应当强化对生产线等关键设备运转的监控,确保设备安全运转,从而规避操作风险造成的损害。

【例3—21】 某企业固定资产经长期使用后,其主要部位发生磨损与老化,经过维修后可恢复其精度和性能,企业将该固定资产的维修列入大修理计划。

【分析】 该企业对大修理计划的确认范围不够准确。凡属下列情况之一者,可列入大修理计划:(1)固定资产经长期使用后,其主要部位发生严重磨损、腐蚀、老化、变形、经维修仍不能恢复其精度和性能者。(2)经状态检测与故障诊断,确认设备存在重大隐患和缺陷,不大修将危及人身及设备安全者。

3. 更新改造

该环节的主要风险:固定资产的更新改造不符合企业发展战略,由于更新改造不够、技术落后等而可能造成产品线老化,缺乏市场竞争能力,不利于企业持续发展,并且导致相应的成本过高,从而降低企业的生产效率。

该环节的主要管控措施:为了提高产品质量,开发新品种,降低能源、资源消耗,企业需要定期或不定期对固定资产进行更新改造。固定资产更新又可分为部分更新与整体更新。部分更新包括局部技术改造、更换高性能部件、增加新功能等方面,需权衡更新活动的成本与效益以便综合决策;整体更新主要是指对陈旧设备的淘汰与全面升级,更侧重资产技术的先进性,符合企业的整体发展战略。企业资产使用部门需要根据自身发展战略,结合企业未来发展情况、市场环境等方面,充分利用国家有关自主创新政策,定期对固定资产进行专项技术评估,提出更新方案,会同财务部门进行预算的可行性分析,并且履行相关审批程序。近几年国家出台了一系列鼓励企业自主创新的优惠政策,企业应加以充分利用。管理部门需要对更新方案实施动态监控、加强管理,保证固定资产更新改造工作顺利进行。同时,企业应加大技术升级改造投入,不断促进固定资产技术升级,淘汰落后设备。只有结合企业实际实施技术升级改造,才能适应形势需要。企业应切实做到保持固定资产技术的先进性和企业发展的可持续性,这是固定资产更新改造的最终目的。

【例3—22】 某企业管理部门人员对企业生产车间所使用的车床进行了技术改造。日后车床在使用中运行出现问题,车间人员向企业管理层反映,然而企业管理层对该项固定资产更新改造情况并不知情。

【分析】 该企业固定资产更新改造制度不完善。对固定资产的更新改造,首先应由部门提交更新改造申请报告及可行性经济效益报告,再报总经理批准后方能进行。竣工后,根据施工部门编制的更新改造交接手册,会同工程部、财务部、使用部门进行验收,办理交接手续,填制"验收启用报告书"连同更新改造竣工决算书等附件,经总经理批准后入账,登记固定资产账目和卡片。

4. 固定资产清查

该环节的主要风险:企业的固定资产清查措施不全面、固定资产管理不当、处置方式不合理,出现固定资产丢失、毁损等造成账实不符或资产贬值的情况,可能给企业带来经济损失。

该环节的主要管控措施:企业应建立健全固定资产清查盘点制度,进一步明确相关部门职责,定期或不定期地开展盘点,至少每年全面清查一次,以保证固定资产账实相符、及时掌握资产盈利能力和市场价值;对于固定资产清查中发现的盘盈或盘亏等问题,应当查明原因,追究责任,妥善处理。固定资产的清查工作需要财务部门会同资产使用部门和管理部门共同完成。在清查之前要编制清查计划,并且需要管理部门审批,明确资产权属,确保实物与卡、财务账表相符。在清查结束后,清查人员需要编制清查报告,管理部门需就清查报告进行审核,确保其真实性、可靠性。

【例3—23】 宝明集团的固定资产盘点制度如下：

(1)目的：确保固定资产盘点的重要性，盘点事务处理有所遵循，并加强管理人员的职责，以达到固定资产管理的目的。

(2)范围及内容：盘点范围包括宝明集团各子公司及各部门等。盘点内容包括核实资产数量、型号、单价、价值；核查资产质量、损毁情况。

(3)方式：年中、年终盘点；临时盘点。

(4)参与的部门、人员的指派与职责：包括管理部门和财务部门等相关部门的职责。

(5)流程：盘点前、中、后的各项程序。

(6)不定期抽点：确定盘点人员及日期并填报盘点表。

(7)注意事项(略)。

【分析】 该企业建立了完整的固定资产清查盘点制度，通过确定清查目的、相关范围及内容、清查方式、各部门清查人员与职责及对企业固定资产进行定期与不定期抽点清查，明确资产的所属权，确保账实相符，有利于企业账务分析等后期工作的有效进行。

三、无形资产管理

无形资产是企业拥有或控制的没有实物形态的可辨认非货币性资产，通常包括专利权、非专利技术、商标权、著作权、特许权、土地使用权、金融资产和长期股权投资等。无形资产对于提高企业科技水平和生产力水平，增强企业竞争力，促进企业可持续发展具有重要的意义。企业应当加强对无形资产的管理，建立健全无形资产分类管理制度，保护无形资产的安全，提高无形资产的使用效率，充分发挥无形资产对提升企业创新能力和核心竞争力的作用。

(一)无形资产管理业务流程

无形资产管理的基本流程包括无形资产的取得、验收并落实权属、自用或授权其他单位使用、安全防范、技术升级与更新换代、处置与转移等环节(如图3—7所示)。

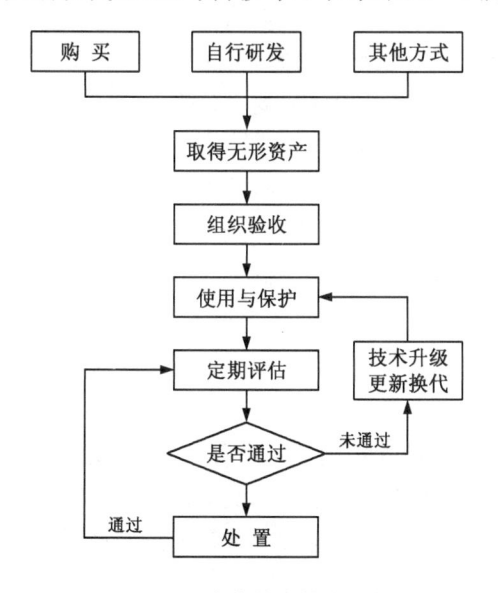

图3—7 无形资产管理基本业务流程

（二）无形资产管理的主要风险点及其管控措施

1. 取得与验收

该环节的主要风险：无形资产使用与验收制度不完善，未及时办理产权登记手续，造成取得的无形资产不具先进性或权属关系不明确，进而导致资源浪费或者发生法律诉讼等问题。

该环节的主要管控措施：企业应当建立严格的无形资产交付使用验收制度，明确无形资产的权属关系，及时办理产权登记手续。根据无形资产的取得方式，对于企业外购的无形资产，必须仔细审核有关合同、协议等法律文件，及时取得无形资产所有权的有效证明文件，同时特别关注外购无形资产的技术先进性；企业自行开发的无形资产应由研发部门、无形资产管理部门、使用部门共同填制无形资产移交使用验收单，移交使用部门使用；企业购入或者以支付土地出让金方式取得的土地使用权，必须取得土地使用权的有效证明文件；当无形资产权属关系发生变动时，应当按照规定及时办理权证转移手续。

【例3—24】 2011年被上市公司大湖股份（600257）控股股东宏信控股所控制的江苏阳澄湖大闸蟹股份有限公司，之前宣布计划两三年内完成国内A股的IPO上市，而今阳澄湖大闸蟹养殖企业首次上市计划再次搁浅，其中的难题之一便是企业的"阳澄湖牌"商标并不属于该企业。

【分析】 该案例属于典型的由于取得与验收环节中权属不清所导致的问题。目前"阳澄湖牌"一共有三家企业在使用，而苏州市阳澄湖大闸蟹集团是"阳澄湖牌"的所有者。每三年商标所有方会与江苏阳澄湖大闸蟹股份有限公司达成授权承诺，而是否会长期使用该商标仍是未知数。由于商标归属不清，因此该公司迟迟无法上市，最终给公司带来了不小的经济损失。

【例3—25】 北京饭店的谭家菜产生于清末民初的著名官府菜。为了保护"谭家菜"这一金字品牌，1995—1996年间，北京饭店申请注册了"谭家菜""谭""谭府"等商标。2004年北京饭店发现四川谭氏官府菜餐饮发展有限责任公司北京分公司在店内正门门厅正上方悬挂"谭府"牌匾，并在多家媒体刊登大幅版面的广告，广告中出现了"谭家菜"和"谭"字样。北京饭店认为四川谭氏官府菜餐饮发展有限责任公司的行为侵犯了"谭府"和"谭家菜"等商标专用权，遂向法院提起民事诉讼，要求其停止侵权行为，赔偿经济损失50万元。

【分析】 该案例属于典型的商标侵权问题。根据《中华人民共和国商标法》第十一条的规定，仅有本商品的通用名称、图形、型号的商标禁止注册。已经取得注册的，也可以依据这一规定予以撤销。商标的显著性是动态的、可变的，具有显著特征的商标经过不当使用或怠于保护会导致显著性退化甚至完全丧失，转变为通用名称，不再为注册人专有或专用。造成商标显著性退化的主要原因：商标权人的疏忽，没有及时制止相关公众以通用名称方式使用注册商标；同业竞争对手的故意侵权行为，而这种侵权行为没有得到及时制止。北京饭店及时制止对"谭家菜"成为菜系通用名称的趋势，从而得到了法律的全面保护。

2. 使用与保护

该环节的主要风险：无形资产保护制度不完善，导致利用效率低下，以及商业秘密泄露、侵权等损害企业利益等问题。无形资产使用效率低下，致使效能发挥不到位；缺乏严格的保密制度，致使体现在无形资产中的商业机密泄漏；商标等无形资产疏于管理，导致其他企业侵权，从而严重损害企业利益。

该环节的主要管控措施：企业应该加强对品牌、商标、专利等无形资产的管理，分类制定无形资产管理办法，促进无形资产的有效利用，强化无形资产使用过程的风险管控，充分发挥无形资产对提升企业产品质量和市场影响力的重要作用；建立无形资产核心技术保密制度，严格限制未经授权人员直接接触技术资料，对技术资料等无形资产的保管及接触应保有记录，实行责任追究，保证无形资产的安全与完整；对侵害本企业无形资产的，要积极取证并形成书面调查记录，提出维权对策，按规定程序审核并上报。

【例 3—26】 有关资料表明，由于我国工商企业界对商标的注册、命名、宣传、评估及商标在国际保护方面认识不深，自 20 世纪 90 年代起，外国资本就不断地进军中国，我国民族企业的无形资产例如商标逐渐退出历史舞台，尤其是那些著名商标、驰名商标流失非常严重。海外商标的抢注同样是我国企业难以言说的痛，从 20 世纪 80 年代至今，外国抢注我国商品商标竟达 2 000 起以上，每年无形资产流失超 10 亿元，甚至危及国家经济安全。

【分析】 我国企业在商标管理上存在很多方面的问题。企业缺乏商标的管理意识，对商标的管理认识不够、管理经验不足、管理方法不够科学；企业没有有效的商标管理制度，或者这种制度形同虚设，容易造成企业人员对无形资产的懈怠。同时，我国企业在自我保护以及发展的意识中对商标的注册也做得不够好：第一，商标不及时注册，商标意识淡薄。第二，注册后，忽视对商标的宣传。企业的产品和商标是不可分割的，我们在宣传产品的同时，也要花费精力去宣传商标，不能搁置不用，白白浪费无形资产。第三，商标专用权是有时间限制的。我国商标权的有效期一般为十年，企业往往忽视商标权有效期，导致商标被注销，或者被他人抢注，给商标带来不好的影响。

3. 技术升级与更新换代

该环节的主要风险：无形资产的更新改造不符合企业发展战略、改造成本不经济、技术投入不足、内含技术更新改造不及时等问题，导致技术落后或存在重大技术安全隐患，对企业的可持续发展造成不利影响。

该环节的主要管控措施：企业应当定期对专利、专有技术等无形资产的先进性进行评估。一旦发现某项无形资产给企业带来经济利益的能力受到重大不利影响，就应当考虑淘汰落后技术；同时，加大研发投入，不断推动企业自主创新与技术升级，确保企业在市场经济竞争中始终处于优势地位。企业还应该重视品牌建设，加强商誉管理，通过提高产品质量和提供优质服务等多种方式不断打造自主品牌，提高企业的社会认可度。

【例 3—27】 某企业的无形资产评估程序：

(1)明确评估目的：转让、出资、财务报告、质押等。

(2)确认无形资产。

(3)收集相关资料，主要是获利能力的预测资料。

(4)确定评估方法。不同评估方法的应用前提和技术方法不同。

(5)得出评估结论，整理并撰写报告。无形资产的评估报告要注重评估过程的陈述，明确阐述评估结论产生的前提、假设及限定条件，各种参数的选用依据，评估方法使用的理由及逻辑推理方式。

【分析】 关系无形资产的价值能否形成决定性作用的因素是对技术的评价、对项目技术的经济评价和对技术参数选择的评估。

(1) 对技术的评价

无形资产评估侧重从技术的成熟度分析。技术除具有先进性外,更主要是具有可靠性,即项目的未来收益和风险都可以比较准确地预测,是选择评估方法的基础。

(2) 对项目技术的经济评价

无形资产依附于有形资产而发挥效益,因此,对投资和技术运营的有关技术经济指标、财务指标的分析评价是影响评估结果的基本因素。

(3) 对技术参数选择的评估

技术参数的选取直接决定了评估的客观性和科学性。无形资产评估的主要技术参数是超额收益年限、折现率和分成率。

4. 无形资产的处置

该环节的主要风险:无形资产长期闲置或低效使用,就会逐渐失去其使用价值;其处置审批程序不规范、处置价格不合理等,会造成企业的资产流失从而影响企业的健康发展。

该环节的主要管控措施:企业应当建立无形资产处置管理制度,明确无形资产处置的范围、标准、程序和审批权限等要求。无形资产的处置应由独立于无形资产管理部门和使用部门的其他部门或人员按照规定的权限和程序办理;应当选择合理的方式确定处置价格,并报经企业授权部门或人员审批;重大的无形资产处置,应当委托具有资质的中介机构进行资产评估。

【例 3—28】 无形资产,因其无形,不像其他有形资产自身的存在就在提醒债权人和管理人必须处置它。在早期的破产案件中,无形资产经常被忽略。随着现在无形资产的进一步受重视,破产财产中的无形资产也备受关注,尤其是现在的互联网企业,其最大的资产基本上就是企业所拥有的版权、专利、商标和数据库等无形资产。所以在破产案件中,无形资产的处置越来越重要,但目前还是存在被忽略、评估条件与信息不准确、价值被低估和变现难等问题。

【分析】 破产案件中,无形资产因存在上述问题,最终难以变现,难以实现社会资源的良性再利用和破产程序的顺利进行,其中有一部分是固有问题,也有一部分确实是目前状态下难以解决的,可能需要社会各方面的力量进一步完善。比如在破产程序中,各环节的相关人员应加强紧密配合,建立资料交接清单和管理责任制度,更大程度地破解资料不全的困境;破产管理人中引入无形资产专业人员,通过无形资产专业人员的尽职调研,对破产人的无形资产进行具体分析、调查、拆解,并提出处置方案——这样既可以简化后面不必要的程序,还可以提高无形资产的变现能力,也能更早规划无形资产交接资料,减少资料对接的缺失,降低无形资产变现过程的难度,增加无形资产变现后的再利用率,从而更好地实现破产中无形资产的变现,促进破产程序的有序开展。

总之,资产是企业生产经营活动平稳运行的重要保障。企业要明确资产管理的要求,全面梳理资产管理流程,包括存货、固定资产和无形资产,查找管理的薄弱环节,加强资产管理的内部控制,保证资产完整、安全,进而为企业健康平稳发展提供保证,促进企业经营目标的实现。

关键概念

资产管理　　存货管理　　固定资产管理　　无形资产管理

综合案例

【案例一】

JS公司成立于1997年,其公司现有员工100人,注册资金为600万元,在本省范围内,该公司当前的注册资本属于良好。JS公司目前的营业范围主要包括大米的生产与加工,饲料、粮油、食用油、五谷杂粮以及调味品的销售。JS公司自创建以来,不断进行技术改造,开发新的项目,使公司规模不断扩大,经营业绩迅速提高。通过调查可知,该公司近几年的营业收入总额基本在2 000万元以上,虽然与同类型公司的规模相比,其获取利润的能力可以称得上是一流,但其内部管理出现了很多问题急需解决。

JS公司20×6—20×8年的存货周转情况

时间	2016年	2017年	2018年
存货周转率	1.82	2.8	1.5
存货周转天数	197.76	128	240

通过上表中JS公司的财务数据,我们可以发现JS公司在20×6—20×8年的存货周转率依次为1.82、2.8、1.5,存货周转率正在逐年下降。存货周转天数从197.76天增加到240天,存货周转变得缓慢。根据《企业绩效评价标准》得知该行业存货周转率的平均值是3.5,可以看出该公司连续三年的存货周转率均低于行业平均值,说明该公司存货未能得到有效流转,造成了存货严重积压的现象。

通过观察JS公司,发现该公司在采购物资时,没有事先和生产部、销售部及仓储部进行沟通,没有及时了解仓库的库存量及生产部、销售部实际的需求量,而是按照年度生产计划进行采购。对仓库的存货未能按照科学方法有效分类存放,造成仓库管理混乱。仓库人员根据物料领用单对原材料进行发放,由于仓库物资摆放混乱,因此就近挑选原材料。如果仓库保管员有时间,则偶尔会对存货进行实地盘点。

【案例分析】 在存货管理环节,该公司存在以下漏洞:

(1)在采购环节中,公司缺乏合理的采购预算制度,这样容易造成过量存货积压在仓库,占据更多空间,不利于公司的长远发展。

(2)在仓储环节,仓库人员受教育程度不一,整体的综合素质不高,不利于公司对其管理。

(3)在领料发出环节没有遵循先进先出的原则,使有些放置时间较长的原材料没有得到合理使用而过期或者变质,给公司造成不必要的损失。

(4)在盘点过程中未实行定期盘点制度。公司没有组织特定人员对存货进行实地盘点,容易造成分工不明确、权责不清晰;而且在进行实地盘点时,也没有与相关部门一起进行,这样容易造成盘点结果不准确,盘点效率不高。

通过以上对存货控制的分析,我们建议:

(1)在采购环节,公司应制定合理的采购预算管理制度。应当与有关部门进行沟通,大致了解公司对物资的实际需求量。制订合适的采购计划,确定采购预算,为公司节约成本,提高经营效率。

(2)在仓储环节,公司应该对仓库进行科学有效的管理。提高仓库人员的综合素质,使其熟练使用电子软件,采用 ABC 库存分类管理法来管理存货,规范仓库人员对物料保管的行为,以加速存货的流转,也为仓库腾出更多的有效空间,从而减少库存积压严重的情况,减少存货使用资金量,为公司创造出更多的经济效益。

(3)在领料发出环节,公司应该加强对仓库人员的知识培训。要求仓库人员按照先进先出的原则对原材料进行发放,避免出现人为造成的物料损失,增加公司的经营成本。

(4)在盘点环节,实行存货的定期盘存制。为提高盘点质量,公司应该组织专业盘点人员对实物进行盘点,并联合仓储部门一起进行,检查账上与实物是否保持一致。在盘点结束后,还要制作盘点报告并说明当时具体的盘点情况,以备后用。

【案例二】

乔丹体育股份有限公司(以下简称"乔丹体育")是由成立于1984年的福建省晋江县陈埭溪边日用品二厂发展而来的。乔丹体育主要使用的"乔丹"商标在2003年前注册完成。截至2011年6月30日,乔丹体育已建立了覆盖中国31个省、直辖市和自治区的市场营销网络,2010年公司销售收入更是高达29.3亿元。2011年年底,乔丹体育首发申请获准,2012年即将挂牌上市。耐克公司曾控告乔丹体育商标侵权,但并未成功。耐克公司与迈克尔·乔丹有长期合作关系,并在全球范围内建立了"Air Jordan"高端子品牌的运动鞋和服装的特许经营权。"Air Jordan"品牌进入了中国市场,但是并没有注册使用对应的中文名称。耐克公司只有文字商标"Michael Jordan"和两个图形商标在中国获得注册。中国工商总局商标局相关信息显示,2012年耐克公司包括多个"Jordan"字样在内的商标均处于"驳回复审"的商标流程。乔丹体育拥有在中国境内注册的127项注册商标,包括含有"小乔丹""桥丹""杰弗里乔丹""马库斯乔丹"字样的商标。

2012年2月23日,迈克尔·乔丹现身视频称向中国一家法院提起诉讼,指控乔丹体育侵犯其姓名权。2015年7月27日,北京市高级人民法院公布了二审判决书,对于迈克尔·乔丹与乔丹体育商标争议案,迈克尔·乔丹要求撤销乔丹体育的争议商标的上诉理由依据不足,法院不予支持,乔丹体育的注册商标不会被撤销,驳回上诉,维持原判,并宣布本判决为终审判决。2016年4月26日上午,最高人民法院公开开庭审理再审申请人迈克尔·乔丹与被申请人国家工商行政管理总局商标评审委员会、一审第三人乔丹体育10件商标争议行政纠纷系列案件,庭上各方就"乔丹"商标是否侵权问题辩论了4小时之久,但最终结果并未当庭宣判。2016年12月8日,最高人民法院判决乔丹体育对争议商标"乔丹"的注册损害迈克尔·乔丹在先姓名权,违反我国《商标法》,撤销一审、二审判决,判令商标评审委员会重新裁定。

【案例分析】 根据《企业内部控制应用指引第8号——资产管理》第四章第十九条的规定,"企业应当加强对品牌、商标、专利、专有技术、土地使用权等无形资产的管理,分类制定无形资产管理办法,落实无形资产管理责任制,促进无形资产有效利用,充分发挥无形资产对提升企业核心竞争力的作用"。以及第四章第二十条的规定,"企业应当全面梳理外购、自行开发以及其他方式取得的各类无形资产的权属关系,加强无形资产权益保护,防范侵权行为和法律风险。无形资产具有保密性质的,应当采取严格保密措施,严防泄露商业秘密"。由上述案例可知,乔丹体育存在以下几个方面的问题:

(1)商标设计别有用心、投机取巧。

(2)对商标管理重视不足。早在2002年耐克公司就已对乔丹体育商标等问题向商标局提出异议,但最终因证据不足被商评委驳回。乔丹体育宣布申请 IPO 的初期,多位业内分析师表示,作为一家土生土长的民族企业,商号及主要产品商标"乔丹"均与美国前职业篮球球星的中文译名相同,该品牌存在潜在的商标侵权风险。

(3)对商标注册管理不全面。

对企业的几点启示如下:

(1)提高商标设计水平。做到合法、合适和保险,即必须符合我国《商标法》的规定,具有显著性,且不侵害他人的著作权、肖像权、外观设计权等在先权利;简洁明快、字音响亮和寓意良好,便于口口相传,避免文字禁忌和不良谐音;法律风险低,设计巧妙,不易被模仿。

(2)建立商标预警机制。企业应当在管理层面设立专门的知识产权管理部门,由专人负责商标的维护和管理。一方面,实时监控商标局的公告,避免自有商标被假冒或抢注;另一方面,关注自有商标潜在风险,评估风险大小,一旦发现存在侵权行为、潜在法律风险,就及时做出反应,将损失降低到最小。

(3)对商标进行防御性保护。注册联合商标和防御商标,以防范商标被假冒和淡化;进行商标的国际注册。

练习题

一、单项选择题

1. 存货发出记录保管部门需要定期与(　　)部门核对。
   A. 生产　　　　　　B. 采购　　　　　　C. 财务　　　　　　D. 管理

2. 审批人应当根据存货授权批准制度的规定,在授权范围内进行审批,不得超越审批权限。经办人应当在职责范围内,按照审批人的批准意见办理存货业务。这属于(　　)。
   A. 授权控制　　　　　　　　　　　　B. 不相容职务分离控制
   C. 会计记录控制　　　　　　　　　　D. 资产保护控制

3. 企业财会部门按照国家统一的会计准则的规定,及时确认固定资产的购买或建造成本。这种行为属于(　　)。
   A. 会计记录控制　　　　　　　　　　B. 资产保护控制
   C. 内部稽核　　　　　　　　　　　　D. 定期轮岗

4. 对于企业重大固定资产处置,应采用(　　)方式。
   A. 集体合议审批　　　　　　　　　　B. 保管部门决定
   C. 管理部门决定　　　　　　　　　　D. 销售部门决定

5. 下列人员中,不能参与存货监盘的是(　　)。
   A. 采购人员　　　　　　　　　　　　B. 存货实物管理人员
   C. 财务人员　　　　　　　　　　　　D. 销售人员

6. 企业中的(　　)部门对当月的折旧费用,尤其是上月新增固定资产本月折旧费用以及计提了减值准备的固定资产进行合理性复核并编制折旧和摊销分析报告。
   A. 生产　　　　　　B. 采购　　　　　　C. 财务　　　　　　D. 管理

7. 存货采购申请应由(　　)部门提出。

A. 生产需求　　B. 采购　　C. 财务　　D. 管理

8. 企业应当限制未经授权人员直接接触技术资料等无形资产，对技术资料等无形资产的保管及接触应保有记录，对重要的无形资产应及时申请法律保护。该行为属于以下控制行为中的（　　）。

A. 授权
B. 不相容职务分离
C. 会计记录
D. 资产保护

9. 以下控制行为中，无形资产取得、验收与款项支付属于（　　）。

A. 授权控制
B. 不相容职务分离控制
C. 会计记录控制
D. 资产保护控制

二、多项选择题

1. 企业内部除存货管理部门及仓储人员外，其余部门和人员接触存货时，应由相关部门特别授权，这表现了（　　）控制活动。

A. 授权　　B. 定期轮岗　　C. 会计记录　　D. 财产保护

2. 下列关于固定资产的处置方式中，正确的有（　　）。

A. 固定资产处置价格应报经企业授权部门或人员审批后确定
B. 固定资产的处置应由固定资产管理部门和使用部门以外的其他部门或人员办理
C. 对于重大固定资产的处置，应当采取集体合议审批制度，并建立集体审批记录机制
D. 对于重大的固定资产处置，应当考虑聘请具有资质的中介机构进行资产评估

3. 企业自行建造的固定资产，应由（　　）等共同验收，之后编制书面验收报告，验收合格的需填制固定资产移交使用单，可移交使用部门投入使用。

A. 固定资产管理部门
B. 风险管理部门
C. 使用部门
D. 建造部门

4. 固定资产投保是为了在一定程度上规避资产因人为事故或自然灾害等造成的损失。对于国家没有强制规定投保的固定资产，是否办理保险、办理何险种取决于（　　）。

A. 资产的价值
B. 资产的预期使用寿命
C. 企业对资产的风险管控模式
D. 企业对资产风险的评估

5. 无形资产业务应关注以下风险中的（　　）。

A. 无形资产业务未经适当审批或超越授权审批，可能因重大差错、舞弊、欺诈而导致损失
B. 无形资产购买决策失误，可能导致不必要的成本支出
C. 无形资产使用和管理不善，可能导致损失和浪费
D. 无形资产处置决策和执行不当，可能导致企业权益受损

三、判断题

1. 企业应定期或至少在每年年末之时，通知无形资产管理部门和财会部门对无形资产进行检查、分析，预计其给企业带来未来经济利益的能力。　　　　　　　　　　　　　　（　　）

2. 存货实物管理人员应根据盘点情况清查存货盘盈、盘亏产生的原因，并编制存货盘点报告。　　　　　　　　　　　　　　　　　　　　　　　　　　　　　　　　　　（　　）

3. 固定资产的处置应由除固定资产管理部门和使用部门外的其他部门或人员办理。（　　）

4. 存货的保管与相关记录工作可以由同一个人担任。（　　）

5. 企业内部除存货管理部门及仓储人员外,其余部门和人员接触存货时,应由相关部门特别授权。（　　）

6. 对于重大的固定资产投资项目,应当考虑聘请独立的中介机构或专业人士进行可行性研究与评价,并由企业实行集体决策和审批。（　　）

7. 生产部门根据市场需求进行存货采购。（　　）

8. 企业代销、代管存货,委托加工、代修存货不属于存货范围。（　　）

9. 企业应制定固定资产投保财产保险的有关制度,明确规定价值较大或风险较高的固定资产投保财产保险的相关政策和程序。（　　）

10. 对拟入库存货的交货期应进行检验,确定外购货物的实际交货期与订购单中的交货期是否一致。（　　）

四、简答题

1. 企业资产管理至少应当关注哪些风险？
2. 如何控制存货的领用及发出环节的风险？
3. 固定资产的清查环节应如何进行控制？
4. 简要描述存货管理的业务流程。
5. 无形资产管理的主要风险控制点、控制目标及控制措施分别是什么？

五、案例分析题

20×5年1月4日,东北高速公司在河松街支行对账时,河松街支行出具的该公司截至20×4年12月31日电脑××的银行对账单结果显示,公司两个账户应有的存款余额近3亿元只剩下7万元多点,其余存款去向不明。此外,东北高速子公司——黑龙江东高投资开发有限公司存于该行的530万元资金也去向不明。与此同时,河松街支行行长高山也神秘"失踪"。东北高速随即向警方报案。

警方后来调查发现,此案10亿元资金涉及东北高速在哈尔滨河松街支行的两个账户中共计存款余额29 337万元；东北高速子公司——黑龙江东高投资开发有限公司存于该行的530万元资金,黑龙江辰能哈工大高科技风险投资有限公司所存的超过3亿元资金,黑龙江社保局的1.8亿元资金,以及东高投资存在大庆市农业银行的履约保证金2 427.98万元均被悉数卷走。

事后查明,该行行长高山以"跳票""飞单"的形式,利用高息获得巨额存款,在"休眠期"串通世纪绿洲系企业的实际控制人李东哲通过地下钱庄将超过10亿元的资金汇往国外,并顺利出境。

【要求】从内部控制活动的角度分析银行存在的内部控制缺陷,并简要说明理由。

【思政】　　　　加强企业文化建设　　提升员工素质能力

党的二十大指出要继续走中国特色社会主义文化发展道路,不断增强文化自信,发展面向现代化、面向世界、面向未来的企业组织。进入新时代,企业需要坚定以人为本的发展理念,强化企业内部的文化自信,积极进行企业文化建设,提升员工综合素质,建立起具有强大凝聚力、与国家发展战略相吻合的核心价值观,不断提升企业内部员工的信念感,形成企业独有的精神优势,助推企业实现高质量发展,展现企业的担当、作为和形象,提升企业的文化软实力。

第四节 销售业务

本节要点提示

了解销售业务的流程;
掌握销售业务的内容;
掌握销售业务内部控制的主要风险点及其管控措施。

本节内容提要

销售业务是指企业出售商品或者提供劳务服务及收取款项等相关活动。企业生存、发展、壮大的过程,在相当程度上就是不断加大销售力度,拓宽销售渠道,扩大市场占有的过程。生产企业的产品或流通企业的商品如不能实现销售的稳定增长,售出的货款如不能足额收回或不能及时收回,就必将导致企业持续经营受阻,难以为继。本节以促进企业销售稳定增长、扩大市场份额为出发点,提出了销售业务应当关注的主要风险以及相应的管控措施。

一、销售业务的含义

销售,是指企业出售商品或提供劳务及收取款项等相关活动。销售业务不仅包括企业销售商品或提供劳务的活动,而且包括订立合同、运输货物、收取货款、销售退回等一系列相关活动。销售收入是企业经济利润的来源,对企业的生存和发展有着重要意义。企业应对销售业务流程进行全面的分析和评价,健全各项销售业务管理制度,查找各环节存在的主要问题和风险,落实以风险为导向、以效益为原则的管控措施,有效控制和防范风险,从而实现销售目标。

二、销售业务的流程

科学的销售业务流程设置及相应的内部控制措施安排是企业正常营运、实现发展目标的前提和保证。企业强化销售业务管理,应当对现行销售业务流程进行全面梳理,查找管理漏洞,及时采取切实措施加以改正;与此同时,还应当注重健全相关管理制度,明确以风险为导向的、符合成本效益原则的销售管控措施,实现与生产、资产、资金等方面管理的衔接,落实责任制,有效防范和化解经营风险。

销售业务基本流程如图3—8所示。

(一)销售计划管理

销售计划是指企业根据销售预测和生产能力,设定总体销售目标额及不同产品的目标额,然后为该目标设定具体的营销方案和实施计划,促进一定期间内目标销售额的实现。企业销

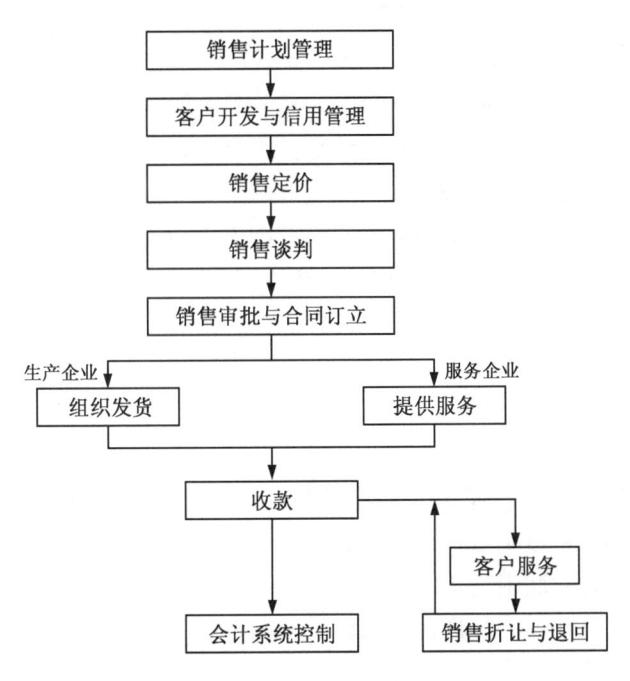

图 3-8　销售业务基本流程

售计划应结合企业生产能力和订单情况制定,并根据市场状况适当调整,以确保销售计划的完成。企业进行销售计划管理,是企业能够顺利展开销售工作、占领市场、获取利润的重要环节。销售计划管理主要包括确定目标市场、制定销售预测、制定销售配额、制定销售预算及制订实施计划五个方面的内容。

(二)客户开发与信用管理

客户是企业业务往来的主要对象,对企业的发展有着长远的影响。选择资质良好、信誉度高的客户既有利于降低企业的相关经营成本,也有利于树立企业形象,增强企业影响力。企业应当根据自身经营状况和市场情况,建立自己的客户信用评价体系,并根据该体系标准对有销售意向的客户进行资信评估,从而选择信誉程度高的客户;同时,建立客户档案,积极开发新客户,这样不仅能了解现有客户情况,稳定现有客户,而且有利于开发潜在的市场客户,从而促进企业持续稳定发展。

(三)销售定价

销售定价是指商品价格的确定。企业可以根据自身的盈利情况,结合市场变化和价格政策,对商品定价进行调整,防止商品定价不合理,出现价格过高或过低的情况,使企业销售受损。企业在调查分析的基础上,选用合适的产品定价方法,为销售的产品制定最为恰当的售价,并根据具体情况运用不同价格策略,以实现经济效益最大化。同时,商品的定价和调价都需要经过企业相关部门的审批,并嵌入销售系统,确保价格统一、有效,防止出现任意调价或舞弊的情况,给企业的经济利益造成损失。

(四)订立销售合同

销售合同是指企业就销售商品或提供劳务与客户达成一致,签订的具有法律效力的协议,该协议中明确规定了双方的权利、义务和违约责任等事项。销售合同中包含销售商品的名称、价格、数量、交货日期、交货方式、金额、结算方式等内容,合同条款要符合法律规定。签订销售合同需要遵守诚实信用的原则,企业按照约定交付物资给购买方客户,客户支付给企业合同规定的款项。销售合同是销售活动中最为重要的环节,在签订合同之前双方一定要明确合同内容,加强沟通了解,对存在的问题及时调整解决,确保合同在真实、合法的基础上,符合双方的利益需求,以免造成损失或纠纷。

(五)发货

发货是指企业向客户提供销售合同约定的商品。销售部门审核销售合同后,向仓储部门开具销售通知,仓储部门审核确认销售通知后,按照所列项目组织发货,并填制相关装运凭证。装运凭证一式多联,通常一联由装运部门负责保管,作为装运发货的证据;一联送交财务部门,财务部门将发货凭证与销售订单进行检查,核对无误后根据商品价目表开具销售发票。

(六)收款

收款是指企业发货后与客户进行账款结算。如果发货时收到货款,则应将收到的现金或票据存入银行并登记入账,不能由销售人员直接收取或擅自坐支现金。如果发货时没有收到货款,则应当由销售部门负责应收账款的催收,催收无效的逾期应收款可以通过法律途径解决。

(七)客户服务

客户服务是指企业与客户建立信息沟通机制,根据客户的反馈,解答和处理客户的问题,包括产品维修、销售退回、维护升级等。其目标是建立并提高顾客的满意度和忠诚度,最大限度地开发利用顾客。主要针对企业单位开发新客户及维护老客户,形成对客户的联系、服务、售后进行定期管理的记录档案。虽然客户服务发生在销售收款环节后,但为了企业的长期稳定发展,售后服务也应作为企业一个完整销售链的重要环节。建立售后客户服务,有利于改进产品质量,提高服务水平。

(八)会计系统控制

会计系统控制是指通过会计的核算和监督系统所进行的控制,主要包括会计凭证控制、复式记账控制、会计账簿控制、会计报表控制及其财务成果控制。会计系统控制采用记账、核对和岗位分离等会计控制方法,使会计信息更加真实、完整、准确,主要包括销售收入的确认、应收账款的管理、坏账准备的计提和冲销以及销售退回的处理等。企业应妥善保管销售过程中的相关凭证和票据,以便财务部门的入账和日后账目的核对。企业应当按照会计法和国家统一的会计控制规范,对会计主体发生的各项经济业务进行记录、归集、分类和编报,完善会计业务的处理流程,充分发挥会计系统的控制职能。

三、销售业务内部控制的主要风险点及其管控措施

(一)销售计划管理

该环节的主要风险:销售计划缺乏或制订得不合理,与市场需求不符,或者不经过授权审批,导致企业产品结构和生产安排不合理,产品积压,影响企业的生产经营活动,难以实现企业生产经营的良性循环。

该环节的主要管控措施:第一,企业应当根据自身的发展规划和销售预测,结合企业的生产能力和订单情况,制订年度经营计划和月度销售计划。第二,定期把实际销售情况与销售计划进行分析对比,结合市场情况和生产情况及时调整销售计划,调整后按相关程序审批。

【例3—29】 某汽车销售企业对销售计划的执行采取了以下措施进行管理:由销售代表每周编制销售报告,其中包括本期销售金额和数量、销售费用、新开发的客户、客户反馈、促销活动结果、与销售计划的差异分析及跟进计划。然后由管理层复核,并把销售报告与销售计划和当期财务报告进行对比,查明差异原因并找到解决方案。其中,重点关注:产品和客户大类的销售数量,金额和利润与销售计划的差异;单笔重大销售,销售退回,折扣和返利;标准销售价格和折扣的变动。

【分析】 在本案例中,企业定期对产品的销售额和销售计划与实际销售情况等进行分析和汇总。根据销售报告的分析结果,结合企业的实际情况和市场状况,及时采取应对措施。当影响销售的因素出现重大变化时,可能需要对销售计划进行适当调整。该企业针对销售计划执行所采取的管理措施符合企业自身实际情况,效果良好,使得销售计划进展顺利。

(二)客户开发与信用管理

该环节的主要风险:第一,对企业现有的客户管理不到位,潜在市场客户开发不足,导致现有客户流失或拓展市场不利;第二,信誉评估体系不合理,客户档案不健全,不能选择出真正优质的客户,导致货款无法收回甚至遭受欺诈,从而影响企业的资金流转和资产经营,给企业带来经济损失。

该环节的主要管控措施:第一,确定定价机制和信用方式。企业应当充分调查市场情况,进行市场细分后,确定自己的目标市场,然后依据目标市场的需求制定不同的销售策略,灵活采用营销方式,实现销售目标,扩大市场占有率。第二,建立客户的动态信用档案,并不断进行更新和维护。对于重要客户的信用变动情况要及时关注,对新开发的客户和境外客户要建立严格的信用保证制度,不断更新评估信息,防范信用风险。

【例3—30】 某服装企业为提高信用管理效率,在财务部门下单独设立了信用管理小组,由组长直接向财务经理报告。该小组主要负责客户的信用评估和信用额度的控制工作。该企业将客户信用等级分为信用良好的长期大客户和普通客户、信用一般的长期大客户和普通客户。根据销售人员提供的该客户预计今年合同销售金额和合同期间,信用管理人员计算客户的信用额度,然后将信用额度计算表交给信用管理经理、财务经理和销售经理审批。批准后在销售系统中录入信用额度金额,作为未来收款控制的一个条件,并向客户发送年度信用额度确认函。

【分析】 在本案例中,企业对客户开发信用管理环节采取了良好的控制措施,主要包括:成立专门的信用管理小组,每年对客户的信用程度重新评估,划分客户信用等级,计算信用额度,向客户发送信用额度确认函。该企业分别设置相关的人员分岗位负责控制,针对不同客户设计不同的信用管理方式,并使得客户销售信用控制良好,加快了资金的回收,提高了信用管理效率。

(三)销售定价

该环节的主要风险:第一,定价或调价不合理,不符合价格政策或市场需求,未能结合市场供需状况、盈利测算等进行适时调整,导致定价过高或过低、销售受损。第二,商品定价或调价没有经过合理审批,可能导致舞弊发生,使企业经济利益或企业形象受损。

该环节的主要管控措施:第一,确定商品定价时,应在符合价格政策的基础上,结合企业的发展目标、生产能力、市场需求等情况,制定产品的基准价格;同时,可以在某些商品上授予销售部门一定限度的价格浮动权,使销售部门可根据实际情况的变化,及时调整销售策略,灵活采用营销手段,实现销售目标。第二,定价调整、销售折扣和折让等销售政策都应经过合理审批,并进行详细记录,以便归档备查。

【例3—31】 某食品公司每年结合公司的销售目标、价格政策、销售业绩、销售成本、市场竞争状况、竞争对手等因素,对产品的销售价格进行核查和更新,然后确定各产品的基准定价、折扣、折让等事项。月末由总经理审阅当月的合同申请报告,结合产品销售情况及回款情况,分析问题并制定解决对策。

【分析】 在本案例中,该食品公司对其价格政策不断更新调整,月末对汇总的报告进行分析审阅,综合考虑公司自身的情况和市场情况,确定并及时调整商品价格,且定价和调价需经过总经理的审批,并记入公司的销售系统,整个销售定价环节的管理和控制措施严格高效。

(四)订立销售合同

该环节的主要风险:第一,合同内容存在重大疏漏或欺诈,未经授权对外订立销售合同,导致合同内容与企业销售意愿不符,使企业合法权益受到侵害。第二,销售价格、收款期限等违背企业销售政策,可能导致企业经济利益受损。

该环节的主要管控措施:第一,企业在订立销售合同前,要与客户进行谈判和磋商,明确销售定价、结算方式、权利与义务条款等相关内容;同时,关注客户的资信情况。重要的业务谈判应有专业的财会和法律人员参加,征询专业的意见,对合同进行严格的审核。第二,合同要制定严格的审核、审批程序和所涉及的部门人员及相应权责,加强审批的管理,经审批同意后再正式签订销售合同。

【例3—32】 某企业根据销售合同约定的交货期,在交货期前3个月与客户进行交货的数量、时间及地点的确认。然后把销售订单录入ERP销售系统,生成生产计划。同时,企业系统设置自动连接和检查功能,保证销售订单上产品的价格、型号和规格与系统中对应的销售合同保持一致。

【分析】 在本案例中,企业对销售订单环节采取了有效的控制措施,主要包括:业务员在交货期前预留了充足时间提前向客户确认,然后编制销售订单。系统设置自动连接和检查功能,保证销售订单与销售合同一致。该企业 ERP 销售系统运行良好,保证了订单准确、高效地生成。

(五)发货

该环节的主要风险:发货不符合合同约定,或发货未经合理授权,可能导致货物损失或客户与企业的销售争议、销售款项不能收回。

该环节的主要管控措施:第一,企业销售部门应当根据批准后的销售合同开具销售通知给仓储部门和财会部门。仓储部门对销售通知进行审核,严格按照合同内容和时间组织发货,落实出库、计量、运输等环节的岗位职责;财会部门做好相关凭证的填制和整理,开具销售发票,以备核对和审查。第二,以运输合同或条款的形式明确运输方式、运输费用、验收方式、商品毁损或灭失等情况,做好货物的交接和检验工作,由客户确认验收,确保货物安全发运。第三,做好发货各环节的记录。

【例 3—33】 某企业经常接收到客户关于货物问题的投诉,例如,送达货物类型与实际订单不符,货物送达时间严重超过合同期限,货物遗失等。由于发货牵涉多个部门,包括销售部、仓库、财务部和物流部,因此,很多企业因信息传递错误和仓库管理不善而造成发货混乱或货物发出后未及时记录并予以收款等问题。

【分析】 针对发货管理,企业应做好以下控制:仓储部门只有取得销售部门编制和签字认可的发货通知单才能发货,以避免重复发货。数量重大的发货,需要与销售部门核对后再发货;由独立职员清点发运货物,与销售单上列明的品种和数量进行核对,发运人和清点复核人应该在有关凭证上签字;实际发货的品种、数量和时间应记录在有关账册和发货通知单备付联上,并将其中一联交会计部门登账,以避免延迟入账;发货后应取得对方签收的收货回执并加以存档。

(六)收款

该环节的主要风险:第一,企业信用管理不到位,没有选择恰当的结算方式,票据的审查和管理不完善,账款回收不力,导致销售款项不能收回或遭受欺诈。第二,在收款过程中出现徇私舞弊现象,损害企业利益。

该环节的主要管控措施:第一,企业应当结合自身销售政策和客户信用情况,选择合适的结算方式,加快货款的回收,提高资金利用率。第二,加强赊销的管理,赊销商品要经过审批和书面确认,必要时要求客户提供抵押和担保。完善应收账款制度,根据应收账款的不同性质采取不同的措施。对应收账款进行分析和管理,及时记录和评估客户的应收账款余额变动情况。根据客户的信用额度使用状况,对客户的信用水平和坏账预期进行风险评估,及时记录客户的资信情况来调整赊销额度。第三,加强应收票据的管理,对票据的取得、贴现和背书等进行明确规定,票据的合法性和真实性要经过严格审查,防止出现虚假发票欺诈。应收票据要有专人保管,定期盘点,对于即将到期的票据,及时提示付款人付款;制定逾期票据追踪监控和冲销管理制度,把已经贴现但仍然存在收款风险的票据在备查簿中登记,以便日后的追踪和监控管理。第四,加强代销业务款项的管理。第五,收取的现金、银行本票、汇票等应及时缴存银行并登记入账。

【例3—34】 上海市某物业有限公司任房租收款员的黄某为求暴富,侵吞居民房租超12万元用于购买彩票,多年后被上海市杨浦区检察院以涉嫌职务侵占罪批准逮捕。黄某通过截留后面收的欠款来填补前面被侵吞的漏洞,在一式两联的房租单据上,给居民的单据如实盖上收银章,但在另一张回执上并不盖章,将这笔钱用于周转,等手头宽裕时再将这笔钱补进去,在单据上盖章并上缴财务。除了将居民的房租据为己有外,他还侵吞了售后房屋管理费。至案发时,他侵占居民上缴的房租等费用共计12万余元。

【分析】 案例中之所以发生收款人员挪用所收款项的现象,主要是因为其内部控制存在以下几个方面的问题:

(1)应收账款凭证管理制度存在问题。会计部门应该对房租收款员授权开票风险予以关注,因为开票人与收款人合二为一。正是由于这一看似简化了工作流程的改动,造成了内部控制的缺陷,致使黄某能截留房租,造成了公司的损失。物业管理公司应建立严格的凭证管理制度,严格控制领用凭证人员利用凭证进行舞弊。

(2)未建立有效的职务分离制度。在收款职务分离制度中要求应收账款的记账员不能同时成为应收账款的核实人员,销售发票的开列人员一般不宜直接收款;接受客户订单的人不能同时负责最后核准付款条件。案例中,收款事务由黄某一人负责,黄某在几次未上缴应收取的房租后,负责记录该收款与会计账簿的物业公司财务人员却没有及时对开列的发票进行定期检查,致使黄某截留房租款几年后才被发现。

(七)客户服务

该环节的主要风险:客户服务水平低,消费者满意度不足,造成客户流失,从而影响企业的品牌形象。

该环节的主要管控措施:第一,建立和完善客户服务制度。做好市场调查,结合客户需求和市场服务情况,从服务的方式、标准、内容等方面提高服务的质量和水平。第二,设立专门的客户服务中心,加强售后服务管理,了解商品的售后情况。建立客户投诉制度,分析问题的原因并及时解决。有计划地开展客户满意度调查,根据商品的市场反馈情况,不断改进商品和服务。第三,加强商品退回的管理和控制。分析退回原因和相关责任,经审批后妥善处理。

【例3—35】 某连锁超市设立了专门的售后服务部门,主要负责客户投诉、退换货等事项。售后服务部门建立了客户服务数据库,追踪和分析客户服务历史消费记录。客服人员分类列示各类投诉的金额、数量、性质和进度等情况,每周跟踪客户投诉解决情况,并在客户投诉记录表上更新记录。每个月编制客户投诉跟踪报告,交由管理层以便从中发现各类管理问题并不断改进,提高客户满意度。

【分析】 在本案例中,企业的客户服务管理措施是设置专门的售后服务部门,其管控措施到位;售后服务部门建立了客户服务数据库,分析客户消费服务历史,记录和更新客户投诉情况和解决情况;出现问题及时解决,在提高客户满意度的同时,维护了客户的权益。

(八)会计系统控制

该环节的主要风险:缺乏有效的销售业务会计系统控制,会计信息不能及时准确地传递,可能导致企业账实不符、账证不符、账账不符或者账表不符,影响销售收入、销售成本、应收账款等会计核算的真实性和可靠性,无法反映企业真实的生产经营状况。

该环节的主要管控措施:第一,企业应建立合理的会计系统,加强整个销售流程的系统控制,妥善保管和详细记录销售过程中发生的业务票据,确保会计凭证和会计记录一致;第二,建立应收账款清收核查制度,定期与客户核对应收账款和应收票据等款项,及时收集应收账款相关凭证资料并妥善保管;第三,加强坏账的管理,制定坏账准备调整方案,应对坏账风险的冲击。对于无法收回的坏账,在确定了无法收回后,应当查明原因和责任,按权限范围和审批程序进行坏账审批,经审批后注销货款。

【例 3—36】 某公司信息化程度高,但各部门只围绕自己的信息系统开展工作,比如销售部门与生产部门间就欠缺沟通配合。公司产品由生产工厂卖给关联方公司,再由关联方公司销售给客户。在信息传递上,所有的生产信息和出货信息完全依赖销售公司对制造工厂的传达,且仅仅通过邮件形式进行沟通,生产部门再根据订单,把需求清单、产能变动和未处理的销售单等信息提供给关联公司,关联公司再根据工厂反馈的交货情况与客户沟通,在信息系统生成订单。当有紧急出货订单时,销售部、物流部、计划部和生成制造部就很难顺利完成订单,从而给公司造成重大损失。

【分析】 案例中,公司紧急订单的完成障碍以及形成的重大损失,主要在于部门间欠缺沟通配合,会计信息不能及时准确地传递,影响信息的真实性和可靠性,无法反映公司真实的生产经营状况。所以一旦有紧急订单加入,各部门就变成一团乱麻,使公司遭受损失。

关键概念

销售定价　　销售合同　　信用管理　　合同审批

综合案例

浙江景兴纸业股份有限公司地处长三角杭嘉湖平原中心地带,临近上海,地理条件优越、交通便利,是全国最大的三家以专业生产 A 级、AA 级牛皮箱板纸为主的造纸企业之一。自成立以来,公司一直重视管理制度的建设和完善。公司的检查小组在对一家子公司销售业务内部控制进行检查时,发现该子公司的现有业务流程如下:

在销售过程中,公司销售业务按照销售合同进行,当生产车间产品完工后,填制产成品入库单,验收合格后入库。销售部根据销售合同编制发货通知单,分别通知仓库发货和运输部门办理托运手续。产品发出后,销售部门根据仓库签发后转来的发货通知单开具发票并据以登记产成品明细账,而运输部门则将其与销售发票一并送交财务部门。财务部门将其与销售合同核对后,开具运杂费清单,通知出纳人员办理货款结算,并进行账务处理。但是,公司未设独立的客户信用调查机构,在财务部门和销售部门也没有专人负责此项工作。

同时发现:(1)该公司负责人甲某可以处理与销售和收款有关的所有业务;(2)财务科根据甲某的指令开具销售发票时,甲某说多少就是多少;(3)仓储部门发货人员根据甲某的指令给客户发运货物;(4)仓库里没有库存明细账及货物进出库记录,销售成本按估算的毛利率计算;(5)自甲某担任公司负责人以来,销售合同、销售计划、销售通知单、发货凭证、运货凭证以及销售发票等文件和售证从未进行核对;(6)财务科根据销售发票确认应收账款。

【思考】 浙江景兴纸业股份有限公司的销售流程存在哪些内部控制缺陷?

【案例分析】 从以上资料可见,浙江景兴纸业股份有限公司存在严重的内部控制缺陷。公司在销售业务方面的内部控制缺陷主要体现在以下几点:

(1)销售计划缺乏或不合理,或未经授权审批等,导致产品结构和生产安排不合理,库存积压。公司应根据发展战略,结合销售预测、生产能力以及客户订单情况,制订年度、月度销售计划;要不断根据实际情况,及时调整销售计划,并按程序进行审批。

(2)该公司未设独立的客户信用调查机构,客户信用档案不健全,缺乏对客户资信的评估,可能造成客户选择不当、款项不能及时收回或遭受欺诈,从而影响公司现金流和正常经营。

(3)该公司的发货管理不合规,未经授权发货、发货不符合合同约定或者发货程序不规范,可能造成货物损失或发货错误,引发销售争议,影响货款收回。为了防止损失:第一,公司销售部门应当按照经批准的销售合同开具相关销售通知;第二,公司应当严格按照发票管理规定开具销售发票,严禁开具虚假发票。

(4)结算方式选择不当、账款回收不力、票据审查和管理不善,使公司经济利益受损。该公司的发货、收款完全受制于甲某。为了防止损失:第一,公司应结合销售政策和信用政策,选择恰当的结算方式;第二,公司应当完善应收款项管理制度,落实责任,严格考核,实行奖惩;第三,公司应当加强商业票据管理,明确商业票据的受理范围,严格审查商业票据的真实性和合法性,防止票据欺诈。

(5)自甲某担任公司负责人以来,该公司的账务处理极不规范,销售业务会计记录和处理不及时、不准确,造成公司账实不符、账账不符、账证不符等,不能反映公司利润和经济资源的真实情况。为了改善这种状况,公司应当加强对销售、发货、收款业务的会计系统控制,详细记录销售客户、销售合同、销售通知、发运凭证、商业票据、款项收回等情况,确保会计记录、销售记录与仓储记录核对一致。

练习题

一、单项选择题

1. 企业发货过程中的风险是( )。
   A. 未经授权发货或发货不符合合同约定
   B. 可能导致货物损失或客户与企业的销售争议
   C. 销售款项不能收回
   D. 以上都是

2. 企业对于核销的坏账应当进行备查登记,做到( )。
   A. 账销案存   B. 账销案销   C. 账存案销   D. 账存案存

3. 以下选项中,( )不是销售定价环节存在的风险。
   A. 销售定价不合理   B. 没有根据市场情况及时调价
   C. 销售定价没有经过合理审批 D. 供应商临时更改价格

4. 企业在设计销售与收款业务的内部会计控制制度时,销售与收款业务的不相容岗位是指( )。
A. 销售货款的确认、回收与办理发货的岗位
B. 销售货款的确认、回收与相关会计记录的岗位
C. 销售货款的确认、回收与销售合同的审批的岗位
D. 销售货款的确认、回收与销售合同的签订的岗位

二、多项选择题

1. 以下选项中,属于企业销售业务流程内容的有( )。
A. 销售计划管理　　　　　　　　B. 客户开发与信用管理
C. 销售定价　　　　　　　　　　D. 会计系统控制

2. 以下选项中,属于客户开发与信用管理环节可能出现的风险的有( )。
A. 现有客户管理的不足可能导致客户丢失
B. 潜在市场需求开发不够可能导致客户丢失或市场拓展不利
C. 客户档案不健全可能导致客户选择不当
D. 缺乏合理的资信评估可能导致销售款项不能收回

3. 收款环节面临的主要风险包括( )。
A. 企业信用管理不到位导致销售款项不能收回
B. 结算方式选择不当导致销售款项不能收回
C. 票据管理不善导致销售款项不能收回
D. 收款过程中存在舞弊使企业经济利益受损

4. 企业在制定销售价格时应考虑的因素有( )。
A. 发展目标　　B. 生产能力　　C. 对手价格　　D. 市场需求

5. 进行销售预测时考虑的不可控因素包括( )。
A. 需求的动向　　　　　　　　　B. 经济形势的变动
C. 同业竞争的动向　　　　　　　D. 政府、消费者团体的动向

三、判断题

1. 销售退货验收和退货记录可以是同一人。（ ）
2. 企业应收票据的取得和贴现必须经保管票据的主管人员书面批准。（ ）
3. 应收账款无法收回时,经批准后方可作为坏账注销,会计部门不需要对已注销的应收账款备查登记。（ ）
4. 建立应收账款清收核查制度,销售部门应定期与客户对账,并取得书面对账凭证,财会部门负责办理资金结算并监督款项收回。（ ）
5. 信用管理岗位和销售业务岗位应当分设。（ ）

四、简答题

1. 销售业务控制的总体要求是什么?
2. 简要描述销售业务的流程。

3. 为什么要评估客户的信用等级？
4. 销售业务完成后，为什么要进行售后服务？
5. 企业应当如何进行客户信用管理？
6. 企业在订立销售合同时可能面临哪些风险？
7. 为保证客户服务质量，企业可以采取哪些措施防范风险？

五、案例分析题

ABC 公司是从事机电产品制造和兼营家电销售的国有中型企业，资产总额 4 000 万元，其中，应收账款 1 020 万元，占总资产额的 25.5%，占流动资产的 45%。近年来，该公司应收账款居高不下，营运指数连连下滑，已到了现金枯竭、举步维艰、直接影响生产经营的地步。之所以造成上述状况，除了商业竞争日益加剧的因素外，公司自身内部会计控制制度不健全是主要原因。会计师事务所对 ABC 公司年度会计报表进行了审计，在审计过程中根据获取的不同审计证据将该公司的应收账款做了如下分类：

（1）被骗损失尚未作账务处理的应收账款 60 万元；

（2）账龄长且原销售经办人员已调离，其工作未交接，债权催收难以落实，可收回金额无法判定的应收账款 300 万元；

（3）账龄较长、回收有一定难度的应收账款 440 万元；

（4）未发现重大异常，但期后能否收回，还要到时再定的应收账款 220 万元。

针对上述各类应收账款内部控制存在的重大缺陷，会计师事务所向 ABC 公司管理当局出具了管理建议书，提出了改进意见，以促进管理当局加强内部会计控制制度的建设，改善经营管理，避免或减少坏账损失以及资金被客户长期无偿占用现象，同时也为企业提高会计信息质量打下良好的基础。

【要求】 简要分析该公司在销售环节存在的内部控制问题，并提出相应的解决措施。

【思政】　　　　　强化信用管理　　加快账款周转

市场经济的有效运行需要完善的社会信用体系建设作为制度保障，社会信用体系是资源优化配置的坚实基础，是良好营商环境的重要组成部分。推进社会信用体系建设，实现企业高质量发展，努力形成新发展格局，需要充分调动各类企业的积极性、创造性，要发挥征信市场积极作用，同时也需要各家企业强化内部信用管理体系建设，形成良好的信用往来交易，加速企业间的账款周转效率，共同形成推进社会信用体系建设高质量发展合力。

第五节　研究与开发

本节要点提示

了解研究与开发的流程；
掌握研究与开发的内容；
掌握研究与开发内部控制的主要风险点及其管控措施。

本节内容提要

研究与开发是企业创新的重要手段，通过开发新技术和新产品，形成自己的核心技术与能力，获得竞争优势。但是研究与开发活动存在投入大、周期长、不确定性高等风险，因此企业一定要规范研究与开发的管理流程，建立完善的研究与开发内部控制制度。本节在阐述研究与开发业务基本流程的基础上，分析了各环节可能存在的风险点，并提出了相应的控制措施。

一、研究与开发的含义

研究与开发，是指企业为了取得新的产品、工艺或技术等进行的研发活动。研究是指为了掌握新的知识或技术而进行的创造性的、计划性的调查，如材料、设备、工序、产品的替代品的选择、设计、配制等的研究。开发是指在投入市场生产前，将研究成果应用于生产设计，制造出有实质性创新的材料或产品，如新的或改进的材料、设备、工序、产品的替代品的设计、建造和测试等。研究阶段的工作一般是探索性的，而开发阶段的工作基本上已具备形成新产品的条件。

二、研究与开发的业务流程

研究与开发流程设置及相应的内部控制措施能够体现企业未来的发展方向和前景，对于提高企业再生产能力、促进企业可持续发展具有重要意义。企业应对研究与开发的每一环节可能存在的风险都实行有效的监督和控制，并不断改进和完善，这样才能充分发挥研究与开发对企业生存和发展的重要作用，降低企业风险，促进企业的长远发展。

研究与开发业务的基本流程如图3—9所示。

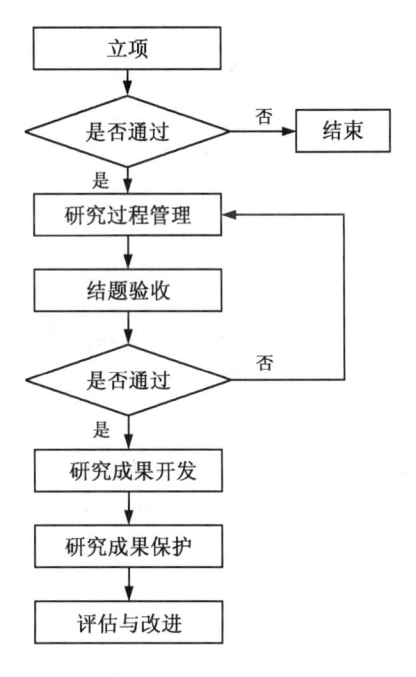

图3—9 研究与开发业务的基本流程

（一）立项

立项是指决策部门根据需求和目的，对项目进行调查，在分析了方案、周期、成本、预期效益等因素的基础上，决定项目是否可行的过程。立项包括立项申请、评审和审批三个部分。立项申请是企业的项目研发中心根据计划和需要，提出研究项目的申请并提交立项申请书，从而开展可行性研究；评审是由专业人员对项目进行评估、论证，出具评估意见，必要时也可聘用企业外部专家参与论证。经过初次论证后，有关部门应根据项目的市场前景、项目成熟度等方面进行可行性分析并撰写可行性报告；通过可行性论证的项目需要提交董事会审批，审批是企业按照规定的权限和程序，结合企业当前技术能力水平以及财务状况对研究项目进行审查，并对研发项目的资金投入金额进行批准。企业应当根据研究项目的经费、专利成果保护、税收优惠政策需求等情况，决定是否将研究报请政府相关部门立项。

（二）研发过程管理

企业研发有两种选择，即自主研发和研发外包。

1. 自主研发

自主研发是指企业以市场需求为导向，同时完全凭借自己的科研实力，独立进行项目研发。它包括原始创新、集成创新和在引进吸收的基础上再创新三种类型。自主研发要求企业提高基础技术研发能力，重视在研发领域的投入与积累，具备承担高风险的能力和较强的市场竞争能力。

2. 研发外包

研发外包是企业将研发工作交给企业外部的专业团队，从而达到合理利用资源的目的。研发外包能够加快研发进程，降低企业风险，让产品快速抢占市场先机。由于外包程度的不同，研发外包还可以分为委托研发和合作研发。委托研发是指企业委托具备研发资质的外部机构来进行项目的研究与开发，由委托人承担全额经费，受托人提供研究成果。合作研发是指企业与其他企业合作，共同进行项目的研究与开发。合作各方共同参与和出资，获得的利益共享，遇到的风险共担。

（三）验收

为确保研发项目的质量目标，企业项目完结后，应当由政府管理部门或其他部门对研究成果进行质量验收。由政府部门验收的，企业可以先自行验收，再报政府部门验收，以提高验收合格率。不需要由政府部门验收的，企业也应当派专业人员或聘请专业机构进行自行验收，验收人员应严格按照验收方案对项目进行全面核验，方式包括检测鉴定、专家评审、专题会议。企业的验收标准应符合国家规定或行业规范，验收程序应做到严格有效。验收完毕后，研发部门应根据验收报告给出拟研发方案。

（四）核心人员的管理

核心人员是指掌握项目研发核心技术的人员，是企业项目研发的关键人员，一般包括研发团队负责人、主要技术骨干和在各方面承担主要责任的业务人员。加强对核心人员的管理能够规范研发人员的行为,提高研究与开发的效率。一个项目的研发团队通常由技术、制造、市场、财务等各领域的人员组成,负责企业从研发到产品投入市场的各个环节。负责项目总体运行和管理工作的人员就是项目负责人。可根据不同专业把项目划分为不同的子项目,设置相应的负责人。

(五)研究成果开发

研究成果开发是指企业把研究的成果进行开发,进而转换为产品投入市场的过程。这一环节是项目研发的最终目的,也是关系到项目能否获得市场认可的关键环节。企业应当重视研究成果的开发工作,结合市场需求与企业发展战略促进研发成果的转化。企业产品从研究开发到生产销售的这一过程,既存在巨大的机遇,又充满着风险和挑战。只有经受住市场的考验,企业才会获得竞争优势,在市场上取得成功。

(六)研究成果保护

企业应当建立研究成果保护机制,研究成果的保护一般表现为知识产权。关于知识产权的一系列法律法规和措施,是保护研发成果的重要途径。企业应当具备产权意识,加强对研发过程中涉密资料、文件的管理,充分利用法律法规维护自己的合法权益和研究成果。同时,企业自身还应当建立完善的内部控制制度,规范知识产权的管理,严禁无关人员接触研究成果,加强对知识产权的保护。

(七)研发活动评估

研发活动评估是指在项目验收通过一段时间后,全面系统地评估和检查项目的各个环节,评价项目的研发价值和应用效果,对项目进行客观评估和总结。企业应当建立研发活动评估制度,加强对立项、研发、成果保护过程的评估,分析企业在研发过程中的不足之处,这不但有利于提高企业的研发技术水平,还能提高企业对研发活动的管理水平,同时,对日后新项目的开展也有着参考和借鉴意义。

三、研究与开发的主要风险点及其管控措施

(一)立项

该环节的主要风险:项目计划与国家政策不相符,研发项目承办单位不具备相关资质,研究项目论证不充分,评审和审批等环节监督不到位,项目缺乏创新点,没有开发价值,易造成资源浪费。

该环节的主要管控措施:第一,建立健全企业立项和评估审批制度,重点关注研究项目开发的合理性与必要性、技术的创新性以及成果转化的可行性和风险性。第二,企业应当根据企业自身战略和实际情况,结合市场发展及竞争状况,制订研发计划。根据研发计划提出申请立项,对研发项目的技术方案、费用预算及使用进度等因素进行可行性研究,并编制可行性研究报告。第三,研发项目的可行性研究报告应当由独立于项目申请及审批之外的专业人士进行评估和论证,提出评估的意见和建议。第四,加强对项目审批的控制和监督,严格按照程序和

权限对项目进行审查和批准,重大项目由董事会集体审议决策。

【例3—37】 某公司多年来一直从事软件开发,目前在行业内已处于领先地位。随着公司规模的扩大,公司计划向更多领域扩展。公司创始者之前从事金融行业,认为金融行业的软件开发很有前景,所以把金融行业的软件开发作为拓展的目标。为达到这一目标,公司把之前的研究人员分成两部分:一部分继续从事原来的业务,另一部分成立新项目组,专门研发针对证券公司和银行的软件。因为研发人员是之前的开发团队,成员之间比较熟悉,而且公司投入比较大,时间紧迫,所以项目组成立后立即投入新项目。随着项目研发的深入,问题逐渐增多,项目经费超支、研发人员能力不足、技术问题迟迟无法解决,并且市场中已出现同类软件,整个项目面临失败的风险。

【分析】 该项目面临失败风险,最重要的原因在于没有按照正常的程序进行立项。第一,没有进行立项评审。公司决策者只是凭借自己在金融行业的工作经验,对市场比较熟悉,没有经过市场调研或专家评审就盲目决定开发金融软件,使项目注定从一开始就面临很大的风险。第二,未编制项目可行性研究报告。由于公司决策层已经同意研发该项目,因此研发团队在未对整个研发计划的背景、预计经费、完成时间、预期目标等做出筹划的情况下,只顾赶进度,并未编制研究报告,导致开发过程中经费超支、进度延期、项目陷入困境。第三,风险评估不足。原有研发人员对新项目的技术并不熟悉,又没有经过培训或专业人员指导,导致开发中面临许多技术难题,进度一再拖延,并且竞争产品已经提早在市场上推出,使整个项目失败的风险增大。

(二)研发过程管理

1. 自主研发

该环节的主要风险:第一,研发人员的配备不合理,出现研发成本过高、人员舞弊的情况,甚至导致研发失败。第二,没有对项目进行有效监督管理,导致出现成本超支、期限延误或产品质量不合格等问题。第三,未能及时发现研发过程中的错误,导致错误矫正成本较高。

该环节的主要管控措施:第一,合理配备研究人员,依照不相容岗位相互牵制原则,建立良好的工作机制,严格落实和监督岗位责任。第二,对项目实行跟踪管理,预定时间进行阶段性评审,发现问题及时调整,加强对成本和费用的管理和监督,确保项目如期保质完成。第三,精确评估项目所需的资源并制定分配方案,减少企业的资源浪费。

【例3—38】 某汽车公司的研发管理系统在项目计划、人员选拔、研发成本、项目开发、实验检测、产品推广等每个重点环节都设置了不同的岗位人员进行重点管理和控制,同时这些岗位还能对项目进行监督,根据其可行性进行筛选和淘汰,体现管理职责对研发的重要性。

【分析】 该汽车公司建立了良好的工作机制,研发管理系统合理配备了研究人员,用不相容岗位进行互相牵制,加强对成本和费用的管理和监督,严格落实和监督岗位责任,并对项目实行跟踪管理,有利于及时解决问题或调整方向,确保每个项目如期保质完成。

【例3—39】 A公司为一家刚刚成立的科技创新公司,主要从事手机零件的自主研发。由于公司刚刚成立不久,公司员工急缺,因此,部分员工兼任项目的开发与研发成本的管控职责。由于公司刚刚起步,还未设置相关的监管部门,因此公司将全部精力投入在研发方面。近期,公司的某一重大研发项目进行到三分之二时才发现前期技术存在错误,只有进行修改后才能继续推进。

【分析】 A公司存在风险的原因是没有对研发过程进行严格管控。第一,人员配备不合理,未能遵守不相容岗位相互牵制原则,让同一名员工担任两项职务,很容易发生舞弊现象,从而造成公司的利益流失。第二,没有设置项目的监督管理部门,无法监督成本费用的使用情况以及产品的质量情况。第三,没有对研发项目进行跟踪管理,无法及时调整研发过程中存在的问题,导致公司需要花费大量成本来修改前期发生的错误。

2. 研发外包

该环节的主要风险:第一,外包单位选择不当,外包单位不履行合同、泄露机密等职业道德缺失,或者与外包单位意见不合、产生冲突甚至更换单位,都会给企业造成损失。第二,合同约定不明确或内容存在漏洞或欺诈,会产生知识产权纠纷和诉讼风险。第三,与外包单位沟通不及时或因存在理解偏差而带来沟通风险。

该环节的主要管控措施:第一,对合作企业的选择要严格确定标准。不但要实行合作双方的技术互补、合作共赢,还要注重外包单位的信誉及与企业价值观的相容性,建立互信的外包关系。第二,严格审核和签署合作合同。合同中对产权归属、交付期限、质量要求、费用落实、保密条款、违约条款等内容都要清楚、准确地列示,做到合同条款合法合理,避免合同纠纷,保证项目如期、保质地完成。第三,在合作的过程中对合作单位进行管理监督,向合作企业委派人员对研发过程进行监管,防止合作单位在研发过程中窃取企业项目成果。第四,在研发的过程中定期与合作企业沟通研发进度与成果完成情况,全面跟进研发进程,避免因沟通不足而导致研发成果不符预期的情况。

【例3-40】 甲企业和乙企业决定合作开发一种多功能扫地机器人,约定双方各出资一半,由甲企业负责技术开发,乙企业负责设备维修,研究成果双方共享,并签订了合作开发合同。一年后该机器人设计完成。两个月后乙企业单方面提出申请专利,但甲企业认为自己企业设计的机器人应由自己企业申请专利,乙企业无权申请。随后乙企业的项目人员王某根据图纸制作了一个机器人自用,受到了很多消费者的关注,使甲、乙企业准备将该产品上市的计划受到影响,甲企业认为王某侵犯了专利权。

【分析】 甲、乙两企业没有在合同中明确约定双方的权利和义务,因而产生合同纠纷。因为本例中双方约定了技术成果由双方共享,但是没有在合同中约定专利申请权,所以按照法律应该是进行了创造性活动的甲企业拥有专利申请权。王某的行为没有侵犯专利权,因为按照法律规定,侵犯专利权的必要条件是以生产经营为目的,而王某只是自用,并未用于营利,因此不属于侵权。但是如果在合同中已明确约定专利权属和保密条款,王某就不会擅自制作机器人,产品上市的计划也就不会受影响。

【例3-41】 K企业决定开发一款新型代步车,并决定将代步车的研发部分外包给L企业。双方仅在研究开发前进行过两次沟通交流。之后,L企业进行研发,K企业并未对研究成果进行检查,也并未主动沟通了解研发项目的进展情况。双方约定在9个月后交付成果与研发费用。然而,当L企业将最终成果交给K企业时,K企业认为L企业的成果并不符合K企业的预期从而拒绝支付研发费用。

【分析】 K企业与L企业并未在研发的过程中及时沟通,因此产生纠纷。K企业应主动与外包企业沟通项目的进展情况,避免在L企业已交付成果时才发现与预期不符的情况出现。双方不仅应在研发前进行沟通,而且应在研发过程中多次进行沟通,L企业可以根据K企业的要求及时调整研发的方向。

(三)验收

该环节的主要风险:验收制度不健全,验收人员的技术能力不足,验收结果与事实不符,或者检测投入不足,鉴定结果不准确,导致项目技术风险增大。

该环节的主要管控措施:第一,企业应当建立严格的研究成果验收制度,以保证验收程序的有效执行;第二,组织技术水平高的、独立于项目的专业人员对研究成果进行独立检测和鉴定,并按程序进行严格的评审和验收;第三,加大检测的投入力度,对重大项目,必要时请外部专家参与鉴定,以降低项目的技术风险;第四,在项目验收过程中发现存在异常的,应进行再次验收或要求研发人员进行修改,以确保研发项目达到标准。

【例3—42】 某企业新研制了一种化妆品,按规定需经国家监管部门验收,企业决定先按企业标准自行验收,再交由国家监管部门验收。企业组织自身的市场、技术等领域的专业人员以及外部专家成立九人专家组进行验收。研发项目的负责人向专家组提交了产品研发的相关批文、项目验收申请书、某检测机构出具的检测报告、化妆品实验报告、项目实施总结和决算报告等资料。专家组经过对提交材料和样品的评议,有6名专家对产品的质量发表了无保留意见,有3名专家认为该产品对敏感皮肤人群的适用性测试得不够充分,对潜在的过敏性风险估计不足。

按照规定,该产品通过了企业内部验收,但是企业管理层考虑到专家的不同意见,在申报政府主管部门验收前追加了相关检测和试验,对化妆品的适用范围做了修正,使产品顺利通过了政府主管部门的验收。

【分析】 该企业严格按照验收制度执行了验收程序。企业先按内部程序,把技术水平高的、独立于项目的专业人员组成专家组,按程序对研究成果进行严格的评审和验收。对于验收过程中存在的分歧,企业给予了充分重视,追加了相关的检测与验收环节,加大了试验的投入,降低了潜在的技术风险,使产品质量和标准进一步提高,保证研发产品达到标准,从而顺利通过国家监管部门的验收。

(四)核心人员的管理

该环节的主要风险:第一,研发人员职业道德缺失,对待工作不负责任,存在消极怠工或泄露工作机密等情况。第二,核心技术人员离职,导致项目进度受影响,损失研发的投入。第三,未在合同中对离职人员的保密义务加以严格规定,使企业机密泄露从而造成损失。第四,核心技术人员离职后开展与该研发项目类似的业务,与原企业形成明显的竞争关系,对企业的市场竞争造成巨大威胁。

该环节的主要管控措施:第一,建立健全核心人员管理制度,制定并执行严格的研发人员考核标准,选拔时对研发人员的能力和品质要并重;与研发人员签署保密协议,从法律层面减少泄密的风险。第二,建立核心研发人员奖励机制,为研发人员的职业发展提供良好的机遇,吸引和留住优质人才。第三,与研发人员签订合同时,要特别明确竞业限制条款和泄密违约条款的内容,增加离职人员的泄密成本,降低涉密风险。第四,分散每个研发人员对研发项目所承担的责任,降低因研发人员离职而带来的风险。

【例3—43】 A生物公司最近正在研发制造一种新型药品,由于该领域药品的专家较少,因此该种药品在市场上几乎不存在竞争产品。A生物公司开出高薪聘请与该领域相关的专业技术人员对药品进行研发。李东、王鹏、赵新都是这款产品研发的核心研发人员,在药品研发的过程中,B公司多次找到李东,想邀请他到B公司任职,并给出更高的薪水。最终,李东离开A生物公司,到B公司担任研发人员,并将在A生物公司获得的研发成果提供给B公司,使得B公司的产品提前上市。王鹏与赵新看到李东到了B公司后薪资更高,心中不平,逐渐在研发的工作中变得消极怠工,并于一个月后也向A生物公司提出离职。李东、王鹏、赵新是A生物公司研发项目的核心研发人员,在三人相继离职后,研发项目由于人员不足而暂停。

【分析】 A生物公司未能建立核心人员管理制度,造成研发人员离职时几乎不承担离职成本。本例中,李东、王鹏、赵新的品德也存在一定的问题。因此,公司在招聘员工时,也要关注员工的职业道德水平。A公司应与每位员工签订泄密违约条款与竞业限制条款,防止像李东将研发成果提供给其他公司这样的情况出现,在一定程度上降低泄密的风险。A公司还应建立研发人员的奖励机制,为研发人员的职业发展提供良好机遇,留住人才。

【例3—44】 诚达药业股份有限公司是一家生产医药中间体的国家级高新技术企业,主要经营项目是为跨国制药企业提供医药中间体CDMO服务。作为一家高新技术企业,研究与开发是诚达药业最为主要的部分,然而,随着行业的不断发展,这一行业的人才竞争激烈,公司的核心研发人员陆续离职。诚达药业曾经的研究中心负责人王喆于2019年辞去职务。技术总监施裕华于2020年6月辞职,离职后去往金仓(上海)医药生物科技有限公司任职。核心人员的离职严重影响了公司的研发项目进度,使诚达药业的经营遭受了严重的打击。

【分析】 第一,公司多名核心人员的离职显然与公司人才激励机制不足有关。诚达药业应建立起核心人员激励机制,为他们提供良好的机遇与发展空间,留住人才。第二,诚达药业应与研发人员签订保密协议。多数研发人员离职后会去往其他公司任职,例如本例中诚达药业的技术总监在离职后去往同为医药生物类的公司任职,而保密协议能够在一定程度上降低泄密风险,避免因泄密而给公司带来的不必要的市场竞争压力。

(五)研究成果开发

该环节的主要风险:第一,技术风险。产品开发速度比科技发展速度慢,产品未开发完成就已夭折;企业技术能力不足,产品质量达不到要求,或遇到技术障碍,延误开发时机。第二,市场风险。竞争产品率先推出,市场竞争加剧;产品开发过快,验证不足,不符合市场需求。

该环节的主要管控措施:第一,建立自主创新机制,使企业市场、科研、生产一体化全面发展,促进研究成果的转化。第二,提高企业技术能力,克服技术障碍,与时俱进,使企业的科研能力保持在先进水平。第三,计划和掌握好进入市场的时机,把握市场机遇。产品在投入市场前要对其进行充分验证,待市场试生产反应良好后再投入大量生产。第四,在开发出产品前进行市场调查,了解市场对产品的需求程度,以及可能存在的竞争对手数量。

【例3—45】 某机械设备公司积极学习国外的先进技术和优秀经验,引进先进设备和优秀人才,不定期组织研发人员出国深造或到其他先进企业学习最新的技术经验。加强技术管理,通过技术开发从产品的材料、工序等各方面节约成本,努力实现技术突破。定期组织培训以了解最新的市场行情和产品的市场反馈情况,并且及时追加生产。此外,公司还自主研发了许多新产品,取得了很好的市场效果,在行业内处于领先地位。

【分析】 该公司有很好的自主创新能力,具备先进的技术优势和人才优势,技术研发能力较强。能以市场为导向,关注产品的市场信息,有利于企业及时应对市场需求的变化,降低市场风险。同时,公司积极降低成本,使产品兼具技术优势和成本优势,实现了市场、科研、生产一体化全面发展,有利于研究成果的转化。此外,公司研发人员学习技术经验后自主研发出了多种新产品,扩大了公司的获利范围,避免了单一产品带来的风险。

(六)研究成果保护

该环节的主要风险:第一,立项时的风险。立项时没有详细检索专利信息,导致研发成果侵权而无法使用。第二,研发过程中的风险。核心人员离职或泄密,导致竞争对手获得阶段性研发成果。第三,研发完成后的风险。研发成果没有得到有效保护,被竞争对手抢先申请专利,研发成果被限制使用;合作研发的成果没有明确产权归属,导致自树对手。

该环节的主要管控措施:第一,项目在立项、评估和审批的过程中都应该进行详细的专利检索,以免自主研发的成果无法使用。第二,与研发人员签署保密协议,明确竞业限制条款和泄密违约条款的内容,从法律层面减少泄密的风险。第三,严格界定合作研发中的成果归属,在合同中充分考虑各种情况下的权属问题,避免发生权属争议。第四,企业应当按照法律法规的要求,建立研究成果保护制度,对涉密文件执行严格的使用和借阅制度,加强对知识产权的管理,必要时积极采取法律手段维护合法权益。第五,项目研发人员离职时,应要求其将与项目有关的文件资料上交企业,从源头上降低泄密的可能性。

【例3—46】 某玩具公司建立了自己的专利保护网对产品专利进行保护。公司不但为自己的产品外观申请专利,还对产品的生产方法、使用方法、加工工艺等注册专利;同时,给研发人员以优厚的待遇并签订保密合同,以防专利外泄。公司要求所有人员离职时都上交与研发项目有关的全部文件与资料。

【分析】 该公司建立了很好的研发成果保护机制,能有效保护技术成果。对产品设置了详细的专利保护,增加了防护力度,这样一来,别的公司想要仿造玩具、侵犯专利权的风险就会大大降低,即使有仿制品,公司的专利保护网也能对其进行有效打击,使公司的利益得到很好的保护。同时,公司重视研发成果的保密事项,与研发人员签订保密合同,并给予研发人员优厚的待遇,从法律层面减少了泄密的风险,降低了研发人员离职泄密的可能性。要求研发人员离职时上交与研发相关的文件资料可以有效防止自主研发的成果被别人盗用。

(七)研发活动评估

该环节的主要风险:缺乏研发评估机制,对评估活动不重视,评估人员未严格执行评估流程,评估指标选择不当,造成评估失败。

该环节的主要管控措施:第一,建立研发评估机制,明确和规范评估工作,从制度上保证评估工作的客观、公正。第二,提高管理人员对评估工作的认识,使管理人员意识到评估工作的重要性,从而加强对评估工作的重视。第三,根据项目的特点,构建不同的指标评估体系。第四,经费投入和人员配置要合理,组织专业人员进行评估,保证经费运用合理、高效。

关键概念

自主研发　　研发外包　　研究成果

综合案例

【案例一】

昆明中铁是中国乃至亚洲最大的铁路养护机械研发、制造和销售企业,曾主持、参与制定大型养路机械铁道行业标准和规范超过30项,获国家专利69项,其中发明专利2项、外观设计专利11项、实用新型专利56项。与国外竞争对手相比,昆明中铁依然没有完全摆脱对原技术转让方 Plasser&Theurer 公司的技术依赖,重大产品技术方面都有 Plasser&Theurer 公司的痕迹。目前,Plasser & Theurer 公司的研发策略主要为"研发一代、储藏一代、转让一代",而转让给昆明中铁的技术均不是最新技术。显然,昆明中铁仅依靠技术转让难以获得最先进的技术。与国内主要竞争对手相比,近年来金鹰重型工程机械公司形成了清筛机作业机构集成匹配技术等21项自主创新成果,申报国家专利63项,已经获批32项,其中发明专利5项,而昆明中铁的发明专利却只有2项,显然,昆明中铁的核心专利技术获取能力弱于竞争对手。

从近年来昆明中铁与合作企业的技术交流来看,昆明中铁在技术知识产权的保护上没有做好过程控制。例如,与联合体企业的技术合作上,每年除了采购各分工协作企业的零配件、部件、总成本外,还要支付数千万元的分工协作费用作为最初技术开发费用,但那些核心部件的技术并没有掌握,也不拥有专利,导致公司的产品在生产上仍然受很大制约。

【思考】 如何通过加强企业研发控制来提升昆明中铁的核心竞争力?

【案例分析】 (1)制定科学、合理的研发战略。结合昆明中铁的实际情况,企业应该确定地域和产品边界。除了国内市场,企业还需要深入国际市场,充分依据国际市场的需求进行技术研发,并适当考虑与该区域内的战略合作伙伴合作开发,以适当降低研发成本。从更长远的角度出发,逐步开展具有长期性质的基础研究,将铁路各产品关键部件进行分解,突破每一核心部件的技术,最终实现整体突破,彻底摆脱技术依赖性。

(2)分析研发活动过程中的主要风险。研发过程中通常具有较大风险,研究项目未经科学论证或者论证不充分,可能导致创新不足或资源浪费;研发人员配备不合理或研发过程管理不善,可能导致研发成本过高或研发失败;研发成果转化应用不足、保护措施不力,可能导致企业利益受损。企业应当集合研发人员及市场营销人员详细评估研发项目存在的风险,尽量降低项目失败的可能性。

(3)把握企业立项与研发中的几个重要环节:①企业应当根据每年度的研发计划提出研究项目立项申请,开展可行性研究,编制可行性研究报告。按照规定的权限和程序对研发项目进行审批,重大研究项目应当根据董事会决议审批。②加强对研发过程的管理,跟踪和检查研发项目的进展情况,评价各阶段研究成果,及时提供足够经费支持,确保项目按期、保质地完成。③项目确定委托外单位生产的,应当采用招标、议标等适当方式确定受托单位,签订外包合同,约定研究成果的产权归属,研究进度、质量标准等相关内容;与其他单位进行合作研究的,应当对合作单位进行尽职调查,签订书面研究开发合同,确定双方投资、分工、权利和义务、研究开发成果产权归属等问题。④制定和完善研发成果的验收制度,组织专业人士对研究成果进行独立评审和验收,并实际办理相关专利申请事宜。⑤建立严格的核心研究人员管理制度,明确界定核心研究人员范围和名单,签署符合国家规定的有关保密协议。

(4)遵循技术标准,保护知识产权。规范产品开发技术标准,研发工作坚持"标准先行、产品遵循"的原则,以标准体系建设为突破口,使标准成为科技创新转化为先进生产力的"桥梁",满足产业升级、技术进步对标准的需求,并在国内、国际范围内推广实施。

【案例二】

随着科学技术的发展,涌现了越来越多的高新技术企业。高新技术企业一般是指在国家颁布的《国家重点支持的高新技术领域》范围内,持续进行研究开发与技术成果转化,形成企业核心自主知识产权,并以此为基础开展经营活动的居民企业,是知识密集、技术密集的经济实体。

P公司作为一家主要研究医疗仪器的高新技术企业,始终致力于仪器的研究与生产。随着公司规模的不断扩大,公司计划扩展到药品研发领域。制药企业作为高新技术企业,其具有高风险、高竞争的特点,因此,药品研发部门更是医药企业提高竞争力的关键。P公司在近几年不断扩展,研发部门人员从最初的30人以上发展到将近200人。由于药品的研发需要多门学科相互渗透、共同合作,公司又引入了多名化学、生物学、药学领域的技术人员,提高了药品的研发速度。公司为保证项目的保密性,在研发部门人员入职后便与他们签订了泄密违约条款。

20×6年,P公司的原子公司K公司开始立项研究一款国外的专利技术,并用一种全新的方法合成了化合物A,且获得了国家专利授权。20×7年5月,K公司向国家药品监督管理局提出了药品临床申请。20×7年7月,P公司与K公司签署专利转让合同,合同中约定K公司将新药的临床批件及研究技术转让给P公司。三年后,P公司获得临床申请批件,并立刻投入对药品的临床试验研究。

又经过两年的验证性临床研究及报批生产申请工作,P公司终于向药品监督管理局提出申请上市。但由于较长的药品研发周期,P公司通过市场调研发现,此时已有多种其他公司研发的同类型药品占据市场主导地位,且其他国家的仿制药品也加入了国内市场。与其他竞争对手相比,P公司的研究成果转化速度较慢,这大大降低了P公司的市场竞争力。

此外,由于P公司的财务人员并不具备关于研发项目的专业知识,且研发项目具有一定的保密性,而研发部门人员也不具有财务方面的知识,因此,一般由研发部门的负责人定期向财务人员申报研发项目费用。公司也未设立专业的内部审计部门,财务人员同时担任起内部审计的职责。由于研发部门与财务部门间缺少与研发费用支出有关的沟通,财务人员很难对研发期间的支出进行深入了解,因此公司研发成本占公司当年总支出的比例较大。P公司为了尽快弥补前期投入,不得不设定较高的药品价格,但由于患者对药品价格敏感,且其他公司的药品价格均低于P公司,长此以往,P公司很可能因此失去市场占有率。

就在公司陷入如何保障市场份额的困境时,曾保证给研发人员的奖金迟迟未能下发,而其他药品研发行业的公司曾多次私下联系P公司的研发领域人员,给出优厚的待遇,这导致P公司的多名核心研发人员申请离职,并在离职后去往同类型的高新技术公司,从而加剧了P公司与同种类型药品公司的市场竞争压力。

虽然在20×7年，P公司与原子公司签订了专利及技术转让合同，但由于合同中并未具体指出药品的经销权归哪家公司，因此，P公司与K公司多次进行沟通协议，但仍未达成一致意见。

【思考】 P公司的内部控制有哪些优点？如何进一步加强P公司研究与开发过程中的内部控制？

【案例分析】

(1)P公司与研发人员签订了泄密违约条款，增加了员工的泄密成本，从法律法规的层面上约束了员工的行为，降低了泄密的风险。

(2)P公司严格遵守了立项和评估审批制度，保证了P公司能顺利上市。由于药品行业的特殊性，药品要想获得上市，就要经历新药申请、药监局审批、获得专利授权、提交临床申请、获得临床批件等多个步骤，P公司在申请的过程中只有严格遵守申请流程及审批制度，才能得到药监局的认可上市。

(3)应加强对项目研发过程的管理，各部门有效沟通交流，在立项时进行预算管理。公司的研发部门人员不具备财务知识，而财务部门人员也缺少研发的专业技术知识，这使得公司的预算难以把控，造成公司的研发支出较高；且各部门之间缺少有效的内部信息沟通，难以对研发过程的支出进行管理监督，这使得P公司的药品售价过高，失去市场占有率。因此，公司应建立一个信息共享中心，研发人员在使用资金时对资金的使用情况予以说明，财务人员则根据资金的使用原因进行预算的管理，合理分配资金的使用。在研发项目开始前，就应对项目进行市场调研与评估，计算项目的初步预算，保证项目能够顺利转为产品，组织各部门的专业人员分析立项计划书与预算金额的可行性，保证项目符合企业的长远发展。

(4)引入内控管理人才，对人才进行定期培训。企业人力资源的培养对内控的实施有着重要的作用，内控管理的缺失会引发企业的财务风险。企业应设立专门的内控部门，并招聘专业的内控管理人员，建立一套符合企业现状的内控体系，同时引入内审人员对企业进行内部审计，提升企业的内部控制系统，避免财务人员同时担任内审与内控的情况发生。企业还应加强对企业主要岗位人员的培训，提升他们的专业素养，强调内部控制的重要性，并进行业绩的考评。

(5)遵循技术标准，保护知识产权。P公司与K公司在签署转让合同时就应严格界定合作研发中的成果归属，在合同中充分考虑各种情况下的权属问题，避免发生权属争议。由于经销权的不明确，P公司一直处于纠纷之中，存在较高的法律风险。

(6)建立人才奖励机制，避免人才流失。由于P公司陷入困境，研发人员不满足于公司的现状及薪资待遇，离职去往其他公司，因此，P公司应建立人才奖励机制，给予关键研发人员良好的职业发展前景，吸引并留住优质人才。

练习题

一、单项选择题

1. 企业开展研究与开发活动至少应当关注的风险是(　　)。

A. 研究项目未经科学论证或论证不充分，可能导致创新不足或资源浪费

B. 研发人员配备不合理或研发过程管理不善,可能导致研发成本过高、舞弊或研发失败

C. 研究成果转化应用不足、保护措施不力,可能导致企业利益受损

D. 以上都是

2. 研究与开发的基本流程是( )。

A. 立项、研发过程管理、结题验收、研究成果的开发和保护等

B. 研发过程管理、立项、结题验收、研究成果的开发和保护等

C. 研发过程管理、结题验收、立项、研究成果的开发和保护等

D. 立项、结题验收、研发过程管理、研究成果的开发和保护等

3. 以下选项中,( )不属于研发外包环节需要关注的风险。

A. 外包单位选择的风险　　　　　　B. 知识产权风险

C. 壮大竞争对手的力量　　　　　　D. 外包方案的审批风险

4. 研发外包单位职业道德缺失引起的提供虚假信息、不履行承诺、泄露机密等会给企业带来损失,该风险属于( )。

A. 研发外包沟通风险　　　　　　　B. 外包单位选择的风险

C. 研发外包知识产权风险　　　　　D. 壮大竞争对手风险

5. 企业研发活动的最终目的是( )。

A. 贡献社会　　　　　　　　　　　B. 转化为经济效益

C. 申请专利　　　　　　　　　　　D. 打垮对手

6. 研究阶段,是指为获取并理解新的科学或技术知识而进行的( )有计划调查的阶段。

A. 有组织的　　B. 独创性的　　C. 有预算的　　D. 开拓性的

二、多项选择题

1. 研究与开发的内涵中,"三新"是指( )。

A. 新技术　　　B. 新工艺　　　C. 新产品　　　D. 新想法

2. 研究与开发业务中的立项管控措施不包括( )。

A. 研究项目应当按照规定的权限和程序进行审批,重大研究项目应当报经董事会或类似权力机构集体审议决策

B. 结合企业发展战略、市场及技术现状,制订研究项目开发计划

C. 企业应当根据实际需要,结合研发计划,提出研究项目立项申请,开展可行性研究,编制可行性研究报告。企业可以组织独立于申请及立项审批之外的专业机构和人员进行评估论证,出具评估意见

D. 建立研发项目管理制度和技术标准,建立信息反馈制度和研发项目重大事项报告制度,严格落实岗位责任制

3. 研发风险控制的总体要求包括( )。

A. 重视研发　　B. 制订计划　　C. 强化管理　　D. 项目转化

4. 立项与研究的审批要关注( )。

A. 企业发展的必要性　　　　　　　B. 技术的先进性

C. 成果转化的可行性　　　　　　　D. 员工的积极性

5. 企业与核心研究人员签订劳动合同时,应当特别约定(　　)。
A. 研究成果归属　　　　　　　　　B. 离职移交程序
C. 离职后保密义务　　　　　　　　D. 违约责任

6. 对立项项目进行可行性论证的专家小组成员包括(　　)。
A. 技术专家　　B. 管理专家　　C. 财务专家　　D. 审计专家

7. 下列说法中,符合研究与开发内部控制要求的有(　　)。
A. 企业应当建立研发活动评估制度
B. 重大研究项目应当报经董事会或类似权力机构集体审议决策
C. 企业研究项目委托外单位承担的,应当采用招标、协议等适当方式确定受托单位,签订外包合同
D. 针对研究项目立项申请,企业要开展可行性研究,编制可行性研究报告

8. 研究与开发是指企业为获取(　　)等所持续进行的具有明确目标的各种研究开发活动。
A. 新产品　　　B. 新方法　　　C. 新技术　　　D. 新工艺

9. 开展研发活动至少应当关注的风险包括(　　)。
A. 研发项目论证失误风险　　　　　B. 研发管理不善风险
C. 研究成果转化不足风险　　　　　D. 研究成果保护不力风险

10. 研究成果保护的主要控制措施包括(　　)。
A. 建立研究成果保护制度　　　　　B. 进行知识产权评审,及时取得权属
C. 建立严格的核心研究人员管理制度　　D. 建立实施研发长效激励机制

11. 《企业内部控制应用指引第10号——研究与开发》提出的管控措施有(　　)。
A. 企业应当结合研发计划,提出研究项目立项申请,开展可行性研究,编制可行性研究报告
B. 研究项目应当按照规定的权限和程序进行审批,重大研究项目应当报经董事会或类似权力机构集体审议决策
C. 企业应当加强对研究过程的管理,合理配备专业人员,严格落实岗位责任制,确保研究过程高效、可控
D. 企业应当建立和完善研究成果验收制度,组织专业人员对研究成果进行独立评审和验收

三、判断题

1. 企业对核心研发人员的管理要建立研发项目核心人员的岗位责任制,同时要建立与研发人员业绩挂钩的业绩考核体系。(　　)

2. 研发人员配备不合理或研发过程管理不善,可能导致研发成本过高、舞弊或研发失败。(　　)

3. 立项缺乏可行性研究或可行性研究流于形式、决策不当,可能导致难以实现预期效益或项目失败。(　　)

4. 研究项目应当按照规定的权限和程序进行审批,重大研究项目应当报经董事会审议决策。(　　)

5. 企业应当建立研究成果保护制度,禁止无关人员接触研究成果。(　　)

6. 企业研发活动的最终目的是将潜在的生产力转化为实实在在的生产技术或产品。
（　　）

7. 如果企业重研究、轻开发，缺乏将研究成果向生产过程转化的能力和措施，就可能导致研究成果发挥不出应有的效能，挫伤企业开展创新研究的积极性，导致企业丧失核心竞争力。
（　　）

8. 研发活动具有投入大、周期短、不确定性高的特点，因此研发活动的成败对企业生产经营影响较大。
（　　）

四、简答题

1. 研究与开发的总体要求是什么？
2. 简要描述研究与开发的流程。
3. 为什么要编制研发计划？
4. 研发项目完成后，为什么要进行评估？
5. 自主研发所面临的风险有哪些？
6. 研发外包包含哪些内容？面临的风险有哪些？
7. 企业应当如何进行研发成果保护？
8. 在研发的立项之初存在哪些主要的风险点？

五、案例分析题

B公司成立于2009年，是中外合资的车辆制造企业，虽然在外资的助力下公司成长速度飞快，但由于公司自主研发技术的缺失，公司一直难以真正得到发展。近两年，公司出售了代工工厂，全身心投入自主品牌的研发。但由于公司在研发领域缺乏一定的经验，因此出现了一些问题。首先，研发部门的人员在研发的过程中仅关注自身的研发进程，而忽视了采购的车辆配件品质以及供应商的情况。其次，有几名研发人员消极怠工，希望调到其他岗位工作，有的员工甚至从公司离职，去往其他待遇更丰厚的公司。B公司在风险管理方面也缺少应有的管控，并未建立起专门的风险识别与评估机制，仅在财务部门对财务风险进行把控，对其他部门的风险却熟视无睹。除此之外，B公司还缺乏对研发项目的预算管理，导致后期项目金额超出预算却无法查明原因。且近几年国内车辆制造企业大规模崛起，B公司面临国内外技术的夹击，研发进度推进缓慢，难以抢占市场先机。

【要求】　分析B公司该怎样完善研发方面的内部控制。

【思政】　　　　　　重视研发人才　激发创新能力

党的二十大报告指出必须继续坚持科技是第一生产力、人才是第一资源、创新是第一动力的发展思想。实现人才强国战略和创新驱动发展战略，需要全社会共同营造重视创新型人才的良好氛围，重视并提高科研人才的待遇水平，激发全社会创新发展新动能，开辟发展新领域新赛道，不断塑造发展新动能、新优势。同时，企业也需要做好内部控制管理工作，建立健全内部控制制度，维护企业内部的有效运行，为企业的研发创新提供必要的内部环境条件。

第六节 工程项目

本节要点提示

了解工程项目的业务流程；
掌握工程项目内部控制的主要风险点及其管控措施。

本节内容提要

工程项目是企业自行或者委托其他单位进行的建造、安装活动。相对于其他业务活动，工程项目具有投入资源多、占用资金大、建设工期长等特点，各环节比较容易出现问题。本节在梳理工程项目业务基本流程的基础上，分析了各环节存在的风险点，并提出了相应的控制措施，以保障企业工程项目的安全。

一、工程项目的含义

工程项目又称投资项目，是企业根据经营或管理的需要，自行或者委托其他单位进行的设计、建造、安装和维护，以形成新的固定资产或维护、提升既有固定资产性能的活动。工程项目是企业持续发展的重要基础，重大的工程项目往往体现企业发展战略和中长期发展规划，对于提高企业再生产能力和支撑保障能力、促进企业可持续发展具有关键作用。国有及国有控股大型企业的重大工程项目在调整经济结构、转变经济发展方式、促进产业升级和技术进步中举足轻重。

二、工程项目的业务流程

根据业务流程的相关性和风险管理的要求，工程项目的基本流程包括工程立项、工程设计、工程招标、工程建设、竣工验收和项目后评估六大环节，如图3—10所示。

企业需要加强工程项目各个环节的内部控制，保证工程项目的质量，合理安排工程进度，控制工程成本，充分发挥工程项目对企业生存和发展的重要作用。

（一）工程立项

工程立项属于项目决策过程，是对拟建项目的必要性和可行性进行技术经济论证，对不同建设方案进行技术经济比较并做出判断和决定的过程。在工程立项之前需要对工程的各方面进行可行性评估，并做好项目预算。立项决策正确与否直接关系到项目建设的成败，企业要严格把控立项过程从而实现工程项目的预期效益。工程立项阶段的主要工作包括编制项目建议书、可行性研究、项目评估和决策。

（二）工程设计

工程立项后，要进行工程设计，主要包括初步设计和施工图设计两个阶段。初步设计是整个设计构思基本形成的阶段，通过初步设计可以明确拟建工程在指定地点和规定期限内建设

```
                    ┌── 编制项目建议书
                    │
                    ├── 可行性研究
     工程立项 ──────┤
                    ├── 项目评审
                    │
                    └── 立项决策

                    ┌── 初步设计
     工程设计 ──────┤
                    └── 施工图设计

                    ┌── 招标
                    │
                    ├── 投标
     工程招标 ──────┤
                    ├── 开标、评标、定标
                    │
                    └── 签订施工合同

                    ┌── 工程物资采购
                    │
                    ├── 工程监理
     工程建设 ──────┤
                    ├── 工程价款结算
                    │
                    └── 工程变更

          竣工验收

          项目后评估
```

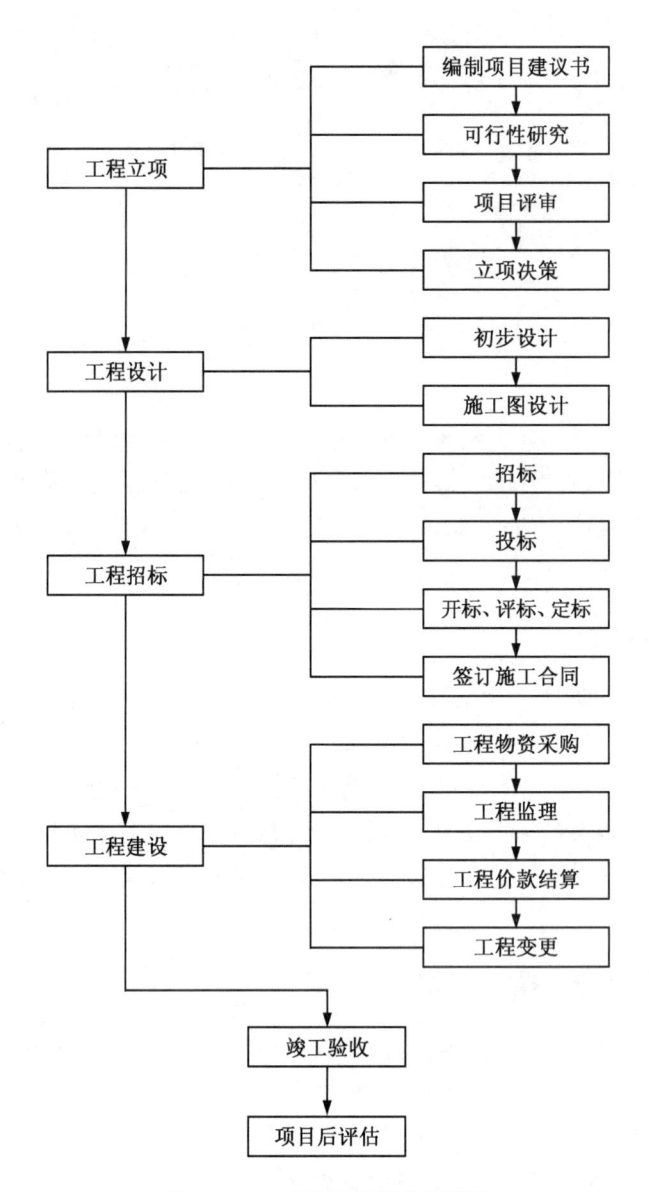

图 3—10 工程项目的基本流程

的技术可行性和经济合理性，同时确定主要技术方案、工程总造价和主要技术经济指标。初步设计阶段的一项重要工作是编制设计概算。设计概算是编制项目投资计划、确定和控制项目投资的依据，也是签订施工合同的基础依据，具体表现为设计单位根据施工图纸、设备及材料的预算价格，计算工程所需的大致预算金额；施工图设计是初步设计的深化，是设计者意图的直观体现、施工建造的依据。施工图设计与初步设计相比更为具体，进一步修正完善了初步设计存在的问题。与施工图设计直接关联的是施工图预算，这是确定工程招标控制价的依据，也是拨付工程款及办理工程结算的依据。

(三)工程招标

工程招标是指企业的工程项目采用公开招标的方式,择优选取具有相应资质的承包单位和监理单位。工程招标过程包括招标、开标、评标和定标、签订施工合同等环节,主要工作包括招标前期准备和招标公告、资格预审公告的编制与发布。投标工作主要有现场考察、投标预备会及投标文件的编制等。投标工作结束后,建设单位应当组织开标、评标和定标。评标由招标人依法组建的评标委员会负责,按照招标文件确定的评标标准和方法,对投标文件进行评审和比较,推荐合格的中标候选人。建设单位应当按照规定的权限和程序从中标候选人中确定中标人,确定后向中标人发出中标通知书。实行招投标能够提高工程项目的公开性、公平性、公正性和透明度,有效避免舞弊、商业贿赂等行为的发生。

(四)工程建设

工程建设是指工程建设实施,即施工阶段,主要包括工程监理、工程物资采购和工程价款结算等内容,是建设成本、进度和质量的具体控制环节。企业和施工单位应按合同所确定的工期、进度计划等要求进行施工建设,采用科学的管理方式保证施工质量和安全,及时进行工程价款结算,加强财务预算约束,避免工程造价出现超预算的现象。另外,在项目的建设过程中,由于某些情况发生变化,如建设单位对工程提出新要求、出现设计错误、外部环境条件发生变化等,有时需要对工程进行必要的变更。

(五)竣工验收

竣工验收是指工程项目竣工后由建设单位会同设计、施工等部门对该项目是否符合规划设计要求以及对建筑施工和设备安装质量进行全面检验的过程。企业的建设项目已经按照要求全部建设完成,符合规定的建设项目竣工验收标准,在收到承包单位的工程竣工报告后,应当及时编制竣工决算,进行竣工决算审计,组织设计、施工、监理等有关单位进行竣工验收。

(六)项目后评估

项目后评估是指在建设项目已经完成并运行一段时间后,对项目的目的、执行过程、效益、作用和影响进行系统的、客观的分析和总结,将项目的实际效果与项目立项决策时的预测效果进行对比的一种技术经济活动。项目后评估通常安排在工程项目竣工验收后 6 个月或 1 年后,多为效益后评价和过程后评价,目的在于发现并改进项目的不足之处。项目后评估本身就是一项重要的管控措施。

三、工程项目的主要风险点及其管控措施

(一)工程立项

1. 编制项目建议书

该环节的主要风险:项目建议书的编制不符合企业经营管理实际与发展需要,出现项目脱离企业发展战略、拟建规模及标准不明确、资金安排与项目进度不协调等现象。

该环节的主要管控措施：企业应当依据所处行业和地区的相关政策规定，结合实际建设条件和经济环境因素，客观分析投资机会，确定工程投资意向，明确项目建议书的主要内容、格式及要求；在编制过程中，项目建议书主要包括项目建设的必要性、项目规模和选址、投资估算及资金筹措方案、项目进度安排、经济效益和社会效益的估计、环境影响的评估等重要内容，其中，对于工程质量标准、投资规模和进度计划等要进行分析论证；对于专业性较强和较为复杂的工程项目，可以委托专业机构进行工程投资分析；企业决策机构应当对项目建议书进行集体审议决策，并视法规要求和具体情况报有关政府部门审批或备案，必要时，可以成立专家组或委托专业机构进行评审，承担评审任务的专业机构不得参与项目建议书的编制。

2. 项目可行性研究

该环节的主要风险：项目可行性研究不充分，流于形式，无法为项目决策提供充分、可靠的依据，导致决策不当，造成企业资源浪费、难以实现预期效益等问题。

该环节的主要管控措施：企业在提出并经过审批的项目建议书后，需要进行项目的可行性研究，并编制可行性研究报告。可行性研究的内容要完整，突出重点，研究充分；企业应当根据国家和行业的有关规定，结合企业经营的实际状况，确定可行性研究报告的内容和格式，明确编制要求；在编制过程中，要对项目建议书中的重点内容进行评估；可行性研究过程中需要专业机构参与的，根据项目的性质，要选择合适的并具有相关资质的专业机构进行可行性研究，以确保可行性研究科学、合理；企业要对投资、项目质量和进度控制进行统筹协调，进行安全性论证和技术性论证，建设标准要符合企业实际情况以及财力、物力的承受能力；技术要先进、适用，避免盲目追求技术先进而造成投资损失、浪费；项目进度要根据项目特点和企业实际进行适度控制；企业的可行性分析需要财务、生产技术、营销部门共同参与，对项目进行财务预算分析、研发技术分析及市场前景分析。

【例3—47】 某市的环保工程是与国家环保政策相配套的项目。20×0年，国家计委批准了该环保工程的可行性报告，概算为12亿元。该市对这个国家重点项目抱有很大的期望。20×1年，相关部门和投资公司将工程概算调整到了18.2亿元。之后又将概算提升到了23亿元，相当于该市5年的财政收入之和。该项目于20×5年开工建设，但由于资金缺乏，在20×8年年底停建，与此同时，国家计委责令停建，但已耗资10亿元以上。

【分析】 由上述资料可知，该项目在立项阶段存在可行性研究不充分的控制缺陷，该缺陷导致资金流断裂。建设单位盲目追求建设规模，缺乏对本单位实际情况的考虑，未对项目进行有效的调研与论证，项目建议书及可行性报告均存在问题；此外，对该项目没有进行科学、有效的可行性研究，尤其是没有进行项目的经济可行性和财务可行性评估，导致项目最终因资金缺乏而停建，给国家带来了重大的经济损失。

3. 项目评审

该环节的主要风险：第一，工程项目审批不合理，产生重大舞弊、欺诈行为，使企业遭受损失。第二，评审决策程序不规范，可能导致决策失误等问题。第三，缺乏专业人员对项目进行审查，导致项目不具备科学性。

该环节的主要管控措施：企业要重点关注项目投资方案、投资规模、资金筹措、生产规模、布局选址、技术、法律、安全、环境保护等，核实相关资料的来源和取得途径是否真实、可靠；企业可以委托具有资质的专业机构对可行性研究报告进行评审，且该专业机构不得参与项目可行性研究;企业应当按照规定的权限和程序对工程项目进行决策,决策过程必须有完整的书面记录;重大工程项目应当报经董事会或者类似决策机构集体审议批准,同时要组织召开工程项目投资会议并进行讨论,任何个人不得单独决策或者擅自改变集体决策意见;企业要建立工程项目决策和实施的责任制度,明确相关部门和人员的责任,定期或不定期进行检查;工程项目立项后、正式施工前,还应当依法取得建设用地、城市规划、环境保护、安全、施工等方面的许可。

【例3-48】 沿用例3-47资料。

【分析】 该案例除了存在可行性研究不充分的控制缺陷外,还存在项目评审与决策不科学、不规范的控制缺陷。项目评审流于形式,对环保项目没有进行科学的、充分的分析和评审,也没有起到应有的内部监督控制作用。项目评审组没有对项目的投资规模及资金筹措方面进行相应的评估。最后,该项目非但没有达到预期的经济效益,还给国家造成了重大的经济损失。

4. 立项决策

该环节的主要风险:前期对项目建议书及可行性报告的论证研究不充分,会影响企业管理层对项目的决策计划,增加对项目的投资风险。

该环节的主要管控措施:在进行立项决策时,企业应对不同的项目建设方案进行比较研究,从技术经济角度做出判断。由于项目的立项决策阶段对工程项目造价具有重要的影响,因此企业应重视在立项阶段关于项目建设规模、资金需求等问题的考虑。企业应尽可能多地收集关于建设项目的市场资料,对项目的未来发展趋势做出合理预测,尤其是项目的经济性,应结合当前市场的环境与企业自身情况进行分析,通过适当的市场调研对项目做出财务方面的分析评价及投资决策。

(二)工程设计

1. 工程初步设计

该环节的主要风险:设计单位不符合项目资质要求,缺乏项目相关资料;初步设计未进行多方案比选,未考虑技术经济是否最优;当存在多单位共同设计项目时,未明确主要设计单位,出现分歧时难以快速解决问题;设计深度不足,初步设计存在疏漏,设计人员未对资料进行深入研究等。这些都会导致施工组织不周密、工程质量存在隐患、运行成本过高等问题。

该环节的主要管控措施:第一,企业要根据项目特点选择具有相应资质和相关经验的设计单位,可以引入竞争机制,尽量采用招标方式确定设计单位,调动相关设计人员的积极性。第二,应当向设计单位提供开展设计所需的详细的基础资料,并协调多部门进行有效的技术经济交流,在此基础上形成最优的技术方案,其中,重要的技术方案需要进行技术经济分析,从而选择最佳方案。第三,当项目由几个单位共同设计时,要指定一个设计单位为主体设计单位,主体设计单位对建设项目设计的合理性和整体性负责,明确其他各单位的权利与责任。第四,建立严格的初步设计审查和授权批准程序,成立内部审查小组,通过严格的复核、专家评议等制度,确保评审工作质量。应保证工程初步设计的方案与可行性研究报告相统一,避免出现项目设计违背初始研究方案的问题。

【例3-49】 某房地产公司于20×5年开始在A市建造一个新的小区,于20×9年竣工。

小区业主们先后入住该小区。按小区业主与该房地产公司签订的合同,房子的使用年限应为50年。但在20×7年,多名业主向物业反映房屋出现墙体开裂、屋顶漏水等不同程度的房屋质量问题,严重影响了业主的生活质量。物业维修人员对裂纹进行鉴定后,判定该裂纹为结构裂纹,属房屋质量问题,这说明施工单位当初在进行设计时就存在疏漏。根据该房地产公司的档案记录:本公司之前并未与此小区的设计单位有过合作,因为急于施工,相关资料也是在设计的过程中才收集的,存在多处设计变更。

【分析】 该小区在设计阶段存在明显的内部控制缺陷。房地产公司并未提前向设计单位提供详细的基础资料,而是在设计过程中才提供,这使得设计单位无法提前设计出多种方案并从中选出最优方案;而设计单位在初步设计时也存在疏漏,影响了房屋的质量。该工程项目没有进行严格的初步设计审查以及专家评议等评审工作,这才导致后来房屋出现严重的工程质量问题。

2. 施工图设计

该环节的主要风险:第一,施工图预算脱离实际,导致项目投资失控。第二,工程设计与后续施工未有效衔接,导致技术方案未得到有效落实。两者都会影响工程质量,给企业带来经济损失。

该环节的主要管控措施:第一,企业在施工图设计环节,要建立严格的概预算编制与审核制度。概预算的编制要严格执行国家、行业和地方政府有关建设和造价管理的各项规定和标准,完整、准确地反映设计内容和当时当地的价格水平。企业应当组织工程、技术、财会等部门的相关专业人员或委托具有相应资质的中介机构对编制的概算进行审核,重点审查编制依据、项目内容、工程量的计算、定额套用等是否真实、完整和准确。第二,建立严格的施工图设计管理制度和变更管理制度,重点审查施工图的设计深度是否符合要求、设计质量是否合规等方面;同时,设计单位应当提供全面、及时的现场服务,避免设计与施工相脱节的现象,减少设计变更的发生,对确需进行的变更,应尽量控制在设计阶段,并进行相关授权审批。因设计单位的过失造成设计变更的,应由设计单位承担相应责任。企业必须严格遵守相关法律法规,严格履行报批要求,未经允许的项目不得进行施工。

(三)工程招标

1. 招标

该环节的主要风险:企业违背工程招标计划,肢解建设项目;投标资格条件不公平、不合理,可能导致中标人并非最优选择;相关人员违法违纪泄露标底,存在舞弊行为;等等。

该环节的主要管控措施:第一,企业应当遵守法律法规,建立招标工作的监督管理制度,就是否采用招标方式及相关方案报经招标决策机构集体审议通过后执行。第二,不得违背工程施工组织设计和招标设计方案,将应当由一个承包单位完成的工程项目肢解成若干部分发包给几个承包单位。第三,招标公告的编制要公开、透明,包含招标工程的主要技术要求、合同条款、评标标准、开标与定标程序等内容。第四,严格根据项目特点和招标公告对投标人进行资质审查,确定具有相关资质的投标人,防止假资质中标和借资质中标。第五,招标的过程应由专家对方案进行评审,确保投标单位的方案均符合项目要求,节约招标单位的招标成本。

【例3—50】 A公司下属B分公司拟建设储存仓库。20×0年5月10日,B分公司会议商议决定由于时间紧迫,一边向母公司报批,一边开始施工建设。6月11日,通过邀请投标的方式确定了施工单位,6月30日取得了母公司总部的立项审批。20×0年末该工程完工。

【分析】 A公司在工程招标环节存在明显的控制缺陷。B分公司在未履行完成立项阶段的审批手续时就进行设计和开工建设,而A公司并未及时制止和纠正。并且B分公司本应采用公开招标的方式进行招标,但实际采用的是邀请招标,也并未发布公开透明的招标公告,中标单位也许并不是A公司的最优选择。由于施工建设的时间紧迫,因此B分公司没有对投标人进行审查,这本身就不符合公司的管理规定。

2. 投标

该环节的主要风险:第一,招标人与投标人串通投标,存在舞弊行为。第二,投标人的资质条件不符合要求,冒用他人名义投标,可能影响工程质量。第三,投标企业没有对项目进行风险评估,形成投标风险。第四,投标方案或文件遭到恶意泄露,损害招标方的合法权益。

该环节的主要管控措施:第一,对投标人的信息采取严格保密措施,防止投标人之间串通舞弊。第二,在确定中标人之前,企业不得与投标人就投标价格、投标方案等内容进行谈判。第三,严格按照招标公告或资格预审文件中确定的投标人资格条件对投标人进行实质审查,确定投标人的实际资质,预防以假资质中标。第四,建设单位应当履行完备的标书签收、登记和保管手续,保证投标文件的安全保密性。第五,要求投标企业在申请项目前进行合理有效的风险评估,以避免建设过程中出现纠纷。

【例3-51】 江西临川建设集团有限公司等单位在察尔汗盐湖旅游资源开发项目的招投标活动中,因投标文件业绩造假,存在骗标的的行为,根据相关管理办法规定,其信用评价被降为D级,一年内取消其参与政府投资项目工程建设活动的资格。

【分析】 招标单位应严格审查投标人的投标资格,避免出现案例中投标人对文件进行造假的情况。除此之外,投标人也可能冒用他人名义进行投标活动,这些都会误导招标人对投标人的资质判断,使得假资质的投标人中标。

3. 开标、评标和定标

该环节的主要风险:第一,开标不公开、不透明,损害投标人利益。第二,评标委员会成员缺乏专业水平,定标不合理、不科学。第三,评标委员会成员与投标人串通作弊,损害招标人利益。

该环节的主要管控措施:第一,企业依法组建评标委员会,成员应当由企业的代表和有关技术、经济方面的专家组成,遵循职业道德,保持客观和独立性,对其出具的评审意见承担责任。第二,评标委员会成员和参与评标的有关工作人员不得透露投标文件的评审情况、中标候选人推荐情况及其他与评标相关的信息,不得私下接触投标人,不得收受投标人任何形式的商业贿赂。第三,企业应当按照规定的权限和程序择优确定中标人,及时向中标人发出中标通知,在规定的时间内与中标人签订合同,明确双方的权利、义务和责任。

(四)工程建设

1. 工程监理

该环节的主要风险:第一,施工单位对工程项目进度把握不合理,出现因质量不达标、费用超支以及监管不到位而造成的安全问题。第二,监理单位与施工单位之间串通舞弊,监理单位隐瞒施工单位在建设过程中出现的隐患,给建设单位造成不必要的损失等。

该环节的主要管控措施:第一,监理单位应当根据合同规定的工程进度计划,结合建设过程中的实际情况,对工程的进度进行监督和检查;需调整进度的,必须优先保证质量,并与建设单位、承包单位达成一致意见。第二,监理单位要按照国家相关法律法规规定的标准并结合建设单位的实际,对承包单位的建设质量、施工工艺等方面进行检查,发现工程质量不符合要求的,应当要求承包单位立即返工修改,直至符合验收标准。第三,工程监理单位应当按照法律法规和工程建设强制性标准实施监理,并对建设工程安全生产承担监理责任。在实施监理过程中,发现存在安全事故隐患的,应当要求施工单位整改;情况严重的,应当要求施工单位暂时停止施工,并及时报告建设单位。第四,建设单位在选择监理单位时应重点关注监理人员的业务能力与职业素养,保证监理团队整体素质,确保能客观公正地对工程质量进行监督检查。

2. 工程物资采购

该环节的主要风险:第一,工程物资采购过程控制不力,材料和设备质次价高,不符合设计标准和合同要求,影响工程质量和进度。第二,物资的供应商不可靠,产品质量存在缺陷,严重影响工程成本与进度。第三,物资采购的货源单一,未寻求多家供应商进行供应,紧急情况可能存在缺货风险。

该环节的主要管控措施:企业在工程物资采购管理方面应当遵循《企业内部控制应用指引第7号——采购业务》的统一要求,对于重大设备和大宗材料的采购,应当采用招标方式进行;对于由承包单位购买的工程物资,建设单位应当确保工程物资符合设计标准和合同要求,加强监督,明确责任追究方式;企业应采用多种采购方案的合理组合,降低采购成本;筛选出2至3家可靠供应商进行采购,对于大宗材料的采购尽量避免单一货源供应。

【例3—52】 某机电安装公司,中标了某大型电机安装工程,与招标方签订了工程施工承包合同。工程所需材料采购批量大,工程设备采购数额大。在材料验收时,发现某种材料的内在质量不符合合同规定的质量标准;某台工程设备安装并运转30天时,发现内在质量有缺陷,在材料内在质量问题上供需双方发生了争端。

【分析】 该工程在工程建设的物资采购方面存在控制缺陷。在材料验收环节发现材料不符合标准时就应立即要求供应商进行质量整改,而不是继续安装进而导致后期出现争端,严重影响采购成本与工程进度。对于采购数量较大的物资材料,应避免单一货源供给,尽量寻求多家供应商进行物资供应,在发生质量问题时便于快速解决。

3. 工程价款结算

该环节的主要风险:第一,建设资金使用管理混乱,项目资金不落实,因价款拖欠问题导致工程进度延迟或中断。第二,建设单位与施工单位存在质量或违约纠纷,工程质量未达到建设单位要求的标准,产生价款结算问题。

该环节的主要管控措施:第一,完善工程价款结算管理制度,明确工作流程和职责权限划分,安排专门的工程财会人员认真开展工程项目的财务管理工作。第二,资金筹集和使用应与工程进度协调一致,建设单位应当根据项目组成,结合时间进度编制资金使用计划。第三,财会部门应当加强与承包单位和监理机构的沟通,准确掌握工程进度,根据施工合同约定的付款方式,按照规定的审批权限和程序办理工程价款结算,既不应违规预支,也不得无故拖欠。第四,在施工过程中,如果工程的实际成本超出预算,建设单位就应当及时分析原因,按照规定的程序予以处理。第五,关于违约责任、价款结算等问题应在合同中做出明确、详细的规定,双方应明确各自的职责。

【例3—53】 某企业在建的一项工程拖欠工程中期款,导致工人集体罢工,工程进度被耽搁,工程无法在计划期内交工,给企业带来了经济损失。

【分析】 该案例在工程建造环节存在控制缺陷。企业与承包单位之间工程价款结算不及时导致工人集体罢工,而罢工导致工程进度被中断,延长的工期使得企业可能会承担一定的经济损失和其他不可预知的风险。

4. 工程项目变更

该环节的主要风险:第一,变更程序不规范,出现不必要的变更及频繁变更等问题,进而导致费用超支、工期延误。第二,施工前未对自然灾害造成的工程变更与延误问题予以充分考虑。

该环节的主要管控措施:第一,企业要建立严格的工程变更审批制度,严格控制工程变更,确需变更的,要按照规定程序办理变更手续。第二,重大的变更事项必须按照项目决策和概算控制的有关程序和要求重新履行审批手续,依法需报有关政府部门审批的,必须取得同意变更的批复文件。第三,工程变更获得批准后,应尽快落实变更设计和施工,承包单位应在规定期限内全面落实变更指令,防止工期延误造成的经济损失。第四,因设计失误、施工缺陷等人为原因造成的工程变更,应当追究当事单位和人员的责任。第五,对可能发生的自然灾害进行风险预测分析,制定应对措施,减少灾害带来的经济损失,加强对工程项目的监管力度。

(五) 竣工验收

该环节的主要风险:第一,竣工验收程序不规范,出现工程质量不达标等问题;虚报项目投资完成额、虚列建设成本或者隐匿结余资金,导致竣工决算失真。第二,竣工决算报告编制不及时,导致部分会计资料缺失,无法保证竣工决算报告的完整性。

该环节的主要管控措施:第一,建设单位应当健全竣工验收各项管理制度,明确竣工验收的条件、标准、程序、组织管理和责任追究等。第二,竣工验收必须履行规定的程序,至少应经过承包单位初检、监理机构审核、正式竣工验收三个程序;正式验收时,应当成立由建设单位、设计单位、施工单位、监理单位等组成的验收组,共同审验;重大项目的验收可聘请相关方面的专家组进行评审。第三,初检后,确定固定资产达到预定可使用状态的,承包单位应及时通知建设单位,建设单位会同监理单位初验后应及时对项目价值进行暂估,转入固定资产核算。建设单位财务部门应定期根据所掌握的工程项目进度核对项目固定资产暂估记录。第四,建设单位应当加强对工程竣工决算的审核,委托具有相应资质的中介机构实施审计,未经审计的,不得办理竣工验收手续。第五,财务部门应在编制竣工结算报告前对工程项目的财产进行正确的会计处理,确保不存在遗漏,从而保证竣工结算报告的真实性。

【例3—54】 某市为迎接亚运会的到来决定筹建一家体育博物馆。由于在所有亚运工程项目中该体育博物馆开工最晚,因此该项目仓促赶工期以期与其他配套工程同时竣工,而验收仅仅是走个过场。

【分析】 该工程在最后的竣工验收环节存在控制缺陷。仓促赶工期,并与其他工程同时竣工,且未履行应有的竣工验收程序、未经过验收组的审验就竣工,导致博物馆质量堪忧,而最后的竣工验收环节控制的缺失很可能导致不合格的工程项目被验收通过并投入使用,最终会产生不可估计的后果,造成经济损失。同时,未经审计就对工程进行竣工验收,无法保证竣工结算报告的真实完整性,后期可能存在多项会计资料缺失的问题。

关键概念

工程项目　　工程招标　　工程设计　　工程建设

综合案例

某业主与承包商于20×7年9月1日签订了某建筑安装工程项目总承包合同,合同总价为800万元,工期为24个月。但在20×9年5月初,工程仅完成了60%,而此时的工程概算已用完90%,业主不得不提升工程的概算。在工程建设期间,承包单位多次从供应商A那里采购建筑用材料。但在20×8年5月,业主派出的质量监测部门发现供应商A提供的建筑材料并不符合要求,承包单位只好临时更换供应商,并因此耽误了半个月的施工进度。最终该工程项目因存在资金缺乏及施工范围扩大等问题而不得不在20×9年底停工。其中,20×7年业主与承包商签署的合同中存在以下规定:

(1)业主应向承包商支付当年合同价40%的工程预付款。

(2)当工程进度款达到合同价的80%时,开始从超过部分的工程结算款中按80%抵扣工程预付款,施工前全部扣清。

(3)除设计变更等不可抗力因素外,合同价调整不得超过5%。但在施工过程中,由于未知因素,发包人超过约定的支付时间没有支付工程款,且发包人出于设计需要,要求扩大其施工范围。

【思考】

(1)对于发包人超过约定支付时间没有支付工程款的,应如何处理?

(2)在施工结算中,要处理发包人扩大其施工范围的问题吗?应如何处理?

(3)工程为何在预定的20×9年底没能完成竣工验收?

【案例分析】 (1)承包人可以向发包人发出要求付款的通知,发包人接到承包人通知后仍不能按要求付款的,可以与承包人协商确定延期支付的时间和从计算结果确认的第五天起计算应付款的货款利息。发包人不按合同约定支付预付款,又未达成延期付款协议,导致施工无法进行的,承包人可停止施工,由发包人承担违约责任。

(2)关于合同价和施工范围的调整规定应在合同规定中体现出来。具体处理如下:对发包人要求扩大的施工范围和由于设计修订、工程变更、现场签证引起的增减预算进行检查、核对,如无误,则应分别计入相应的单位工程预算。

(3)工程在立项阶段的可行性研究不充分,导致后期工程的进度与资金控制不协调,工程概算不得不进行上调,而现有的资金无法满足发包人扩大施工范围的要求,工程因资金不足而宣布停工。项目的评审决策程序不规范,对资金的筹措缺少应有的评估,造成后期决策失误,而现有资金无法满足施工范围的扩大。工程的监理人员监管不到位,未能发现在建设过程中施工单位的进度控制问题,导致最终费用超支。承包单位选择的物资供应商不满足建设单位的要求,导致建筑材料质量不合格,耽误了施工的进度,增加了不必要的成本。

练习题

一、单项选择题

1. 工程项目在验收合格后应当及时办理交付使用手续,在办理手续前应编制（　　）。
   A. 竣工结算　　　　　B. 竣工决算
   C. 竣工决算审计报告　D. 交付使用财产清单

2. 项目建议书和可行性研究报告中对于投资的估算是一个项目立项的重要依据,也是分析、研究该项目投资可获得的经济效果的重要条件。可行性研究报告一经批准,投资估算就是建设项目控制造价的依据,即具体项目投资的最高限额,其误差一般应控制在（　　）以内。
   A. 5%　　　　B. 10%　　　　C. 15%　　　　D. 20%

3. 对建设单位来说,（　　）是确定工程招标控制价格的依据,也是办理工程结算及拨付工程款的依据。
   A. 工程项目合同　　　B. 设计概算
   C. 施工图预算　　　　D. 可行性研究报告

4. 对于验收合格的工程项目,应编制交付使用（　　）,以便及时办理资产移交手续。
   A. 设备清单　　B. 财产清单　　C. 物资清单　　D. 工程量清单

5. 企业应当建立完工项目（　　）,重点评价工程项目预期目标的实现情况和项目投资效益等,并以此作为绩效考核和责任追究的依据。
   A. 预评估制度　　　　B. 过程评估制度
   C. 后评估制度　　　　D. 特殊评估制度

6. 与企业的其他经营活动相比,工程项目需要满足的要求较多。比如,国家规定年产50万吨及以上钾矿肥项目由国务院投资主管部门批准,其他磷、钾矿肥项目由地方政府主管部门核准;建筑工程开工前,建设单位应当向工程所在地县级以上人民政府建设行政主管部门申请领取施工许可证。这反映了全面梳理工程项目各环节业务流程,应当遵循（　　）原则。
   A. 保证基本流程的完整性　　B. 保证基本流程的客观性
   C. 工程项目的计划性　　　　D. 确保法规的遵循性

7. 企业应建立竣工决算审计制度,并及时组织竣工决算审计。未实施竣工决算审计的工程项目（　　）。
   A. 应暂缓办理竣工验收手续　　B. 应允许办理竣工验收手续
   C. 应陆续办理竣工验收手续　　D. 不得办理竣工验收手续

8. 项目论证的主要核心点是（　　）。
   A. 项目建议书的编制　　B. 可行性研究报告的编制
   C. 从多种方案中选优　　D. 资料搜集与分析

9. （　　）是项目投资者和施工单位估算工程费用并据此确定工程标底的依据。
   A. 设计概算　　B. 预算定额　　C. 施工图预算　　D. 施工方案

二、多项选择题

1. 以下关于工程设计业务流程的表述中,正确的有(　　)。
   A. 技术简单的小型工程项目经项目相关管理部门同意可以简化为施工图设计一个阶段
   B. 一般工业项目设计可按初步设计和施工图设计两个阶段进行
   C. 技术复杂、设计时有一定难度的工程,可以按照初步设计、技术设计和施工图设计三个阶段进行
   D. 牵涉面较广的大型建设项目应当按照初步设计、技术设计、施工图设计和总体规划设计(或总体设计)进行

2. 交付竣工验收的工程项目,应当具备的条件有(　　)。
   A. 符合条件的质量标准
   B. 有完整的工程技术经济资料
   C. 交付使用财产清单
   D. 国家规定的其他竣工条件

3. 项目建议书是建设单位根据工程投资意向,综合考虑产业政策、发展战略、经营计划等提出的建设某一工程项目的建议文件,是对拟建项目提出的框架性总体设想。项目建议书的内容一般包括(　　)。
   A. 项目的进度安排
   B. 建设规模和建设内容
   C. 项目的必要性和依据
   D. 经济社会效益

4. 工程建设具有专业性和复杂性的特点,建设过程中涉及的利益主体较多,包括勘察单位、设计单位、监理单位、施工单位等。以下关于这些主体之间关系的表述中,正确的有(　　)。
   A. 对于自建项目,建设单位和监理单位就是同一家
   B. 具有监理资质的设计单位不得承担同一项目的监理工作
   C. 对于大型企业集团而言,勘察单位、设计单位、施工单位等可能是其二级单位
   D. 上述主体重合的前提是执行和监督必须相互独立,严禁在同一经营实体或同一行政单位直接管辖范围内搞设计、施工、建立"一条龙"作业

5. 以下选项中,属于工程项目设计阶段的工作的有(　　)。
   A. 根据批准的可行性研究报告进行初步设计
   B. 根据批准的初步设计进行施工图设计
   C. 根据批准的施工图设计文件进行施工前的各项准备工作
   D. 组织工程施工和设备安装

6. 企业应当组织工程、技术、财会等部门的相关专业人员或委托具有相应资质的中介机构对编制的工程项目概预算进行审核,重点审查(　　)等是否真实、完整和准确。
   A. 编制依据　　B. 项目内容　　C. 工程量的计算　　D. 定额套用

7. 企业应当实行严格的工程监理制度,委托经过招标确定的监理单位进行监理,未经工程监理人员签字,工程物资不得(　　)。
   A. 在工程上使用或安装
   B. 进行下一道工序施工
   C. 拨付工程价款
   D. 进行竣工验收

8. 以下各项中,属于工程项目预算编制依据的有(　　)。
   A. 预算定额　　B. 施工方案　　C. 施工图　　D. 预算价格

三、判断题

1. 重大工程项目的立项,总会计师或分管会计工作的负责人应当参与项目决策。（　　）
2. 企业应当按照规定的权限和程序对工程项目进行决策,决策过程不一定有完整的书面记录,但必须实行决策责任追究制度。（　　）
3. 企业应当按照规定的权限和程序对工程项目进行决策,决策过程应有完整的书面记录。（　　）
4. 工程项目概预算一经编制即可执行。（　　）
5. 承担项目评审任务的专业机构不得参与项目建议书的编制。（　　）
6. 对于使用政府补助、转贷、贴息投资建设的项目,其项目建议书和可行性研究报告需要取得政府部门的审批。（　　）
7. 对于非重大项目,可不编制项目建议书,但仍需进行可行性研究。（　　）
8. 工程初步设计阶段的一项重要功能是由设计单位编制设计概算。（　　）
9. 在工程项目的初步设计审查中,技术方案是审查的核心和重点,重大技术方案必须进行技术经济分析比较、多方案比选。（　　）
10. 招标文件经审批后,由采购部门向供应商发出投标邀请书和招标文件。（　　）
11. 工程项目项目评估必须在可行性研究前进行。（　　）
12. 竣工决算的内容包括工程项目从工程动工开始到竣工完工为止全部建设过程中所支付的费用。（　　）
13. 有些项目不经过初步可行性研究就可直接进行可行性研究。（　　）

四、简答题

1. 工程项目的风险与控制可分为哪几个环节？
2. 工程设计的关键风险点有哪些？如何进行控制？
3. 简述工程项目的基本业务流程。
4. 工程招标的流程是什么？其中招标环节的主要风险及管控措施有哪些？
5. 工程建设监理环节的主要风险及管控措施有哪些？
6. 工程项目竣工决算审查的内容包括哪些？

五、案例分析题

2011年12月20日,审计署发布中国长江三峡集团公司、中国大唐集团公司等17家央企2007—2009年财务收支审计结果。据初步统计,被查的17家企业中有8家涉及违规招标。其中,2008—2009年,大唐集团82个重点项目的946份合同中,有345份未按规定进行公开招投标,涉及合同总金额103.27亿元。

在涉及违规招投标的8家企业中,审计署只是披露了违规招投标的事实,而没有披露违规招投标引发的具体损失。这次发现的违规招投标主要表现在：违规借用或出借资质参与招投标以及违规转包、分包,与无建设工程设计职业资格的自然人签订设计合同,如中国交通建设集团有限公司下属7家单位、中国铝业下属贵州铝厂等11家企业；未实行公开投标而是直接指定施工单位,如中国兵器装备集团公司下属重庆长安汽车股份有限公司；未经招投标对外发包工程、采购设备,或将应公开招投标项目违规改为邀请招标,如中国船舶重工集团公司下属大连海洋工程有限公司等5家单位。

公开招投标本身会形成对企业的制约,防止采购、工程等出现寻租、出租行为,同时也是维护市场竞争公平的要求,可以提高效率,更可以让采购、工程等处于社会监督之下,接受纳税人和社会公众的监督。一旦违规招投标,工程质量往往就得不到保证,而且合同价款有失合理,客观上会提高成本。"阳光是最好的防腐剂。"没有"阳光",浪费、利益受损、腐败均难以避免。

【要求】 结合材料,简要说明如何应对工程项目招投标过程中存在的风险。

【思政】　　　　细化项目流程　推动高质量发展

2023年初国务院发布的《质量强国建设纲要》指出,企业要着力提升工程建设品质,努力强化工程质量保障,提高建设材料质量水平,打造中国建造升级版,从而全面促进中国经济的可持续发展。企业在做工程项目的相关业务时,需要严格把控每一个步骤的关键环节,细化业务流程,做好工程项目的内部控制管理,确保项目的实施具备必要的经济可行性、运行安全性,推动企业的高质量发展。

第七节　担保业务

本节要点提示

了解担保业务的流程;
掌握担保业务的内容;
掌握担保业务内部控制的主要风险点及其管控措施。

本节内容提要

担保制度起源于商品交易活动,随着商品交换形式不断发展,商品和货币的交付有了时间差,债权、债务应运而生,在对债务人没有百分之百信赖的情形下,债权人需要通过某种方式确保债权的实现,而担保制度正好满足了这种需要。在现代市场经济中,担保一方面有利于银行等债权人降低贷款风险,另一方面使债权人与债务人形成了稳定、可靠的资金供需关系。但是担保业务具有"双刃剑"的特征,企业因为担保发生经济纠纷从而导致重大经济损失的事件时有发生。所以建立完善的担保业务内部控制制度有利于企业及时发现和解决问题,防止欺诈和舞弊行为,从而使企业在获得经济效益最大化的同时降低担保风险,减少企业损失。

一、担保业务的含义

担保,是指企业依照法律规定和合同、协议,按照公平、自愿、互利的原则,向被担保人提供一定形式的担保,当债务人不履行债务时,承担相应法律责任的行为。担保业务属于企业的一项或有负债,与企业的资金运转有着密切的关系。根据法律规定,担保有保证、抵押、质押、留置、定金五种方式。担保对象一般包括合营公司、联营公司、子公司、主要客户、主要供应商等与本公司经济利益有密切关系的企业。被担保人应当有良好的经营业绩与发展前景,财务状况良好,信用状况良好,近两年没有违法或恶意损害股东及债权人利益的行为。

二、担保业务的流程

企业应当设置科学、合理的担保业务流程,对每一担保环节可能存在的风险都实行有效的监督和控制,并不断改进和完善,确保企业在担保业务中不受损失或少受损失。担保业务基本流程如图 3—11 所示。

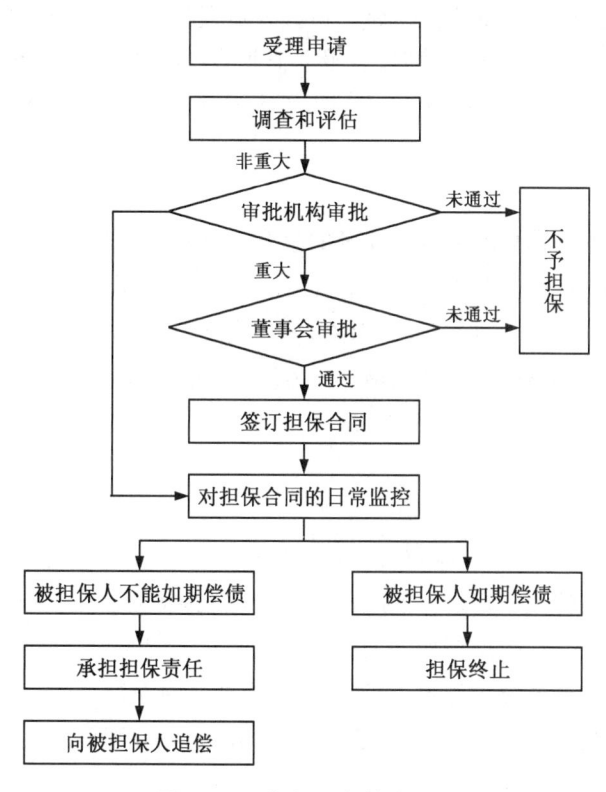

图 3—11 担保业务基本流程

(一)受理申请

受理申请是企业办理担保业务的第一道关口。在受理担保业务时,担保人应当要求被担保人提供完整的资料,如担保申请书、被担保事项的经济合同、反担保的相关文件。审查的内容包括被担保企业提交的资料是否齐全,申请事项是否真实、合法,是否符合企业规定的担保原则和担保条件等。如果被担保企业提交的申请资料存在欺骗行为,则企业有权利拒绝为其提供担保,并保留追究法律责任的权利。受理申请的责任人为企业的业务担保部门。

(二)调查和评估

企业在受理担保申请后,要对担保申请人进行资信调查和风险评估,这是办理担保业务不可或缺的重要环节,对担保业务的未来走向有很大影响。企业可以指定内部相关部门如业务担保部门、风险管控部门、会计部门等负责对担保申请人进行资信调查和风险评估工作,并出具相应的书面报告。企业也可以选择聘请第三方专门机构对此担保业务进行资信调查和风险评估，但是必须保证此第三方机构是独立的，与担保申请人无任何的利益关系。调查和评估的责任人为项目经理、风险经理和法律顾问等。

（三）审批

审批环节在担保业务中具有承上启下的作用，既是对调查评估结果的判断和认定，也是担保业务能否进入实际执行阶段的必经之路。审批人员通过对审批报告及相关资料的审查，分析被担保企业的履约能力和反担保情况，对照本企业的担保责任、担保条件及本企业可能获得的相关利益等，根据成本效益原则，决定是否办理该担保业务。审批责任人为项目经理。

（四）签订担保合同

担保合同是审批机构同意办理担保业务的直观表现形式，根据对被担保企业财务和经营状况的调查，以及本企业的担保政策和担保条件，获得审批后即可与被担保企业签订担保合同。担保合同一般一式三份，一份交被担保人，一份交会计部门，一份交经办部门存查。合同签订后，经办人员还要及时登记担保业务台账。签订担保合同标志着企业的担保权利和担保责任进入法律意义上的实际履行阶段。

（五）日常监控

在担保期内，企业应当加强对担保合同执行情况的日常监控，对被担保人的经营状况、财务状况和担保项目进展情况进行及时的跟踪和监督，提高对被担保企业经营情况变动的敏感性，并据此采取应对措施；或根据担保期限的长短规定检查的时限周期，担保的期限越长，对被担保企业的检查时限周期就应该越短，促使被担保企业及时履行合同，最大限度地实现企业担保权益，降低企业担保责任。日常监控由业务担保部门和风险管理部门负责。

（六）会计控制

担保业务直接涉及担保财产、费用收取、财务分析、债务承担、会计处理和相关信息披露等，需要会计人员及时准确地入账，这决定了会计控制在担保业务经办中的重要作用。同时，担保原则、担保标准、担保条件的制定也需要会计人员的参与，避免或减少担保可能发生的损失。此外，会计人员也需要利用专业知识定期分析、了解被担保企业的财务状况和经营情况。会计控制主要由会计部门负责。

（七）代为清偿和权利追索

如果在担保期间内被担保人偿还了债权人的债务，并且按时足额地向担保企业缴纳了担保费用，那么担保合同在缴清费用后即终止，担保责任就解除。但如果被担保人到期没有偿还债务，那么担保企业就必须根据担保合同条款为被担保企业偿还债务。所以，担保企业在代替被担保企业偿还债务后依法向被担保人行使追索权就成为担保企业减少损失的最后一步。而且，企业在提供担保前的反担保措施也至关重要。

三、担保业务的主要风险点及其管控措施

(一)受理申请

该环节的主要风险:企业制定的担保管理制度和担保政策不健全,难以初步评价和审核担保申请;或是尽管制定了相关管理制度和担保政策,但对担保申请的审查不严,使担保申请的受理流于形式而并未发挥真正作用。

该环节的主要管控措施:第一,设定专门的业务担保部门,依法制定和完善企业的担保管理制度和担保政策。受理担保事项时,要让被担保企业提供完整的资料,同时明确担保的程序、条件、限额及禁止担保的事项。第二,严格按照担保制度和担保政策审核被担保企业提出的担保申请。如果被担保企业是本企业的子公司或存在控制关系,或者与本企业有密切的业务往来或潜在重要业务关系,则可以考虑提供担保,但必须经过严格审核,不能盲目担保。如果担保申请企业财务状况很好、经济实力较强、信用程度较高,则可以考虑接受申请;如果担保申请人准备的申请资料齐全、内容真实、有效,则可以考虑受理申请。

【例3-55】 20×9年,H集团为其供应商、客户及大股东关联方的借款提供了几十亿元的巨额担保,但由于集团担保制度不够完善,也未设定专门的业务担保部门,更由于被担保企业与集团有着不同程度的利益纠葛,因此集团并未对被担保企业进行严格的资格审查,就草率地受理其申请,也未留下详细的书面记录。最后被担保企业接连遇到财务危机而无法按期还款,H集团被迫偿还大量债务,遭到了重重一击。

【分析】 H集团存在大量的担保业务,但并未设立单独的业务担保部门来对担保业务进行系统的管理和监控,也由于被担保企业与H集团有密切联系,因此对申请企业的经营状况和信誉状况未经详细考察就接受其担保申请,这都说明了H集团对外担保的内部控制存在缺陷,进而增加了集团对外担保的风险。为了降低集团的担保风险:首先,集团应设定专门的担保业务部门,对被担保业务进行系统的监管,具体落实担保责任。其次,集团需要建立完善的担保制度和担保政策,明确担保的程序、条件、限额,并严格执行担保制度和担保政策的规定,重视受理申请环节的风险把控。

(二)调查和评估

该环节的主要风险:对担保申请人的资信调查不够深入、彻底,对担保风险的评估不够系统、科学,导致企业在进行担保决策时出现失误或受到欺骗,给担保企业留下了很大的风险隐患。

该环节的主要管控措施:第一,任命专业人员对担保申请企业进行调查和评估。调查评估人员和担保审批人员不应存在关联关系,应该做到职权分离。企业可以自己对担保申请人的资信情况和项目存在的风险进行全面的调查和评估,也可以委托中介机构负责调查和评估,评估之后应针对评估结果出具书面报告。

第二,在对担保申请人进行调查和评估的过程中,应该重点调查以下内容:一是担保业务是否符合法律法规及本企业的担保政策;二是担保申请人的资信情况,包括基本状况、经营状况、财务状况、信用程度等;三是担保申请人用于担保的资产或第三方担保的资产状况及权利

归属;四是企业要求担保申请人提供反担保的,还应当评估与反担保有关的资产状况。

第三,明确规定不予担保的情况。下列情况不能提供担保:一是不符合国家法律法规及本企业担保政策的担保项目;二是担保申请人财务状况恶化、管理混乱、经营风险较大的;三是申请担保的企业与本企业存在过担保纠纷并且仍然没有妥善解决的,或者没有足额及时地交纳担保费用的;四是申请担保的企业与其他企业存在较大的经济纠纷,可能承担较多赔偿责任的;五是申请担保的企业已进入破产清算、重组、兼并或托管等程序的。

【例3—56】 20×9年,A公司为其子公司甲公司的关联公司B公司提供了数额为2亿元的债务担保,由于B公司与其子公司有关联关系,因此A公司并未对B公司的经营情况等进行详细的调查和评估。且由于A公司的担保业务比较少,因此A公司对业务担保的调查评估人员和担保审批人员只安排了一人。次年,B公司尚未还清A公司为其担保的业务就由于资不抵债而申请了破产清算,致使A公司最后净损失1.5亿元。事后A公司发现B公司的账目上基本没有实物资产,只有大量无据可查的预付款项和应收款项,并且B公司在取得借款后,并没有将其用于正常业务经营和投资,而是由多位高级管理人员利用职权,巧立名目,侵占、挪用公司资金,将公司资产转入个人账户,非法占为己有。

【分析】 首先,A公司没有做到不相容职权相互分离,将业务担保的调查评估人员和担保审批人员设为同一人,使担保业务审批过程内控失效。其次,A公司提供担保前没有对被担保企业的经营状况、财务状况和信用状况进行详细的调查和评估,因为被担保企业与其子公司有关联关系而放松了警惕,使担保的调查评估环节控制不完善。这些内控缺陷直接导致A公司承受巨大损失。所以,企业在提供担保前要对被担保公司进行详细的调查,并明确不能提供担保的情形。

(三)审批

该环节的主要风险:第一,没有建立有效的担保授权审批制度,担保业务的审核和批准不够规范。第二,由于审批规范不严,存在没有审批权、越权审批或审批过程存在舞弊等现象,容易使担保决策出现失误从而给企业造成损失。

该环节的主要管控措施:第一,建立健全担保授权和审核批准制度,明确规定审批程序、审批方式、审批人的权限和责任以及其他控制措施,规定审批的权限范围,按规定审批权限进行审批,不能越权;一旦越权,审批的担保业务就不予办理。第二,对于重大担保事项,建立集体决策审批制度。企业应当明确重大担保业务的审批程序和审批权限,由董事会或类似权力机构集体决策,审批通过后才能进行对外担保。第三,加强审查担保申请人的调查评估报告,综合自身的财务状况和担保状况,合理设置企业的担保金额。第四,对担保事项的变更审批要严格管理。如果被担保人要求变更担保业务,企业就必须重新进行调查和评估,根据最新的调查结果审批。

【例3—57】 A企业是一家担保业务较多的企业,建立了严格的担保审批制度,且成立了专门的担保审批小组,但在执行层存在问题,企业的内部控制漏洞很大。20×0年3月,A企业董事长未经过董事会和股东大会的批准就为B企业提供了8亿元的担保,并未考虑A企业自身的财务状况和担保情况。20×0年9月,B企业请求办理业务担保变更,在原来的担保金额基础上又增加了1亿元。A企业的董事长未对担保变更的业务进行详细的调查就草率审批通过。20×1年,B企业出现了债务危机,A企业为其承担了4亿元的债务。

【分析】 A企业虽建立了担保审批制度,但是其担保审批制度流于形式,并未得到严格的执行。A企业董事长未就金额重大的担保事项召开董事会商议,也未经过股东大会的批准,就私自对外提供担保。在被担保企业申请对担保业务进行变更时,A企业董事长也未考虑公司的实际财务状况和担保情况就应允,使企业最后蒙受巨大损失。所以,企业不仅要设立完善的担保制度,而且要加大监督力度使担保制度得到落实,以此来加强企业的内部控制。

(四)签订担保合同

该环节的主要风险:签订人未经授权就与其他企业签订担保合同,或者担保合同的内容存在欺诈或重大疏漏,使企业担保的风险增大。

该环节的主要管控措施:第一,担保业务要严格审核,批准后才能签订担保合同。合同中应当清楚列明担保双方的权利、义务及违约事项,同时定期要求被担保人提供财务报告等相关材料,将担保事项的实施进展情况及时整理通报。若担保申请企业同时向多个企业申请担保,则企业应当在担保合同条款中清楚写明本企业会承担的担保份额及担保责任。第二,签订担保合同时采取会审联签制度。企业在签订担保合同时,应当倡导除担保经办部门外的审计部门、财会部门、法律部门等一起对担保合同进行会审联签,这样可以有效避免合同中存在的疏漏,减少合同纠纷的风险。第三,加强对企业人员身份证明及印章的管理。企业人员的身份证明及印章要妥善保管,不轻易外借,防止在担保业务中相关人员的身份证明或印章被盗用,从而使企业蒙受严重的担保损失。

【例3-58】 M公司和N公司是长期的合作伙伴。M公司的职员李某利用N公司的管理漏洞,盗取了N公司的公章,伪造了一份N公司为M公司提供的担保合同,并注明是连带保证责任。贷款到期时,M公司无力偿还,银行要求N公司承担偿付责任,此时N公司才知道此事,遂向公安机关报案。经法院判决担保合同无效,但N公司仍要对不足以清偿债务部分的1/3承担赔偿责任。

【分析】 N公司的担保管理制度存在漏洞,没有设立专门的公章管理人员,印章保管不严,才会使李某轻易盗得公章而公司却毫无察觉。虽然法院判决担保合同无效,但银行根据公章做出担保合同有效的判断是成立的。基于保护善意第三人的合法权利,N公司仍然要承担过错责任,为其管理上的漏洞付出代价。

(五)日常监控

该环节的主要风险:对担保合同的监督和管理不当,遇到紧急情况无法及时应对和处理,从而增加了企业的担保风险,容易给企业带来损失。

该环节的主要管控措施:第一,企业应当设定专门岗位,对被担保人的财务状况和经营状况进行定期监测,监督项目的执行、资金的使用、资金归还日期等情况,保证担保合同能有效执行。第二,对于被担保人在担保期间出现的财务困难、负债严重或违反合同等异常情况,企业监测人员要及时汇报给管理人员,以便管理人员及时采取相关举措处理相应问题。

【例3-59】 20×1年E企业为F企业提供了巨额担保,担保期限为两年。当时的F企业是当地资信很好的企业,E企业也未向F企业收取很高的担保金额就果断为其提供了担保,丝毫未考虑 F 公司会有还不上债务的情况。E 企业也没有专门的岗位和人员对 F 公司的财务状况和经营状况进行定期监测，如监督项目的执行、资金的使用、资金归还日期等情况。20×3 年初，F 企业突然出现了资金链断裂的情况，E 企业知道之后也未在意，认为 F 企业一定能度过危机。但在 20×3 年 4 月时，F 企业仍未能还上债务，E 企业只能为其偿还，至今还未追回。

【分析】 E 企业对担保合同的监督和管理不当，没有对被担保人的财务状况和经营状况进行持续定期监测，对项目的执行、资金的使用、资金归还日期等情况都没有监督，对于担保期间被担保人出现的财务困难或违反合同等异常情况没有及时做出反应，更没有事先采取预防措施，最终导致企业经济损失严重。

（六）会计控制

该环节的主要风险：会计控制不到位，导致会计记录不完整，监督控制不力，或者担保信息的披露内容不符合相关监管规定，使企业受到行政处罚。

该环节的主要管控措施：第一，为每个担保事项设立专账，对担保的对象、期限、金额、抵押物或质押物及其他相关问题进行详细的记录，并及时、足额地向被担保人收取担保费用，保护企业正当利益。第二，企业财务部门应注重对被担保企业财务和经营状况、财务报告、担保合同执行情况等资料的分析和关注，协助担保业务部门有效地进行风险防范。第三，对担保业务的会计处理要严格遵循会计制度和准则，如果被担保人出现财务危机、负债严重或破产重组等状况，则应及时确认预计负债和损失。对于上市公司，还应根据不同问题依法进行公告。第四，加强反担保财产的管理，妥善保存反担保的相关凭证，对财产的价值和存续进行定期核查，保证反担保财产的安全。第五，建立严格的合同管理制度，对相关担保合同、权利凭证及原始凭证都要进行详细登记和妥善保存，使担保合同按流程进行规范管理，以方便日后的清查和使用。

（七）代为清偿和权利追索

该环节的主要风险：违反担保合同的约定，不为被担保企业承担代为清偿的责任，给企业带来法律纠纷，对企业名誉造成不利影响；或是为被担保企业承担了代为清偿的责任，但是向被担保人的权利追索不力，给企业带来经济损失。

该环节的主要控制措施：第一，根据担保合同约定，自觉为被担保人没有偿还的合同债务履行代为清偿的责任，维护企业信誉和市场形象。第二，企业各部门通力合作，通过法律途径向被担保人行使追索赔偿的权利，并依法处置反担保财产，尽可能降低经济损失。第三，实行担保业务的责任追究制度，对不符合担保规定、没有采取集体审批、有重大决策失误的相关部门及人员，追究其经济责任和行政责任，严格控制企业担保风险。

【例 3—60】 甲公司为乙公司提供了一项 4 年期 4 000 万元的银行贷款担保。4 年后，乙公司无法偿还贷款，按约定由甲公司承担全部还款责任。1 年后，甲公司经调查发现，乙公司在担保期间曾收到其他公司 2 000 万元的还款，在贷款到期时仍有 1 500 万元在证券公司委托管理。甲公司遂向法院提起诉讼，要求对该 1 500 万元进行冻结，防止被乙公司私自转移。法院查实后，冻结了乙公司在证券公司的该笔资金，最终甲公司追回了超 1 300 万元。

【分析】 甲公司能成功追回部分担保款,主要是由于甲公司的担保部门在追偿的过程中密切关注被担保人的财务状况和经营状况,发现可疑现象后迅速进行追踪调查,一经查实就马上采取法律行动,及时地行使了追索权,从而最大限度地降低了担保损失。

关键概念

担保合同　　调查评估　　权利追索

综合案例

【案例一】

甲公司由于日常营业活动中担保业务比重较大,因此专门设立担保业务部,负责办理担保业务的全过程。20×2年乙公司将其房地产作为抵押,要求甲公司为乙公司申请的5 000万元银行贷款提供担保。应甲公司的要求,乙公司将该房地产的房屋所有权证、土地使用权证交付甲公司持有。甲公司担保业务部认为两份合法证件都在自己手中,应该没有风险,就没有办理抵押登记手续,并决定对贷款行为提供担保。1年后,乙公司经营状况恶化,资金周转困难,于是乙公司以房地产有关权属证书遗失为由申请补办了上述两证,将该房地产转让给另一家公司,并办理了过户手续。贷款期满时,乙公司无力偿还贷款,甲公司依法承担担保责任后,在准备处置该抵押物时发现房地产已经易主。法院审理此案时认为,甲、乙公司之间的抵押合同无效,因乙公司破产财产不足以抵偿债务,所以甲公司净亏损4 000万元。

【思考】 甲公司担保方面的内部控制存在哪些问题? 应当怎样控制担保业务中存在的风险?

【案例分析】 甲公司担保方面的内部控制制度存在的问题主要有:

(1)在岗位设置方面,专门设立担保业务部办理担保业务的全过程,不符合不相容岗位相分离的要求。担保业务在评估和审批时,应分别设立审批、执行和监督岗位,不能由一个人或者一个部门办理担保业务的全过程。

(2)重大担保业务应该集体决策,但甲公司所有业务都是由担保业务部决策,违背了分级授权批准的要求,属于授权不当。

(3)甲公司对被担保人的生产经营情况、资金流向等疏于监督,认为证件在自己手中就没有风险,没有办理抵押登记手续,结果没有针对被担保方财务状况恶化的问题及时采取措施,导致经济损失。

企业在提供担保时,应当加强对被担保单位、被担保项目资金流向的日常监测,注重对被担保企业的财务和经营状况、财务报告、担保合同执行情况等资料的分析和关注,定期了解被担保单位的经营管理情况,对异常情况应及时采取有效措施化解风险;同时,加强反担保财产的管理,妥善保存反担保的相关凭证,对财产的价值和存续进行定期核查,保证反担保财产的安全。

【案例二】

高升控股股份有限公司(以下简称"高升控股")的经营范围包括互联网和相关服务(互联网接入及相关服务、互联网信息服务、其他互联网服务)等,于2000年4月在深交所上市。但自2018年起,高升控股就接连被曝存在重大违规担保情况,面临着退市的风险。原来从2017年开始,高升控股就一直在为上下游企业以及未披露关联企业提供业务担保,且金额巨大,在这些对外担保业务的开展过程中,高升控股未能按照公司制定的对外担保管理制度执行正常的审批流程。2017年6月27日,时任董事长违规使用印章,在北京市神州百戏文化产业有限公司向宁波华沪银匙投资中心(有限合伙)借款中,高升控股签署担保协议提供连带责任保证担保,借款金额为16 683 333.33元,借款期限自2017年12月28日至2018年1月27日。最终因被担保公司破产无法按期还款,才将公司高管的违规担保行为暴露出来,并针对此案件的情况进行了起诉。经调查后发现,高升控股涉嫌多次为大股东违规担保的情况,截至2019年3月,公司大股东及其关联方提供担保本金达15亿元。随后,公司内部高管及董事也做了一些变动,高升控股的业绩也在走下坡路。2020年9月15日,高升控股发布公告,披露了上市公司涉及的2017年违规担保案件二审结果:虽然此担保属于违规担保,应判为无效,但是高升控股涉及过错责任,应承担部分民事责任,但不应超过债务人不能清偿部分的1/2。

【思考】 高升控股在业务担保方面的控制存在哪些问题?应当怎样控制担保业务中存在的这些风险?

【案例分析】

1. 对被担保企业的资信调查不全面

高升控股的对外担保管理制度规定,在受理担保申请人的申请后,应由财务部根据公司明确提出的拒绝担保的情况对申请担保企业开展资信调查。如果存在公司拒绝担保的情况,则应立即拒绝为其提供担保。但高升控股的财务部在实际工作中,并未遵循公司的资信审查规定,许多担保申请项目存在公司拒绝担保的情况,但高升控股还是受理了其申请,这表明公司对外担保业务内部控制中,在对拟担保企业的资信调查方面存在缺陷。

高升控股应严格按照公司的对外担保管理制度的规定,对申请担保企业的资信进行调查,可以由公司内部人员对其资信具体状况进行评估,也可以请第三方专业人士进行资信评估,包括审查其担保业务是否符合法律法规及本企业的担保政策、担保申请人用于担保的资产或第三方担保的资产状况及权利归属、其是否有违反诚信的情况等,切实将公司的对外担保管理制度落到实处。

2. 对申请担保企业的风险评估流于形式

对外担保业务本身属于高风险业务,而风险主要分为外部风险及内部风险。外部风险主要是由于外部经济形势比较低迷,企业还款能力难以得到保障。在这种情况下,高升控股的担保业务还在保持着高速增长,并未根据外部环境带来的风险而适当加强对申请担保公司的风险评估,提高对外担保的评估标准。而内部的风险主要是因为高升控股为关联企业违规提供了巨额担保,未按公司章程规定对其进行风险评估。这充分说明了高升控股对申请担保企业的风险评估流于形式。

首先,担保企业应加强对风险评估人员的控制,确保风险评估人员具有专业胜任能力并且与被担保企业之间没有关联关系。其次,要细化风险评估的具体内容,包括被担保企业的基本运营情况、财务状况,尤其是偿债能力、企业的发展能力等,对于评估出的风险较高的企业应谨慎担保。最后,要细化担保风险的来源并将其量化,进而评价拟担保项目的风险程度。

3. 对一些关联企业的担保审批缺乏有效控制

高升控股在公司的对外担保管理制度中明确了参与审批环节的部门所拥有的审批权限,并且要求各部门严格执行,任何人不得随意越权审批。但是,在高升控股的违规担保案例中,在对关联企业的担保审批过程中,几乎都存在审批不规范或者越权审批的情况,而这也充分反映出高升控股的对外担保业务内部控制在执行时并未发挥其本身应有的作用。根据高升控股2019年4月19日披露的信息来看,高升控股的高管人员违反公司对外担保业务内部控制的审批权限要求,越过财务部直接接收关联企业的担保申请,并在不告知财务部的情况下越权审批通过了申请材料,甚至利用公司在印章管理方面存在的疏漏,私自同关联方签订合同。

首先,担保企业应建立健全担保授权和审核批准制度,明确规定审批程序、审批方式、审批人的权限和责任以及其他控制措施,规定审批的权限范围,按规定审批权限进行审批,不能越权;一旦越权,审批的担保业务就不予办理。其次,对于重大担保事项,建立集体决策审批制度。公司应当明确重大担保业务的审批程序和审批权限由董事会或类似权力机构集体决策,审批通过后才能进行对外担保。最后,通过完善制度设计并严格执行制度规定,对公司印章进行有效管理,并严格监督公司印章的使用规范性。

练习题

一、单项选择题

1. 担保是指企业作为担保人按照公平、自愿、互利的原则与( )约定,当债务人不履行债务时,依照法律规定和合同、协议承担相关法律责任的行为。

　　A. 债务人　　　　B. 债权人　　　　C. 当事人　　　　D. 第三方

2. 企业办理担保业务,受理申请后的下一流程是( )。

　　A. 调查评估　　　B. 审批　　　　　C. 签订担保合同　D. 进行日常监控

3. 企业对外部强制力强令的担保事项,有权拒绝办理。未拒绝办理的,因该担保事项引发的法律后果和责任,由( )承担。

　　A. 企业负责人　　B. 会计主管人员　C. 总会计师　　　D. 担保决策的人员

4. 业务担保流程中的担保审批是由( )负责的。

　　A. 法律部门　　　B. 会计人员　　　C. 项目经理　　　D. 业务担保部门

5. 以下选项中,( )是签订担保合同的主要风险。

　　A. 未经授权对外订立担保合同

　　B. 会计系统控制不力

　　C. 对担保合同履行情况疏于监控或监控不当

　　D. 违背担保合同约定不履行代为清偿义务

6. 下列选项中,不属于不予担保的情形的是( )。

　　A. 担保申请人财务状况恶化、资不抵债、管理混乱、经营风险较大的

　　B. 担保申请人与其他企业存在较大经济纠纷,面临法律诉讼且可能承担较大赔偿责任的

C. 担保申请人与本企业已经发生过担保纠纷且已妥善解决,并能及时足额交纳担保费用的

D. 担保申请人已进入重组、托管、兼并或破产清算程序的

7. 在调查和评估这一流程中,以下选项中,(　　)不是应重点采取的措施。

A. 依法制定和完善本企业的担保政策和相关管理制度,明确担保的对象、范围、方式、条件、程序、担保限额和禁止担保的事项

B. 委派具备胜任能力的专业人员开展调查和评估

C. 对担保申请人资信状况和有关情况进行全面、客观的调查评估

D. 对担保项目经营前景和盈利能力进行合理预测

8. 担保业务不相容岗位不包括(　　)。

A. 担保业务的评估与审批　　　　　B. 担保业务的审批与执行

C. 担保业务的执行和核对　　　　　D. 担保业务的审批与核对

二、多项选择题

1. 公司担保存在的主要问题有(　　)。

A. 担保风险观念淡薄

B. 担保行为不规范

C. 没有制定或遵守担保政策

D. 没有严格按照担保业务流程执行担保业务

2. 业务担保的方式有(　　)。

A. 抵押　　　　B. 质押　　　　C. 留置　　　　D. 定金

3. 关于企业担保业务内部控制,下列说法中,正确的有(　　)。

A. 企业应当建立担保授权和审批制度,规定担保业务的授权批准方式、权限、程序、责任和相关控制措施,在授权范围内进行审批,不得超越权限审批

B. 企业应当采取合法有效的措施加强对子公司担保业务的统一监控,企业内设机构未经授权不得办理担保业务

C. 企业为关联方提供担保的,与关联方存在经济利益或近亲属关系的有关人员在评估与审批环节应当回避

D. 被担保人要求变更担保事项的,企业应当重新履行调查评估与审批程序

4. 担保业务不相容岗位至少包括(　　)。

A. 担保业务的评估与审批

B. 担保业务的审批与执行

C. 担保业务的执行和核对

D. 担保业务相关财产保管和担保业务记录

5. 业务担保流程中,调查和评估流程的主要负责人有(　　)。

A. 项目经理　　　　B. 风险经理　　　　C. 法律顾问　　　　D. 会计人员

6. 企业至少应当关注涉及担保业务的风险有(　　)。

A. 担保违反国家法律法规,可能遭受外部处罚、经济损失和信誉损失

B. 担保业务未经适当审批或超越授权审批,可能因重大差错、舞弊、欺诈而导致损失

C. 担保评估不适当,可能因诉讼、代偿等遭受损失
D. 担保执行监控不当,可能导致企业经营效率低下或资产遭受损失

三、判断题

1. 如果担保申请人同时向多方申请担保,企业就应当在担保合同中明确约定本企业的担保份额和相应的担保责任。（ ）
2. 拟订担保合同的人员可以同时担任担保合同的复核工作。（ ）
3. 参与担保评估的人员不得参与担保项目的审批。（ ）
4. 担保项目评估结论是担保企业决定是否提供对外担保的依据。（ ）
5. 企业为其子公司提供业务担保时不需要审查,可以直接为其提供担保。（ ）

四、简答题

1. 简述担保业务的流程。
2. 为什么要对担保业务进行审批?
3. 签订担保合同时有哪些注意事项?
4. 受理申请是企业办理担保业务的第一步,其可能存在的风险及主要控制措施有哪些?
5. 企业在调查评估环节应当关注的风险有哪些?
6. 企业在担保业务中应当如何进行日常监控?

五、案例分析题

中南红文化集团股份有限公司(以下简称"中南文化")是一家经营广播、电影、电视等的制作发行、营业性演出、电子产品等多种业务的公司,于2000年3月在深交所上市。2017—2018年期间,中南文化频繁为关联方提供担保业务,共计15笔,涉及13.89亿元的金额,占2018年会计年度审计净资产的63.02%。其中属于违规担保形成逾期债务的关联担保业务12笔,涉及金额11.3亿元,占最近一个会计年度审计净资产的51.32%。经过审计发现,这些担保业务的主要担保对象是公司的控股股东和实际控制人陈少忠,且这些违规关联担保行为均未经过公司内部审批决策程序,也没有进行及时披露。为此,在2019年度被会计师事务所出具了保留意见的审计报告,2019年4月收到了深交所的处罚通知。目前,主要担保对象因无力清偿逾期债务而被迫破产清算,中南文化不得不履行最高额连带责任还款义务。突然的巨额负债使中南文化的生产经营活动受到严重影响,面临严重的财务风险、诉讼风险。至2020年4月29日,中南文化已有判决的违规担保6项,担保合同金额2.2亿元;已诉讼尚未有判决结果的担保2项,担保合同金额4.3亿元;未诉讼违规担保事项4项,担保合同金额4.81亿元。中南文化在几年间经历了违规担保、资金占用、被证监会立案调查、重整等事项,且截至2021年12月,中南文化仍未收到中国证监会就上述立案调查事项的结论性意见或决定。

【要求】 中南红文化集团在业务担保方面的控制存在哪些问题?应当怎样控制担保业务中存在的这些风险?

【思政】　　　　　规范担保流程　发展信用经济

市场经济首先是信用经济,信用经济必须是法治经济。发展社会主义市场经济需要在推进社会信用体系建设的同时加强诚信建设、营造公平诚信的市场环境和社会环境,为现代化信用经济的发展奠定良好基础。此外,还要完善失信约束制度、健全社会信用体系,为发展社会主义市场经济提供支撑。企业在进行业务担保时,要坚持依法合规、维护权益、审慎适度、清单管理的原则,规范担保流程,严格把控风险,有序健康推进信用经济体系的建设。

第八节　业务外包

本节要点提示

了解业务外包的流程；
掌握业务外包内部控制的主要风险点及其管控措施。

本节内容提要

业务外包在企业的生产经营中发挥着重要的作用,能够使企业专注核心业务,降低企业运营成本,提高资源使用效率和企业运营效率,增强自身核心竞争力。然而由于制定和实施业务外包过程中会面临许多不确定因素,从而给企业经营带来风险,因此,企业进行业务外包要充分考虑影响业务外包的因素,完善外包管理制度,规范业务外包行为,规避外包风险,充分发挥业务外包的优势。本节在梳理外包业务基本流程的基础上,分析了各环节可能存在的风险点,并提出了相应的控制措施,以保障企业外包业务的安全。

一、业务外包的含义

业务外包是企业整合利用外部专业化资源优势,将其非核心业务委托给本企业以外的专业服务机构或经济组织完成的经营行为(通常包括研发、资信调查、可行性研究、委托加工、物业管理、客户服务、IT服务等),从而达到降低经营成本、提高经营效率的目的。

二、业务外包流程

业务外包的基本流程包括制定业务外包实施方案、方案审批、选择承包方、签订业务外包合同、业务外包的实施与监控、验收等环节,如图3—12所示。

(一)外包实施方案制定

业务外包实施方案,是指企业根据年度生产经营计划和业务外包管理制度,结合确定的业务外包范围制定的具体实施方案。业务外包方案主要包括外包条件、外包范围、外包方式、外包程序等内容。制定外包方案时需要认真听取外部专业人员对业务外包的意见,并根据其合理化建议完善实施方案,以确保方案的可行性。科学、合理的外包方案是企业进行外包业务的重要依据。

```
制定业务外包实施方案
        ↓
      授权审批
        ↓
      是否通过 ──否──→ (返回制定方案)
        ↓是
      选择承包方
        ↓
     签订业务外包合同
        ↓
    业务外包的实施与监控 ←──┐
        ↓                   │
       验收                  │
        ↓                   │
      是否合格 ──否──────────┘
        ↓是
       付款
```

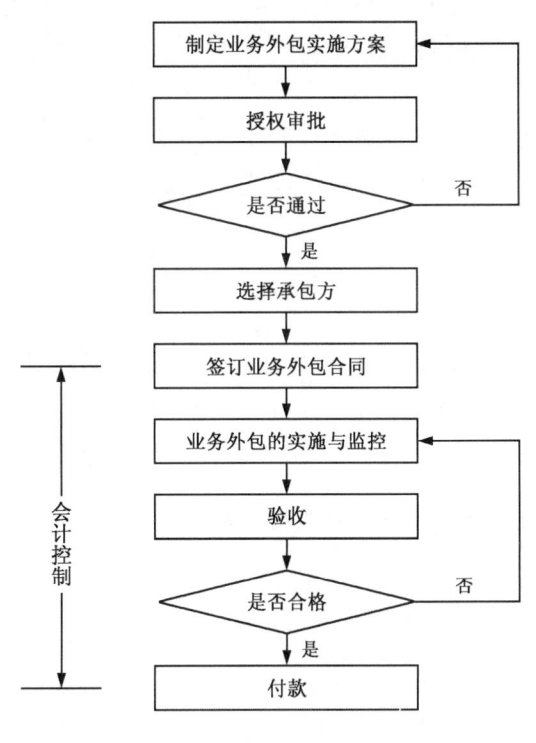

（左侧大括号：会计控制）

图 3—12 业务外包基本流程

（二）业务外包审核

企业在制定外包实施方案后，要按照规定的权限和程序对其进行审核和批准。企业要对业务外包方案的合理性、可行性、经济性进行评估，并遵循严格的授权审批程序，以防业务外包决策出现重大疏漏而引发严重后果。

（三）承包方选择

业务外包实施方案经过审核批准后，企业要据此选择具有相应资质、合法的承包方来完成企业的外包业务。承包方在整个外包流程中扮演重要的角色，承包方的技术水平、项目经验、相关资质会直接影响外包业务是否符合企业预期目标。

（四）签订业务外包合同

企业在确定承包方后，应当及时与选定的承包方签订业务外包合同。合同主要包括业务外包的内容和范围、双方的权利和义务、服务和质量标准、保密事项、费用结算标准以及违约责任等事项，为业务外包顺利进行提供保障。

（五）业务外包的实施与监控

组织实施业务外包，是指企业严格按照业务外包制度、工作流程和相关要求，组织业务外包过程中人、财、物等方面的资源分配，建立与承包方的合作机制，为下一环节的业务外包过程管理做好准备,确保承包方严格履行业务外包合同。

(六)验收

承包方依据业务外包合同完成业务外包项目后,企业应当组织相关部门或人员,依据相应的验收标准和验收程序对完成的业务外包项目进行验收,及时发现业务外包的质量问题,避免企业遭受损失。

(七)会计控制

业务外包中的会计控制是指财务部门根据国家统一的会计准则制度,加强对外包业务的核算与监督,并做好外包费用结算工作。实施业务外包会计系统控制,能全面真实地记录和反映企业业务外包各环节的资金流和实物流情况,保障企业资产的完整。

三、业务外包环节的主要风险点及其管控措施

(一)外包实施方案制定

该环节的主要风险:第一,企业未建立业务外包管理制度,导致制定方案时无据可依。第二,业务外包管理制度不完善,如未明确业务外包范围,可能导致有关部门在制定实施方案时,将不宜外包的核心业务外包。第三,实施方案不合理、不符合企业生产经营特点或内容不完整,可能导致业务外包失败。

该环节的主要管控措施:第一,企业要建立和完善业务外包管理制度,根据各类业务与核心主业的关联度、对业务外包的控制程度以及外部市场成熟度等标准,合理确定业务外包的范围、方式、条件、程序和实施等相关内容。第二,企业应该根据业务的特点,对外包业务分类管理,突出重点,同时严格遵循企业业务外包管理制度的规定,避免将核心业务外包。第三,要根据企业年度预算以及生产经营计划,对实施方案的重要性进行深入评估和复核,包括承包方的选择、外包业务的成本效益及风险、外包合同期限、外包方式、员工培训计划等,确保方案的可行性。

【例3—61】 H公司是一家互联网企业。由于该公司的规模较小,公司有限的人员都专注于信息化网络、网络系统、信息安全等核心业务,因此公司就将公司桌面系统、电话系统的维护业务外包。但由于缺乏相关经验,因此,在制定外包相关制度时,公司没有根据各类业务与核心业务的关联度、对业务外包的控制程度以及外部市场成熟度等标准,合理确定业务外包的范围、方式、条件、程序和实施等,而是借鉴了行业内其他相似公司的外包制度来制定本公司的外包制度。

【分析】 该公司为了合理配置资源,实现成本效益原则,将其非核心业务外包,而专注于核心业务,这样有利于公司的发展。但该公司制定业务外包方案的行为不合理,会导致相应的风险出现。不同的公司,其业务也不会完全相同,仅根据相似公司的制度来制定本公司制度可能会导致业务外包的失败。应明确本公司的业务外包范围,制定符合公司生产经营特点的业务外包实施方案。

(二)业务外包审核

该环节的主要风险:外包实施方案审批制度不完善,未按照规定的权限和程序对其进行审核和批准,出现因审批不规范而导致外包业务出现漏洞,甚至导致外包失败等问题。

该环节的主要管控措施:第一,企业在进行外包业务审核的过程中,要建立和完善业务外包的审核批准制度,明确授权批准的方式、权限、程序、责任和相关的控制措施,规定各层级人员应当在授权审批范围内进行审批,不得越权审批。第二,在审批过程中,要对外包业务项目的合理性和可行性进行充分论证,利用适当的分析工具和模型对项目的相关风险和收益做出科学的评估。第三,企业的总会计师或分管会计工作的负责人应当参与重大业务外包的相关决策,也可以请专业人员参与相关决策,并合理听取其专业性的意见。对于重大业务外包方案,应当提交董事会或类似权力机构审批。

(三)承包方选择

该环节的主要风险:相关调查评估不足,承包方选择不符合相应资质,甚至不合法,出现外包业务损失、业务外包的优势发挥不明显以及商业贿赂等舞弊问题。

该环节的主要管控措施:第一,企业在选择承包方的过程中,事先要对承包方的合法性、相应资质、专业水平、行业信誉等信息进行充分调查,确保选择到适合项目特点、资质好、技术水平高的承包方。第二,承包方的选择标准要综合考虑企业内外部因素,对业务外包的人工成本、营销成本、业务收入、人力资源等指标进行测算分析,合理确定外包价格,严格控制业务外包成本,既要达到企业的外包质量要求,又要最大限度地优化外包成本。第三,企业要规范承包方的选择程序,引入竞争机制,遵循公开、公平、公正的原则,择优选择承包方。第四,要建立相应的权力制衡机制,完善严格的回避制度和监督制度,对其中出现的受贿和舞弊行为进行严厉处罚。

【例3-62】 B公司是一家电商企业,考虑到成本效益原则,其计划将物流运输业务外包,但是在选择承包方时出现了问题。由于备选的物流公司中有一家C公司与B公司大股东有密切的关系,因此B公司并未对其进行详细的调查评估就将业务承包给C公司。在业务外包了一段时间后,B公司发现外包给C公司的物流屡屡遭到投诉,要么是速度太慢,要么是运输质量太差,物品破碎较多。基于此,B公司开始对此外包给予关注,才发现其实C公司的相应资质、专业水平、行业信誉等条件并不达标,在价格上也并非最优选择。

【分析】 B公司在选择承包商时并未遵循公开、公平、公正的原则择优选择承包方,也未对选择的承包方进行详细的调查评估,而是因承包方与大股东有关联关系就将其业务给对方承包,最后导致业务外包失败。因此,企业在选择承包商时,事先要对承包方的合法性、相应资质、专业水平、行业信誉等信息进行充分调查,确保选择到适合项目特点、资质好、技术水平高的承包方;同时,企业也要规范承包方的选择程序,适当引入竞争机制,遵循公开、公平、公正的原则,择优选择承包方。

(四)签订业务外包合同

该环节的主要风险:第一,外包合同相关条款不完整、不清晰,出现漏洞或欺诈等问题。第二,对合同中的涉密信息保护不当也会给企业带来经济损失。

该环节的主要管控措施:第一,在签订合同之前,充分考虑业务外包方案中识别出的重要风险因素,并通过合同条款予以有效的降低或规避。第二,企业在签订业务外包合同过程中,对业务外包的内容和范围、双方的权利和义务、服务和质量标准、保密事项、违约责任等内容进行明确规定。对于外包业务需要保密的,应在合同中具体约定对于涉及本企业机密的业务和事项,承包方有责任履行保密义务。第三,在合同的权利和义务方面,明确企业有权督促承包方改进服务流程和方法,承包方有责任按照合同协议规定的方式和频率,将外包实施的进度和现状告知企业,并对存在的问题进行及时有效的沟通。

【例3—63】 某企业将一项工程承包给长期合作伙伴A承包方,但在签订合同时没有仔细确认相关条款,致使合同出现漏洞并导致在约定日期未能完工,影响了工期,从而使企业遭受经济损失。

【分析】 该企业在业务外包合同环节存在一定的漏洞。在签订合同时,因为是长期合作伙伴而没有确认合同相关条款的完整性和清晰性,也没有对合同内容予以明确,由于该项内部控制的疏漏,企业遭受了经济损失。

(五)业务外包的实施与监控

该环节的主要风险:企业在组织实施业务外包过程中,对承包方提供服务或产品的工作流程、模式、职能架构、项目实施计划等内容的规定不够明确,出现因对接工作不到位、承包方未按规定履约等问题而给企业造成经济损失。

该环节的主要管控措施:第一,企业要按照业务外包制度、工作流程和相关要求,制定业务外包实施全过程的管控措施,包括落实与承包方之间的资产管理、信息资料管理、人力资源管理、安全保密管理等机制,确保承包方在履行外包业务合同时有章可循。第二,与承包方建立并保持畅通的沟通协调机制,以便及时发现并有效解决业务外包过程存在的问题。第三,对承包方的履约能力进行持续评估,主要评估承包方的技术水平、财务状况等是否满足项目的要求,其提供的产品或服务是否符合企业预期目标。第四,建立监控反馈机制,一旦发现偏离合同目标等情况,应及时要求承包方调整、改进。第五,对重大业务外包的各种意外情况做出充分预计,建立相应的应急机制,避免业务外包失败造成企业生产经营活动中断。有确凿证据表明承包方存在重大违约行为造成企业经济损失的,要及时终止合同,并按照法律程序向承包方索赔。

【例3—64】 2019年,Q公司将一项重要的工程给关联公司H承包,且落实了与承包方之间的资产管理、信息资料管理、人力资源管理、安全保密管理等机制。H公司刚开始做得很好。但是由于Q公司对H公司过于信任,因此Q公司并未与H公司保持持续的沟通和交流,也并未对其履约能力进行持续的评估。在2020年下半年时,H公司更换了一批新的员工来负责Q公司的外包工程,但并未与Q公司协商沟通、说明原因,Q公司也未发觉。就在2021年工程进入完工阶段时,Q公司派负责人去查验质量时才发现,后面一部分的工程质量根本不合格,需返工重来,最后导致该工程完工日期大大延后,使Q公司遭受很大的损失。

【分析】 Q公司未与承包方H公司建立并保持畅通的沟通协调机制,也由于对后者过于信任而未对其履约能力进行持续评估,最后导致未及时发现问题而遭受损失。所以,在外包业务时:首先,企业需要与承包方建立并保持畅通的沟通协调机制,以便及时发现并有效解决业务外包过程存在的问题。其次,要对承包方的履约能力进行持续评估,主要评估承包方的技术水平、财务状况等是否满足项目的要求,其提供的产品或服务是否符合企业预期目标。最后,需要建立监控反馈机制,一旦发现偏离合同目标等情况,就应及时要求承包方调整、改进。

(六)验收

该环节的主要风险:企业验收程序不规范、验收标准不明确、未及时发现业务外包中的质量问题等,使企业遭受损失。

该环节的主要管控措施:第一,企业要根据承包方业务外包成果交付方式的特点,采取不同的验收方式,包括一次性验收、分阶段验收等。第二,企业要组织有关职能部门对业务外包成果进行验收,确保产品或服务达到企业预期目标,并出具验收证明。第三,验收过程中发现异常情况的,应当立即报告,查明原因,同时视问题的严重性与承包方协商采取恰当的补救措施,并依法索赔。第四,企业根据验收结果对业务外包成果进行总体评价,并据此对业务外包管理制度和流程进行改进和优化。

【例3-65】 W企业通过合理的招标方式委托V企业进行IT业务外包,且W企业选择了一次性验收的方式。为确保该系统能达到W企业的质量管理要求,W企业在合同中规定了验收测试的流程。在整个外包过程中,W企业并未对外包的IT业务进行检查和测试。在外包的业务交付验收时,W企业只安排了质量控制部门前往验收,质量控制部门发现没有质量问题就验收了。结果职能部门在运行该系统时,发现该系统在业务逻辑上存在一些细节问题,导致它无法为W企业所用。但由于已验收且付款,因此V企业不再对此IT业务承担责任,最后W企业只能独立承担此次外包失败的损失。

【分析】 这是由于W企业验收程序不规范而导致的业务外包风险。对于IT这种具有较强系统性的业务,W企业选择了一次性验收而不是分阶段验收,这就容易导致最后产生难以修复的错误,导致外包失败。而且,在验收时,W企业只安排了质量控制部门前往,忽视了使用该IT系统的其他人员,这就容易导致不能识别出业务外包中的一些细节问题。所以,企业在对业务进行外包时,首先,应根据外包的业务性质,选择是一次性验收还是分阶段验收。W企业在最后使用时才发现存在问题,避免这种风险的办法是验收与开发进程一并实施,而不是等到完全开发结束后再验收。其次,企业要组织有关职能部门如财会部门、质量控制部门、运营部门等的相关人员对业务外包成果进行验收,确保产品或服务达到企业预期目标,并出具验收证明。

(七)会计控制

该环节的主要风险:外包业务会计处理不规范,导致财务报告信息失真、资金损失或信用受损等问题。

该环节的主要控制措施:第一,企业要加强业务外包会计系统控制,财会部门应当根据国家统一的会计准则和制度,确定科学的会计核算方法,确保业务外包各环节的资金流和实物流情况被全面、真实地记录,对业务外包过程中各环节加强核算与监督。第二,企业应当依据验收证明,严格按照合同约定的结算条件、方式和标准向承包方结算费用。

关键概念

业务外包　　承包方　　会计控制

综合案例

通用汽车公司(以下简称"通用公司")成立于1908年9月16日。自从威廉·杜兰特创建了该公司以来,它在全球生产和销售包括别克、雪佛兰、凯迪拉克、GMC、五菱、宝骏以及霍顿等一系列品牌车型并提供服务,在全球五十多个国家拥有汽车制造、销售、仓储管理及技术服务中心。根据成本效益原则,通用公司采用了业务外包策略,将零部件的运输和物流业务外包给了里斯维物流公司(以下简称"里斯维"),通用公司则集中力量于其核心业务即轿车和卡车的制造上,而里斯维负责将通用公司的零部件运输到几个北美组装厂。

里斯维在 Cleveland 设有一个分销中心处理交叉复杂的运输路线,通过电子技术排列它与各通用公司的北美工厂的路线,可以动态地跟踪装运情况,并且根据实际需求实现JIT方式的运输。里斯维的卫星系统可以保证运输路线组合的柔性化。如果一个供应商的装运落后于计划,里斯维就可以迅速地调整运输路线的组合。里斯维采用的"精细可视路线"技术保证了通用公司生产线上的低库存水平。

通用公司与里斯维的这种外包合作关系始于1991年,节约了大约10%的运输成本,缩短了18%的运输时间,裁减了一些不必要的物流职能部门,减少了整条供应链上的库存,并且在供应链运作中保持了高效的反应能力。

【案例分析】 根据上述资料可知,通用公司采用了科学、合理的业务外包,避免了外包风险。在选择合作伙伴时,通用公司看中了里斯维先进的电子技术和卫星系统,利用该优势可以准确地调整运输路线、提高运输效率、节约运输成本;同时,通用公司准确定位了自身的核心业务,将非核心的物流业务外包给了物流公司,把资源集中在核心业务上,以期获得最大的经济利益。

练习题

一、单项选择题

1. 下列选项中,对于研发外包环节存在的风险提出的管控措施中,有可能无效的是(　　)。

　　A. 认真审核、签订技术合作合同,对其合法性、合理性、可能性逐条逐句地进行分析
　　B. 建立健全技术验收制度,严格执行测试程序
　　C. 建立相互信任的外包关系,树立"双赢"的企业合作理念
　　D. 重视知识产权法律法规知识的普及和宣传,以法律保护自己的合法权益

2. 研发外包单位的职业道德缺失导致的泄露机密、不履行承诺、提供虚假信息等会给企业造成损失,该风险属于(　　)。

　　A. 研发外包沟通风险　　　　　　　　B. 研发外包知识产权风险

C. 壮大竞争对手风险　　　　　　　D. 外包单位选择的风险

3. 研发外包是指企业将日常经营中的科研部分业务委托给本企业以外的专业服务机构或经济组织（承包方）完成的经营行为。以下选项中,（　　）不属于研发外包环节需要关注的风险。

A. 外包单位选择的风险　　　　　　B. 外包方案的审批风险
C. 知识产权风险　　　　　　　　　D. 壮大竞争对手的力量

4. 关于业务外包内部控制,下列说法中,不正确的是(　　)。

A. 总会计师或分管会计工作的负责人应当参与所有业务外包的决策
B. 重大业务外包方案应当提交董事会或类似权力机构审批
C. 企业应当按照规定的权限和程序从候选承包方中确定最终承包方,并签订业务外包合同
D. 企业外包业务需要保密的,应当在业务外包合同或者另行签订的保密协议中明确规定承包方的保密义务和责任

二、多项选择题

1. 企业应根据(　　)等标准确定业务外包的范围,同时明确业务外包的方式、条件、程序和实施等相关内容。

A. 各类业务与主业核心能力的关联度　　B. 企业对外包业务的控制程度
C. 外部市场成熟程度　　　　　　　　　D. 外包服务商专业化程度

2. 企业应根据(　　),对实施方案的重要方面进行深入评估和复核。

A. 年度预算　　　　　　　　　　　　　B. 生产经营计划
C. 企业管理方式　　　　　　　　　　　D. 财务分析

3. 企业将其某些业务进行外包,可能会给发包企业带来某些风险,这些风险不包括(　　)。

A. 与客户联系减少进而失去客户　　　　B. 企业业务转型
C. 企业内部员工流失　　　　　　　　　D. 服务质量降低

4. 企业要按照业务外包制度、工作流程和相关要求,制定业务外包实施全过程的管控措施,这些措施包括(　　)。

A. 人力资源管理　　　　　　　　　　　B. 信息资料管理
C. 落实与承包方之间的资产管理　　　　D. 安全保密管理

5. 下列与业务外包相关的风险中,(　　)属于选择承包商环节应注意的风险。

A. 承包方在合同期内因市场变化等原因不能保持履约能力,导致业务外包失败
B. 承包方缺乏应有的专业资质,导致企业遭受损失
C. 业务外包成本过高导致难以发挥业务外包的优势
D. 承包方不是合法设立的法人主体,导致企业陷入法律纠纷

6. 《企业内部控制应用指引第13号——业务外包》规定,外包业务通常包括(　　)。

A. 研发　　　　B. 可行性研究　　　　C. 委托加工　　　　D. 工程项目

三、判断题

1. 业务外包是企业整合利用其外部最优秀的专业化资源,从而达到降低成本、提高效率、充分发挥自身核心竞争力和增强企业对环境的迅速应变能力的一种管理模式。（ ）
2. 企业应当权衡利弊,避免核心业务外包。（ ）
3. 核心外包业务是指对企业的生产经营活动有重大影响的外包业务。（ ）
4. 总会计师或主管会计工作的负责人应参与重大业务外包事项的决策活动。（ ）
5. 企业应当对外包业务进行分类管理,普遍划分为一般外包业务和特殊外包业务。（ ）
6. 对于较为重大的业务外包项目,企业应当注重承包方的履约能力,对紧急情况建立相应的应急机制,避免业务外包失败导致本企业生产经营活动中断。（ ）

四、简答题

1. 简述业务外包的基本流程。
2. 企业的业务外包至少应当关注哪些风险?
3. 如何应对业务外包过程中选择承包方环节的风险?

五、案例分析题

松下集团是日本的一个跨国性公司,在全世界设有超过 230 家公司,员工总数超过 290 493 人,在中国有 54 000 人,其涉及的领域有家电、数码视听电子、办公产品、航空等。其中,电视机的生产是松下家电领域的重要业务,但是由于近年来电子产品如手机、Pad、电脑的广泛普及,电视机的消费需求也逐步下降,其市场竞争压力也越来越大,这就使得松下集团在电视机领域的盈利能力减弱。从松下集团 2019 年的财报来看,其电视机业务已经开始产生亏损。虽然 2020 年受疫情防控的居家影响,电视机的需求有快速的提升,其电视机业务在 2020 年得以盈利,但这只是因为一个不可能持久的外部因素的影响,疫情防控结束后的电视机需求依然很可能保持低迷。为了结束电视机的亏损现状,松下集团的董事长决定与其他厂商进行业务合作,减小企业目前的资产规模。

2021 年之前,松下集团采取了一系列措施进行及时止损,如关闭了企业的部门工厂、出售了部门业务板块、开展了外部合作等。2021 年,松下电器公司与 TCL 达成协议,把面向东南亚、印度等市场的电视机量产机型的生产委托给了 TCL,自主生产仅保留大尺寸液晶电视、OLED 电视等高端机型。把电视机业务委托给代工企业生产,对松下而言,的确有利于削减成本,也有利于扩大规模。有调查显示,在供货量方面,2020 年全年 TCL 电视全球销售量高达 2 393 万台,占全球电视机总销量的 10.7%,位居全球第三。

【要求】 松下集团为什么要将电视机业务外包出去?这对松下集团的经营管理有何影响?

【思政】　　　　　合理布局产业链　提升经营管理效率

推动经济高质量发展,加快提高我国的产业链供应链的韧性和安全水平,需要强化各地区、各企业之间的协同机制,推动各行业、各地区产业链供应链的协同。因此,企业在进行业务经营时,可以将其非核心业务外包给专业性的服务机构,如此不仅能确保外包业务高质量完成,而且能充分利用企业的剩余生产能力,节约资本成本,全面提高企业的经营管理效率,强化企业之间的合作。

第九节　财务报告

本节要点提示

了解编制财务报告的流程;
掌握财务报告的内容;
掌握财务报告内部控制的主要风险点及其管控措施。

本节内容提要

财务报告是企业内部决策和社会外部投资决策的重要依据。过去几年发生的"安然""银广夏""琼民源"等一系列财务丑闻都产生了严重的不良后果,原因之一就是企业财务报告的内部控制不健全甚至缺失。本节在梳理财务报告基本流程的基础上,分析了各环节可能存在的风险点,并提出了相应的管控措施,以保障企业财务报告真实、可靠。

一、财务报告内部控制概述

财务报告是指企业对外提供的反映企业某一特定日期的财务状况和某一会计期间的经营成果和现金流量等会计信息的文件。财务报告包括财务报表及附注、其他应在财务报告中披露的相关信息和资料。财务报表一般包括资产负债表、利润表、现金流量表等报表,附注是对报表中列示项目的详细资料或文字解释,以及没有列示在报表中的项目说明等。财务报告是综合反映企业经营状况的文件,是内部控制制度是否有效运行的综合体现,财务报表的编制和披露是会计信息准确性的重要保证,也是企业控制风险的重要依据。内部控制的运行效果、财务报告的可靠性是财务报告内部控制的组成部分,会对财务报告产生重大影响。

二、财务报告业务的流程

科学、合理的财务报告业务流程设置及相应的内部控制措施安排是企业正常运营、实现发展目标的重要保证。企业应对财务报告的每个环节可能存在的风险都实行有效的监督和控制,提高会计信息的质量,保证财务报告的真实、可靠,有效防范财务风险。财务报告业务的基本流程如图3—13所示。

(一)制定财务报告编制方案

在编制财务报告前,企业财会部门应当先制定财务报告编制方案,明确财务报告的编制方

```
                制定财务报告编制方案
                        ↓
                确定重大事项的会计处理
                        ↓
                  查实资产、债务
                        ↓
                      结账 ──────────────┐
                        ↓               ↓
                编制个别财务报告   编制子公司个别财务报告
                        ↓               │
           ┌──→ 编制合并财务报告 ←───────┘
           │            ↓
         提出         ┌────┐   未通过
         调整         │审核│──────┐      制定财务分析制度
         意见         └────┘      │            ↓
           │         通过│  通过   │      编写财务分析报告
           │            ↓ ──────→ │            ↓
           │         ┌────┐              整改落实
           └─────────│审计│
                     └────┘
                未提出调整意见的
                        ↓
                 财务报告对外提供
                        ↓
                    整理归档
```

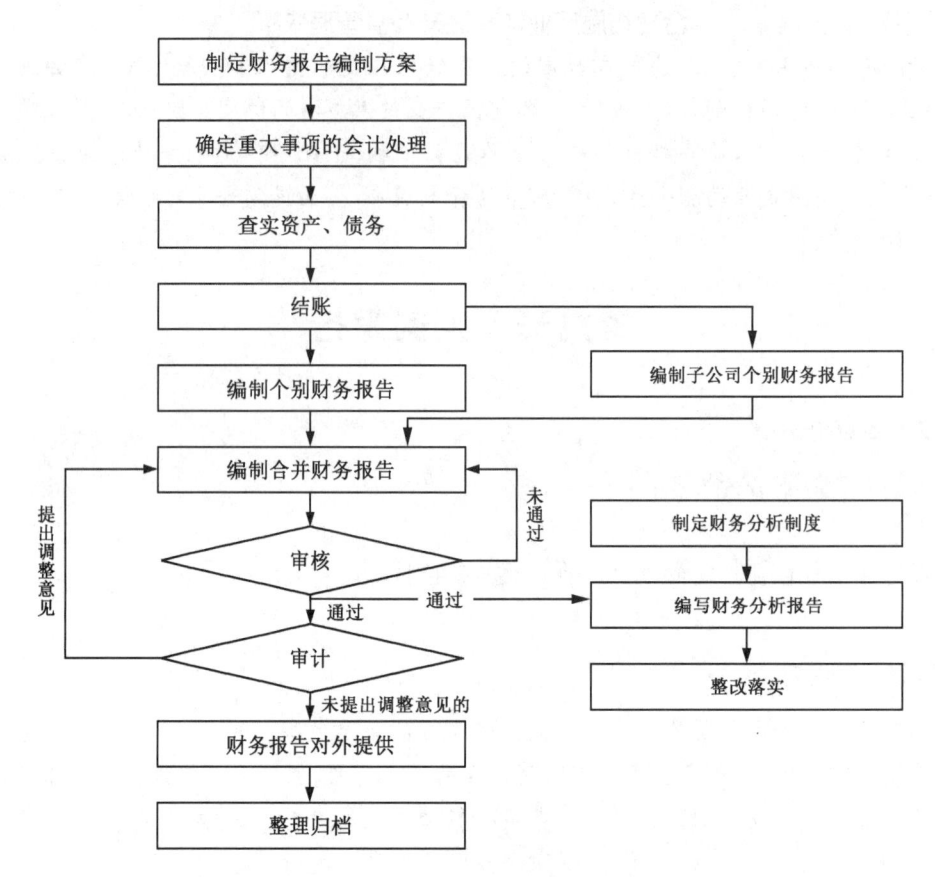

图3—13　财务报告业务的基本流程

法、编制程序、年度财务报告会计调整政策、披露政策、职责分工及报告的时间要求等,并由财会部门负责人审核。其中,编制方法主要包括会计政策和会计估计、合并方法、范围与原则等,职责分工主要包括牵头部门与相关配合部门的分工与责任等。由于企业负责人要对财务报告的真实性和完整性负责,因此在制定财务报告的编制方案时应严格按照法律法规规定,明确编制流程和编制责任,保证财务报告的真实性和有效性。

（二）确定重大事项的会计处理

重大事项是指对企业当期有重大影响的主要事项,如非货币性资产交换、债务重组、公允价值的计量、收购兼并、资产减值等事项。在编制财务报告前,企业必须确定重大事项的会计处理,才能有效防范和解决财务风险。

（三）查实资产、债务

查实资产、债务要求企业在编制财务报告前,组织财务部门等相关部门对自身的资产和负债情况进行清查和核实,明确自身的财务状况和经营状况。企业应当建立规范的账务调节制度及各项财产结算的清查制度,明确相关的处理流程和相关人员的责任范围,在编制财务报告前,组织财务和相关部门进行资产清查、减值测试和债权债务的核实工作,避免账证不符、账账不符、账实不符的情况发生。

（四）结账

企业结账是为编制财务报表做准备。企业编制年度财务报告前，在日常定期核对信息的基础上，完成对账、调账、差错更正等业务后，才能进行结账业务的处理。企业的结账工作必须在会计期末编制报表前进行，不能预先编制财务报表而后结账，更不能为了赶编财务报表而提前结账。

（五）编制个别财务报告

企业编制财务报告时，应当按照登记完整、核对无误的会计记录和其他有关资料，根据国家会计准则规定的财务报告格式和内容对资产负债表、利润表、现金流量表等报表进行编制，保证报表的内容和金额真实、完整。财务报告能综合反映企业的经营状况，财务报表的编制是会计信息准确性的重要保证，也是企业控制风险的重要依据。

（六）编制合并财务报告

企业集团应当编制合并财务报告，根据国家会计准则的规定，明确合并报表的编制范围，确定编制方法以及其他相关事项的处理办法，分级收集合并范围内分公司及内部核算单位的财务报告，进而合并全资公司及控股公司的财务报告，使报告能真实反映企业集团的财务状况、经营成果及现金流量，并由上级部门审核批准。

（七）财务报告对外提供

1. 财务报告对外提供前的审核

财务报告对外提供前需按规定程序进行审核，主要包括财务部门负责人审核财务报告的准确性并签名盖章；总会计师或分管会计工作的负责人审核财务报告的真实性、完整性、合法合规性，并签名盖章；企业负责人审核财务报告的整体合法合规性，并签名盖章。

2. 财务报告对外提供前的审计

法律规定企业编制的年度财务报告必须依法经会计师事务所审计，审计报告和财务报告一并对外提供。还有一些法规和政策规定了为特定企业审计的会计师事务所需要具备的资格。所以，企业在财务报告对外提供前，必须按照规定选择具备相关执业资格的会计师事务所进行审计。

3. 财务报告的对外提供

通常企业的财务报告经完整审核并签名盖章后就可以对外提供，上市公司财务报告的对外提供还需经董事会和监事会审批通过。财务报告应与审计报告一同向投资者、债权人、政府监管部门等报送。

（八）财务报告分析利用

1. 制定财务分析制度

在制定财务分析制度时，企业财会部门应在对企业基本情况进行分析研究的基础上，提出财务报告分析制度草案,并经财会部门负责人、总会计师或分管会计工作的负责人、企业负责人检查、修改、审批。

2. 编写财务分析报告

财会部门应依据财务分析制度定期编写财务分析报告,并通过定期召开财务分析会议等形式对分析报告的内容予以完善,以充分利用财务报告反映的综合信息,全面分析企业的经营管理状况和存在的问题,不断提高经营管理水平。

3. 整改落实

财务分析报告经企业负责人审批后,财会部门应及时发送给各部门负责人,各部门负责人应根据分析结果做出决策并实施整改;财会部门应负责监督和跟进责任部门的执行情况,并及时向相关负责人反馈执行情况。

三、财务报告内部控制的主要风险点及其管控措施

(一)制定财务报告编制方案

该环节的主要风险:第一,会计政策、会计估计没有及时更新,导致不符合相关法律规定;重要会计政策和会计估计的变更没有经过审批,导致会计政策使用不当。第二,各部门职责分工不明确,导致数据传递出现差错、遗漏、格式不一致等。第三,各步骤时间安排不合理,导致编制进度延误。

该环节的主要管控措施:第一,会计政策和会计估计应当及时更新,以符合国家法律法规的最新要求。企业应当根据国家最新会计准则规定,结合企业本身实际情况,选择和制定恰当的会计政策和会计估计方法,并及时更改企业内部的相关制度和财务报告流程。第二,重要会计政策和会计估计的变更要根据企业规定的程序和权限进行审批,未按程序审批或没有权限审批的不能生效。第三,企业应明确各部门的职责分工。总会计师或分管会计工作的负责人负责组织领导,财务部门负责编制财务报告,其他部门负责提供编制财务报告所需的相关信息,并对所提供信息的真实性和完整性负责。第四,应根据财务报告的报送要求,合理安排工时,为各步骤设置关键时间点,并由财会部门负责监督和评估各部门的工作进度并及时提醒,对未能及时完成的进行相关处罚。

【例3—66】 2019年4月23日,龙洲股份披露关于会计估计变更的公告,将账龄为0~6个月的应收账款坏账准备计提比例由5%降为1%,原因是公司推进升级转型,业务模式、收入来源等方面发生重大变化。经查,龙洲股份上述变化在2019年1月1日前已存在,且龙洲股份在2019年1月1日前已掌握该会计估计变更的相关信息,但未及时进行会计估计变更,导致公司在2019年多转回信用减值损失2 135.47万元,多计利润2 135.47万元。

【分析】 会计政策和会计估计应当及时更新,以符合国家法律法规的最新要求。龙洲股份在已掌握会计估计变更相关信息的情况下,未及时进行会计估计变更,导致利润增加,这种做法违反了会计准则和相关法律法规的规定,应受到相关监管部门的处罚。

(二)确定重大事项的会计处理

该环节的主要风险:对重大事项的会计处理不合理,导致会计信息不可靠,不能真实反映

企业的实际情况。

该环节的主要管控措施:第一,企业应重点关注重大事项的影响(如以前年度损益调整对当期的影响、会计准则或制度的变化对财务报告的影响、新增业务对财务报告的影响、年度内合并报告范围的变化及对财务报告的影响等),建立重大事项的业务处理程序,按程序审批后执行。第二,对于需要专业判断的重大会计事项,财务部门要及时与相关部门沟通,将相关信息汇总整理,确定相应的会计处理方法。特别是公允价值计量、资产减值损失等涉及重大判断和估计时,财会部门应定期与资产管理部门进行沟通。

【例3—67】 2020年4月29日,证监会对广州农村商业银行股份有限公司(以下简称"广州农商银行")出具了一封警示函。经查,广州农商银行在申请首次公开发行股票并上市的过程中,存在部分资产减值准备计提不充分、个别违约债券会计核算前后不一致等问题。

【分析】 广州农商银行没有充分计提资产减值准备,并且对个别违约债券的会计核算前后不一致,对重大事项的会计处理不合理,导致不能反映真实的会计信息和企业的实际情况,违反了会计准则的规定。

(三)查实资产、债务

该环节的主要风险:第一,资产和负债的实际情况与账证不符,导致资产和负债的虚增或虚减。第二,资产计价方法随意变更。第三,提前、推迟甚至不确认资产、负债等。

该环节的主要管控措施:第一,制订具体的资产负债清查核实计划,合理安排工作时间和进度,明确配备人员、确定资产和现金的盘点方法,做好业务的准备工作。第二,做好资产负债的实际查实工作,进行银行对账、盘点现金和实物资产、核查结算款项、核查账面投资等事项,查证账面记录与实际发生额是否一致;核查原材料、在产品、库存商品等存货的账面记录与实存数量是否一致;同时,清查土地房屋的权属证明,确定资产的权利归属。第三,如果清查过程中发现问题,则应分析原因,提出处理办法,将查实结果及处理意见向上级汇报,并进行相应的会计处理。

【例3—68】 昊华能源股份有限公司在2015年收购京东方能源30%的股权时,将京东方能源实际持有的4.5亿吨煤炭资源量按照9.6亿吨煤炭资源量进行了账务处理,导致公司2015年至2018年虚增资产约28.25亿元。2021年8月31日,北京证监局拟决定对昊华能源给予警告,并处以60万元罚款。

【分析】 昊华能源由于虚增资产,导致信息披露违法违规,受到了相应的处罚。为避免类似恶果的产生,企业应做好资产负债的实际查实工作,包括银行对账、盘点现金和实物资产、核查结算款项、核查账面投资等事项,查证账面记录与实际发生额是否一致;核查原材料、在产品、库存商品等存货的账面记录与实存数量是否一致。

(四)结账

该环节的主要风险:第一,账务处理方式不当,导致账证或账账不符。第二,虚列或隐瞒收入和费用,改变确认收入费用的时间,影响成本核算。第三,关账后随意打开已关闭的会计期间,影响账务的真实性。

该环节的主要管控措施:第一,检查账务处理方式是否符合国家会计准则和企业核算方法,核对会计凭证与会计记录的内容、金额是否一致,记账方向是否相符。第二,合理确定当期应计的收入和相关费用,不能随意虚增或隐瞒;不能把本期发生的经济业务延至下期结账,更不能为了赶编财务报告而提前结账,应在当期所有交易或事项处理完毕并经财会部门负责人审核确认后进行结账处理。第三,结账后不能随意打开已经关闭的会计期间,如果有特殊情况需要重新打开的,须填写相应的申请表,并经总会计师或分管会计负责人审批后才能进行。

【例3—69】 2016—2018年,同济堂通过虚构销售及采购业务、虚增销售及管理费用、伪造银行回单等方式,累计虚增收入207.35亿元,虚增成本178.51亿元。2021年10月25日,中国证监会对同济堂责令改正,给予警告,并处以300万元罚款,公司时任董事长等人拟被采取终身市场禁入措施。

【分析】 企业应合理确定当期应计的收入和相关费用,不能随意虚增或隐瞒。同济堂通过虚构销售及采购业务、虚增销售及管理费用、伪造银行回单等方式,虚增了收入和成本,以实现粉饰经营业绩的目的,该行为违反了法律法规的相关规定。

(五)编制个别财务报告

该环节的主要风险:提供虚假财务报告,误导财务报告使用者,造成决策失误,干扰市场秩序;报表数据不完整、不准确;报表种类不完整;附注内容不完整;等等。

该环节的主要管控措施:第一,明确程序和职责分工。财务部门制定财务报告的编制分工表,并由财会部门负责人审核,按照登记完整、核对无误的会计记录和相关资料对会计信息进行汇总编制。第二,企业财务报告列示的资产、负债、所有者权益金额应当真实、可靠。资产计价方法不得随意变更,如有减值,则应合理计提减值准备,不能虚增或虚减资产;不能提前、推迟或不确认负债,从而虚增或虚减负债;做好所有者权益的保值增值工作,不能虚假出资、抽逃出资,导致资本不实。第三,企业财务报告应当如实列示当期收入、费用和利润。收入的确认应当符合规定标准,不能虚列或者隐瞒收入,更不能推迟或提前确认收入;不能随意改变成本费用的确认标准或计量方法,虚列或少列成本费用;不能随意调整利润的计算和分配方法,编造虚假利润。第四,按照国家统一的会计准则和制度编制附注。对报表中反映企业财务状况、经营成果和现金流量的相关事项做出真实、完整的说明;同时,检查担保诉讼、资产重组、未决事项等大事项及或有事项是否在附注中反映和披露。第五,进行财务报告的校验和审核,包括财务报告内项目的对应关系审核、报表前后勾稽关系审核、期初数的核对、期末数与试算平衡表和工作底稿的核对等。

【例3—70】 2019年,新疆德康慈惠健康服务集团股份有限公司(以下简称"德康慈惠")通过虚构业务回流资金并确认收入1 454.67万元,虚增公司2019年利润总额。此外,该公司对外借款事项未按照公司章程规定提交董事会或者股东大会审议,且未进行信息披露,对外披露的是虚假财务报告。中国证监会决定对该公司采取责令改正的监管措施,并记入资本市场诚信信息数据库。

【分析】 企业财务报告应当如实列示当期收入,收入的确认应当符合规定标准,不能虚列或者隐瞒收入,更不能推迟或提前确认收入;同时,检查重大事项及或有事项是否在附注中反映和披露。德康慈惠通过虚构业务虚增收入和利润,并且未将对外借款事项进行信息披露,这种做法违反了相关规定,应承担相应的法律责任。

(六)编制合并财务报告

该环节的主要风险:合并范围不完整,合并内部交易和事项不完整,合并抵销分录不准确。

该环节的主要管控措施:第一,明确合并财务报表的合并范围和合并方法,由财务部门负责人审核是否符合国家会计准则的规定,确认合并范围是否完整。第二,财务部门制定内部交易事项核对表,明确填制要求,由负责人审批后发给纳入合并范围的各单位。财务部门在核对本企业及纳入合并范围的各企业之间的内部交易事项和金额时,如果发现差异,则应及时查明原因并进行调整。第三,合并抵销分录实行交叉复核制度。保留相关标准文件和证据对合并抵销分录提供支持,由财会部门负责人审核。编制完调整分录后即提交复核人审核,审核通过后才可以记入试算平衡表。通过交叉复核制度,保证合并抵销分录的真实性和完整性。

【例3—71】 2021年5月26日,嘉澳环保涉嫌信息披露违法违规,收到浙江证监局做出的行政处罚决定书。嘉澳环保存在以下违法事实:未将应合并的境外主体纳入合并财务报表范围,未根据业务实质对相关业务进行收入和成本的抵销处理,导致公司披露的财务报告存在虚假记载。证监会决定对公司及相关责任人员做出相应处罚。

【分析】 企业提供的财务报表应当符合会计准则和相关会计制度的规定,提供的信息要完整、准确。嘉澳环保未将境外主体纳入合并财务报表范围,未对相关的收入和成本进行抵销处理,没有保证财务报告的真实性和完整性,违反了法律法规的相关规定。

(七)财务报告对外提供

1. 财务报告对外提供前的审核

该环节的主要风险:财务报告对外提供前没有按照规定程序进行审核,导致财务报告的真实性、完整性和合规性等审核不充分。

该环节的主要管控措施:第一,企业应当严格按照规定的财务报告程序进行审批,由各级负责人逐级对财务报告内容的真实性、完整性和合规性等进行审核,建立责任追究制度。第二,在财务报告对外提供前应将其装订成册,并由企业负责人、总会计师或分管会计负责人、财会部门负责人签名并盖章。第三,企业应保留审核记录,建立责任追究制度。

2. 财务报告对外提供前的审计

该环节的主要风险:财务报告对外提供前未进行审计或审计机构不符合法律法规的规定,审计机构与企业串通舞弊。

该环节的主要管控措施:第一,企业应当按照法律法规的规定,选择具备相应资质的会计师事务所对财务报告进行审计,并将出具的审计报告随财务报告一同对外提供。第二,企业不能干预审计人员的独立性,应认真听取审计意见并及时落实。

3. 财务报告的对外提供

该环节的主要风险:第一,对外提供财务报告的编制基础、编制依据、编制原则和编制方法不一致,影响外界对企业的经济判断和经济决策。第二,违反法律法规规定,没有及时对外报送财务报告。第三,财务报告在对外提供前遭泄露,导致内幕交易等,给投资者或企业造成损失。

该环节的主要管控措施:第一,企业应当严格遵循财务报告审批程序,由各级负责人逐层把关,确保提供给外部的财务报告的编制基础、编制依据、编制原则和编制方法完全一致。第二,企业应当按照会计准则对报送时间的要求及时对外报送财务报告,对不能按时完成的人员进行相应处罚。第三,企业应当设置严格的保密制度,对财务报告的相关人员进行权限设置,并对财务报告信息的访问情况进行记录,以便查找泄密责任人。

【例3—72】 2021年3月12日,广东榕泰实业股份有限公司(以下简称"广东榕泰")收到"行政处罚及市场禁入事先告知书"。经查,广东榕泰涉嫌违法的主要事实包括:未在规定期限内披露2019年财务报告、未按规定披露关联关系、2018—2019年财务报告虚增利润等。广东证监局拟对广东榕泰及相关人员做出警告以及不同金额的处罚,同时对公司实际控制人采取3年证券市场禁入措施。

【分析】 广东榕泰在对外提供财务报告的环节中存在未及时披露财务报告、未按规定披露关联关系、虚增利润等违法违规行为,没有真实、完整地反映公司的经营情况,不仅违反了相关规定,而且给股民造成了重大损失。

(八)财务报告分析利用

1. 制定财务分析制度

该环节的主要风险:制定的财务分析制度不符合企业实际情况;财务分析制度未充分利用企业现有资源,财务分析的流程、要求不明确;财务分析制度未经审批;等等。

该环节的主要管控措施:第一,在对企业基本情况进行分析时,应重点关注企业的发展背景,熟悉企业的业务流程,分析企业的资产及财务管理活动。第二,在制定企业财务报告分析制度时,应明确财务分析报告的编写要求,重点关注财务报告分析的时间和组织形式,以及财务报告分析的内容、步骤、方法等。第三,财务报告分析制度草案在试行之前,要经由财会部门负责人、总会计师或分管会计工作的负责人、企业负责人的检查、修改和审批,试行后发现问题要及时总结上报,修正问题后确定最终的财务报告分析制度文稿,并进行最终的审批。

2. 编写财务分析报告

该环节的主要风险:财务分析方法不正确;财务分析报告的目的不明确或不正确;财务分析报告的内容不完整,如未对本期发生的重大事项进行专门分析;财务分析报告未经审核;等等。

该环节的主要管控措施:第一,在编写财务分析报告时,要正确运用分析方法,明确分析目的。分析内容包括:一是分析现金流量的运转情况,判断现金流量能否保证生产经营活动的正常运转;二是分析各项收入、费用的增减变化及构成,了解当期利润增减的原因与未来发展趋势。第二,财会部门负责人需审核财务分析报告的准确性,判断是否需要对特殊事项进行补充说明,并对财务分析报告进行补充说明。对生产经营活动中的重要资料、重大事项以及与上年同期数据相比有较大差异的情况做重点说明。第三,企业负责人负责审批分析报告,并对报告中存在的问题及时采取措施。

3. 整改落实

该环节的主要风险:第一,财务分析报告的内容传递不畅,未能及时使有关部门获悉。第二,各部门对财务分析报告不够重视,未对其中的意见进行整改落实。

该环节的主要管控措施:第一,充分利用信息技术和现有内部报告体系,在各个层级上进行沟通,以便内容流畅传递。第二,明确各部门职责。责任部门按要求落实改正,财会部门负责监督、跟踪责任部门的落实情况,并及时向有关负责人反馈落实情况。

关键概念

财务报告　　重大事项　　个别财务报告　　合并财务报告

综合案例

康美药业股份有限公司(以下简称"康美药业")成立于1997年,于2001年在上交所上市,主营业务为中医药产品的研发与生产,总市值最高达到了1300亿元。作为医药股的领头羊、股民眼中的白马股,康美药业却于2018年因财务报表涉嫌多处造假而受到立案调查。

2016年至2018年,康美药业通过财务虚假记账,伪造、变造大额定期存单和银行对账单,配合营业收入造假伪造销售回款等方式,共虚增营业利润39亿元;2017年货币资金的虚增高达299.44亿元,占公司披露总资产的43.57%。在此过程中,正中珠江会计师事务所的审计项目经理知道康美药业实际经营业绩与账面经营业绩存在差别,却在函证的过程中引导康美药业的人主动拦截询证函,致使应收账款函证不独立。

2018年,康美药业将前期未纳入报表的亳州华佗国际中药城、普宁中药城、普宁中药城中医馆、亳州新世界、甘肃陇西中药城、玉林中药产业园共6个工程项目纳入表内,合计调增资产36.05亿元。经查,调整纳入表内的6个工程项目不满足会计确认和计量条件。

康美药业在未经过决策审批或授权程序的情况下,累计向控股股东及其关联方提供非经营性资金116.19亿元,用于购买股票、替控股股东及其关联方偿还融资本息、垫付解质押款或支付收购溢价款等。

历时三年,康美药业财务造假案终于尘埃落定,康美公司也为此付出了沉重的代价。2021年11月12日,法院做出一审判决,责令康美药业因年报等虚假陈述侵权赔偿证券投资者损失24.59亿元。

【思考】 康美药业提供的财务报告中存在哪些问题?企业应如何编制和对外提供财务报告?

【案例分析】 康美药业提供的财务报告中存在虚增营业收入及营业利润、虚增货币资金、虚增资产、未按规定披露控股股东及其关联方非经营性占用资金的关联交易情况等问题。康美药业伪造银行票据虚增银行存款、使用虚假凭证虚构收入和利润、通过关联方用自己的资金购买自己的股票以操纵股价,提供了虚假的财务报告,使得财务报告未能真实反映企业的经营状况,最终使企业遭受严重的损失,造成了不良的后果。

企业在编制财务报告时,应当严格执行会计法律、法规和国家统一的会计准则制度,加强对财务报告编制、对外提供和分析利用全过程的管理,明确相关工作流程和要求,落实责任制,确保财务报告合法、真实、完整和有效利用。如果编制的财务报告违反了会计法律法规和国家统一的会计准则制度,就可能导致企业承担法律责任和名誉受损,并误导财务报告使用者,使财务报告使用者不能有效利用财务报告,从而难以及时发现企业经营管理中存在的问题,进而造成决策上的失误,扰乱市场秩序。在对外提供财务报告前,应按照规定程序进行审核,确保财务报告的真实性、完整性和合规性。此外,企业不能干预审计人员的独立性,应认真听取审计意见并及时落实。

【思政】　　　　　　　　遵守行业规范　恪守职业道德

为推进会计诚信体系建设、提高会计人员职业道德水平,财政部于2023年1月12日制定印发了《会计人员职业道德规范》。会计职业道德规范的主要内容如下:

(1)坚持诚信,守法奉公。牢固树立诚信理念,以诚立身、以信立业,严于律己、心存敬畏。学法知法守法,公私分明,克己奉公,树立良好职业形象,维护会计行业声誉。

(2)坚持准则,守责敬业。严格执行准则制度,保证会计信息真实完整。勤勉尽责、爱岗敬业,忠于职守、敢于斗争,自觉抵制会计造假行为,维护国家财经纪律和经济秩序。

(3)坚持学习,守正创新。始终秉持专业精神,勤于学习、锐意进取,持续提升会计专业能力。不断适应新形势新要求,与时俱进、开拓创新,努力推动会计事业高质量发展。

练习题

一、单项选择题

1. 财务报告是指(　　)。
   A. 资产负债表、利润表、现金流量表等财务报表
   B. 资产负债表
   C. 反映企业特定时期的财务状况和某一会计期间经营成果和现金流量的报表
   D. 反映企业特定时期的财务状况和某一会计期间经营成果和现金流量的文件

2. 负责财务报告的编制、对外提供和分析工作的是(　　)。
   A. 总会计师或会计工作负责人　　　B. 董事长
   C. 总经理　　　　　　　　　　　　D. 财务顾问

3. 以下选项中,关于资产负债表编制要求的说法,错误的是(　　)。
   A. 企业选择各项资产计价方法应前后一致,不得随意变更
   B. 企业不得提前、推迟或不确认负债
   C. 严禁虚增或虚减负债
   D. 所有者权益由实收资本和资本公积构成

4. 对财务报告的真实性和完整性负责的是(　　)。
   A. 注册会计师　　　　　　　　　　B. 财务报告编制人
   C. 总会计师　　　　　　　　　　　D. 企业负责人

5. 企业在编制年度财务报告前,应当进行必要的资产清查、减值测试和(　　)。
   A. 关联方交易审查与核实　　　　　B. 债权债务核实
   C. 可持续经营假设的成立与否评定　D. 资产与负债形式的界定

6. 企业编制合并财务报表时,要明确合并财务报表的合并范围和(　　),如实反映企业的财务状况、经营成果和现金流量。

A. 合并的重要细节　　　　　　　　B. 合并方法
C. 合并的关联事项　　　　　　　　D. 合并过程

7. 财务报告须由( )进行审计。
A. 注册会计师　　　　　　　　　　B. 审计处
C. 财政局和税务局　　　　　　　　D. 国家或地方审计署

8. 企业关注现金流量,重点要关注( )。
A. 保证有足够现金流支付债务和利息
B. 保证有足够现金流支付职工薪酬与福利
C. 保证有足够现金流维持企业正常的生产经营
D. 保证有足够现金流支付企业正常的盈利活动

9. 需要与财务报告一同出具的是( )。
A. 企业的营业执照　　　　　　　　B. 企业的纳税证明
C. 财务报告的审计报告　　　　　　D. 企业重要事项的声明文件

二、多项选择题

1. 委托关系中的悖逆矛盾会使企业对外部提供的财务报告中出现的风险有( )。
A. 编制财务报告违反相关法规的,可能导致企业承担法律责任和声誉受损
B. 提供虚假财务报告,会误导财务报告使用者,造成决策失误
C. 提供虚假财务报告,可能干扰市场秩序
D. 不能有效利用财务报告,可能导致财务和经营风险失控

2. 以下选项中,属于财务报告分析内容的有( )。
A. 资产分布、负债水平
B. 所有者权益结构
C. 净资产的增减变化
D. 各项收入、费用的构成及增减变动情况

3. 企业编制财务报告时,应重点关注( )。
A. 会计政策　　　B. 会计估计　　　C. 会计原则　　　D. 会计假设

4. ( )是企业对外财务报告的使用者。
A. 政府　　　　　B. 股东　　　　　C. 投资者　　　　D. 债权人与债务人

5. 财务合并报表主要反映企业的( )。
A. 财务状况　　　B. 经营成果　　　C. 现金流量　　　D. 管理层情况

6. 财务报告分析利用的具体环节包括( )。
A. 制定财务分析制度　　　　　　　B. 编写财务分析报告
C. 制定财务报告编制方案　　　　　D. 整改落实

三、判断题

1. 企业应严格按照规定的财务报告编制中的审批程序,由各级负责人逐级把关,对财务报告内容的真实性、完整性,以及格式的合规性等予以审核。　　　　　　　　　　( )

2. 财务报告在对外提供前应当由总会计师或分管会计工作的负责人、财会部门负责人签名并盖章。（   ）

3. 上市公司的财务报告需经董事会、监事会审核通过后向全社会提供。（   ）

四、简答题

1. 编制财务报告业务的总体要求是什么？
2. 简要描述财务报告的流程。
3. 为什么要编制财务报告方案？
4. 财务报告对外提供的关键风险点有哪些？如何进行控制？
5. 个别财务报告和合并财务报告的风险有哪些不同之处？
6. 企业在什么时候结账？有什么要求？
7. 为什么要编制个别财务报告？编制时应注意什么？
8. 财务报告对外提供前的审计环节存在哪些风险？如何应对这些风险？

五、案例分析题

延安必康制药股份有限公司（以下简称"延安必康"）成立于 2002 年 12 月 30 日，主要经营业务包括医药工业板块、医药商业板块、新能源新材料板块以及药物中间体板块四大类。2015 年至 2018 年期间，延安必康通过虚假财务记账、伪造银行对账单等方式掩盖控股股东及其关联方占用上市公司 44.97 亿元资金的情况，导致货币资金虚增、往来款核算不准确。此外，延安必康对销售费用核算不规范，存在将销售费用计入营业成本情况，导致营业成本、销售费用核算不准确。经查，2019 年，延安必康将以前年度计提的销售费用确认为当期营业收入的依据不充分，导致 2019 年度多计利润总额 5 345.71 万元。根据相关规定，中国证监会陕西监管局决定：对延安必康责令改正，给予警告，并处以 60 万元罚款；对有关涉事人员分别处以 3 万元至 60 万元不等的行政罚款。

【要求】 延安必康在编制财务报告过程中存在哪些风险？企业在编制财务报表时应注意什么？

第十节　全面预算

本节要点提示

了解编制全面预算基本流程；
掌握全面预算编制各环节存在的风险及其管控措施。

本节内容提要

全面预算是指企业对一定期间的经营活动、投资活动、财务活动等做出的预算安排。全面预算作为一种全方位、全过程、全员参与编制和实施的预算管理模式，其计划、协调、控制、激励、评价等综合管理功能在整合和优化配置企业资源、提升企业运行效率、实现企业发展战略方面发挥着重要作用。本节在梳理全面预算基本流程的基础上,分析了各环节可能存在的风险点,并提出了相应的控制措施,以促进全面预算管理在推动企业实现发展战略过程中发挥积极作用。

一、全面预算概述

(一)全面预算的范围

全面预算的范围主要可以解释为"全方位""全过程""全员"。全面预算的"全方位"体现在企业的一切经济活动,包括经营、投资、财务等各项活动,以及企业的人、财、物各个方面,供、产、销各个环节,都必须纳入预算管理。因此,全面预算是由经营预算、投资预算、筹资预算、财务预算等一系列预算组成的综合预算体系。全面预算的"全过程",是指企业各项经济活动的事前、事中和事后都必须纳入预算管理,包括由预算编制、执行、分析、调整、考核、奖惩等一系列环节所组成的管理活动。全面预算的"全员"参与,是指企业内部各部门、各单位、各岗位,上至最高负责人,下至各岗位员工都必须参与预算编制与实施。

(二)全面预算的作用

1. 企业实施内部控制、防范风险的重要手段

全面预算的本质是企业内部管理控制的一项工具,是为实现企业目标所采用的管理与控制手段,从而有效控制企业风险。全面预算的制定和实施过程就是企业不断用量化的工具,使自身所处的经营环境与拥有的资源和企业的发展目标保持动态平衡的过程,也是企业在此过程中所面临的各种风险的识别、预测、评估与控制过程。因此,《企业内部控制基本规范》将预算控制列为重要的控制活动和风险控制措施。

2. 有利于企业优化资源配置、提高经济效益

全面预算以经营目标为起点,以提高投入产出比为目的,将企业的资金流、实物流、业务流、信息流、人力流等进行整合,并协调分配到企业的业务、活动、环节中去,从而实现企业资源的优化配置,增强资源的价值创造能力,提高企业经济效益。

3. 有利于完善企业制约和激励机制

全面预算可以将企业各层级之间、各责任单位之间等内部的权、责、利关系予以规范化、具体化,有利于实现出资者对经营者的有效制约,以及经营者对企业经营活动和员工进行有效的计划、控制和管理。通过全面预算的编制,企业可以规范内部各个利益主体对企业具体的约定投入、约定效果及相应的约定利益;通过全面预算执行及监控,可以真实反馈内部各个利益主体的实际投入及其对企业的影响并加以制约;通过全面预算执行结果的考核,可以检查契约的履行情况并实施相应的奖惩,从而调动和激励员工的积极性,最终实现企业目标。

4. 企业实现发展战略和年度经营目标的有效方法和工具

"三分战略、七分执行",如果企业制定的战略不能得到有效的实施,那么,即便战略制定得再好,也终不能将美好的愿景转变为现实。通过实施全面预算,将根据发展战略制定的年度经营目标进行分解、落实,可以使企业的长期战略规划和年度具体行动方案紧密结合,从而实现"化战略为行动"。

二、全面预算的业务流程

企业全面预算业务的基本流程一般包括预算编制、预算执行和预算考核三个阶段。图 3-14 列示了各类企业全面预算的基本业务流程。其中，预算编制阶段包括预算编制、预算审批、预算下达等具体环节；预算执行阶段包括预算指标分解和责任落实、预算执行控制、预算分析、预算调整等具体环节。这些业务环节相互关联、相互作用、相互衔接，周而复始地循环，从而实现对企业全面经济活动的控制。

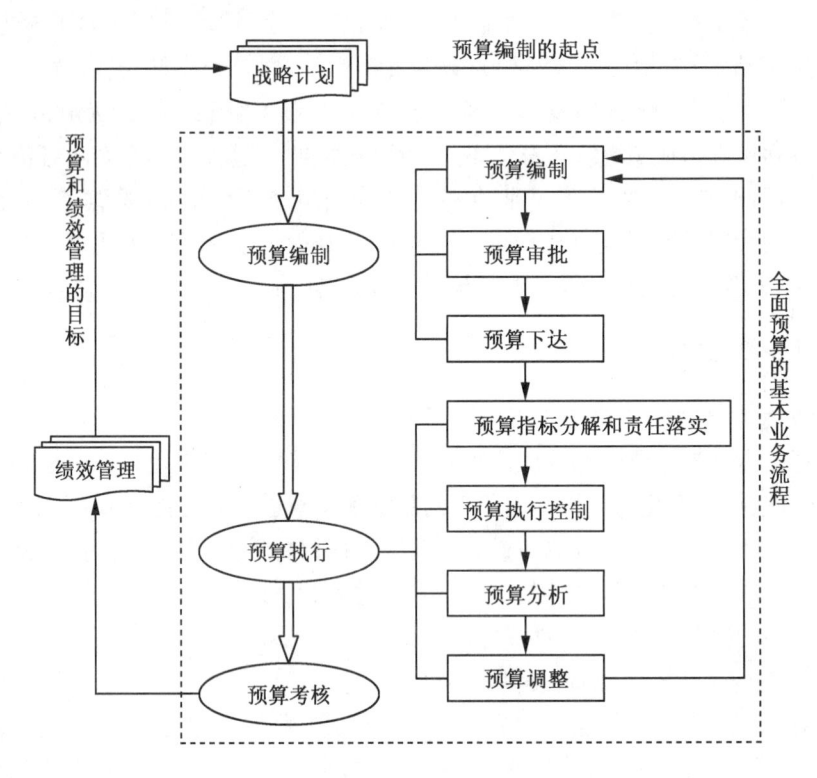

资料来源：财政部会计司编，《企业内部控制规范讲解(2010)》，经济科学出版社 2010 年版。

图 3-14 全面预算的基本业务流程

（一）预算编制

预算编制是企业实施全面预算管理的起点，企业要明确企业各个部门、单位的预算编制责任，确保企业各个部门、单位的业务活动全部纳入预算管理；要将企业经营、投资、财务等各项经济活动的各个方面、各个环节都纳入预算编制范围，形成由经营预算、投资预算、筹资预算、财务预算等一系列预算组成的相互衔接和勾稽的综合预算体系。企业应在预算年度开始前完成全面预算草案的编制工作。

（二）预算审批

预算审批是对预算编制进行决策的环节，通过履行相应的授权审批程序，对预算编制方案的科学性、可行性、准确性等进行决策。企业要完善授权审批程序，避免出现舞弊、越权等问题,为预算的顺利实施提供保障。

(三)预算下达

预算在按照相关法律法规及企业章程的规定报经审议批准后,要以文件形式及时下达到各预算执行单位,各预算执行单位应认真组织并实施,避免因预算下达不利而导致预算执行或考核无据可查。

(四)预算指标分解和责任落实

在预算编制过程中,预算指标分解和责任落实是重要的一环。具体、详细的预算指标可以为企业的预算执行和控制提供有力依据,也有利于落实预算责任制度,完善企业的业绩考核评价体系,增强全面预算的约束力,保障预算目标的实现。

(五)预算执行控制

预算执行环节是将企业的全面预算进行落实的环节,包括预算执行授权审批制度、预算执行监控和预算反馈报告体系等内容。预算执行控制的主要目的是确保预算执行的力度,从而促进预算目标的实现。企业应当根据全面预算管理要求,组织各项生产经营活动和投融资活动,严格预算执行和控制。

(六)预算分析

预算分析主要是对预算执行控制的效果进行评价,企业要及时进行预算分析,制定科学、合理的预算分析体系,确保预算考评客观、公平,预算差异得到有效解决。企业预算管理工作机构和各预算执行单位应当建立预算执行情况分析制度,定期召开预算执行分析会议,通报预算执行情况,研究、解决预算执行中存在的问题,提出改进措施。

(七)预算调整

预算调整是在预算执行过程中因实际情况发生重大变化而需要改变原预算安排的行为。预算调整依据充分的条件制定方案,并遵循严格审批程序,从而保证预算调整的科学性、可行性、有效性,以更好地发挥全面预算的作用。

(八)预算考核

预算考核是对企业内部各级责任部门或责任中心预算执行结果进行的考核和评价。企业要制定科学、合理的预算考核制度,明确考核范围,科学设计预算考核指标体系,按照公开、公平、公正原则实施预算考核,保证预算目标的实现。

三、预算流程的主要风险点及其管控措施

(一)预算编制

该环节的主要风险:第一,预算编制所依据的相关信息不足,可能导致预算目标与战略规

划、经营计划、市场环境、企业实际等相脱离。第二,预算编制范围不全面,以财务部门为主而其他业务部门参与度较低,导致企业在实际预算编制过程中出现预算管理责、权、利不匹配的问题,影响全面预算的形成。第三,预算编制方法选择不当,预算目标及指标体系的设计不够完整,无法使其有效发挥在经营管理、绩效考评等方面的功能。第四,预算编制程序不规范,横向、纵向信息沟通不畅,可能导致预算目标缺乏准确性、合理性和可行性。第五,编制预算的时间太早或太晚,可能导致预算准确性不高,或影响预算的执行。

该环节的主要管控措施:第一,编制依据和基础控制。企业要依据战略规划制定年度经营目标和计划,作为制定预算目标的重要依据。企业要充分考虑预算期内企业自身现状;同时,要对企业外部环境进行调研和预测,确保预算编制与市场、生产能力、技术水平等自身环境的变化相适应,确保预算编制符合企业生产经营活动的客观实际。

第二,编制程序控制。企业应当按照上下结合、分级编制、逐级汇总的程序,编制年度全面预算。首先要建立系统的指标分解体系,并在与各预算责任中心进行充分沟通的基础上分解下达初步预算目标;其次是各预算责任中心按照下达的预算目标和预算政策,结合自身特点以及预测的执行条件,测算并提出本责任中心的预算草案,逐级汇总上报预算管理工作机构;再次是预算管理工作机构应进行充分的协调、沟通、审查、平衡预算草案;最后是预算管理委员会应当对预算管理工作机构在综合平衡的基础上提交的预算方案进行研究论证,从企业发展全局角度提出进一步调整、修改的建议,形成企业年度全面预算草案,并提交董事会审核。

第三,编制方法控制。企业应本着遵循经济活动规律,充分考虑符合企业自身经济业务特点、基础数据管理水平、生产经营周期和管理需要的原则,选择或综合运用固定预算、弹性预算、滚动预算等方法编制预算。

第四,预算目标及指标体系设计控制。一是按照"财务指标为主体、非财务指标为补充"的原则设计预算指标体系;二是将企业的战略规划、经营目标体现在预算指标体系中;三是将企业产、供、销、投融资等各项活动的各个环节、各个方面的内容都纳入预算指标体系;四是将预算指标体系与绩效评价指标协调一致;五是按照各责任中心在工作性质、权责范围、业务活动特点等方面的不同,设计不同或各有侧重的预算指标体系。

第五,预算编制时间控制。企业可以根据自身规模大小、组织结构和产品结构的复杂性、预算编制工具和熟练程度、全面预算开展的深度和广度等因素,确定合适的全面预算编制时间,并应当在预算年度开始前完成全面预算草案的编制工作。

【例3—73】 A公司是一家汽车制造企业,在编制全面预算时,财务部负责完成几乎大部分编制预算和预算考评工作,人事部负责在预算考评工作时加以配合,其他部门则没有参与或很少参与预算编制工作,每个职能部门都根据财务部的预算执行相关工作。此外,为了重点突出,节约人力、物力,财务部门只对主要的生产环节编制预算,部分辅助部门的预算并未纳入,在市场平稳状态下,这种方法的弊端暂时没有显现。然而2019年以后,汽车行业竞争加剧,企业的最终预算结果出现了差错,企业的生产经营受到严重影响。

【分析】 由上述资料可以看出,A公司仅由财务部负责编制预算,并没有按照上下结合、分级编制、逐级汇总的程序编制预算。预算编制的范围不够全面,有遗漏的部分,导致企业全面预算的最终结果不能全面地反映企业的真实情况,从而为企业后续工作带来了不必要的麻烦。另外,编制全面预算时未能准确预测市场环境的变化,导致预算未能符合企业生产经营活动的客观实际。

(二)预算审批

该环节的主要风险:全面预算编制未遵循严格授权审批程序,出现越权审批等问题,可能导致预算权威性不够、执行不力,或可能因重大差错、舞弊而导致损失。

该环节的主要管控措施:企业的全面预算应当按照《公司法》等相关法律法规及企业章程的规定报经审议批准。企业预算管理委员会应当对预算管理工作机构在综合平衡基础上提交的预算方案进行研究论证,从企业发展全局角度提出建议,形成全面预算草案,并提交董事会。企业董事会审核全面预算草案,应当重点关注预算的科学性和可行性,确保全面预算与企业发展战略、年度生产经营计划相协调。

【例3—74】 A公司因缺乏严格的预算授权审批制度而出现了越权审批的现象,导致预算缺乏权威性,为企业后续的工作带来了不良的影响。

【分析】 从上述资料可以看出,企业在预算审批的环节中,未遵循严格的授权审批程序,很可能因预算的执行不力,进而导致重大差错和舞弊现象的出现,从而给企业带来不必要的损失。

(三)预算下达

该环节的主要风险:全面预算下达不力,可能导致预算执行或考核无据可查。

该环节的主要管控措施:企业的全面预算在按照相关法律法规及企业章程的规定报经企业管理层审议批准后,应由预算管理部门组织,以文件形式及时地、逐级地下达至各预算执行单位,以便各预算执行单位对其进行组织实施,使之后对预算的考核有据可查。企业应制定监控程序,对预算下达的情况进行有效的监督,避免因全面预算下达不及时而给企业带来不必要的损失。

(四)预算指标分解和责任落实

该环节的主要风险:第一,在预算编制过程中,对预算指标的分解不够详细、具体,可能导致企业的某些岗位和环节缺乏预算执行和控制依据。第二,预算指标的分解与业绩考核体系不匹配,导致预算执行不力等问题。第三,预算责任体系不完善,与执行单位或个人的控制能力不匹配,导致预算目标难以实现。

该环节的主要管控措施:第一,企业全面预算批准下达后,各预算执行单位应当认真组织实施,将预算指标层层分解,从横向和纵向落实到内部各部门、各环节和各岗位,形成全方位的预算执行责任体系。横向将预算指标分解为若干相互关联的因素,寻找影响预算目标的关键因素并加以控制;纵向将各项预算指标层层分解落实到最终的岗位和个人,明确责任部门和最终责任人;时间上将年度预算指标分解细化为季度、月度预算,通过实施分期预算控制,实现年度预算目标。

第二,建立预算执行责任制度,对照已确定的责任指标,定期或不定期地对相关部门及人员责任指标完成情况进行检查,实施考评。可以通过签订预算目标责任书等形式明确各预算执行部门的预算责任。

第三,分解预算指标和建立预算执行责任制应当遵循定量化、全局性、可控性原则。具体而言,就是预算指标的分解要明确、具体,便于执行和考核;预算指标的分解要有利于企业经营总目标的实现;赋予责任部门和责任人的预算指标应当是通过该责任部门或责任人的努力可以达到的,责任部门或责任人以其责权范围为限,对预算指标负责。

【例3—75】 在C公司的全面预算中,在预算指标分解落实方面的做法如下:现有预算委员会将经董事会批准的预算目标分解落实到各预算责任中心,再由各预算责任中心结合企业自身状况,将指标进行细分,进一步分解落实到各科室、各车间和每个人。

【分析】 本例中,企业对预算指标分解的环节进行了良好的内部控制,将预算指标分解与经济责任制有效地结合起来,将预算指标分解到各环节、各科室乃至每个人自身,形成了一种全方位的预算责任体系,为全面预算的执行奠定了坚实的基础。

(五)预算执行控制

该环节的主要风险:第一,预算执行过程中缺乏有效监控,可能导致预算执行不力,预算目标难以实现。第二,缺乏健全、有效的预算反馈和报告体系,可能导致预算执行情况不能及时反馈,使预算监控失效。

该环节的主要管控措施:第一,企业在全面预算的执行过程中,加强资金收付业务的预算控制,严格控制资金的收入和支出,调节资金收付平衡,防范支付风险;同时,对资金支付业务加强审批控制,及时制止不符合预算目标的经济行为。对于预算内非常规事项或金额重大事项,应经过较高的授权批准层审批;对于超预算或预算外事项,应当实行严格、特殊的审批程序,一般须报经总经理办公会或类似权力机构审批。第二,建立预算执行实时监控制度,尤其是重大预算项目以及关键性预算指标,密切跟踪其实施进度和完成情况,实行严格监控。第三,预算管理工作机构应当加强与各预算执行单位的沟通,及时向预算管理委员会和各预算执行单位报告、反馈预算执行进度、执行差异及其对预算目标的影响,促进企业全面预算目标的实现。

【例3—76】 A公司在预算执行控制阶段,由于没有对预算执行过程实施有效的监控,没有对重大预算项目和关键性预算指标给予应有的关注,导致资金的流出远远高于收入,影响了资金的收付平衡,给企业带来了支付风险。

【分析】 在该案例中,A公司没有建立预算执行实施监控制度,导致了上述情况的发生。在预算执行控制过程中,企业应密切跟踪重大预算项目以及关键性预算指标,对其实施严格而有效的监控,从而避免类似情况的发生。

(六)预算分析

该环节的主要风险:第一,预算分析不够科学、合理,可能导致预算考评不客观、不公平,导致预算差异未能及时解决,削弱预算执行控制的效果。第二,缺乏有效的解决预算差异的措施,导致预算分析形同虚设。

该环节的主要管控措施:第一,企业应当定期召开预算执行分析会议,根据预算执行过程中遇到的问题,提出解决措施。加强对预算分析流程和方法的控制,确保预算分析结果准确、合理;同时,企业应当采取恰当措施处理预算执行偏差。第二,企业应针对造成预算差异的不同原因采取不同的处理措施;因内部执行导致的预算差异,应分清责任归属,与预算考评和奖惩挂钩,并将责任单位或责任人改进措施的实际执行效果纳入业绩考核;因外部环境变化导致的预算差异,应分析该变化是否长期影响企业发展战略的实施,并作为下期预算编制的影响因素。第三,企业分析预算执行情况,应当充分收集有关财务、业务、市场、技术、政策、法律等方面的信息资料,根据不同情况分别采用比率分析、因素分析、比较分析等方法,从定性和定量两个层面充分反映预算执行单位的现状、发展趋势及其存在的潜力。

【例3-77】 A企业在预算执行的过程中,没有及时地反映实际情况所出现的偏差,对于不同的差异只是采用同一种处理措施,导致在预算执行完成后无法分清责任的归属,为企业的后续工作带来了不良的影响。

【分析】 在该案例中,A企业没有对预算分析环节进行合理的控制,导致上述情况发生。在预算分析环节,企业应定期召开会议,对于遇到的不同问题进行讨论与分析,并结合自身的不同状况,采取不同的解决措施,以减少预算执行偏差的产生。产生偏差时,应及时对责任进行归属和考核,以合理规避该类情况的发生。

(七)预算调整

该环节的主要风险:方案调整依据不充分,不符合企业的生产经营实际和发展战略;方案调整过程中未严格履行授权审批程序,导致预算调整随意、频繁,失去约束力;等等。

该环节的主要管控措施:第一,预算调整应当符合企业发展战略、年度经营目标和现实状况,重点关注关键且非正常的差异,调整方案应当合理、可行;另外,还要对预算调整频率予以严格控制。第二,预算管理工作机构应当对预算执行单位提交的预算调整报告进行审核分析,集中编制企业年度预算调整方案,并提交预算管理委员会。预算管理委员会应当对年度预算调整方案进行审议,根据授权进行审批,然后下达执行。企业预算管理委员会或董事会审批预算调整方案时,应当依据预算调整条件,并考虑预算调整原则,对于不符合预算调整条件的,坚决予以否决;对于预算调整方案欠妥的,应当协调有关部门和单位研究改进方案,并责成预算管理工作机构予以修改后再履行审批程序。第三,企业批准下达的预算应当保持稳定,不得随意调整。市场环境、国家政策或不可抗力等客观因素导致预算执行发生重大差异确需调整预算的,应当严格履行审批程序。

【例3-78】 某企业在预算管理制度中对预算调整做了明确的规定:预算调整的申请应由预算责任单位提出,并经财务部门审核和编制预算调整方案,提交预算委员会批准后方可执行。

【分析】 该企业对预算调整进行了合理的内部控制,通过预算管理制度对预算调整中各细则加以详细的规范,规避了由于预算调整程序不规范而造成的各种风险,从而在一定程度上为企业以后的工作做好了铺垫。

(八)预算考核

该环节的主要风险:预算考核管理制度不完善,出现考核主体和对象的界定不合理、考核指标不够科学、考核过程不够公开透明等问题。

该环节的主要管控措施:第一,合理界定预算考核主体和考核对象。预算考核主体分为两个层次：预算管理委员会和内部各级预算责任单位。预算考核对象为企业内部各级预算责任单位和相关个人。界定预算考核主体和考核对象主要应遵循以下原则：一是上级考核下级原则，二是逐级考核原则，三是预算执行与预算考核相互分离原则。

第二，科学设计预算考核指标体系。预算考核指标要以各责任中心承担的预算指标为主；同时，本着相关性原则，增加一些全局性的预算指标和与其关系密切的相关责任中心的预算指标。考核指标应以定量指标为主；同时，根据实际情况辅之以适当的定性指标。考核指标应当具有可控性、可达到性和明晰性。

第三，按照公开、公平、公正原则实施预算考核。企业应当将全面预算考核程序、考核标准、奖惩办法、考核结果等及时公布；预算考核应当以客观事实作为依据，考核过程及结果应有完整的记录。预算执行单位上报的预算执行报告是预算考核的基本依据，应当经本单位负责人签章确认；奖惩措施要公平、合理并及时落实。预算考核的结果应当与各执行单位以及员工的薪酬、职位等挂钩，实施预算奖惩。奖惩方案要注意各部门利益分配的合理性，要根据各部门承担的工作难易程度和技术含量合理确定奖励差距。

第四，建立健全预算执行考核制度。制定有关预算执行考核的制度或办法，将预算目标的执行情况纳入考核范围，定期认真、严格地组织实施预算考核，切实做到有奖有惩、奖惩分明。

关键概念

全面预算　　预算编制　　预算执行控制

综合案例

【案例一】

上汽集团是国内 A 股市场最大的汽车上市公司，主要从事整车、零部件的研发生产、销售等业务。上汽集团通过有效运用全面预算管理工具，为集团经营目标的合理制定和有效实施提供了坚实的数据基础。具体特点如下：

(1)成立单位预算管理委员会。对整个预算编制、审核的过程进行认真调查、调整、反复计算和分析。管理层以单位预算管理委员会为重心，由集团总裁亲自领导部署和下达预算工作。

(2)将"人人都成为经营者"作为一种长期实践的管理模式，将由每个员工或若干员工组成的基准单位设定为独立核算的经营体，实现了员工当家做主，调动了员工的积极性，激发了员工开源节流、降本增效的动力。

(3)始终将预算跟踪和分析作为预算控制的重点。不仅注重数据，而且更深入地挖掘造成偏差的经营实质，从而更有效地反映企业经营过程中存在的风险和机遇，为管理层决策提供支持。

(4)推行全面预算管理信息化。随着汽车制造业市场环境竞争的日益激烈，生产经营规模逐渐扩大，所需分析的数据量也大幅增加，企业需要的是多维度、全方位的数据分析，传统的 Excel 手工分析模式愈发难以满足当前的需求。因此，上汽集团引入了 SAP 系统及其他辅助系统，通过系统积累众多的基础数据，为事前、事中和事后全过程控制提供依据，以提高预算管控效率。

【思考】 结合材料,说明上汽集团在全面预算管理方面有哪些值得借鉴的地方。

【案例分析】 首先,上汽集团设立了单位预算管理委员会,并将其视为重心,加强了全面预算工作的组织领导;其次,"人人成为经营者"的管理模式调动了员工的积极性,实现了对企业经营活动、企业员工的有效计划、控制和管理;再次,将预算跟踪和分析作为预算管控的重点,深入挖掘造成偏差的原因,以便及时发现企业生产经营活动中存在的机遇与风险,为企业战略的制定提供了方向;最后,大力推行全面预算管理信息化,在传统的数据分析系统不能满足当前需求的情况下,引入了新的系统,提高了数据分析的效率,促进了企业全面预算目标的实现。

在进行全面预算管理时,企业要明确企业各部门、各单位的预算编制责任,确保将企业各部门、各单位的业务活动全部纳入预算管理中;要及时进行预算分析,制定科学、合理的预算分析体系,在处理预算执行偏差时,针对造成预算差异的不同原因采取不同的处理措施,确保预算考评结果的客观、公平,使得预算差异得到有效解决;同时,要加强对预算分析流程和方法的控制,确保预算分析结果准确、合理,从而促进预算目标的实现。

【案例二】

C公司是一家进军中国市场的外资物流公司,在全面预算管理中存在以下问题:

(1)全面预算的目标设立过于主观,缺乏科学性。C公司采用的是"自上而下"的预算编制程序,C公司高层认为运输业在中国有很大的发展潜力,公司能够快速扩张且获得巨额利润,因此管理层直接将预算目标定为每年收入利润增长20%。但由于C公司的客户定位为国内外大型企业,因此每年新发展的客户数量受到限制;同时,C公司低估了人力成本以及运输油耗成本,导致C公司未能实现其预算目标。

(2)全面预算的评估环节缺乏预算考核机制。管理层对各部门的预算完成情况进行评估后并未采取相应的奖惩措施。由于预算的完成情况对各部门负责人没有任何影响,因此部门负责人并不在意预算的完成情况,最终导致C公司的预算沦为纸上谈兵。

【思考】 结合材料,说明C公司在全面预算管理中失败的原因并指出应该如何改进。

【案例分析】

原因:(1)C公司在全面预算管理的预算编制环节,没有实施全员参与,预算目标由管理层设置,过于主观,缺乏科学性。预算编制是预算执行和预算评估的依据,是做好全面预算管理的第一步。如果预算编制环节缺乏各级部门各级员工的参与,就难以根据企业的实际情况制订预算目标,编制的预算将脱离实际,难以正确地指导企业经营。(2)全面预算管理难以得到有力执行的另一个关键原因是,缺乏预算考核机制,没有与执行人员的薪酬待遇挂钩。缺乏经济利益的刺激,就难以保证全面预算管理的有效编制、有效执行及有效分析。管理层也难以通过全面预算管理实现对公司经营活动的有效控制。

措施:(1)在进行全面预算管理时,要对企业外部环境进行调研和预测,确保预算编制与市场、生产能力、技术水平等自身环境的变化相适应,确保预算编制符合企业生产经营活动的客观实际。企业要明确企业各部门、各单位的预算编制责任,确保将企业各部门、各单位的业务活动全部纳入预算管理中。(2)针对造成预算差异的不同原因采取不同的处理措施,奖惩措施要公平、合理并及时落实。预算考核的结果应当与各执行单位以及员工的薪酬、职位等挂钩。

【思政】　　　完善全面预算管理　提高企业经营效率

常言道,凡事预则立,不预则废。全面预算管理已经成为现代化企业不可或缺的重要管理模式。全面预算管理不同于单纯的预算编制,它将决策目标、资金、信息、人才等资源进行整合并加以量化,通过明确适度的分权授权、战略驱动的业绩评价等,来实现企业的资源合理配置,进而对作业协同、战略贯彻、经营现状与价值增长等方面的最终决策提供支持。全面预算管理通过"分散权责,集中监督"促进企业资源有效配置、实现企业目标、提高生产效率,体现了"权力共享前提下的分权"的哲学思想。

练习题

一、单项选择题

1. 企业内部在划分预算责任单位时,应遵循分级分层、责任可控、目标一致、权责利相结合的原则,并与企业的组织机构设置相适应。通常而言,财务、人事、劳资、计划等职能部门属于(　　)。

    A. 费用中心　　　　B. 成本中心　　　　C. 投资中心　　　　D. 利润中心

2. 以下选项中,不属于预算执行单位职责的是(　　)。

    A. 组织上开展对企业二级预算单位预算执行情况的考核

    B. 及时分析、报告本单位的预算执行情况,解决预算执行中的问题

    C. 严格执行经批准的预算,监督本单位预算执行情况

    D. 提供编制预算的各项基础资料

3. 企业(　　)审核全面预算草案应当主要考虑预算的可行性和科学性,以保证全面预算与企业发展目标和战略规划相互协调。

    A. 经理层　　　　　　　　　　　B. 股东(大)会

    C. 董事会　　　　　　　　　　　D. 预算管理委员会

4. 通过实施全面预算,将依此战略制定的年度经营目标进行细化、落实,将企业的战略规划与年度具体行动方案紧密结合,确保企业发展目标的实现。这段话最能说明(　　)。

    A. 全面预算是全方位、全过程、全员参与编制与实施的预算管理模式

    B. 全面预算是企业实施内部控制、防范风险的重要手段和措施

    C. 全面预算是企业实现发展战略和年度经营目标的有效方法及工具

    D. 全面预算有利于企业优化资源配置、提高经济效益

5. 启明公司近日召开股东大会讨论全面预算事宜。会议期间,董事长秦立在发言中称:全面预算应包括企业内部的经济活动;企业在组织各项经济活动时的事前、事中与事后都要归入预算管理。此外,企业内部各部门、各单位、各岗位员工都应参与预算编制与实施。董事长秦立的讲话体现了(　　)。

    A. 全面预算有利于实现制约和激励

    B. 全面预算是企业实现发展战略和年度经营目标的有效方法和工具

    C. 全面预算是全方位、全过程、全员参与实施的预算管理模式

    D. 全面预算是企业实施内部控制、防范风险的重要手段和措施

二、多项选择题

1. 由于全面预算管理有着系统性、复杂性、技术性等特点，在进行全面预算管理时，就需要尤其重视规章制度的建立和完善。企业建立和完善全面预算管理制度应包含（　　）。
   A. 预算管理组织体系
   B. 预算管理工作流程
   C. 预算管理各环节审批权限、责任划分
   D. 预算管理各环节内容、时间、程序和方法

2. 为了保证预算编制能够以翔实、可靠、完整的基础数据为依据，企业应更加注重并加强预算编制基础管理工作，具体有（　　）。
   A. 会计核算　　　　　　　　　　B. 定额制定与管理
   C. 标准化工作　　　　　　　　　D. 历史资料记录

3. 预算管理工作中各个环节的不相容岗位通常包含（　　）。
   A. 预算编制与预算考核　　　　　B. 预算编制与预算审批
   C. 预算执行与预算考核　　　　　D. 预算审批与预算执行

4. 关于预算调整程序的表述，以下选项中，正确的有（　　）。
   A. 预算执行单位应直接向预算管理委员会提出调整预算的书面申请
   B. 预算调整书申请应详细说明预算调整理由、调整建议方案、调整前后预算指标的比较、调整后预算指标可能对企业预算总目标的影响等内容
   C. 预算管理工作机构应当对预算执行单位提交的预算调整报告进行审核分析，集中编制企业年度预算调整方案
   D. 管理委员会应当对年度预算调整方案进行审议，根据预算调整事项性质或预算调整金额的不同，授权进行审批或提交原预算审批机构审议批准，然后下达执行

5. 关于全面预算的组织体系表述，下列选项中，正确的有（　　）。
   A. 全面预算管理体制一般要具备全面预算管理决策机构和执行单位两个层次的基本架构
   B. 企业应当在预算管理委员会下设立预算管理办公室，由其履行预算管理委员会的日常管理职责
   C. 企业内部预算责任单位可以分为投资中心、利润中心、成本中心、费用中心和收入中心
   D. 预算管理委员会一般为非常设机构

6. 根据企业内部控制应用指引的规定，全面预算所面临的风险包括（　　）。
   A. 不编制预算或预算不健全，导致企业经营缺乏约束或盲目经营
   B. 全面预算方法的选择所带来的风险
   C. 预算缺乏刚性、执行不力、考核不严，导致预算管理流于形式
   D. 预算目标不合理、编制不科学，导致企业资源浪费或发展战略难以实现

7. 预算分析报告通常包含（　　）。
   A. 预算执行差异　　　　　　　　B. 预算目标
   C. 实际执行结果　　　　　　　　D. 改进措施和建议

三、判断题

1. 由于企业财务预算是在经营预算、投资预算和筹资预算的基础上形成的,因此股东(大)会审批财务预算也就相当于审批全面预算。（ ）
2. 预算编制以财务部门为主,业务部门参与度较低,可能导致预算编制不合理,预算管理权、责、利不匹配。（ ）
3. 企业全面预算一经批准下达,各预算执行单位就应当认真组织实施,将预算指标纵向分解到各环节,形成全方位的预算执行责任体系。（ ）
4. 预算管理工作机构一般设在总裁办公室,以保证预算管理的权威性。（ ）
5. 预算管理委员会在全面预算管理组织体系中居于核心地位,其成员由企业负责人及内部相关部门负责人组成,总会计师或分管会计工作的负责人应当协助企业负责人负责企业全面预算管理工作的组织领导。（ ）
6. 按照《公司法》的规定,公司年度财务预算方案应当经股东大会审议批准。（ ）
7. 对于超预算或预算外事项,应当实行严格、特殊的审批程序,一般须报经总经理办公会或类似权力机构审批;金额较大的,还应报经预算管理委员会或董事会审批。（ ）
8. 对于影响重大、涉及较高专业技术或法律关系复杂的合同,应当组织法律、技术、财会等方面的专业人员参与谈判,必要时聘请外部专家参与相关工作。（ ）
9. 只有企业董事会有权指定专人负责内部报告工作,对于重要信息应及时上报,并可以直接报告高级管理人员。企业应当建立内部报告审核制度,确保内部报告信息质量。（ ）
10. 企业应当有效利用内部报告进行风险评估,准确识别和系统分析企业生产经营活动中的内外部风险,确定风险应对策略,实现对风险的有效控制。企业对于内部报告反映出的问题应当及时解决;涉及突出问题和重大风险的,应当启动应急预案。（ ）
11. 企业至少应当在每年2月前完成当年全面预算草案的编制工作。（ ）

四、简答题

1. 请简述预算调整原则的主要内容。
2. 预算编制环节的管控措施主要有哪些?
3. 科学设置预算考核指标体系应当把握哪些原则?
4. 预算分析环节的主要风险点及其控制措施分别是什么?
5. 简要描述全面预算的基本业务流程。

五、案例分析题

【案例一】

万华化学股份有限公司(以下简称"万华化学")是一家全球化运营的化工新材料公司,业务涵盖聚氨酯、石化、精细化学品产业集群。随着企业规模的扩大,原有的全面预算管理体系存在的问题不断暴露,如预算管理粗放、预算分析滞后、预算控制缺乏等。针对这些问题,万华化学对全面预算管理体系进行了以下调整:

(1)从"生产龙头"到"以销定产"。由于万华化学的产品一直供不应求,因此公司一直以生产为主导,但随着经济环境的变化,国际巨头的产能不断扩大,万华化学不得不将全面预算体系调整为"以销定产"模式,将销售预算作为全面预算的起点。

(2)从"滞后分析"到"动态调整"。在信息系统条件下,万华化学的预算系统通过后天与业务和财务系统的接口,实现每天凌晨2点获取实际数据。此外,还可以根据管理层的需求定义出多种分析方法,通过这种设计,可以实现预算的动态调整和分析,保证了数据分析的准确性和及时性。

(3)从"缺乏控制"到"实时控制"。对企业的日常活动进行控制是全面预算管理的重要内容之一,万华化学通过将预算控制与日常审批流程相结合,在业务活动发生前,通过相应的审批流程,实现了事前控制的目标。在审批过程中,业务活动发起人和审批人可以从系统中实时获取该项预算信息,并判断业务活动是否可以进行。

自成立以来,万华化学管理层就十分重视全面预算管理,万华化学通过对全面预算管理的改进,使管理精细化水平得到改善,提高了预算的编制、分析效率,使企业的各种费用得到了有效的控制。

【要求】 结合上述资料,分析万华化学在预算管理上有哪些值得借鉴的地方。

【案例二】

A集团是一家制造业企业,是我国早期的上市公司之一,在企业发展过程中建立起了一套较为简单的预算管理流程。但随着市场竞争日益激烈,传统的预算管理体系显现了以下问题:

(1)集团内部没有设置专门的全面预算管理机构,高层领导做出预算决策后经由财务部门传达给其他各部门,其他各部门不参与企业预算,预算有脱离部门实际情况的风险,可操作性低。

(2)如今,市场竞争激烈,企业业务量波动较大。企业采用静态预算编制方法,所有的预算指标在执行过程中都保持不变,运行结束时将结果直接与预算指标进行比较。预算指标缺乏弹性且显现滞后性,根据这些预算指标开展的考核工作使企业各部门感到不满。

(3)为了体现企业管理的人性化,在全面预算考核过程中,企业对未能按时按量完成任务的部门及其员工并未采取相应的惩罚措施,奖惩制度缺位导致员工的积极性大打折扣。

【要求】 结合上述资料,分析A集团在预算管理上有哪些需要改进的地方。

第十一节 合同管理

本节要点提示

了解合同管理的流程;
掌握合同管理的内容;
掌握合同管理内部控制的主要风险点及其管控措施。

本节内容提要

合同是市场经济的重要组成部分,在规范市场主体交易行为、优化资源配置、维护市场秩序等方面起着重要作用。企业加强合同管理,不仅可以强化内部控制,而且可以规范双方当事人的经营行为,维护自身的合法权益,从而有效防控财务风险和法律风险,促进企业实现内部控制目标。本节在梳理合同管理流程的基础上,分析了各环节可能存在的风险点,并提出了相应的控制措施。

一、合同管理的含义

合同是指企业与自然人、法人及其他组织等平等主体之间签订的设立、变更及终止民事权利和义务的协议。合同管理是由谈判、拟订、签署、生效开始到合同到期为止。合同管理不仅要重视签订之前的管理,而且要重视签订之后的管理,要着重把握合同管理的系统性和动态性。系统性是指将与合同内容有关联的部门进行统一管理;动态性是指关注履行合同过程中的变化,一旦发现不利情况,就应及时对合同进行变更甚至终止。

二、合同管理流程

合理的合同管理流程设置及相应的内部控制措施安排是促进企业发展、实现企业目标的保证。企业应当对合同管理的每个环节可能存在的风险都实行有效的监督和控制,并不断改进和完善。

合同管理流程包括的主要环节如图3—15所示。

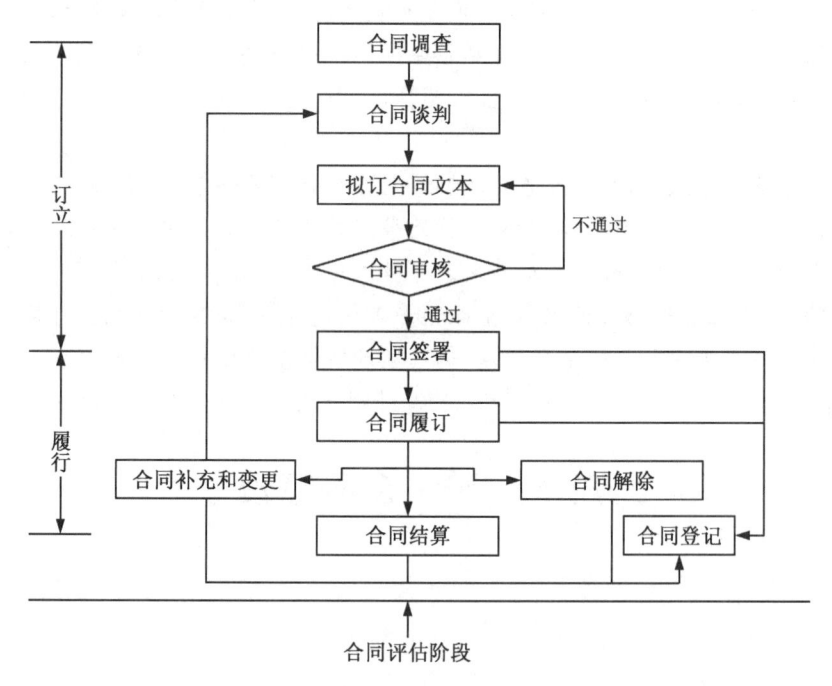

图3—15 合同管理基本流程

(一)合同调查

合同调查是订立合同的准备阶段,是合同管理的首要步骤,也是至关重要的一步。企业订立合同前应当进行合同调查,对合同订立方的企业性质、主体资格、经营状况、信用状况等进行充分的调查和了解,确保合同订立方具备履约能力,避免在签订合同时因信息不对称而遇到风险或损失。

(二)合同谈判

初步确定签订合同的对象后,企业应当与对方进行合同谈判。双方应当按照自愿、公平的原则,根据合同内容和条款,明确双方的权利、义务和违约责任,提出各自的条件和要求,并就有分歧的部分进行谈判和磋商,直到双方对合同中的所有条款和内容都没有异议并达成一致,才可以拟订合同文本。

(三)拟订合同文本

企业在合同谈判后,根据双方的谈判结果,拟订合同文本。合同中一般要列明交易产品或服务的数量、质量、价格、交易方式、履约期限、违约责任及合同变更或解除等内容。合同文本一般由业务承办部门起草、法律部门审核,重大合同或法律关系复杂的特殊合同应当由法律部门参与起草。

(四)合同审核

合同文本拟订完成后,还应进行合同审核。企业应当建立严格的审核制度,由企业的法律部门及其他相关部门对合同文本的经济性、合法性、可行性及严密性进行审核,并根据合同的特殊性及对企业的重要程度实行更加严格的审查程序。对于由签约对方起草的合同,企业应当认真审查,确保合同内容准确反映了企业意愿和谈判达成的一致意见,并且没有约定事项的栏目中注明"此处空白"或"无其他约定",以防合同被日后篡改。

(五)合同签署

企业经审核同意签订的合同,应当与对方当事人正式签署并加盖企业合同专用章。正式订立的合同应当采用书面形式,如果有紧急情况或限制条件不能及时签订书面合同的,则应在事后进行相关手续的补办。合同订立后,合同、协议的正本交由相关业务管理部门负责保管和履行,合同、协议副本及相关审核材料交由档案管理部门整理、归档;同时,企业应当做好合同的保密工作,防止合同中涉及的商业机密外泄。

(六)合同履行

合同履行是合同管理的执行阶段,是关系到企业能否获得经济利益、合同义务能否履行、与合同订立方能否持续合作的重要阶段。合同订立后,企业应当按照合同约定,履行相应的责任和义务。企业在履行合同的过程中可能会面临合同违约的风险,要求企业及时识别并采取措施应对。

(七)合同结算

合同结算是合同履行的重要步骤,一般由财务部门负责办理。合同结算既是对合同签订的审查,又是对合同执行的监督。财务部门应当根据合同内容执行结算业务,对于没有履行合同条款或验收未通过的业务,有权不予付款。

(八)合同登记

合同的签订、履行、结算等都需要进行合同登记。企业应当制定严格的合同登记管理制度,按照程序对合同的签订、履行、结算进行完整登记并妥善保存,防止合同的损坏或缺失。对合同实行封闭管理,合同的借阅和归还都要进行登记,落实责任制度,防止机密外泄。

三、合同管理内部控制的主要风险点及其管控措施

(一)合同调查

该环节的主要风险:第一,没有对调查对象的主体资格进行调查,对方不具备相关资质或没有代理权,导致合同无效。第二,在合同签订前没有充分调查对方的履约能力和信用状况,使企业遭受损失。

该环节的主要管控措施:第一,审查对方当事人的相关证明原件,验证其真实性和合法性,查明授权代理人的权限范围,在充分掌握相关证据的基础上评价是否具备主体资格。第二,获取对方当事人审计后的财务报告及其他相关财务信息,分析其盈利能力、营运能力和偿债能力;进行现场调查,实地了解其生产能力、技术水平、产品质量等情况,并与对方当事人的供应商、客户、开户银行、主管税务机关等部门进行沟通,了解其生产经营状况和履约情况,评估其财务状况和资信水平,并建立对方的商业信用档案,在合同履行的过程中持续关注其资信情况。

【例3—79】 2016年5月至2022年5月,李某为缓解公司资金压力,指使公司财务人员伪造虚假的资产负债表、利润表,虚构购销合同,分别以名扬公司、栋梁公司、志高公司的名义在A银行进行抵押贷款,金额共计1 579万元。后经查实,李某在贷款时使用的房产证等相关证件都是伪造的,而用于抵押的名下房产早在2014年底就转让给了他人,保证人不知所终。

【分析】 案例中的银行没有按照内部控制的调查要求在贷款前做好调查工作,没有评估客户及其保证人的财务状况和资信水平,更没有对抵押物的情况进行调查核实,以至于贷款后给银行造成了损失。

(二)合同谈判

该环节的主要风险:第一,忽略合同中存在的重大问题或在重大问题上做出了不当让步。第二,缺少谈判经验,导致企业利益受损。第三,企业谈判策略外泄,以致在谈判中处于不利地位。

该环节的主要管控措施:第一,认真研究合同条款和细节,尤其是合同中存在的重大问题,如合同标的物的数量、质量、价格、履约期限、合同变更或解除条件等,如果条款内容不符合企业发展目标或可能给企业带来重大损失,则在谈判时坚决不能予以让步。第二,研究国家相关法律法规、行业政策、同类产品价格等与谈判相关的信息;同时,收集谈判对手资料,充分了解对手的谈判方式,从而制定正确的谈判策略。对于专业性较强或法律关系复杂、影响重大的合同,企业应当指定技术、法律、财会等方面的专业人员参加谈判,必要时聘请外部专家参与相关工作。第三,加强保密工作,严格实行责任追究。对谈判过程中的重要事项和相关谈判人员的

主要意见进行记录和保存,一旦发现合同舞弊,就可以此为依据追究相关人员的责任。

【例3—80】 甲公司是乙公司最大的合作伙伴,也是最大的买家,按理甲公司在谈判上应该很有优势,但是在每次谈判中,甲公司都很被动,总是不得不接受乙公司的涨价要求。后经甲公司查证,原来甲公司内部有人员被乙公司收买,将很多重要的内部资料泄露给乙公司,致使甲公司总是受牵制,利益受到很大损失。

【分析】 甲公司的合同谈判资料外泄,致使公司在谈判中处于不利地位,自身利益也受到严重损害。甲公司应当建立健全合同的保密制度,在合同谈判中做好合同的保密工作,尤其是标的物的数量、价钱、策略等谈判的核心内容更要做到严格保密,一旦泄密,必须严格进行责任追究。

(三)拟订合同文本

该环节的主要风险:第一,合同内容不符合国家法律法规、行业政策、企业发展目标的要求。第二,合同条款表述不准确,或存在重大疏漏和欺诈。第三,对于合同文本须报经国家相关部门审查或备案的,没有履行相应程序。

该环节的主要管控措施:第一,严格审查合同内容,研究合同条款是否与国家法律法规、行业政策、企业发展目标一致。第二,业务承办部门应当将起草的合同文本交给法律部门审核,重大合同或法律关系复杂的合同应当由法律部门参与起草,以保证合同内容和条款的完整、准确。国家或行业有合同示范文本的,可以优先选用,但应认真审查涉及权利、义务的条款,并结合实际情况进行适当修改。第三,合同文本须报经国家相关部门审查或备案的,应当履行相应程序。

【例3—81】 甲食品加工企业(以下简称"甲企业")和乙农场签订购销合同,甲企业从乙农场购买红豆共20吨,合同条款中未约定红豆质量。一个月后,甲企业发现红豆不仅杂质较多,而且破碎率超过45%。甲企业拒绝接受该批红豆,并要求乙农场提供质量更优的红豆。乙农场认为产品符合合同约定,并请求法院审理。经法院判决,甲企业必须继续履行合同。

【分析】 甲企业和乙农场的合同条款中未约定违约责任,结果造成合同条款不完整,甲企业在拟订合同文本时,应当将起草的合同文本交给法律部门审核,重大合同或法律关系复杂的合同应当由法律部门参与起草,以保证合同内容和条款的完整、准确。

(四)合同审核

该环节的主要风险:第一,合同审核人员没有发现合同文本中的不当内容和条款。第二,审核人员发现问题但并没有提出恰当的修订意见。第三,合同起草人员没有根据审核人员的意见修改合同。

该环节的主要管控措施:第一,审核人员应当对合同文本的合法性和严密性进行审核,重点关注合同的主体、内容和形式是否合法,合同内容是否符合企业的经济利益,对方当事人是否具有履约能力,以及双方的权利、义务和违约责任是否明确等。第二,实行联合审核制度,对法律关系复杂或影响重大的合同文本,组织法律部门、财务部门、审计部门及其他相关部门进行联合审核并出具书面意见。第三,合同起草人员应当认真对待审核意见,在做好记录的基础上仔细分析研究,对合同条款做出相应修改。

【例3—82】 国有公司甲将其持有的A公司股权转让给乙公司。收购过程中,乙公司职业经理人简单读过股权转让协议后便交由其老板签字,并按合约将股权转让款支付给甲公司。此后相关股权交割转让协议一直处于等待报请批准状态。乙公司这才注意到股权转让协议中的附加条款:如本协议得不到相关有权国有资产监督管理机构的批准,甲方应及时通知乙方,并将乙方支付的全部款项不计利息,退还给乙方,甲、乙双方互不承担违约责任。

两年后,甲公司股价不断上涨,而上级单位称"为防止国有资产流失,不同意本次股份转让"。至此,乙公司的股权转让合同被正式拒绝。

【分析】 乙公司职业经理人在合同审核阶段盲目自信,没有重点关注协议内容是否符合乙公司的经济利益,也没有聘请专业律师对股权转让协议进行审核,导致其未能及时发现合同文本中的不当内容和条款,给公司造成了损失。

(五)合同签署

该环节的主要风险:第一,越权签署合同。第二,合同印章保管不当。第三,签订后的合同被篡改。第四,签订合同所需要办理的手续不全。

该环节的主要管控措施:第一,按照规定的程序和权限与对方当事人签订合同。正式对外订立的合同应当有企业法定代表人或其授权代理人的签名或盖章。授权签署合同的,应当签署授权委托书。第二,严格合同专用章的保管制度,用章后保管人应当立即收回并妥善保管,防止他人滥用。保管人应当记录合同专用章使用情况以备查,如果发生合同专用章遗失或被盗现象,则应立即报告公司负责人并采取妥善措施,如向公安机关报案、登报声明作废等,以最大限度地消除可能带来的负面影响。第三,采取在合同、协议各页码之间加盖骑缝章、使用防伪印记等方式控制合同、协议,防止已签署的合同被篡改。第四,按照国家相关法律法规的规定,需办理批准、登记等手续后才可生效的合同,企业应当及时办理相关手续。

【例3—83】 L公司一直授权委托采购经理李某负责公司的材料采购,李某有权签署800万元以下的采购合同。20×8年5月,李某以公司名义与长期供应商F公司签订了材料购买合同,货款共计780万元,约定收货后1个月内付清。同年6月,F公司将货物送交李某,并通知L公司支付货款,但L公司以李某已于4月份被开除、合同无效为由拒绝付款。F公司将L公司告上法庭,要求其支付货款。经法庭审理,认为虽然李某已在合同签订前被开除,但是李某在签订合同时仍持有L公司的授权委托书及盖有公司印章的空白合同,所以F公司有理由相信李某有代理权,其代理行为有效,遂判决L公司支付货款及诉讼费用。

【分析】 由上述材料可见,L公司在合同签署阶段的内部控制不当导致发生采购损失。L公司在授权李某代理时,并没有在授权委托书上注明委托时限,也没有在开除李某后及时收回委托书;同时,合同专用章的保管制度也没有得到严格执行,而是直接在空白合同上加盖合同专用章,并没有经过企业法定代表人或其授权代理人的签署和审批,致使李某有机可乘,给公司造成了损失。

(六)合同履行

该环节的主要风险:第一,企业或合同对方当事人没有恰当地履行合同中约定的义务。第二,合同生效后,对合同条款未明确约定的事项没有及时协议补充,导致合同无法正常履行。

第三,在合同履行过程中,未能及时发现已经或可能导致企业利益受损的情况,或未能采取有效措施。第四,合同纠纷处理不当,导致企业遭受外部处罚、诉讼失败,损害企业利益、信誉和形象等。

该环节的主要管控措施:第一,企业应当建立严格的合同履行结果验收制度,成立独立的验收部门,加强对合同履行效果的检查和验收,敦促对方积极履行合同,确保合同有效履行。第二,有效监控对方的合同履行情况。从合同的订立到终止进行全过程的监控跟踪,如果发现对方有违约行为或存在违约的可能,则应及时提示风险并采取应对措施。第三,根据需要补充、变更或解除合同。对于合同中没有约定或约定不明确的内容,双方协商一致的,可以对原有合同进行补充;无法形成补充协议的,按照国家相关法律法规、合同相关条款或者交易习惯确定;如果在合同订立后发现合同内容存在显失公平、条款有误或欺诈行为等情况,则应按规定程序及时报告负责人,并采取合法措施制止危害行为的发生或扩大,必要时可以请求法院对原合同予以变更或解除。第四,因对方当事人提出中止、转让或解除合同给企业造成经济损失的,企业应当向对方当事人提出索赔。第五,加强合同纠纷管理,在履行合同过程中发生纠纷的,应当按照相关法律法规,在规定时效内与对方当事人进行谈判协商。双方协商一致的,应当签订书面协议;无法协商解决的,可以采取仲裁或诉讼方式解决。

(七)合同结算

该环节的主要风险:第一,违反合同约定,没有按照合同的相关规定付款。第二,没有及时催收到期欠款。第三,没有合同依据就盲目付款。

该环节的主要管控措施:第一,财务部门应当在审核合同内容后办理结算业务,按照合同约定付款,并及时催收到期欠款。第二,对于没有履行合同条款或应签订但未签订书面合同的情况,财务部门有权不予付款,并及时向上级汇报。

【例3-84】 A公司是B公司的合作伙伴,后由于B公司决策失误导致经营不善,拖欠多家公司欠款,无法全额支付A公司的货款。但A公司对此并未加以重视,也并没有向B公司催收欠款。后来,B公司破产,A公司只得将该笔欠款提为坏账准备。

【分析】 A公司在合同履行后,对于到期欠款没有进行及时催收,这说明其应收账款管理存在问题。在发现对方存在财务风险后,并没有对风险进行详细分析调查,更没有及时采取行动,结果给公司造成了严重损失。

(八)合同登记

该环节的主要风险:合同档案不全,合同泄密,合同滥用等。

该环节的主要管控措施:第一,合同管理部门应当加强合同登记管理,建立合同统一分类和连续编号制度,利用信息技术对合同进行定期整理、统计和归档,详细记录合同的订立、履行和变更等情况,合同到期时应当及时办理销号和归档手续。第二,加强合同内容的保密工作,任何人未经批准不能将合同中涉及的商业机密外泄。第三,明确合同管理人员的职责,规范合同借阅和归还的审批程序和职责权限。

四、合同管理评估

合同作为企业履行权利、义务和承担责任的重要根据,是企业管理活动的体现,也是风险管理的载体,因此,企业应当建立合同管理的评估制度,定期对企业合同的履行情况进行评估和分析,对于重大合同的履行情况要尤其关注。对于合同履行中发现的问题,应当及时改进。

关键概念

合同管理　　合同文本　　合同履行

综合案例

【案例一】

F公司是一家上市的外商独资企业,公司的治理结构和内部控制在近几年的发展中不断完善,有一整套内部控制流程和操作规范。F公司采购时按照填制请购单、评审订购单合同、填制验收单、取得卖方发票、填制付款凭单、购买编制付款凭证及向卖方发出对账单等内部控制流程进行。然而,F公司在"填制请购单→询比价→选择供应商→合同评审→合同签订"的过程中却发现以下问题:

(1)在当初询比价的过程中,采购员要求各供应商报价的产品规格、型号不一致,使得询比价的作用不能发挥,由该采购员最终确定的供应商的产品价格反而最高;同时,通过运用电话和网上询价,此采购员所选供应商价格比同类厂家价格高出近10万元。

(2)该采购员在合同报告中没有说明该供应商提供增值税票的要求,从而使得该供应商以偷逃税款的方式降低报价,却告知领导是最低价采购,造成主管审核、批准失误。

(3)签订合同时原合同报告中的供应商名称变成了没有法人资质的二级代理商,而该二级代理商不具有一般纳税人资质,这为F公司以后对卖方发票的抵扣不足留下隐患。

(4)抽查该采购员所签合同,没有要求供应方提供13%的增值税票(F公司是外企,对国内设备享有退税政策)。生产部门的使用情况和反馈意见显示,此采购员所购8台该供应商的设备经常出现"跑""冒""滴""漏"现象,其中5台已返还供应商检修,有2台在仓库,在使用的只有1台。

【思考】 F公司的合同管理存在哪些问题,应该怎样解决?

【案例分析】 从F公司的采购作业制度来看,请购单、订购单合同评审、验收单、卖方发票、付款凭单、付款凭证及卖方对账单等内部控制流程比较完善,但在合同、协议的内部控制方面存在不足之处,以致在执行过程中,部分采购人员投机取巧,为谋求个人利益铤而走险,给F公司造成了不该有的损失。

(1)F公司签约前没有对供应商的签约主体资格进行调查。企业应当对拟签约对象的民事主体资格、注册资本、资金运营、技术和质量指标保证能力、市场信誉、产品质量等方面进行资格审查,以确定其是否具有对合同、协议的履约能力和独立承担民事责任的能力,并查证对方签约人的合法身份和法律资格。本案例中,供应商是没有法人资质的二级代理商,应当调查其是否按照法律规定登记并领取营业执照,对于未经核准登记,也未领取营业执照,却以非法人经济组织的名义签订合同、协议的当事人,不能与之签约。

(2)F公司在采购过程中合同询价和合同签订均由采购员负责,容易形成舞弊。F公司应当建立相应的制度,规范合同、协议正式订立前的资格审查、内容谈判、文本拟订等流程,确保合同、协议的签订符合国家及行业有关规定和企业自身利益,防范合同、协议签订过程中的舞弊、欺诈等风险。应当根据合同、协议内容对供应商、价格及变化趋势、质量、供货期和市场分布等方面进行综合分析论证,掌握市场情况,合理选择合同、协议的对方。重大合同、协议或法律关系复杂的合同、协议,应当指定法律、技术、财会、审计等方面的专业人员参加谈判,必要时可以聘请外部专家参与。对于谈判过程中的重要事项应当予以记录。

(3)F公司应当指定专人负责拟订合同、协议文本。合同、协议文本原则上由承办部门起草,重大合同、协议或特殊合同、协议应当由企业的法律部门参与起草,必要时可以聘请外部专家参与起草。由对方起草合同、协议,应当进行认真审查,确保合同、协议内容准确反映企业诉求。国家或行业有示范合同、协议文本的,企业可以优先选用,但在选用时,对涉及权利、义务关系的条款应当进行认真审查,并根据企业的实际需要进行修改。

【案例二】

(1)2021年4月,我国某服装制造公司A发现其从C公司购进的染料存在质量问题,遂与染料公司协商处理。染料公司法定代表人的儿子王某持染料公司印章,与A公司签订赔偿协议书。后因染料公司未支付赔偿款,A公司遂诉至法院。染料公司辩称双方不存在买卖合同关系,王某无权代表公司对外签订协议,赔偿协议中印章系假章,申请法院对印章真伪进行鉴定。

(2)A公司和服装批发商B公司一直保持着良好的贸易合作关系,A公司便对B公司的小额订单放松了监督,采用30%货前预付,70%为货后60天付款方式。结果截至2021年3月,B公司有累计110万元货款没有在合同约定的期间内支付。有些欠款拖欠已达4年之久,并以种种理由继续拖延。后经调查发现B公司正全力变卖固定资产,已处于破产边缘。A公司立即追讨欠款,最终追回80万元货款,另外30万元货款成为企业坏账。

【思考】 A公司的合同管理存在哪些问题?应该怎样解决?

问题:(1)A公司签订合同前没有对C公司的签约主体资格进行调查。(2)A公司过于信任老客户,在与B公司签订合同前没有充分调查对方的履约能力和信用状况,盲目采用宽松的收账政策,使企业遭受损失。A公司在合同履行后,对于到期欠款没有进行及时催收,其应收账款管理存在问题。在对方以各种理由拖欠货款时,没有及时对风险进行详细分析调查,给公司造成了严重损失。

措施:第一,审查对方当事人(王某)的相关证明原件,验证其真实性和合法性,查明授权代理人的权限范围,在充分掌握相关证据的基础上评价其是否具备主体资格。第二,获取C公司审计后的财务报告及其他相关财务信息,分析其盈利能力、营运能力和偿债能力;进行现场调查,实地了解其生产能力、技术水平、产品质量等情况,并与对方当事人的供应商、客户、开户银行、主管税务机关等部门进行沟通,了解其生产经营状况和履约情况,评估其财务状况和资信水平,并建立对方的商业信用档案,在合同履行的过程中持续关注其资信情况,及时催收到期款项。

练习题

一、单项选择题

1. 下列合同中,应归口工程管理部门负责的是( )。
   A. 审计业务合同　　　　　　　　　　B. 运输合同
   C. 建筑部门合同　　　　　　　　　　D. 产成品销售合同

2. 一般起草合同文本的部门是( )。
   A. 办公室　　　B. 财务部　　　C. 业务承办部门　　　D. 审计部门

3. 合同变更和解除应当采用书面形式,在原合同上( )。
   A. 可以修改条款　　　　　　　　　　B. 不可以涂改或添加
   C. 不必约定每项权利、义务　　　　　D. 可以没有双方签名或盖章

4. 下列选项中,不属于合同管理的不相容职务的是( )。
   A. 合同的拟订和会审　　　　　　　　B. 合同的审核和审批
   C. 合同的审批和监督评估　　　　　　D. 合同的监督评估和执行

二、多项选择题

1. 合同管理中应关注的主要风险有( )。
   A. 合同订立的风险　　　　　　　　　B. 合同履行的风险
   C. 合同纠纷的风险　　　　　　　　　D. 合同解除的风险

2. 关于合同管理内部控制,下列说法中,正确的有( )。
   A. 企业对外发生经济行为,除即时结清方式外,应当订立书面合同
   B. 重大合同或法律关系复杂的特殊合同应当由法律部门参与起草
   C. 合同应由合同起草部门负责人与对方当事人签订生效
   D. 合同生效后,企业就质量、价款、履行地点等内容与合同对方没有约定或者约定不明确的,可以协议补充

3. 合同订立的基本要求包括( )。
   A. 内容完整　　　　B. 表述严谨、准确
   C. 相关手续齐备　　D. 避免出现重大疏漏

4. 企业应当对合同文本进行严格审核,重点关注的内容有( )。
   A. 合同的主体、内容和形式是否合法
   B. 合同内容是否符合企业的经济利益
   C. 合同主体的财务状况
   D. 合同的内容和形式是否标准

5. 企业应严格审核合同需求与( ),保持两者协调一致。
   A. 国家法律法规　　　　　　　　　　B. 产业政策
   C. 企业整体战略目标的关系　　　　　D. 财务管控

三、判断题

1. 合同是企业承担独立民事责任、履行权利和义务的重要依据。（ ）
2. 企业应当建立合同管理的后评估制度,至少于每月月初对合同履行的总体情况和重大合同履行的具体情况进行分析评估。（ ）
3. 合同审批与合同拟订、合同执行是应当分离的不相容职务。（ ）

四、简答题

1. 简述合同管理的流程。
2. 应从哪些方面对合同主体进行资信调查？
3. 合同谈判时应该注意哪些事项？
4. 企业在拟订了合同文本后应当如何进行审核？
5. 为什么订立合同前要先进行合同调查？
6. 合同签署后还需要经过哪些程序才能使合同生效？
7. 如何控制合同结算环节的风险？

五、案例分析题

王先生为 A 公司员工。A 公司需要购买大批煤用于公司运转。2022 年 8 月,王先生受 A 公司委托与 B 公司签订订购煤合同,合同中约定 B 公司以每吨 1 580 元的价格向王先生所在的 A 公司有限提供 3 000 吨精煤,先款后货,预付煤款为 80%。王先生所在的 A 公司先后分两笔,共转款给 B 公司 400 万元人民币。后 B 公司未按照合同履行约定,从此"销声匿迹"。经查,B 公司法定代表人为张某,而与王先生洽谈业务的是实际经营管理人史某。张某为史某公司员工,史某假借张某身份信息注册"空壳"公司,该公司并无具体地址以及办公场所。史某得知王先生所在的公司有购煤意向,便想方设法骗取王先生的信任,打消对方的顾虑,并签订了合同,就这样史某成功骗取王先生所在公司的货款 400 万元。钱到手后,史某将骗取的 400 万元中的 360 万元转至公司一员工私人账户,其余资金用作购买设备、发放员工工资、转借他人等用途,之后断绝了与王先生的一切联系,逃之夭夭。

【要求】 结合上述资料,分析 A 公司在合同管理方面存在哪些问题。

【思政】　　　　　　　　坚持契约精神　　维护商业环境

2020 年 7 月 21 日,习近平总书记在企业家座谈会上指出:"法治意识、契约精神、守约观念是现代经济活动的重要意识规范,也是信用经济、法治经济的重要要求。"现代市场经济就是诚信经济、契约经济。契约精神的核心是诚信和守信。我国《民法典》也明确规定了契约精神的要求,要求当事人遵循诚实信用、平等自愿、公平合理的原则,履行诚实信用、谨慎选择、平等自愿、公平合理、诚实信用、及时履行等义务。契约精神是商业活动中的道德规范和法律规范,是商业合作的重要保障。在签订合同时,合同双方均应该遵循真实、明确、公平、合法的原则,确保主体资格和合同的有效性和合法性,维护健康的商业环境。

练习题参考答案

第四章　信息活动内部控制

本章要点提示

了解内部信息传递和信息系统的概念；
掌握内部信息传递和信息系统的相关风险点及其管控措施。

本章内容提要

经济市场化程度的提高要求企业必须加强信息管理，包括信息的采集、存储、处理加工和运用。信息在企业范围内按照一定的规则和程序流动，有助于每一个员工及时地获取信息，更好地完成其风险管理的职责。信息与沟通是及时、准确、完整地采集与企业经营管理密切相关的各种信息，并使这些信息以适当的方式在企业有关层级之间、企业与外部之间进行传递、沟通和正确使用的过程，是实施内部控制的重要条件。《企业内部控制基本规范》要求企业建立内部控制相关信息与沟通制度，明确相关信息的收集、处理和传递程序，加强信息的及时沟通，促进内部控制有效运行。本章以《企业内部控制基本规范》对信息活动内部控制的相关规定为基础，从内部信息传递和信息系统两个方面对企业信息活动内部控制做了介绍。

第一节　内部信息传递

本节要点提示

了解内部信息传递概念；
掌握内部信息传递的关键控制点及其控制措施；
掌握内部信息传递的主要控制措施。

本节内容提要

企业的内部控制活动离不开信息的沟通和传递。如果信息未能及时有效地提供，就可能导致企业决策失误，增加经营风险，因此，企业在完善内部控制过程中必须高度重视内部信息传递。本节在梳理内部信息传递的基本流程的基础上，分析了各环节可能存在的风险点，并提出了相应的控制措施。

一、内部信息传递的含义

按照《企业内部控制应用指引第17号——内部控制信息传递》的阐述,内部信息传递是指企业内部管理层级之间以报告为载体和形式传递生产经营管理信息的过程。

信息在企业内部进行有目的的、及时的、准确的、安全的传递,对贯彻企业发展战略、正确识别生产经营中的风险、及时纠正操作中的错误、提高决策信息质量具有重要的作用。

二、内部信息的主要形式

信息的存在主要是为了消除某种不确定性。目前,对于企业内部信息尚未有统一的定论,但根据其来源划分,企业内部信息主要有以下几种:

(一)企业主营业务运营管理产生的信息

这是指企业从初始发展战略制定到具体实施和运营过程中所产生的所有程序文件、作业指导书、工作记录等。

(二)监控企业主营业务产生的信息

这是指监督与控制企业的目标制定、计划实施、生产运营、结果评价等一系列环节所产生的信息。

(三)重大评审或不确定评审所产生的信息

这是指为确保企业目标的实现,对企业进行定期或不定期评审所产生的信息。

(四)企业做出重大决策产生的信息

这是指企业对未来发展做出相关判断或决策产生的信息。

(五)重大失误或突发事件产生的信息

这是指企业生产过程中出现失误或内部运营中出现不合法等事件产生的信息。

三、有效内部信息应具备的特点

(一)完整性

只有表达完整、全面的信息才能被企业吸收理解,并帮助企业做出合理的决策、减小企业的风险。完整性是有效内部信息的最关键因素。

(二)简单性

有效的内部信息必须是便于企业内部理解的,必须具有良好的可读性,增强使用者的吸收能力。

(三)结构性

由于企业内部具有相应的组织结构,因此信息也需要结构化,以避免信息使用混乱,提升信息使用效率。

(四)一致性

不同的部门、职能所需信息不同,不同的业务、事件所需信息也不同,因此有效的信息不仅要对企业层面有效,对于某一具体事件也必须有效,即具备一致性。

四、内部信息的传递方式

企业内部信息的传递方式主要有以下几种:

(一)自上而下

自上而下主要为上级领导向下级部门发布任务的方式。

(二)自下而上

自下而上主要为下级部门向上级领导汇报工作或投诉事件的方式。

(三)横向传递

横向传递主要为不同部门职位相似的人员之间进行信息传递的方式。

五、内部信息传递流程

内部信息传递的内部控制设计是一个复杂的系统工程,其基本流程包括设计准备、设计实施、试行及完善等。根据设计操作需要,在基本流程的基础上,还要有多层次具体的流程,每个具体流程中需明确工作内容、方法、步骤以及相应的表单等,要突出内部信息传递内部控制设计的特色,如图4-1所示。

(一)内部报告指标体系设计

内部报告是信息传递的载体,而指标体系的设置则是对信息的采集和加工,内部报告指标体系的设置是内部报告传递的起点,决定着内部报告的质量,其指标选择是否科学直接关系到内部报告反映的信息的价值。企业应当根据自身的发展战略、风险控制和业绩考核特点,建立科学、规范的多级次内部报告的指标体系;合理设置关键信息指标和辅助信息指标,并与全面预算管理等因素相结合;同时,应随着环境和业务的变化不断修订和完善。

(二)内外部信息收集

企业的决策离不开内外部信息的支持。为了随时掌握有关市场状况、竞争情况、政策变化及环境的变化,保证企业发展战略和经营目标的实现,企业应当完善内外部重要相关信息的收集机制和传递机制,利用信息技术搭建信息集成平台,广泛收集、分析、整理内外部信息,并通

```
建立内部报告指标体系
        ↓
    收集内外部信息  ←─┐
        ↓            │
    编制内部报告      │
        ↓            │
    是否通过审核 ──否─┘
        ↓是
    内部报告的传递
        ↓
   内部报告的使用及保管
        ↓
     内部报告评估
```

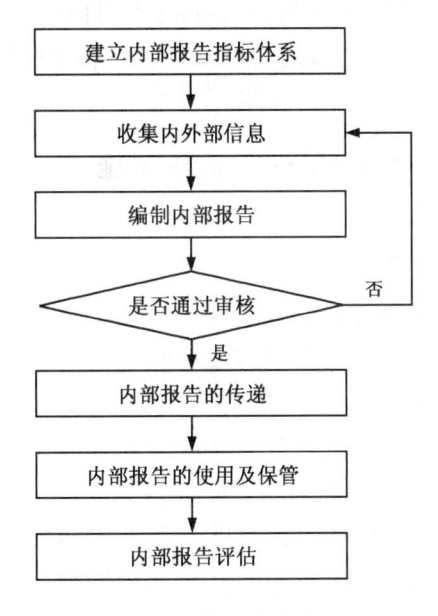

图 4—1　内部信息传递流程

过内部报告传递到企业内部相关管理层级,以便及时采取应对策略。

(三)内部报告的编制与审核

企业应对收集的相关信息进行筛选、审查,然后根据各管理层级对内部报告的信息需求和先前制定的内部报告指标,建立相关分析模型,再根据汇总的有效数据起草内部报告,形成总结性结论,并提出相应的建议。内部报告编制完成后,需要经过有关部门和人员的审核;对于审核未通过的报告,需要及时退回,分析原因,进行调整和修正。

(四)内部报告的传递

为了使信息及时传递,保证信息的安全,企业必须完善内部报告传递流程,保证传递渠道的畅通和安全。企业应当充分利用信息技术,强化内部报告信息集成和共享,构建科学的内部报告体系,保证信息传递的及时性,重要信息应当及时传递给董事会、监事会和经理层。

(五)内部报告的使用及保管

内部报告的有效使用能够为企业生产经营提供指导。企业要对内部报告加以正确、有效的使用,各级管理人员应当充分利用内部报告进行有效决策,管理和指导企业的日常生产经营活动,以确保企业实现发展战略和经营目标;企业应当有效利用内部报告进行风险评估,准确识别和系统分析企业生产经营活动中的内部风险和外部风险,确定风险应对策略,实现对风险的有效控制。

(六)内部报告评估

内部评估报告经过使用后,需要对其是否全面、完整、及时、有效地传递内部信息进行评估。企业对内部报告的评估应当定期进行,至少每年度对内部报告进行一次评估。经过评估发现内部报告存在缺陷的,企业应当及时进行修订和完善,确保内部报告提供的信息及时、有效。

六、内部信息传递流程的主要风险点及其管控措施

(一)建立内部报告指标体系

该环节的主要风险:指标体系的设计未能结合企业的发展战略,指标体系级次混乱,与全面预算管理要求脱节,并且设定后未能根据环境和业务变化进行调整。

该环节的主要管控措施:第一,企业要根据其发展战略、风险管理要求和业绩考核标准,以及各管理层级对信息的需求和详略程度,建立一套级次分明的内部报告指标体系。第二,企业内部报告指标确定后,应进行细化,层层分解,使企业内各责任中心及各相关职能部门都有自己明确的目标,以利于控制风险并进行业绩考核。第三,内部报告需要依据全面预算的标准进行信息反馈,将预算控制的过程和结果向企业内部管理层报告,以有效控制预算执行情况、明确相关责任、科学考核业绩,并根据新的环境和业务,调整决策部署,更好地规划和控制企业的资产和收益,实现资源的有效配置和管理的协同效应。

【例4—1】 某企业根据自身的发展要求建立了内部报告指标体系,但因为对权责没有进行详细的划分,导致部分部门的责任不明确,致使该体系没有达到预期的效果,甚至在一定程度上影响了企业的运作和发展。

【分析】 该企业在内部控制设计上存在缺陷,没有合理地细化各责任中心的权责,致使该体系没有正确地控制风险和进行业绩考核。企业应及时将预算控制向内部管理层报告,以期控制预算执行、明确责任和考核业绩。

(二)内外部信息收集

该环节的主要风险:第一,收集的内外部信息不能突出重点。第二,内容的准确性差,导致决策失误等情况出现。第三,获取内外部信息的成本过高,违反了成本效益原则。

该环节的主要管控措施:企业要根据信息需求者的要求,按照一定的标准对信息进行分类汇总,选择对于使用者具有现实意义的相关信息。基于信息来源的复杂性,企业还要对搜集的信息进行审核和鉴别,确定其真实性和准确性。另外,企业还应当在收集信息的过程中关注信息搜集的成本问题,如果信息搜集的成本超过信息带来的价值,则应进行合理权衡。

【例4—2】 沃尔玛作为大型的商家,完美地将数据挖掘应用于商战之中。沃尔玛拥有跨越多个渠道收集各种信息的信息系统,该系统具有投入大、功能全、全球联网和速度快的特点。

【分析】 由上述资料可以看出,沃尔玛在内外部信息收集方面进行了良好的内部控制。它将消费者的类型做了归纳,从而可以得出消费者的消费倾向,进而针对不同的需求对自身进行调整来满足消费者的需求。

(三)内部报告编制与审核程序

该环节的主要风险:内部报告未能根据各内部使用单位的需求编制,内容不完整,编制不

及时,未经审核即向有关部门传递。

该环节的主要管控措施:第一,企业内部报告的编制单位应根据内部报告使用者的信息需求,以内部报告指标体系为基础,编制内容全面、完整的内部报告,以便企业各管理层级和全体员工掌握相关信息,正确履行职责。第二,企业应合理设计内部报告编制程序,提高编制效率,保证内部报告能在第一时间提供给相关管理部门。对于重大突发事件应以速度优先,尽可能快地编制出内部报告,向董事会报告。第三,企业应当完善内部报告授权审核制度,明确各部门权限,使内部报告的起草与审核岗位分离,并且要求内部报告在传递前必须经签发部门负责人审核。另外,对于重要信息,企业应当委派专门人员对其传递过程进行复核,确保信息正确传递给使用者。

(四)内部报告传递

该环节的主要风险:缺乏内部报告传递流程,内部报告未按传递流程进行传递流转,内部报告流转不及时。

该环节的主要管控措施:第一,企业应当制定规范和完善的内部报告传递制度,并根据信息的类型、重要程度等特征,确定不同的流转环节,严格按设定的传递流程进行流转。第二,在内部报告的传递过程中,企业各管理层对内部报告的流转应做好记录,对于传递错误或丢失等情况,应当调查原因,并做相应处理。第三,由于信息系统的广泛应用,企业还需要防范因系统故障而导致的信息传递中断等情况,并及时更新信息系统,确保内部报告有效、安全地传递。

(五)内部报告使用及保管

该环节的主要风险:企业管理层在决策时并没有使用内部报告提供的信息,内部报告未能用于风险识别和控制,商业秘密通过企业内部报告被泄露。

该环节的主要管控措施:第一,企业在进行预算控制、做出生产经营管理决策和开展业绩考核时,充分使用内部报告提供的信息。企业应当将预算控制与内部报告接轨,通过内部报告及时反映全面预算的执行情况;利用内部报告的信息对生产经营进行分析,若发现存在的问题,则应及时查明原因并加以改进;将绩效考评和责任追究制度与内部报告联系起来,依据及时、准确、按规范流程提供的信息进行透明、客观的定期业绩考核,并对相关责任人进行追究、惩罚。第二,企业管理层应通过内部报告提供的信息对企业生产经营管理中存在的风险进行评估,准确识别和系统分析企业生产经营活动中的内外部风险,并制定应对策略,实现对风险的有效控制。第三,企业应当制定严格的内部报告保密制度,明确保密内容、保密措施、密级程度和传递范围,通过职责分离、授权接触、监督和检查等手段防止商业秘密泄露。

(六)内部报告评估

该环节的主要风险:第一,企业缺乏完善的内部报告评价体系。第二,对各信息传递环节和传递方式控制不严。第三,缺乏相应的惩戒机制。

该环节的主要管控措施:企业应建立并完善企业对内部报告的评估制度,定期对内部报告进行全面评估,考核内部报告在企业生产经营活动中的有效性和经济价值。企业要根据评估结果对内部报告体系和传递机制进行及时调整。另外,企业要执行奖惩机制,并与绩效考核体系挂钩,落实责任追究制度,以确保信息传递及时、准确。

关键概念

内部信息　　信息传递　　内部报告

综合案例

2022年央视"3·15晚会"曝光了一系列触目惊心的食品安全问题,其中"脚踩老坛酸菜"事件让消费者嗤之以鼻。事件来源是插旗菜业的"土坑酸菜"生产内幕曝光,在插旗菜业的清洗车间,酸菜被直接堆放在地上,部分生产所用的酸菜源自附近农田土坑腌制,工人直接用脚踩酸菜的画面被消费者口诛笔伐,其酸菜生产制作过程毫无安全保障、卫生状况堪忧。插旗菜业作为康师傅、统一、五谷鱼粉、绿盛农业等知名企业的原材料代加工商,其"土坑酸菜"风波让多家以酸菜为原材料的企业商誉受损。

【案例分析】 根据相关报道可知,在2016年插旗菜业就已经接到过消费者的举报,称插旗菜业生产的产品安全质量不达标,但在当时并没有将该信息及时传递。随着投诉人数逐渐增多,在2022年3月记者暗访插旗菜业的酸菜制作车间后,其酸菜生产制作过程曝光于消费者眼前。接着食品安全监管部门才启动调查并责令其整改,这中间存在着严重的信息与沟通不及时和不全面的问题。

根据我国相关法规的规定,地方人民政府及食品安全监管部门在接到食品安全问题后,应立即向上级部门报告,情节严重的应在2小时内报告至省级政府,或直接向国务院和药监局等相关部门报告,但插旗菜业直到2022年3月才将相关情况报告给相关部门。正是内部信息沟通和传递的延迟,在一定程度上加大了食品安全问题的危害后果,不仅对相关企业的声誉造成了不良影响,而且带来了商誉减值损失。

在内部沟通上,企业应当在管理层定期或不定期地召开会议,与相关部门的负责人及时沟通,了解企业的实际情况;在信息的传递方面,应当建立良好的企业精神和文化,将企业内部控制的职责细化到每一位员工,使得企业逐步达成经营目标。

练习题

一、单项选择题

1. 企业在管理控制系统中为企业内部各级管理层以定期或者非定期的形式记录和反映企业内部管理信息的各种图表和文字资料的报告是(　　)。

　　A. 财务报告　　　　B. 内部报告　　　　C. 外部报告　　　　D. 内部审计报告

2. 内部传递的信息能否满足使用者的需要取决于信息是否(　　)。

　　A. 安全、可靠　　　B. 及时、相关　　　C. 有高价值　　　　D. 真实、准确

3. 在设计内部报告指标体系时,企业应当根据内部各(　　)的需求选择信息指标,以满足其经营决策、业绩考核、企业价值与风险评估的需要。

　　A. 领导层　　　　　B. 管理层　　　　　C. 一般员工　　　　D. 信息用户

4. 以下选项中,(　　)属于有效企业内部信息应备特点中的最关键因素。

A. 简单性　　　　B. 准确性　　　　C. 完整性　　　　D. 一致性

5. 关于内部信息传递流程管控的两个层次,下列说法中,不正确的是(　　)。

A. 企业应严格规定内部报告审核程序和设定审核权限

B. 企业应建立内部报告的评估制度,重点关注内部报告的及时性、安全性和有效性

C. 企业建立内部报告使用及保管制度,防止商业秘密泄露的手段包括职责分离、授权接触

D. 企业建立内部报告指标体系的依据是其自身的发展战略,与环境和业务变化无关

6. 内部报告指标体系设计的最重要依据是(　　)。

A. 社会公众的需求　　　　　　　　B. 企业内部报告使用者的需求

C. 企业的外部环境　　　　　　　　D. 企业财务状况

7. 内部信息沟通是指(　　)。

A. 在企业正式结构、层次系统进行的沟通

B. 通过正式系统以外的途径进行的沟通

C. 企业经营、管理所需的内部信息、外部信息在企业内部的传递与共享

D. 企业与利益相关者之间信息的沟通

二、多项选择题

1. 在建立内部报告指标环节的主要风险点包括(　　)。

A. 未以企业战略和管理模式为指导设计内部报告及指标体系

B. 内部报告体系或者指标体系不完整或者过于复杂

C. 指标信息难以获得或者成本过高

D. 指标体系缺乏调整机制

2. 企业应当根据(　　)要求,科学规范不同级次内部报告的指标体系。

A. 发展战略　　　B. 风险控制　　　C. 业绩考核　　　D. 领导层

3. 关于内部信息传递的内部控制要求与措施,下列说法中,正确的有(　　)。

A. 企业内部各管理层级均应当指定专人负责内部报告工作,重要信息应及时上报,由各管理层级领导审批后报告高级管理人员

B. 企业应当有效利用内部报告进行风险评估,准确识别和系统分析企业生产经营活动中的内外部风险,确定风险应对策略,实现对风险的有效控制

C. 企业应当建立内部报告的评估制度,定期对内部报告的形成和使用进行全面评估,重点关注内部报告的及时性、安全性和有效性

D. 设计内部报告指标体系时,应当关注企业成本费用预算的执行情况

4. 信息的沟通对企业来说是至关重要的,需要引起各个企业的重视。下列选项中,属于内部信息传递风险的有(　　)。

A. 内部报告系统缺失、功能不健全、内容不完整,可能影响生产经营有序运行

B. 内部信息传递不通畅、不及时,可能导致决策失误、相关政策措施难以落实

C. 内部信息传递中泄露商业秘密,可能削弱企业核心竞争力

D. 以上均正确

5. 以下选项中,属于企业内部信息传递方式的主要有(　　)。

A. 自下而上　　　　B. 自上而下　　　　C. 横向传递　　　　D. 越级传递

三、判断题

1. 《企业内部控制指引第 17 号——内部控制信息传递》所称"内部信息传递",是指企业内部下级管理层通过内部报告形式向上级传递生产经营管理信息的过程。（　　）
2. 企业应当强化内部报告信息集成和共享,将内部报告纳入企业统一信息平台,让企业所有员工享有企业内部消息。（　　）
3. 企业应当建立内部报告保管制度,各部门应当指定专人按类别保管相应的内部报告。（　　）
4. 内部报告的起草与审核可以不进行岗位分离。（　　）
5. 内部报告指标体系形成以后,要根据企业内外部环境因素的变化进行适时的调整,更好地为企业服务。（　　）
6. 企业内不同部门职位相似的人员之间进行信息传递的方式属于横向传递方式。（　　）

四、简答题

1. 内部信息传递时,编制及审核内部报告环节的主要风险有哪些?有什么相应的控制措施?
2. 什么是内部报告?它有什么作用?
3. 简要描述内部信息传递的流程。
4. 内部报告评估体系的主要风险点及其控制措施分别是什么?

五、案例分析题

2021 年 7 月 15 日凌晨 3 点半左右,珠海市石景山隧道发生透水事故,造成 14 人遇难,以及 3 678.677 万元的经济损失。在后来的案情分析中发现,中铁二局三公司作为该项目的承包方,没有对项目实施情况做到跟进与落实,勘察人员已经从勘测数据中发现异常但是没有和技术人员商量,仅仅在勘测表中草率地填写"可以掘进"就上报到工程部,而部长、工程师也没有进行分析,就做出可以掘进的水害预报,地质技术员监理代表也没有建议停工。7 月 15 日凌晨 3 点 30 分,工人发现渗水,及时做了报告,各位领导干部没能及时做出决策,透水事故终于发生。

【要求】　结合上述资料,分析中铁二局三公司在内部控制方面存在哪些薄弱的环节。

【思政】　　　　强化企业社会责任　　提升核心竞争能力

党的二十大报告指出要强化企业的社会责任意识、规则意识、奉献意识。在经济全球化的背景下,社会责任已成为企业核心竞争力的重要组成部分。企业应积极承担社会责任,关心社会进步与社会民生。中铁二局三公司在追求经济效益的同时要注重承担相应的社会责任,把员工、工人的安全问题以及项目建设安全问题放在经济效益之前,强化企业的社会责任与担当意识,营造良好的企业文化价值观。

第二节 信息系统

> **本节要点提示**
>
> 掌握信息系统的开发方式；
> 掌握开发方式的关键控制点及其主要控制措施。

> **本节内容提要**
>
> 信息系统在实施内部控制和现代化管理中具有十分独特且重要的作用。现代企业的运营越来越依赖于信息系统。信息系统在给企业带来巨大利益的同时，也给企业内部控制带来了诸多风险。企业应当重视信息系统在内部控制中的作用，加强信息系统建设总体规划，提升企业的现代化管理水平。本节在梳理内部信息传递基本流程的基础上，分析了各环节可能存在的风险点，并提出了相应的管控措施。

一、信息系统概述

按照《企业内部控制应用指引第 18 号——信息系统》的阐述，信息系统是指企业利用计算机和通信技术，对内部控制进行集成、转化和提升所形成的信息化管理平台。

信息系统由计算机硬件、软件、网络和通信设备、用户、信息流和运行规程等要素组成。信息系统内部控制的建立是为了促进企业内部控制的有效实施，提高企业管理水平，增强信息系统的安全性及相关信息的保密性，为建立信息沟通机制提供有效保障。

二、信息系统的开发

企业根据自身发展战略和业务需求对信息系统进行开发建设。首先要确定系统建设的目标，根据目标进行战略规划，再把规划细化为项目建设方案。

企业信息系统的开发可分为十个阶段：

一是可行性分析阶段，即分析其是否可行以及是否具备经济效益。

二是系统规划阶段，即企业收集的信息需要经过高层统一的、全局性的规划。

三是系统分析阶段，即需要按照总体规划的要求对系统规划中所确定的各个组成部分进行详细的分析。

四是系统设计阶段，即依据系统分析的结果、结合计算机的具体实现，设计各个组成部分在计算机系统上的结构。

五是系统开发实施阶段，即系统硬件设备的购买安装和应用软件的程序设计。

六是系统测试阶段，即对应用程序进行调试和测试。

七是安装调试阶段，即进行系统安装、数据加载等系统运行前的准备工作。

八是试运行阶段，即调试结束后试运行检查是否可以长期运行。

九是运行维护阶段，即确保信息系统的有效运行。

十是系统更新阶段，即根据新的需求对信息系统进行升级。

企业可以根据自身实际，采取自行开发、外购调试或业务外包等方式建设信息系统。采用外购调试或业务外包方式的，选择开发单位时应当采用公开招标等形式择优选择；采用自行开发方式的，信息系统管理部门应当组织相关部门进行需求分析，明确系统设计、编程、安装调试、验收、上线等全过程的管理要求，合理配置工作人员。企业信息系统的管理部门应当加强对信息系统开发过程的跟踪管理，加强与开发单位的沟通和协调，由独立的专业机构对开发完成的信息系统进行验收检查。

（一）制定信息系统开发的战略规划

信息系统开发的战略规划是以企业发展战略为指导制定的，有利于企业信息化建设的全局性和长期性规划，是建设企业信息系统的起点。

该环节的主要风险：第一，缺乏战略规划或规划不合理，可能导致信息不完整或重复建设，降低企业经营管理效率。第二，没有把企业业务需求与信息技术有效结合，致使信息系统的应用价值不能充分发挥。

该环节的主要管控措施：第一，制定信息系统开发的总体战略规划和中长期发展计划，并根据每年的经营计划制订年度信息系统建设计划，使经营管理活动与信息系统保持一致。第二，制定战略的过程中充分调动管理部门和业务部门的积极性，让各部门能够广泛参与和充分沟通，提高战略规划的科学性和适用性。第三，信息系统战略规划要与企业的组织架构、业务范围、技术能力等条件相适应，避免相互脱节。

（二）选择适当的信息系统开发方式

信息系统的开发建设是信息系统生命周期中技术难度最大的环节，开发建设的好坏直接关系到信息系统的成败。开发建设的方式主要有自行开发、外购调试、业务外包三种，每种开发方式有各自的优缺点和适用条件，企业应根据自身情况合理选择。

1. 自行开发

自行开发是指企业凭借自身实力完成开发。自行开发的好处是开发人员了解企业的情况，能够开发出满足企业经营需要的技术，特别是一些有特殊要求的业务。自行开发有利于企业培养自己的开发团队，方便以后的运行和维护。其不足之处是需要的时间较长，技术水平难以保证，存在失败的风险。因此，自行开发的方式一般适用于企业本身技术力量雄厚，并且市场上没有合适的、能够满足企业需求的软件和解决方案。

2. 外购调试

外购调试是指企业在市场上购买成熟的商品化软件，通过二次开发满足企业需求。外购调试的好处是建设周期短，成熟的商品化软件可靠性高。其不足之处是对于企业的特殊需求难以满足，并且企业的自主权不强，系统的后期升级进度受到产品更新换代速度的制约。所以，外购调试的方式一般适用于企业的特殊需求较少，并且市场上已经有成熟的商品化软件和实施方案的情况。

3. 业务外包

业务外包是指委托其他企业进行信息系统的开发。通常企业会把信息系统开发的项目外包给科研机构或专业公司进行开发和安装，然后给企业直接使用。业务外包的好处是企业可以根据自身需要充分利用专业公司的技术优势,建立满足企业需求的个性化系统,不必培养和维持庞大的开发队伍,节省了人力成本。外包业务的不足之处是沟通需要的成本高,如果合作公司不能充分理解企业需要,则可能造成开发出的信息系统不符合企业要求;同时,由于外包信息系统对合作方的专业技术、职业道德等都有很高要求,因此企业必须增强对外包项目的监督。业务外包的方式一般适用于本身技术力量薄弱的企业,或为了节约成本不愿维持庞大的开发队伍的企业,并且市场上没有合适的、能够满足企业需求的软件和解决方案。

(三)自行开发方式的主要风险点及其管控措施

1. 项目计划

项目计划通常包括项目范围说明、项目进度计划、项目质量计划、项目采购计划、项目资源计划、项目沟通计划、风险对策计划、需求变更控制、配置管理计划等内容。项目计划不是固定不变的,可以在项目启动阶段先制订一个整体的项目计划,确定项目的总体内容和重要事项,然后根据项目的实际情况进行调整和完善。

该环节的主要风险:信息系统建设缺乏项目计划或计划不合理,造成项目进度延迟、费用超支或质量不合格等问题。

该环节的主要管控措施:第一,根据信息系统建设的总体规划,设计各阶段项目的建设方案,明确建设的目标、人员、职责、进度和经费等相关内容,按照程序和权限审批后才可以实行。第二,采用专业的项目管理软件制订项目计划并进行及时跟踪,以保证过程可控。第三,关键环节的编制文档应当参照国家和行业标准,提高项目计划编制的水平。

2. 需求分析

需求分析是指管理人员和业务人员通过详细调查,掌握业务活动涉及的工作及用户需求,根据需求建立未来目标系统的模型。

该环节的主要风险:第一,需求本身不合理,在功能和安全性等方面对信息系统提出的要求不符合业务处理的需要。第二,技术上不可行,违背了成本效益原则或与国家相关法律规定存在冲突。第三,需求文档不能准确、全面地阐明企业需求,存在表述错误等问题。

该环节的主要管控措施:第一,信息系统管理部门组织相关部门提出开发需求,加强系统分析人员与相关管理人员和业务人员的交流,综合分析后提出合理需求。第二,编制表达完整、准确的需求文档。第三,建立健全需求评审和需求变更控制流程。设计需求文档前先评审其可行性,经需求人和编制人签字确认后,再由管理部门和业务部门审批。

3. 系统设计

系统设计是指根据系统需求分析阶段设计的目标系统逻辑模型,建立一个能在企业特定的计算机环境中操作的物理模型。系统设计包括总体设计和详细设计。

该环节的主要风险:第一,设计方案不能满足用户需求,无法实现需求文档的既定目标。第二,设计方案不能有效控制开发成本,无法保证开发进度和质量。第三,设计方案不全面,后续变更频繁。第四,设计方案没有考虑对内部控制的影响,系统完成后出现新的风险。

该环节的主要管控措施:第一,系统设计负责部门根据整体设计方案与业务部门进行沟通,说明方案对用户需求的覆盖情况。第二,企业应参照相关国家和行业标准,提高系统设计说明书的编写质量。第三,建立设计评审制度和设计变更的控制流程。第四,充分考虑信息系统建成后的控制环境,把经营管理流程、关键控制点和处理流程嵌入系统程序。第五,充分考虑信息系统环境下新的控制风险。第六,针对不同的数据输入方式,加强对系统数据进入的检查和校验。第七,在设计系统时考虑设置操作日志功能,设置系统自动跟踪、报告和处理机制,确保操作的可审计性。第八,预留必要的后台操作通道,建立规范的操作流程,保证后台的可监控性。

4. 编程和测试

编程阶段是指把设计方案转换成计算机语言的过程。编程阶段完成后要进行测试,以便了解系统的性能和不足,及时发现和改正错误。

该环节的主要风险:第一,编程结果与设计不符。第二,各程序员编程的差异大,程序可读性差,致使后期维护困难。第三,没有合理的控制程序,造成重复修改等问题。第四,测试不充分。开发环境下测试正常而生产环境下运行出错,致使系统上线后出现严重问题。

该环节的主要管控措施:第一,建立和执行严格的代码复查评审制度。第二,建立和执行统一的编程规范,在标识符命名、程序注释等方面统一风格。第三,使用版本控制软件系统,保证开发人员在相同的组件环境中进行项目工作,便于协调开发人员修改程序。第四,建立严格的测试流程,区分不同类型的测试,提高终端用户在测试中的参与度,提高测试工作的质量和效率。

5. 上线

系统上线是指把开发出的系统应用到实际的计算机运行中,使信息系统按照既定的用户需求运转。

该环节的主要风险:第一,缺少有效的上线计划,致使系统上线混乱。第二,人员培训不足,不能正确、充分地使用系统功能,造成业务处理错误,增加开发成本。第三,初始数据准备设置不合理,造成新旧系统数据处理错误。

该环节的主要管控措施:第一,制订信息系统上线计划,经管理部门审核批准。第二,在上线计划中明确新旧系统切换的应急预案,保证新旧系统的顺利转换。第三,制订详细的数据迁移计划,并对迁移结果进行测试。

(四)业务外包方式的主要风险点及其管控措施

1. 选择外包服务商

该环节的主要风险:合作双方的信息不对称容易产生道德风险,外包商可能会为了自身利益而损害企业利益。

该环节的主要管控措施:第一,选择外包商时充分考虑服务商的资信条件、经营状况、财务状况、服务能力等因素,或者借助行业标准来判断外包商的综合实力,对外包商进行严格挑选。第二,严格外包服务的审核和管控流程,采用公开招标等形式选择外包商,在审批时实行集体决策制度。

2. 签订外包合同

该环节的主要风险:合同内容不完整或不准确,无法保障企业的正当利益。

该环节的主要管控措施:第一,拟订合同前充分考虑双方的合作范围、责任归属、付款方式、合约期限及违约赔偿等问题,并在合同条款中清楚、准确地列明,拟好后由法律部门审核。

第二,针对开发过程中涉及的商业秘密和敏感数据,与外包商签订保密协议,以保证数据安全。第三,在合同约定时选择分期付款方式,在系统运行一段时间并经过评估验收后再支付尾款。第四,在合同中明确要求外包商保持技术团队的稳定性。

3. 持续跟踪评价外包服务商的服务过程

该环节的主要风险:缺乏外包服务跟踪评价机制或跟踪评价不到位,造成外包服务水平无法满足企业信息系统的开发需求。

该环节的主要管控措施:第一,规范外包服务的评价体系,建立外包服务的质量考核标准,定期对外包商进行测评,实现对外包商的跟踪评价。第二,必要时可引入监督机制,降低外包风险。

【例4-3】 甲公司为服装生产企业,为进一步提高经营管理水平,决定改造企业流程,提高物流效率,建设信息系统。通过分析研究,甲公司选择了外购调试的方式,采购了乙公司的ERP系统来组建自身信息系统。系统建成后,提高了信息的实时性和准确性,加快了供应链的响应速度,准确率极高,并且可以自动检验采购订单,防止暗箱操作。

【分析】 该系统成功开发运行是因为选择了正确的开发方式。在市场上已经有成熟的商业化信息系统,通过二次开发就可以满足企业需求的情况下,外购调试是合理的选择。

(五)外购调试方式的主要风险点及其管控措施

1. 软件产品选型和供应商选择

该环节的主要风险:第一,软件产品选型不当,不能满足企业要求。第二,供应商选择不当,服务水平不佳,产品的后续升级无法保障。

该环节的主要管控措施:第一,明确自身需求,广泛听取行业专家的意见,合理选择软件产品的类型和版本。第二,选择供应商时,在考察其产品现有性能的基础上,还要考察其服务水平和后续升级能力。

2. 服务提供商选择

该环节的主要风险:服务提供商选择不当,软件产品的功能无法充分发挥,不能满足用户需求。

该环节的主要管控措施:在选择服务提供商时,不但要考查其对软件产品的熟悉程度,还要考查其是否充分理解企业的个性化需求或是否有过相同或相似的成功案例等情况。

三、信息系统的运行和维护

信息系统的运行和维护主要包含日常运行维护、系统变更与安全管理三个方面的内容,具体如下:

(一)日常运行维护的主要风险点及其管控措施

日常运行维护主要是为了保证系统的正常运作,包括系统的日常操作、巡检和维修、监控、异常事件的报告和处理等。

该环节的主要风险:第一,没有建立合理的信息系统日常运行管理制度,不能及时发现隐患而导致系统出错。第二,没有进行例行检查,不能发现长期隐藏在系统中的人为恶意攻击,导致系统被破坏而造成损失。第三,系统数据没有定期备份,导致信息丢失或损坏后无法恢复,可能造成严重损失。第四,没有对信息系统的使用与维护进行合理的权责分离与授权审批,致使不同部门或岗位人员错误使用其他部门或岗位的程序,导致操作失误。

该环节的主要管控措施:第一,制定信息系统管理制度及操作规范,切实做好系统运行记录和备份,及时发现和处理系统运行中存在的问题,确保信息系统持续平稳运行。第二,重视系统运行的日常维护和例行检查,维护工作和检查工作都由专人负责。第三,将系统运行中的突发事件交由专业人员处理,必要时与系统开发人员或供应商一起协商解决。第四,建立信息系统使用与维护的授权审批和专人专责制度,禁止跨权越职对其他部门或人员的相应程序进行操作。

(二)系统变更的主要风险点及其管控措施

系统变更是为了更好地满足企业需求,包括软件的修改与升级、硬件的升级等。

该环节的主要风险:第一,企业没有建立严格的变更申请和审批制度,随意变更系统,导致系统不稳定而发生错误。第二,系统变更后的效果无法实现预期目标。

该环节的主要管控措施:第一,建立合理的系统变更制度,规范系统变更的流程。信息系统操作人员必须严格遵守管理流程操作,不能擅自变更系统配置,需要时必须取得相关部门审批才可以变更。第二,系统变更程序必须与新系统开发项目的验证和测试程序保持一致,必要时还要进行额外测试。第三,加强紧急变更的管理和控制。第四,加强系统变更在生产环境中的管理控制,包括数据转换控制、授权控制和用户培训等。

【例4—4】 张某是甲公司市场部计费及维护员,负责公司业务计费、业务稽核、账户及办公设备系统维护。张某利用工作之便进入充值卡数据库,通过运行操作语言将8 000张已作废充值卡非法激活,并将这些激活卡放在市场上低价销售。

【分析】 信息系统操作人员必须严格遵守管理流程操作,不能擅自变更系统配置,需要时必须取得相关部门审批才可以变更。甲公司没有建立合理的系统变更制度,也没有规范系统变更的流程,只由张某一人就可以进入数据系统操作,没有审批程序,才会出现如此严重的损失。

(三)安全管理的主要风险点及其管控措施

安全管理是指对信息系统中的软件、硬件和数据的安全进行维护和管理,促使信息系统正常平稳运行。

该环节的主要风险:第一,硬件设备种类繁多且分布广泛,安全管理的难度较大,导致设备的生命周期缩短。第二,企业缺乏信息安全意识,对信息安全没有进行有效的监管。第三,对系统程序的安全防护不到位,系统存在病毒或漏洞,容易受到恶意攻击,致使信息泄露。第四,没有对系统操作人员的有效监督,可能出现舞弊甚至犯罪行为。

该环节的主要管控措施:第一,建立健全信息系统的设备管理制度,建立专门的电子设备管控机制,保证电子设备的安全。第二,建立信息系统安全保密制度,对重要岗位员工进行信息系统安全保密培训。成立专门管理信息系统的安全机构,由信息主管部门负责具体实施,对信息安全做出全面、严格的管理。第三,通过桌面管理系统实现对企业PC端等外围以及终端用户的行为进行集中管理,防止企业内部网络对信息系统的侵害;同时,加强网络的接入和出口管理,利用 VLAN 技术根据物理分布及应用情况适当划分系统子网,实现对故障系统的隔离。第四,采用网络运维管理网平台,实现对企业网络监控、IP 地址与服务分布查询定位、网络数据流异动报警功能。第五,在系统上部署网络入侵和安全审计系统,对网络内外部的用户活动进行监控,侦查现有或潜在的系统威胁,并进行相应的识别、记录与分析。第六,按照国家法律法规及安全标准,制定信息系统安全管理细则。建立不同等级信息的授权使用制度,采取技术手段对信息系统进行严格控制,保证信息系统有效运行。第七,加强网络的安全防护,综合运用技术手段提高网络安全,选择并采用合适的防病毒系统,防止信息系统受到感染和破坏,确保信息传递的完整、准确。第八,建立信息系统开发、运行和维护等岗位的不相容分离制度,防止发生计算机舞弊和犯罪行为。第九,定期对信息系统进行安全评估,及时发现和解决系统安全问题。

四、信息系统终结

在系统终结阶段,信息系统将停止运行。停止运行的原因一般是企业破产或被兼并、原有系统被新系统取代。

该环节的主要风险:第一,经营条件发生重大变化,导致信息泄露;第二,信息档案的保管期限不够长。

该环节的主要管控措施:第一,做好善后工作,将废弃系统中有价值或涉密的信息进行销毁或转移;第二,严格按照国家相关法律制度和管理规定,妥善保管相关信息档案。

关键概念

信息系统　　自行开发　　外购调试

综合案例

信息系统内部控制是广东联通内部控制的重要组成部分,主要包括运营支撑系统域、业务支撑系统域和管理支撑系统域三大系统域,具体包括信息系统控制环境管理、系统开发管理、系统变更管理、系统安全管理、系统运行维护管理以及与业务密切联系的信息系统应用管理,涵盖了系统规划、需求分析、系统设计、系统实施、系统运行维护、系统评价等整个信息系统生命周期。在内部控制建设过程中,广东联通对 2 200 个以上的风险点做了详细分析,制定了相应的控制措施对信息系统进行一般控制和应用控制。

1. 广东联通信息系统的一般控制

广东联通强调信息系统全生命周期管理,明确了信息系统各阶段的风险控制点,对信息系统的开发和应用环境进行控制,主要包括信息系统控制环境管理、系统开发管理、系统变更管理、日常运行维护管理、系统安全管理等内容;同时,还制定了一系列制度,包括"中国联通广东分公司信息系统项目建设规程""中国联通信息系统管理规范订立及修改细则"等。

2. 广东联通信息系统的应用控制

广东联通的生产经营完全依赖于信息系统,利用信息系统对业务处理实施控制,包括输入控制、处理控制和输出控制等内容。广东联通通过梳理业务流程、强化职责分工、实现不相容职务相互分离等手段加强信息系统应用控制。

广东联通的信息系统非常庞大,信息系统的数量多达二十几个,涵盖了运营、业务和管理三大领域。公司高度重视信息系统的建设,在信息系统开发过程中,充分利用信息技术优势,优化流程,完善控制点,将业务处理规则嵌入系统程序,减少人工控制,增加系统控制,并实现手工处理环境下难以实现的控制功能,以更加高效地预防、发现和纠正错误和舞弊。随着新产品的不断推出,广东联通新的信息系统不断增加,旧的信息系统不断升级变更。广东联通有三百多个信息系统关键控制点,信息系统控制点多、控制力度大;同时,以全面风险评估为基础,加强了租对机业务管理、费用规范管理、信息系统及电子表格控制管理、会计与业务核对、套餐审批及信用额度管理、工程物资、存货及固定资产管理、财务关账控制、公司层面控制等方面的风险识别和风险分析,评估现有控制措施设计的完整性和执行的有效性,持续维护和完善内部控制制度,确保涵盖所有重大经营风险。

3. 广东联通信息系统内部控制的特点

(1)信息系统内部控制风险大。如上所述,广东联通的信息系统非常庞大,信息系统的数量多达二十几个,涵盖了运营、业务和管理三大领域。公司高度重视信息系统的建设,利用信息系统来支持公司的业务发展。随着新产品的不断推出,旧的信息系统需要不断升级变更,并且需要不断增加新的信息系统。因此,信息系统的故障将直接影响服务的提供,广东联通信息系统内部控制风险较大。

(2)信息系统控制力度大、控制点多。广东联通有三百多个信息系统关键控制点。信息系统控制点多,管理不断细化。

(3)实行信息系统生命周期全过程管理。广东联通既强调信息系统一般控制,又重视信息系统应用控制。其信息系统内部控制包括信息系统控制环境管理、系统开发管理、系统变更管理、系统安全管理、系统运行维护管理以及与业务密切联系的信息系统应用管理,涵盖了系统规划、需求分析、系统设计、系统实施、系统运行维护、系统评价等整个信息系统生命周期。

(4)提倡系统控制,减少人工控制。广东联通在信息系统开发过程中,充分利用信息技术优势,优化流程,完善控制点,将业务处理规则嵌入系统程序,减少人工控制,增加系统控制,并且实现了手工处理环境下难以实现的控制功能,以更加高效地预防、发现和纠正错误和舞弊。

(5)重视企业全面风险管理。广东联通以全面风险评估为基础,加强了租对机业务管理、费用规范管理、信息系统及电子表格控制管理、会计与业务核对、套餐审批及信用额度管理、工程物资、存货及固定资产管理、财务关账控制、公司层面控制等方面的风险识别和风险分析,评估现有控制措施设计的完整性和执行的有效性,持续维护和完善内部控制制度,确保涵盖所有重大经营风险。

(6)信息系统相关部门的积极参与是做好信息系统内部控制工作的基础。信息系统内部控制建设不仅是公司信息化管理部门的工作职责,而且需要信息系统应用部门的积极参与和配合。信息系统内部控制建设工作涉及与信息系统有关的每个岗位、每个人员,信息系统内部控制制度的有效执行离不开企业的各级管理者和员工的积极参与。广东联通经过大力宣传与贯彻,使内部控制管理理念深入人心,通过编制流程岗位对应表和岗位流程对应表,将每个流程落实到在岗的员工。每位在岗的员工通过切实执行内部控制制度,逐步加强基础管理工作,有力推动了公司的内部控制建设工作。

【思考】 上述案例可以为企业信息系统内部控制提供哪些启示?

【案例分析】

1. 信息系统应当符合公司发展战略

广东联通构建的信息系统是根据自身战略发展的需要,针对信息系统的开发和变更及各子系统之间的整合问题建立的相应的信息系统模块与流程,并不断更新旧系统、引进新系统来适应公司业务流程的变化和各子系统之间的整合。

2. 信息系统内部控制工作要与生产经营活动紧密结合

内部控制工作是否有效取决于流程和制度是否得到了有效的执行,而内部控制制度规范是否被有效执行,又取决于流程和制度是否符合生产经营活动的实际情况。因此,只有结合实际工作制定具体风险问题的防范措施,将信息系统内部控制工作从流程设计、制度制定、措施贯彻等各个环节与生产经营紧密结合,才能让企业员工易于理解和接受,才能更好地发挥其作用。

3. 信息系统内部控制工作要建立长效机制,常抓不懈

信息系统的开发和变更、业务处理流程的变化等都会改变风险问题,必须适时修正控制流程和控制措施,完善内部控制制度规范,保证制度规范的健全性。通过建立检查督导制度,巩固已经整改的成果,建立健全长效机制,常抓不懈,避免出现前清后乱、工作反复的弊病。

练习题

一、单项选择题

1. 为确保信息系统操作的可审计性,企业应当在信息系统中设置的功能是( )。
   A. 信息汇总功能　　B. 信息共享功能　　C. 信息分析功能　　D. 操作日志功能

2. 系统开发验收测试的主体是( )。
   A. 独立开发单位的专业机构　　　　B. 开发商
   C. 合作单位　　　　　　　　　　　D. 合作开发商

3. 在信息系统的开发时,通常需要对其经济效益进行分析的阶段属于( )。
   A. 系统规划阶段　　　　　　　　　B. 可行性分析阶段
   C. 系统分析阶段　　　　　　　　　D. 系统设计阶段

4. 信息系统日常运行维护的目标是保证系统正常运转,主要工作内容不包括( )。
   A. 系统的巡检维修　　　　　　　　B. 系统运行状态监控
   C. 软件的修改与升级　　　　　　　D. 异常事件的报告和处理

5. 信息系统发挥作用的阶段是( )。
   A. 开发建设阶段　　　　　　　　　B. 规划阶段
   C. 运行阶段　　　　　　　　　　　D. 维护阶段

6. 信息系统自行开发的缺点是( )。
   A. 开发周期较短,技术水平和规范程度有较好保证,成功率相对较高

B. 可以培养锻炼自己的开发队伍,便于后期的运行和维护
C. 成熟的商品化软件质量稳定,可靠性高
D. 开发周期较长,技术水平和规范程度较难保证,成功率相对较低

7. 信息系统的(　　)是信息系统生命周期中技术难度最大的环节,直接影响信息系统的成败。

A. 开发建设阶段　　B. 规划阶段　　C. 运行阶段　　D. 维护阶段

二、多项选择题

1. 开发信息系统可采用的方式有(　　)。

A. 自行开发　　B. 合作开发　　C. 外购软件　　D. 委托开发

2. 企业应当切实做好信息系统上线的各项准备工作,包括(　　)。

A. 培训业务操作和系统管理人员
B. 制订科学的上线计划和新旧系统转换方案
C. 考虑新旧系统顺利切换和平稳衔接的应急预案
D. 系统上线涉及数据迁移的,应制订详细的数据迁移计划

3. 系统运行维护采用的加密措施主要是为了确保(　　)。

A. 保密性　　B. 准确性　　C. 完整性　　D. 合格性

4. 信息系统的编程和测试环节主要面临的风险包括(　　)。

A. 设计方案不能完全满足用户需求　　B. 各程序员编程风格不存在差异
C. 编程结果与设计不符　　D. 测试不充分

5. 以下各项中,属于信息系统开发阶段的有(　　)。

A. 信息系统设计阶段　　B. 可行性分析阶段
C. 信息系统测试阶段　　D. 安装调试阶段

6. 系统外包的优点有(　　)。

A. 开发建设周期短,成功率高,成熟的商品化软件质量稳定,可靠性强
B. 企业不必培养和维持庞大的开发队伍,节约了人力资源成本
C. 专业的软件提供商实施经验丰富
D. 可以充分利用专业公司的专业优势,量体裁衣,构建全面、高效地满足企业需求的个性化系统

7. 企业应当重视信息系统在内部控制中的作用,根据内部控制要求,结合(　　)等因素,制定信息系统建设总体规划,加大投入力度,有序组织信息系统开发、运行与维护,优化管理流程,防范经营风险,全面提升企业现代化管理水平。

A. 组织架构　　B. 业务范围　　C. 地域分布　　D. 技术能力

8. 编程阶段完成后进行测试的目的包括(　　)。

A. 发现软件开发过程中的错误
B. 分析软件开发过程中错误的性质
C. 确定软件开发过程中错误的位置并予以纠正
D. 了解系统的响应时间、事务处理吞吐量、载荷能力、失效恢复能力

9. 下列选项中,关于信息系统的开发方式,表述正确的有(　　)。
A. 选择外购调试或业务外包形式的,应当采用公开招标等形式择优选择供应商或开发单位
B. 选择自行开发信息系统的,信息系统归口管理部门应当组织企业内部相关业务部门进行需求分析,合理配置人员,明确系统开发全过程的管理要求
C. 信息系统业务外包方式的适用条件通常是企业的特殊需求较少,市场上已有成熟的商品化软件和系统实施方案
D. 信息系统业务外包的优点是开发建设周期短,成功率高,成熟的商品化软件质量稳定、可靠性强

三、判断题

1. 信息系统应当建立访问安全制度,信息使用、信息管理应有明确的规定。(　　)
2. 信息系统开发建设是信息系统生命周期中技术难度最大的环节。(　　)
3. 企业应组织独立于开发单位的专业机构对开发完成的信息系统进行验收测试。(　　)
4. 企业选择业务外包、外购调试的方式,这对系统设计、编程、测试环节的参与度要高于自行开发方式。(　　)
5. 企业应当建立信息系统开发、运行和维护等环节的岗位责任制度和不相容职务分离制度,防范利用计算机进行舞弊和犯罪。(　　)
6. 自行开发方式中的项目计划环节是静止的、一成不变的。(　　)
7. 信息系统的运行和维护主要包括日常运行维护、系统变更和安全管理。(　　)
8. 信息系统分析阶段的主要内容是分析信息系统的经济效益。(　　)

四、简答题

1. 系统开发方式有哪几种?分别适用于企业什么情况?
2. 系统设计环节存在哪些风险?
3. 系统的日常运行维护包括哪些内容?如何控制过程中存在的风险?
4. 信息系统有哪几种开发方式,分别适用于什么情况?
5. 在系统的安全管理方面有哪些管控措施?

五、案例分析题

【案例一】

华为是一家非常重视信息系统流程化管理的企业,自成立以来其内部审计部联合管理咨询公司组成内部控制项目组,依据《企业内部控制基本规范》《企业内部控制应用指引第 18 号——信息系统》等有关规定,对华为集团信息系统内部控制进行了设计。

在华为集团成立初期,企业整体规划尚未健全,有规划的部分也存在一些不合理之处,这是企业形成信息孤岛的一个隐患,有可能会使企业规划因重复建设而导致资源浪费。华为集团最初所使用的系统授权管理存在一些不当之处,不符合内部控制要求,可能导致企业无法利

用信息技术实施有效控制,而且系统运行维护和安全措施不到位,信息泄露或毁损现象时有发生,导致系统无法正常运行。

项目组对识别出来的风险点认真分析和评估后,确定新的信息系统重点关注以下几个方面:一是职责分工、权限范围和审批程序明确、规范,机构设置和人员配备科学、合理,重大信息系统开发与使用事项审批程序清晰;二是信息系统开发、变更和维护流程;三是访问安全制度,操作权限、信息使用、信息管理制度的有效性,硬件管理和审批程序的合理性。

【要求】 结合上述材料,分析华为集团信息系统内部控制的关键点和控制措施。

【案例二】

在数字技术的推动下,越来越多的企业将数字技术纳入企业内部控制管理过程中,利用大数据分析处理技术提升企业的内部风险管控水平。中国巨石为保持行业领先地位,在把智能制造作为企业战略发展核心的同时,更把大数据引入内部控制管理工作中,利用大数据赋能中国巨石内部控制提效。

中国巨石于1993年创办于浙江省,公司的主营业务为各类玻璃纤维和塑料制品,是全球最大的塑料和玻璃纤维制造企业。由于玻璃纤维行业的进入门槛较低,存在广泛的市场竞争者,而打"价格战"又无法提升企业的经济效益,因此中国巨石把目光转向"智能制造",通过数字化转型开辟了一片商业蓝海。

通过不断的技术创新,中国巨石对玻璃液进行了升级改造,研发创新了许多新技术,极大提升了玻璃纤维产品的性能,从而进入了玻璃纤维高端市场,全面拉开了与竞争者的差距。

除了产品和服务转型之外,中国巨石还利用大数据的内外挖掘、整合与应用对企业内部控制进行了全新布局与全面梳理。中国巨石根据内控五要素,再结合企业实际情况,将企业的内部控制体系划分为五个部分,分别体现为内控体系标准化、采购流程一体化、生产控制数字化、销售流程精准化、全产业链协同化,以期达到全面提升风险控制系统的效果。

在内控体系标准化方面,中国巨石通过设立信息技术部、产品研发中心、计调物流部、行政事务部、发展战略部等等多个全方位职能部门,来完善内部治理结构。信息技术部负责企业整体数据信息技术运转,保证了各部门的协调统一;计调物流部通过使用智能仓储、物流管理以及各数字系统提升了工作效率;采购部利用大数据对生产需求进行了精准测算;销售部利用数据挖掘技术对市场前景进行了分析与定位;等等。中国巨石借用大数据建立了顺畅的信息传递与沟通机制,在保证内部信息高效传递的同时,实现了外部信息披露的及时性,利用信息系统建立了有效的反舞弊机制,实现了信息的有效传递与沟通。此外,中国巨石还革新了管理模式,重塑了信息平台,优化了审批流程,利用大数据促进了内部控制的有效性,发现缺陷并及时完善。

在采购流程一体化方面,中国巨石首先建设了新型采购合同管理系统,可根据合同编号、日期、项目名称等关键字快速查询相关合同,强化了对采购合同的跟踪、执行和管理;其次整合开发了现有ERP系统和OA系统,实现了原材料统一采购、结算,且采购周期和价格指标由集团直接统一管控;还对现有ERP系统进行了优化升级,实现了存货的经济订货批量,避免了供货不及时或库存积压产生的额外成本;最后还新建了大数据系统的材料采购单对照表功能,将材料与业务员精准匹配,请购单与采购单自动衔接,有效避免了人为错误风险,同时,材料采购请购单跟踪表帮助采购部门及外部管理人员对采购订单情况实施跟踪与监督。

在生产控制数字化方面,中国巨石实现了制造流程智能化,利用机器代替人工,实施智能生产、智能物流,全面实现了生产发展自动化。在2006年,公司开始采用全自动式物流输送技术,这一举措明显减轻了劳动强度,同时大幅提高了劳动效率。2008年,中国巨石开始改造生产装备,向智能化和信息化靠近,推进自主创新;同时,通过加强生产清洁化和管控全面化,探索智能生产"巨石模式"。中国巨石在2014年就建设了全国最大规模、最高自动化程度、有最先进技术的玻纤产品自动化仓储中心,实现了仓储流程的自动化,降低了人工失误导致的差错风险率。而自2017年以来,中国巨石逐步启动"大数据"智能制造战略,建立"未来工厂"工业大数据中心,探索智慧化管理模式。此外,中国巨石还基于物联网平台实现了对电气容量的实时分析,实现了生产流程的安全化。

在销售流程精准化方面,中国巨石利用大数据对客户关系与客户交易进行了分析、整合,发现了客户的真实需求,找到了新的增长模式,不仅生产实用装备,而且提供相应的备件,以及装备所需原燃料且保证提供的及时性,并加强销售运输服务等。数字化转型给企业带来的,并非局限于客户信息的增加以及更密切的客户关系,还将整个行业链更好地贴合起来,深化了从生产到销售及服务的每个环节,提升了运作效率。

在全产业链协同化方面,中国巨石运用互联网思维及手段,形成了端到端集成、网络化制造企业之间横向集成和纵向制造体系,也就是PCS、MES、ERP系统之间的协同集成,构建了工业生态圈互利共享及合作的价值链。中国巨石通过总部来统一控制ERP系统及各个工序自动控制系统,实现了实时自动管理,提高了前线工作的舒适度和安全性。此外,通过对各环节的控制管理,借助大数据为各部门赋能,实现了部门协同生产,优化了各环节资源配置,通过构建大数据云平台,加强了数据的协同传递效应;同时,各生产工段及公用的控制系统数据实时采集,数据统一汇总在工业大数据中心,以实现分析、跟踪及监控相关生产经营指标数据。通过相关图表的使用直观地表现关键指标,并对异常关键指标进行实时监测和深入分析,使企业管理层能及时准确地掌握相关信息,做出正确的决策。

【要求】 结合上述材料,分析中国巨石是如何利用大数据提升信息系统内部控制水平的。

【思政】 优化企业内控结构　助力企业提质增速

党的二十大指出要"继续毫不动摇地鼓励、支持、引导非公有制经济发展;优化民营企业经营发展环境",这为市场经济体制下企业的运营发展提供了思想指引与动力;同时,指出企业要注重内部结构优化与建设,做好内部控制管理与风险防范,提升企业内部运行的有效性,促进企业经济发展的转型升级。华为集团十分重视企业内部信息系统的建立与完善,注重内部信息系统管理的流程化、效率化,因此基于COSO模型设计了专属于华为集团的内部信息系统控制体系,提升了华为集团的管理效率,助力华为成为闻名中外、全球领先的信息与通信技术企业。

练习题参考答案

第三篇

内部控制评审

本篇内容提要

《企业内部控制评价指引》与《企业内部控制审计指引》，是我国内部控制基本规范的配套指引。内部控制评价是指企业董事会或类似权力机构对内部控制的有效性进行全面评价、形成评价结论、出具评价报告的过程。《企业部控制评价指引》，就是为了促进企业全面评价内部控制的设计与运行情况，规范内部控制评价程序和评价报告，揭示和防范风险而制定的。内部控制审计是指会计师事务所接受委托，对特定基准日内部控制设计与运行的有效性进行审计。《企业内部控制审计指引》，就是为了规范注册会计师执行企业内部控制审计业务，明确工作要求，保证执业质量，根据《企业内部控制基本规范》《中国注册会计师鉴证业务基本准则》及相关执业准则而制定的。

第五章　内部控制评价与审计

本章要点提示

了解内部控制评价与审计的含义及作用；
掌握内部控制评价与审计实施的一般程序；
了解内部控制缺陷的概念、分类及其认定标准；
掌握内部控制审计报告的内容。

本章内容提要

《企业内部控制评价指引》与《企业内部控制审计指引》作为配套指引，是我国内部控制规范体系的重要组成部分，与《企业内部控制基本规范》相互独立、相互联系，形成一个有机的整体。

内部控制评价是指企业董事会或者类似权力机构对内部控制的有效性进行全面评价、形成评价结论、出具评价报告的过程。内部控制评价作为企业内部控制体系的重要组成部分，对于提高企业内部控制的完整性、合理性和有效性具有重要的意义。《企业内部控制评价指引》的主要内容包括：内部控制评价概述、内部控制评价的实施程序、内部控制缺陷的认定和内部控制评价报告。

内部控制审计是指会计师事务所接受委托，对特定基准日内部控制设计与运行的有效性进行审计。《企业内部控制审计指引》是注册会计师和会计师事务所执行企业内部控制审计业务的执业准则。《企业内部控制审计指引》的主要内容包括：内部控制审计概述、内部控制审计的组织实施和内部控制审计报告。

第一节　内部控制评价

本节要点提示

了解内部控制评价的含义及作用；
掌握内部控制评价实施的一般程序；
了解内部控制缺陷的概念及分类；
掌握内部缺陷认定的标准。

> **本节内容提要**
>
> 内部控制评价是内部控制中的一个重要而且必要的系统性活动,能够促进内部控制的有效实施和持续改善;同时,它也是一种制度性安排,能够促使企业及其员工经常性地审视其内部控制系统,以提高企业的控制能力和管理水平。本节以内部控制评价的相关理论为基础,从内部控制评价的实施、内部缺陷的认定以及内部控制评价报告三个方面对内部控制评价进行了阐述。

一、内部控制评价概述

(一)内部控制评价的含义

对内部控制的建立、实施进行评价,是优化内部控制自我监督机制的一项重要制度安排,是内部控制的重要组成部分,与内部控制的建立、实施共同构成有机循环。《企业内部控制评价指引》第二条规定,企业内部控制评价是指董事会或类似权力机构对内部控制的有效性进行全面评价、形成评价结论、出具评价报告的过程。

(二)内部控制评价的对象

内部控制评价是对内部控制的有效性发表意见。内部控制的有效性,是指企业建立与实施内部控制,对实现控制目标提供合理保证的程度,包括内部控制设计的有效性和内部控制运行的有效性。其中,内部控制设计的有效性,是指为实现控制目标所必需的内部控制要素都存在并且设计恰当;内部控制运行的有效性,是指现有内部控制按照规定程序得到了正确执行。

需要注意的是,内部控制即使同时满足设计有效性和运行有效性,但受内部控制固有局限的影响,也只能为内部控制目标的实现提供合理保证,而不能提供绝对保证,我们不应不切实际地期望内部控制能够绝对保证内部控制目标的实现,也不应以内部控制目标的最终实现情况和实现程度作为唯一依据直接判断内部控制设计和运行的有效性。

(三)内部控制评价的作用

1. 有助于企业自我完善内部控制体系

内部控制评价是通过评价、反馈、再评价,报告企业在内部控制建立与实施中存在的问题,并持续地进行自我完善的过程。通过内部控制评价查找、分析内部控制缺陷并有针对性地督促落实整改,可以及时堵塞管理漏洞,防范偏离目标的各种风险,从设计和执行等全方位健全和优化管控制度,从而促进企业内部控制体系的不断完善。

2. 有助于提升企业市场形象和公众认可度

企业开展内部控制评价,需形成评价结论,出具评价报告。通过自我评价报告,将企业的风险管理水平、内部控制状况以及与此相关的发展战略、竞争优势、可持续发展能力等公布于众,树立诚信、透明、负责任的企业形象,有利于增强投资者、债权人以及其他利益相关者的信任度和认可度,为自己创造更为有利的外部环境,促进企业的长远可持续发展。

3. 有助于实现与政府监管的协调互动

政府监管部门有权对企业内部控制建立与实施的有效性进行监督检查。虽然政府部门实施企业内部控制监督检查有其自身的做法和特点,但监督检查的重点是基本一致的,比如大多涉及重大经营决策的科学性、合规性以及重要业务事项管控的有效性等。实施企业内部控制自我评价,能够通过自查及早排查风险、发现问题,并积极整改,有利于在配合政府监管中赢得主动,并借助政府监管成果进一步改进企业内部控制实施和评价工作,促进自我评价与政府监管的协调互动。

(四)内部控制评价的原则

内部控制评价的原则是开展评价工作应该注意的原则,与内部控制的原则不完全相同。根据《企业内部控制评价指引》第三条的规定,企业对内部控制评价至少应遵循以下三大原则:全面性原则、重要性原则和客观性原则。

1. 全面性原则

全面性原则强调的是内部控制评价的涵盖范围应当全面,具体来说,是指内部控制评价工作应当包括内部控制的设计与运行,涵盖企业及其所属单位的各种业务和事项。

2. 重要性原则

重要性原则强调内部控制评价应当在全面性的基础上,着眼于风险,突出重点。具体来说,它主要体现在制定和实施评价工作方案、分配评价资源的过程中,其核心要求主要包括两个方面:一是要坚持风险导向的思路,着重关注那些影响内部控制目标实现的高风险领域和风险点;二是要坚持重点突出的思路,着重关注那些重要的业务事项和关键的控制环节,以及重要业务单位。

3. 客观性原则

客观性原则强调内部控制评价工作应当准确地揭示经营管理的风险状况,如实反映内部控制设计和运行的有效性。只有在内部控制评价工作方案制定、实施的全过程中始终坚持客观性,才能保证评价结果的客观性。

二、内部控制评价的实施

(一)内部控制评价的组织机构

为了保证内部控制工作科学、有效地开展,企业对于内部控制评价需要建立合理的组织方式。企业要具体明确内部控制评价的组织形式,特别明确各有关方面在内部控制评价中的职责安排,处理好内部控制评价与内部监督的关系,定期由相对独立的人员对内部控制有效性进行科学的评价。

1. 内部控制评价的组织形式

企业内部控制评价的具体组织实施工作需要有相应的机构负责。企业可根据自身特点,决定是否单独设置专门的内部控制评价机构。对于没有专门内部控制评价机构的企业,也可以授权内部审计部门来负责内部控制评价的具体组织实施工作。

内部控制评价机构的设置必须具备一定的条件:一是能够独立行使对内部控制系统建立

与运行过程及结果进行监督的权力;二是具备与监督和评价内部控制系统相适应的专业胜任能力和职业道德素养;三是与企业其他职能机构就监督与评价内部控制系统方面应当保持协调一致,在工作中相互配合、相互制约,在效率、效果上满足企业对内部控制系统进行监督与评价所提出的有关要求;四是能够得到企业董事会和经理层的支持,有足够的权威性来保证内部控制评价工作的顺利开展。

2. 有关方面在内部控制评价中的职责和任务

无论采取何种组织形式,董事会、经理层和内部控制评价机构在内部控制评价中的职能作用都不会发生本质的变化。

(1)董事会对内部控制评价承担最终的责任

企业董事会应当对内部控制评价报告的真实性负责。董事会可以通过审计委员会来承担对内部控制评价的组织、领导、监督职责。董事会或审计委员会应听取内部控制评价报告,审定内部控制重大缺陷、重要缺陷整改意见,对内部控制部门在督促整改中遇到的困难,积极协调,排除障碍。监事会应审议内部控制评价报告,对董事会建立与实施内部控制进行监督。

(2)经理层负责组织实施内部控制评价工作

经理层可以授权内部控制评价机构组织实施内部控制评价工作,积极支持和配合内部控制评价的开展,创造良好的环境和条件。经理层应结合日常掌握的业务情况,为内部控制评价方案提出应重点关注的业务或事项,审定内部控制评价方案和听取内部控制评价报告,对于内部控制评价中发现的问题或报告的缺陷要按照董事会或审计委员会的整改意见积极采取有效措施予以整改。

(3)内部控制评价机构承担具体组织实施任务

内部控制评价机构根据授权承担内部控制评价的具体组织实施任务,通过复核、汇总、分析内部监督资料,结合经理层要求,拟订合理的评价工作方案并认真组织实施;对于评价过程中发现的重大问题,应及时与董事会、审计委员会或经理层沟通,并认定内部控制缺陷,拟订整改方案,编写内部控制评价报告,及时向董事会、审计委员会或经理层报告;与外部审计师沟通,督促各部门、所属企业对内外部内部控制评价进行整改;根据评价和整改情况拟订内部控制考核方案。

(4)各专业部门的职责和任务

各专业部门应负责组织本部门的内部控制自查、测试和评价工作,对发现的设计和运行缺陷提出整改方案及具体整改计划并积极整改,且报送内部控制机构复核,配合内部控制机构(部门)及外部审计师开展企业层面的内部控制评价工作。

(5)企业所属单位的职责和任务

企业所属单位应逐级落实内部控制评价责任,建立日常监控机制,开展内部控制自查、测试和定期检查评价,发现问题并认定内部控制有缺陷,须拟订整改方案和计划,报本级管理层审定后,督促整改,编制内部控制评价报告,对内部控制的执行和整改情况进行考核。

(二)内部控制评价的一般程序

内部控制评价程序一般包括:制定评价工作方案,组成评价工作组,开展现场检查测试,汇总评价结果,编制评价报告等。具体如下:

1. 制定评价工作方案

内部控制评价机构应当根据企业内部监督情况和管理要求,分析企业经营管理过程中的高风险领域和重要业务事项,确定检查评价方法,制定科学、合理的评价工作方案,经董事会批准后实施。评价工作方案应当明确评价主体范围、工作任务、人员组织、进度安排和费用预算等相关内容。评价工作方案既以全面评价为主,也可以根据需要采用重点评价的方式。

2. 组成评价工作组

内部控制评价部门或机构在评价方案获得批准后,需要组成评价工作组,具体承担内部控制检查评价任务。评价工作组成员应具备独立性、业务胜任能力和职业道德素养,应当吸收企业内部相关机构熟悉情况并参与日常监控的负责人或业务骨干参加。企业应根据自身条件,建立内部控制评价培训机制,便于评价工作组成员熟悉内部控制知识、企业业务流程、评价工作流程、方法等,提高评价工作质量。

3. 开展现场检查测试

评价工作组需要通过了解企业基本情况、主要业务流程及可能存在的风险,确定检查评价的范围和重点,开展测试内部控制运行的有效性工作。根据评价人员分工,综合运用各种评价方法对内部控制设计与运行的有效性进行现场检查测试,按要求填写工作底稿、记录相关测试结果,并对发现的内部控制缺陷进行初步认定。

4. 汇总评价结果

评价工作组汇总评价人员的工作底稿,记录评价所实施的程序和有关结果。评价工作底稿应该进行交叉复合签字,并由评价工作组负责人严格审核确认。评价工作组将评价结果向被评价单位通报,由被评价单位的相关责任人签字确认后,提交企业内部控制评价机构。

5. 编制评价报告

内部控制评价机构汇总各评价工作组的评价结果,对工作组现场初步认定的内部控制缺陷进行全面复核、分类汇总,对内部控制缺陷的成因、表现形式及影响程度进行综合分析,提出认定意见;内部控制评价机构以汇总的评价结果和认定的内部控制缺陷为基础,综合内部控制工作整体情况,客观、公正、完整地编制内部控制评价报告,并报送企业经理层、董事会和监事会,由董事会最终审定后对外披露。

6. 报告反馈与追踪

对于认定的内部控制缺陷,内部控制评价机构应当结合董事会和审计委员会的要求,提出整改建议,要求责任单位及时整改,并跟踪其整改落实情况;已经造成损失的,应追究相关人员责任。

三、内部控制缺陷的认定

(一)内部控制缺陷的含义

内部控制缺陷是指内部控制的设计或运行存在缺点或不足,这些缺点和不足无法合理保证内部控制目标的实现。内部控制评价正是要找出内部控制存在的缺陷,为内部控制目标的实现提供合理保证。企业对内部控制缺陷的认定应当以日常监督和专项监督为基础,结合年度内部控制评价,由内部控制评价部门进行综合分析后提出认定意见,按照规定的权限和程序进行审核后予以最终认定。

(二) 内部控制缺陷的分类

1. 按照内部控制缺陷成因或来源分类

内部控制缺陷按其成因或来源分为设计缺陷和运行缺陷。设计缺陷是指由于内部控制设计不科学、不适当，即使正常运行也难以实现控制目标。运行缺陷是指内部控制设计比较科学、适当，但在实际运行过程中没有严格按照设计意图执行，导致内部控制运行与设计相脱节，未能有效实施控制、实现控制目标。

2. 按照内部控制缺陷的形式分类

内部控制缺陷按形式可分为财务报告内部控制缺陷和非财务报告内部控制缺陷。财务报告内部控制缺陷是指对财务报告的真实性和完整性产生直接影响的控制缺陷，一般可分为财务(会计)报表缺陷、会计基础工作缺陷和与财务报告密切关联的信息系统控制缺陷等。非财务报告内部控制缺陷是指对企业经营管理的合法合规、资产安全、营运的效率和效果等控制目标的实现存在不利影响的其他控制缺陷。

3. 按照内部控制缺陷对内部控制目标实现的影响程度分类

内部控制缺陷按照其对内部控制目标实现的影响程度分为重大缺陷、重要缺陷和一般缺陷。重大缺陷是指一个或多个控制缺陷的组合，可能导致企业严重偏离控制目标；重要缺陷是指一个或多个控制缺陷的组合，其严重程度和经济后果低于重大缺陷，但仍有可能导致企业偏离控制目标，须引起企业高度重视和关注；一般缺陷是指除重大缺陷、重要缺陷之外的其他缺陷。重大缺陷、重要缺陷和一般缺陷的具体认定标准由企业根据上述要求自行确定。

(三) 内部控制缺陷的认定标准

1. 财务报告内部控制缺陷的认定标准

财务报告内部控制是指针对财务报告目标而设计和实施的内部控制。由于财务报告内部控制的目标集中体现为财务报告的可靠性，因此财务报告内部控制的缺陷主要是指不能合理保证财务报告可靠性的内部控制设计和运行缺陷。根据缺陷可能导致的财务报告错报的重要程度，企业采用定性与定量相结合的方法将缺陷划分为重大缺陷、重要缺陷和一般缺陷。

财务报告内部控制缺陷的认定标准由该缺陷可能导致财务报表错报的重要程度来确定。这种重要程度主要取决于两方面的因素：第一，该缺陷是否具备合理可能性导致内部控制缺陷不能及时防止、发现并纠正财务报表错报；第二，该缺陷单独或连同其他缺陷可能导致的潜在错报金额的大小。

(1) 重大缺陷

如果一项内部控制缺陷单独或连同其他缺陷具备合理可能性导致不能及时防止、发现并纠正财务报表中的重大错报，就应将该缺陷认定为重大缺陷。重大错报中的"重大"涉及企业确定的财务报表的重要性水平。一般而言，企业可以采用绝对金额法(例如，规定金额超过10 000元的错报应当认定为重大错报)或相对比例法(例如，规定超过净利润5%的错报应当认定为重大错报)来确定重要性水平。

具有以下特征的缺陷，被认定为重大缺陷：①董事、监事和高级管理人员舞弊；②对已经公告的财务报告出现的重大差错进行错报更正;③当期财务报告存在重大错报,而内部控制在运行过程中未能发现该错报;④审计委员会以及内部审计部门对财务报告内部控制监督无效。

(2)重要缺陷

如果一项内部控制缺陷单独或连同其他缺陷具备合理可能性导致不能及时防止、发现并纠正财务报表中虽然未达到和未超过重要性水平但仍应引起董事会和经理层重视的错报,就应将该缺陷认定为重要缺陷。重要缺陷并不影响企业财务报告内部控制的整体有效性,但是应当引起董事会和经理层的重视。对于这类缺陷,应当及时向董事会和经理层报告。

具有以下特征的缺陷,被认定为重要缺陷:①未依照公认会计准则选择和应用会计政策;②未建立反舞弊程序和控制措施;③对于非常规或特殊交易的账务处理没有建立相应的控制机制或没有实施且没有相应的补偿性控制;④对于期末财务报告过程的控制存在一项或多项缺陷且不能合理保证编制的财务报表达到真实、准确的目标。

(3)一般缺陷

对于不构成重大缺陷和重要缺陷的财务报告内部控制缺陷,企业应认定其为一般缺陷。

【例 5-1】 某公司财务报告内部控制缺陷的认定标准

1. 定性标准

具有以下特征的缺陷,被认定为重大缺陷:(1)董事、监事和高级管理人员舞弊;(2)对已经公告的财务报告出现的重大差错进行错报更正;(3)当期财务报告存在重大错报,而内部控制在运行过程中未能发现该错报;(4)审计委员会以及内部审计部门对财务报告内部控制监督无效。

具有以下特征的缺陷,被认定为重要缺陷:(1)未依照公认会计准则选择和应用会计政策;(2)未建立反舞弊程序和控制措施;(3)对于非常规或特殊交易的账务处理没有建立相应的控制机制或没有实施且没有相应的补偿性控制;(4)对于期末财务报告过程的控制存在一项或多项缺陷且不能合理保证编制的财务报表达到真实、准确的目标。

一般缺陷是指除上述重大缺陷、重要缺陷之外的其他控制缺陷。

2. 定量标准

公司本着是否直接影响财务报告的原则确定的财务报表错报重要程度可参考的定量标准如表 5-1 所示。

表 5-1　　　　　　　　　　　缺陷的定量标准

重要程度项目	一般缺陷	重要缺陷	重大缺陷
利润总额潜在错报	错报<利润总额的 5%	利润总额的 5%≤错报<利润总额的 10%	错报≥利润总额的 10%
资产总额潜在错报	错报<资产总额的 0.6%	资产总额的 0.6%≤错报<资产总额的 1%	错报≥资产总额的 1%
经营收入潜在错报	错报<经营收入的 2%	经营收入的 2%≤错报<经营收入的 5%	错报≥经营收入的 5%
所有者权益潜在错报	错报<所有者权益的 2%	所有者权益的 2%≤错报<所有者权益的 5%	错报≥所有者权益的 5%

说明:上述标准每年由董事会授权经营管理层根据实际情况选择合适的指标单独或随年度报告一并提交董事会审批。

2. 非财务报告内部控制缺陷的认定标准

非财务报告内部控制是指针对除财务报告目标之外的其他目标的内部控制。这些目标一般包括战略目标、资产安全、经营目标、合规目标等。企业非财务报告缺陷认定主要依据缺陷涉及业务性质的严重程度、直接或潜在负面影响的性质、影响的范围等因素来确定。企业可以根据自身的实际情况,参照财务报告内部控制缺陷的认定标准,合理确定非财务报告内部控制缺陷的定量和定性认定标准。定量标准既可以根据缺陷造成直接财产损失的绝对金额制定,也可以根据缺陷的直接损失占本企业资产、销售收入或利润等的比率确定;定性标准可以根据缺陷潜在负面影响的性质、范围等因素确定。

非财务报告内部控制出现以下特征,表明其可能存在重大缺陷:(1)重大事项违反决策程序造成重大失误;(2)违反国家法律、法规,受到政府部门处罚,且对企业定期报告披露造成重大负面影响;(3)高级管理人员和高级技术人员流失严重;(4)媒体负面新闻频现,情况属实,造成重大社会影响;(5)重要业务缺乏制度控制或制度系统性失效,造成按定量标准认定的重大损失;(6)已经发现并报告给管理层的非财务报告内部控制重大缺陷在合理的时间内未得到整改;(7)出现重大安全生产、环保、产品质量或服务事故。

【例5—2】 某公司非财务报告内部控制缺陷的认定标准

1. 定性标准

具有以下特征的缺陷,被认定为重大缺陷:(1)公司缺乏民主决策程序;(2)公司决策程序导致重大失误;(3)公司违反国家法律法规并受到50 000元以上的处罚;(4)公司中高级管理人员和高级技术人员流失严重;(5)媒体频现负面新闻,涉及面广且负面影响一直未能消除;(6)公司重要业务缺乏制度控制或制度体系失效;(7)公司内部控制重大缺陷或重要缺陷未得到整改;(8)公司遭受证监会处罚或证券交易所警告。

具有以下特征的缺陷,被认定为重要缺陷:(1)公司民主决策程序存在但不够完善;(2)公司决策程序导致出现一般失误;(3)公司违反企业内部规章,造成损失;(4)公司关键岗位业务人员流失严重;(5)媒体出现负面新闻,波及局部区域;(6)公司重要业务制度或系统存在缺陷;(7)公司内部控制重要缺陷或一般缺陷未得到整改。

具有以下特征的缺陷,被认定为一般缺陷:(1)公司决策程序效率不高;(2)公司违反内部规章,但未造成损失;(3)公司一般岗位业务人员流失严重;(4)媒体出现负面新闻,但影响不大;(5)公司一般业务制度或系统存在缺陷;(6)公司一般缺陷未得到整改;(7)公司存在其他缺陷。

2. 定量标准

定量标准主要根据缺陷可能造成直接财产损失的绝对金额确定。财务报表错报重要程度可参考的定量标准如表5—2所示。

表5—2　　　　　　　　　　　　　缺陷的定量标准

重要程度项目	一般缺陷	重要缺陷	重大缺陷
直接财产损失金额	损失＜利润总额的5%	利润总额的5%≤损失＜利润总额的10%	损失≥利润总额的10%

(四)内部控制缺陷的报告和整改

企业内部控制评价部门应当编制内部控制缺陷认定汇总表,结合日常监督和专项监督过程中发现的内部控制缺陷及其持续改进情况,对内部控制缺陷及其成因、表现形式和影响程度进行综合分析和全面复核,提出认定意见,按照规定的权限和程序进行审核后予以最终认定。

1. 内部控制缺陷报告

内部控制缺陷报告应当采取书面形式。对于一般缺陷和重要缺陷,通常向企业经理层报告,并视情况考虑是否需要向董事会及其审计委员会、监事会报告;对于重大缺陷,应当及时向董事会及其审计委员会、监事会和经理层报告。如果出现不适合向经理层报告的情形,如存在与经理层舞弊相关的内部控制缺陷,或存在经理层凌驾于内部控制之上的情形等,应当直接向董事会及其审计委员会、监事会报告。企业应根据内部控制缺陷的影响程度合理确定内部控制缺陷报告的时限,一般缺陷、重要缺陷应定期报告,重大缺陷应即时报告。

2. 内部控制缺陷整改

企业对于认定的内部控制缺陷,应当制定内部控制缺陷整改方案,按规定权限和程序审批后执行,确保内部控制设计与运行的主要问题和重大风险得到及时解决和有效控制。对于认定的重大缺陷,还应及时采取应对策略,切实将风险控制在可承受度之内,并追究有关机构或相关人员的责任。董事会应负责重大缺陷的整改,接受监事会的监督。经理层负责重要缺陷的整改,接受董事会的监督。内部有关单位负责一般缺陷的整改,接受经理层的监督。内部控制缺陷整改方案一般包括整改目标、内容、步骤、措施、方法和期限等,整改期限超过一年的,还应在整改方案中明确近期目标和远期目标以及对应的整改工作任务等。

四、内部控制评价报告

(一)内部控制评价报告概述

内部控制评价报告是对企业内部控制设计和执行的有效性进行评估后提供给信息使用者的报告。《企业内部控制评价指引》第二十三条规定,企业应当根据年度内部控制评价结果,结合内部控制评价工作底稿和内部控制缺陷汇总表等资料,按照规定的程序和要求,及时编制内部控制评价报告。

内部控制评价报告可分为对外报告和对内报告。对外报告是为了满足外部信息使用者的需求,需要对外披露,在时间上具有强制性,披露内容和格式要符合披露要求;对内报告主要是为了满足管理层或治理层改善管控水平的需要,不具有强制性,内容、格式和披露时间由企业自行决定。

内部控制报告具有重要的作用:

(1)可以更好地满足投资者的信息需求。尤其对于上市公司而言,单一的财务会计信息已经不能满足投资者的需要,而企业内部控制信息则为其提供了关于企业的充分信息。

(2)可以促使管理当局更加重视企业的内部控制。管理当局出于自身责任及企业长远利益的考虑,不得不在审计人员的协助下真正关注内部控制的缺陷,不断健全与完善自身的内部控制。

(3)可以在一定程度上减少企业舞弊的发生。企业对外提供内部控制报告,一方面,管理当局应对企业内部控制制度的设计和执行是否有效做出评估,并表明其对财务报告和资产的安全、完整、无重大不利影响。这实际上表明了管理当局的一种(合理)保证,因此,可以在一定程度上减少舞弊的可能性。另一方面,通过自我评估,可以发现企业内部控制中存在的问题,并采取相应措施。

(4)可以在一定程度上减少注册会计师的工作量。如果上市公司对外报送内部控制报告,并且其内部控制健全、完善、有效,就会提高注册会计师对会计报表真实性、正确性的审查效率和质量。

(二)内部控制评价报告的内容

根据《企业内部控制评价指引》第二十一条和第二十二条的规定,内部控制评价对外报告一般包括以下内容:

1. 内部控制评价的范围

描述内部控制评价所涵盖的被评价单位、纳入评价范围的业务事项,及重点关注的高风险领域。内部控制评价的范围如有所遗漏的,则应说明原因,以及它对内部控制评价报告真实完整性产生的重大影响等。

2. 董事会声明

声明董事会及全体董事对报告内容的真实性、准确性、完整性承担个别及连带责任,保证报告内容不存在任何虚假记载、误导性陈述或重大遗漏。

3. 内部控制缺陷的整改情况

对于评价期间发现的、期末已完成整改的重大缺陷,说明企业有足够的测试样本显示,已有与该重大缺陷相关的内部控制设计且运行有效。报告中描述了针对评价期末存在的内部控制缺陷,企业拟采取的整改措施及预期效果。

4. 内部控制评价的程序和方法

描述内部控制评价工作遵循的基本流程,以及评价过程中采用的主要方法。

5. 内部控制评价工作的总体情况

明确企业内部控制评价工作的组织、领导体制、进度安排,是否聘请会计师事务所对内部控制有效性进行独立审计。

6. 内部控制有效性的结论

对不存在重大缺陷的情形,出具评价期末内部控制有效结论;对存在重大缺陷的情形,不得给出内部控制有效的结论,并需描述该重大缺陷的性质、对实现相关控制目标的影响程度及其可能给公司未来生产经营带来的相关风险。自内部控制评价报告基准日至内部控制评价报告发出日之间发生重大缺陷的,企业须责成内部控制评价机构予以核实,并根据核查结果对评价结论做相应调整,说明董事会拟采取的措施。

7. 内部控制评价的依据

说明企业开展内部控制评价工作所依据的法律法规和规章制度。

8. 内部控制缺陷及其认定

描述适用本企业的内部控制缺陷具体认定标准,并声明与以前年度保持一致或做出的调整及相应原因;根据内部控制缺陷认定标准,确定评价期末存在的重大缺陷、重要缺陷和一般缺陷。

【例 5—3】 某企业根据内部控制评价的内容编制内部控制评价汇总表(见表 5—3)。

表 5—3 内部控制评价汇总表

行次	评价项目(评价部门)			总分	检查评价得分
1	一、企业内部环境检查评价				
2	二、企业内部监督评价				
3	三、业务流程综合检查评价				
4	综合评价得分				
5	四、缺陷认定	财务报告缺陷	影响会计报表缺陷	错报指标1	
6				错报指标2	
7				错报等级	
8			其他会计信息质量缺陷	缺陷数量(个)	
9			IT控制缺陷	缺陷数量(个)	
10			内部控制重大事故缺陷	缺陷等级及数量(个)	
11		非财务报告缺陷		缺陷数量(个)	
12	综合扣分比例				
13	修正后综合评价得分				

(三)内部控制评价报告的编制与报送

1. 内部控制评价报告的编制要求

企业应当根据内部控制评价结果和整改情况,编制内部控制评价报告。内部控制评价报告分为定期内部控制评价报告和非定期内部控制评价报告。由于企业的外部环境和内部条件的变化,其内部控制系统是不断更新和完善的动态体系,因此,对内部控制需要经常展开评价,在实际工作中可以采用定期与不定期相结合的方式。内部报告一般采用不定期的方式,即企业可以持续地开展内部控制的监督与评价,并根据结果的重要性随时向董事会或经理层报送评价报告。从广义上讲,企业针对发现的重大缺陷等向董事会或经理层报送的内部报告也属于非定期的报告。

企业应该定期进行内部控制评价并发布内部控制评价报告。企业至少应该每年进行一次内部控制评价并由董事会对外发布内部控制评价报告。年度内部控制评价报告应当以12月31日作为基准日。非定期内部控制评价报告可以是因特殊事项或原因(如企业因目标变化或提升)而对外发布的内部控制评价报告,也可以是企业针对发现的重大缺陷专项内部控制评价等向董事会、审计委员会或经理层报送的内部报告(内部控制缺陷报告)。

内部控制评价报告的编制主体包括单家企业和企业集团的母公司。单家企业内部控制评价报告是指某一企业以自身经营业务和管理活动为辐射范围编制的内部控制评价报告,属于对内报告;企业集团母公司内部控制评价报告是企业集团的母公司在汇总、复核、评价、分析后,以母公司及下属公司或控股子公司的经营业务和管理活动为辐射范围编制的内部控制评价报告,是对企业集团内部控制设计和运行的有效性的总体评价,可以是对内报告,也可以是对外报告。

2. 内部控制评价报告的报送

《企业内部控制评价指引》第二十四条至第二十六条规定了评价报告及内部控制审计报告对外报送的要求。此外,企业内部控制评价报告应按规定报送有关监管部门。例如,国有控股企业应按要求报送国有资产监督管理部门和财政部门,金融企业应按规定报送银行业监督管理部门和保险监督管理部门,公开发行证券的企业应报送证券监督管理部门。

关键概念

内部控制评价　　　内部控制缺陷　　　内部控制评价报告

综合案例

江苏立霸实业股份有限公司2022年度内部控制评价报告

江苏立霸实业股份有限公司全体股东:

根据《企业内部控制基本规范》及其配套指引的规定和其他内部控制监管要求(以下简称"企业内部控制规范体系"),结合本公司(以下简称"公司")内部控制制度和评价办法,在内部控制日常监督和专项监督的基础上,我们对公司2022年12月31日(内部控制评价报告基准日)内部控制的有效性进行了评价。

一、重要声明

按照企业内部控制规范体系的规定,建立健全和有效实施内部控制,评价其有效性,并如实披露内部控制评价报告是公司董事会的责任。监事会对董事会建立和实施内部控制进行监督。经理层负责组织领导企业内部控制的日常运行。公司董事会、监事会及董事、监事、高级管理人员保证本报告内容不存在任何虚假记载、误导性陈述或重大遗漏,并对报告内容的真实性、准确性和完整性承担个别及连带法律责任。

公司内部控制的目标是合理保证经营管理合法合规、资产安全、财务报告及相关信息真实完整,提高经营效率和效果,促进实现发展战略。由于内部控制存在的固有局限性,因此仅能为实现上述目标提供合理保证。此外,由于情况的变化可能导致内部控制变得不恰当,或对控制政策和程序遵循的程度降低,因此根据内部控制评价结果推测未来内部控制的有效性具有一定的风险。

二、内部控制评价结论

1. 公司于内部控制评价报告基准日是否存在财务报告内部控制重大缺陷

☐是　　☑否

2. 财务报告内部控制评价结论

☑有效　　☐无效

根据公司财务报告内部控制重大缺陷的认定情况,于内部控制评价报告基准日不存在财务报告内部控制重大缺陷,董事会认为公司已按照企业内部控制规范体系和相关规定的要求在所有重大方面保持了有效的财务报告内部控制。

3. 是否发现非财务报告内部控制重大缺陷

□是　　☑否

根据公司非财务报告内部控制重大缺陷认定情况,于内部控制评价报告基准日,公司未发现非财务报告内部控制重大缺陷。

4. 自内部控制评价报告基准日至内部控制评价报告发出日之间影响内部控制有效性评价结论的因素

□适用　　☑不适用

自内部控制评价报告基准日至内部控制评价报告发出日之间未发生影响内部控制有效性评价结论的因素。

5. 内部控制审计意见是否与公司对财务报告内部控制有效性的评价结论一致

☑是　　□否

6. 内部控制审计报告对非财务报告内部控制重大缺陷的披露是否与公司内部控制评价报告披露一致

☑是　　□否

三、内部控制评价工作情况

(一)内部控制评价范围

公司按照风险导向原则确定纳入评价范围的主要单位、业务和事项以及高风险领域。

1. 纳入评价范围的主要单位

包括:江苏立霸实业股份有限公司、立霸贸易(无锡)有限责任公司、无锡立霸创业投资有限公司。

2. 纳入评价范围的单位占比

指　　标	占比(%)
纳入评价范围单位的资产总额占公司合并财务报表资产总额之比	100
纳入评价范围单位的营业收入合计占公司合并财务报表营业收入总额之比	100

3. 纳入评价范围的主要业务和事项

包括:企业组织架构、发展战略、人力资源、社会责任、企业文化、资金活动、采购业务、资产管理、销售业务、生产管理、筹资管理、投资管理、研究业务、工程项目、担保业务、财务报告、全面预算、合同管理、内部信息传递、信息系统、关联交易、印鉴管理、内部监督等方面。

4. 重点关注的高风险领域

主要包括:战略风险、资金活动风险、资产管理风险、采购风险、合同协议风险、市场销售风险、内部信息传递风险等。

5. 上述纳入评价范围的单位、业务和事项以及高风险领域涵盖了公司经营管理的主要方面,是否存在重大遗漏

☐是　　☑否

6. 是否存在法定豁免

☐是　　☑否

7. 其他说明事项

无。

(二)内部控制评价工作依据及内部控制缺陷认定标准

公司依据企业内部控制规范体系及其他内部控制,组织开展内部控制评价工作。

1. 内部控制缺陷具体认定标准是否与以前年度存在调整

☐是　　☑否

公司董事会根据企业内部控制规范体系对重大缺陷、重要缺陷和一般缺陷的认定要求,结合公司规模、行业特征、风险偏好和风险承受度等因素,区分财务报告内部控制和非财务报告内部控制,研究确定了适用于本公司的内部控制缺陷具体认定标准,并与以前年度保持一致。

2. 财务报告内部控制缺陷认定标准

公司确定的财务报告内部控制缺陷评价的定量标准如下:

指标名称	重大缺陷定量标准	重要缺陷定量标准	一般缺陷定量标准
利润总额潜在错报	错报≥利润总额的5%	利润总额的3%≤错报<利润总额的5%	错报<利润总额的3%

说明:无。

公司确定的财务报告内部控制缺陷评价的定性标准如下:

缺陷性质	定性标准
重大缺陷	(1)控制环境无效 (2)董事、监事和高级管理人员的舞弊行为 (3)外部审计发现当期财务报告存在重大错报,公司在运行过程中未能发现该错报 (4)公司审计委员会和审计部对财务报告内部控制的监督无效
重要缺陷	(1)未依照公认会计准则选择和应用会计政策 (2)未建立反舞弊程序和控制措施 (3)对于非常规或特殊交易的账务处理没有建立相应的控制机制或没有实施且没有相应的补偿性控制 (4)对于期末财务报告过程的控制存在一项或多项缺陷且不能合理保证编制的财务报表达到真实、准确的目标
一般缺陷	不属于重大缺陷和重要缺陷的其他控制缺陷

说明:无。

3. 非财务报告内部控制缺陷认定标准

公司确定的非财务报告内部控制缺陷评价的定量标准如下:

指标名称	重大缺陷定量标准	重要缺陷定量标准	一般缺陷定量标准
直接财产损失金额	损失≥利润总额的5%	利润总额的3%≤损失<利润总额的5%	损失<利润总额的3%

说明:无。

公司确定的非财务报告内部控制缺陷评价的定性标准如下:

缺陷性质	定性标准
重大缺陷	(1)公司缺乏民主决策程序 (2)公司决策程序导致重大失误 (3)公司违反国家法律法规并受到严厉处罚 (4)公司中高层管理人员和高级技术人员损失严重 (5)媒体频现负面新闻,涉及面广且负面影响一直未能消除 (6)公司重要业务缺乏制度控制或体系失效 (7)公司内部控制重大缺陷或重要缺陷未得到整改
重要缺陷	(1)公司民主决策程序存在但不够完善 (2)公司决策程序导致出现一般失误 (3)公司违反企业内部规章,形成损失 (4)公司关键岗位业务人员流失严重 (5)媒体出现负面新闻,波及局部地区 (6)公司重要业务制度或系统存在缺陷 (7)公司内部控制重要缺陷或一般缺陷未得到整改
一般缺陷	(1)公司决策程序效率不高 (2)公司违反内部规章,但未形成损失 (3)公司一般岗位业务人员流失严重 (4)媒体出现负面新闻,但影响不大 (5)公司一般业务制度或系统存在缺陷 (6)公司一般缺陷未得到整改 (7)公司存在其他缺陷

说明:无。

(三)内部控制缺陷认定及整改情况

1.财务报告内部控制缺陷认定及整改情况

(1)重大缺陷:报告期内公司是否存在财务报告内部控制重大缺陷

□是　　☑否

(2)重要缺陷:报告期内公司是否存在财务报告内部控制重要缺陷

□是　　☑否

(3)一般缺陷:报告期内未发现财务报告内部控制一般缺陷

(4)经过上述整改,于内部控制评价报告基准日,公司是否存在未完成整改的财务报告内部控制重大缺陷

□是　　☑否

(5)经过上述整改,于内部控制评价报告基准日,公司是否存在未完成整改的财务报告内部控制重要缺陷

□是　　☑否

2.非财务报告内部控制缺陷认定及整改情况

(1)重大缺陷:报告期内公司是否发现非财务报告内部控制重大缺陷

□是　　☑否

(2)重要缺陷:报告期内公司是否发现非财务报告内部控制重要缺陷

□是　　☑否

(3)一般缺陷:报告期内未发现非财务报告内部控制一般缺陷

(4)经过上述整改,于内部控制评价报告基准日,公司是否发现未完成整改的非财务报告内部控制重大缺陷

☐是　　　☑否

(5)经过上述整改,于内部控制评价报告基准日,公司是否发现未完成整改的非财务报告内部控制重要缺陷

☐是　　　☑否

四、其他内部控制相关重大事项说明

1. 上一年度内部控制缺陷整改情况

☐适用　　　☑不适用

2. 本年度内部控制运行情况及下一年度改进方向

☐适用　　　☑不适用

3. 其他重大事项说明

☑适用　　　☐不适用

2022年度,公司对纳入内控评价范围的业务和事项通过加强流程、制度等的梳理,主动发现、完善内控实施过程中的不足,有效促进了公司内控体系的持续改进和不断优化。2023年度,公司将继续建立健全内部控制制度,规范内部控制制度执行,强化内部控制监督检查,建立长效机制,促进公司健康、可持续发展。

练习题

一、单项选择题

1. 企业应当以(　　)作为年度内部控制评价报告的基准日。
A. 1月1日　　　B. 1月31日　　　C. 12月1日　　　D. 12月31日

2. 某公司在进行20×2年度内部控制评价工作时,通过对各个月份销售数据波动情况的分析,找出销售异常的部分,据此对该段时间的销售业务资料进行核实盘查。该公司使用的内部控制评价方法是(　　)。
A. 比较分析法　　　B. 专题讨论法　　　C. 抽样法　　　D. 穿行测试法

3.《企业内部控制评价指引》规定,内部控制评价工作组应对被评价单位开展现场测试。以下对企业进行现场检查测试使用方法的表述中,错误的是(　　)。
A. 对企业文化认同的调查可以采用调查问卷的形式
B. 实地查验是一种用于企业层面评价的方法
C. 个别访谈通常用于企业层面与业务层面评价阶段
D. 比较分析法是一种通过数据分析,识别评价关注点的方法

4. 客观性原则认为,内部控制的评价工作应准确揭示企业内部经营管理的风险状况,如实反映内部控制设计和运行的有效性。下列选项中,不会影响内部控制评价客观性的因素是(　　)。
A. 经理层对内部控制评价认识不够,有意无意地在评价方案、评价报告等方面回避问题

B. 内部控制评价与运行不独立
C. 缺乏较为科学的手段,评价人员专业知识和业务能力不足
D. 评价人员独立性不强,下属单位管理层干涉评价的过程或结果,甚至有意制造障碍

二、多项选择题

1. 内部控制评价的程序基本包括( )。
   A. 制定评价工作方案　　　　　　B. 组织评价工作组
   C. 实施现场测试　　　　　　　　D. 编制评价报告

2. 内部控制评价的原则是在进行评价工作时应注意的原则,与内部控制的原则不完全相同。企业对内部控制评价至少应当遵循的原则包括( )。
   A. 重要性原则　　B. 客观性原则　　C. 全面性原则　　D. 成本效益原则

3. 内部控制评价机构根据经批准的评价方案,挑选具备( )的评价人员实施评价。
   A. 高学历　　　　B. 独立性　　　　C. 业务胜任能力　D. 职业道德素质

4. 一家企业进行内部环境评价工作,应以相关指引为依据,并结合本企业的内部控制制度,对内部环境的设计与实际运行情况进行认定和评价。下列选项中,属于内部环境评价依据的是( )。
   A. 组织架构　　　B. 财务报告　　　C. 发展战略　　　D. 企业文化

5. 企业每年应对内部控制进行评价并予以披露,内部控制自我评价的方式、范围、程序和频率由企业根据( )等自行确定。
   A. 经营业务调整　　　　　　　　B. 经营环境变化
   C. 业务发展状况　　　　　　　　D. 实际风险水平

6. 本木林纸业是我国一家A股上市集团公司,属于造纸及纸制品行业,主营业务包括机制纸、机制浆的生产和销售及木材种植、销售,下辖亦驰浆纸有限责任公司、立伟林业有限责任公司、绿息林业有限责任公司、景煦纸业有限责任公司四个全资子公司(以下分别简称"亦驰""立伟""绿息""景煦")。2017年12月20日,集团公司召开内部控制评价工作会议,确立了内部控制评价的总体原则,即评价工作应当在全面评价的基础上,关注重要业务单位、重大业务事项和高风险领域。

单位:万元

项目	集团公司(合并)	亦驰	立伟	绿息	景煦
资产总额	6 938	3 308	3 721	55.9	35.1
营业收入	109	97.4	18.8	5.1	2.3
净利润	10.3	7.8	3.1	0.8	0.3

注:湖南绿息林业有限责任公司2015年因偷排污水造成严重环境污染,被媒体曝光,社会影响恶劣。

根据材料,下列选项中属于重点关注对象的有( )。
A. 亦驰浆纸有限责任公司　　　　B. 立伟林业有限责任公司
C. 绿息林业有限责任公司　　　　D. 景煦纸业有限责任公司

7. 以下选项中,一般表明有可能存在非财务报告内部控制重大缺陷的有( )。

A. 把握市场机会的能力不强

B. 管理人员或技术人员流失率达到50%

C. 企业未制定"三重一大"决策制度、办法、程序

D. 违反国家《环境保护法》,受到环保部门的严厉处罚

8. 财务报告内部控制是指企业为合理保证财务报告及其相关信息的完整性、真实性而设计和运行的内部控制,以及用于保护资产安全的内部控制中与财务报告可靠性目标相关的控制。财务报告内部控制主要包括的程序和政策有(   )。

A. 合理保证按照企业会计准则的规定编制财务报表

B. 保存充分、适当的记录,准确、公允地反映企业的交易和事项

C. 合理保证收入和支出的发生以及资产的取得、使用或处置经过适当授权

D. 合理保证及时防止或发现并纠正未经授权的、对财务报表有重大影响的交易和事项

9. 内部控制的评价工作应如实反映内部控制设计和运行的有效性,准确地评估经营管理的风险状况。下列选项中,可能影响内部控制评价客观性原则的因素包括(   )。

A. 评价人员独立性不强,下属单位管理层干涉评价过程或结果,甚至有意制造障碍

B. 缺乏较为科学的手段,评价人员专业知识和业务能力不足,依靠印象等因素主观评价

C. 经理层对内部控制评价认识不够,有意识或无意识地在评价方案、评价报告等方面回避存在的问题

D. 内部控制评价与设计不独立

10. 内部控制评价工作组应与被评价单位充分沟通,了解被评价单位的基本情况,其应当包含的内容有(   )。

A. 内部控制工作概况

B. 企业文化和发展战略

C. 组织机构设置及职责分工

D. 最近一年内部监督中发现问题的整改情况

11. 通常注册会计师会通过考虑以下因素中的(   )来分析某项控制是否足够精确,以及时防止或发现并纠正重大错报。

A. 是否使用自动化控制　　　　　　B. 管理层分析的细化程度

C. 企业内部控制有效性的评估　　　D. 内部控制对应的重大账户及列报的性质

12. 监督经营成果的内部控制范围十分广泛,下列选项中,属于与监督经营成果相关的企业层面控制的有(   )。

A. 定期更新经营预测,并与期末的实际经营结果进行对比分析

B. 定期编制主要经营指标并对这些指标进行审阅及分析,分析财务资料是否存在异常情况

C. 管理层定期将经营成果与预算进行分析核查,分析财务资料是否有异常情况

D. 定期对与员工报酬或晋升相关的员工业绩评价流程进行复核

13. 企业应当根据(   ),规定内部控制评价报告的内容、格式和种类,细化内部控制评价报告编制要求和程序,按规定的权限在经批准后对外报出。

A. 企业内部控制基本规范　　　　　B. 企业内部控制审计指引

C. 企业内部控制应用指引　　　　　　D. 企业内部控制评价指引

14. 内部控制运行的有效性是指现有内部控制按照规定程序得到了正确执行。评价内部控制运行的有效性应当重点考虑的因素包括(　　)。

A. 相关控制是否合理和适当

B. 相关控制在评价期内是如何运行的

C. 相关控制是否得到了持续一致的运行

D. 相关控制的人员是否具备必要的权限和能力

15. 企业可授权内部审计机构或专门机构来负责内部控制评价的具体组织实施工作。内部控制评价机构必须具备的设置条件包括(　　)。

A. 具备与监督和评价内部控制系统相适应的专业胜任能力和职业道德素质

B. 能够独立行使对内部控制体系建立与运行过程及结果进行监督的权利

C. 能够得到企业董事会和经理层的支持,有足够的权威性来保证内部控制评价工作的顺利开展

D. 与企业其他职能机构就监督与评价内部控制系统方面应当保持协调一致,在工作中相互配合、相互制约,在效率、效果上满足企业对内部控制系统进行监督与评价所提出的有关要求

三、判断题

1. 所有内部控制缺陷都应由董事会最终认定。　　　　　　　　　　　　　(　　)

2. 注册会计师应更加关注高风险领域,而没必要测试那些即使有缺陷,也不可能导致财务报表重大错报的控制。　　　　　　　　　　　　　　　　　　　　　　(　　)

3. 建立健全有效的内部控制,对内部控制有效性进行评价是企业董事会必须负担的责任。　　　　　　　　　　　　　　　　　　　　　　　　　　　　　　　　(　　)

4. 不论会计人员的专业胜任能力如何,注册会计师都不应该聘用客观程度较低的人员。
　　　　　　　　　　　　　　　　　　　　　　　　　　　　　　　　　　(　　)

5. 在内部控制建立与实施初期,企业应更多地采用重点评价或专项评价,以提高内部控制评价的效率和效果。　　　　　　　　　　　　　　　　　　　　　　　　(　　)

6. 企业应当根据《企业内部控制基本规范》及其应用指引,还有本企业的内部控制制度,围绕内部环境、风险评估、控制活动、信息与沟通、内部监督等要素来确定内部控制评价的具体内容,对内部控制设计和运行情况进行全面评价。　　　　　　　　　　　　(　　)

7. 内部控制评价工作应保留工作底稿,详细记录企业进行评价工作的内容,包括评价要素、主要风险点、采取的控制措施、认定结果和有关证据资料等。　　　　　　(　　)

8. 内部控制评价报告可分为对内报告和对外报告,对外报告一般采用定期的方式,对内报告一般采用不定期的方式。　　　　　　　　　　　　　　　　　　　　(　　)

四、简答题

1. 内部控制评价有何意义?

2. 内部控制评价的原则有哪些?

3. 简要描述内部控制评价的基本程序。

4. 请简要阐述内部控制设计有效性的根本标准,并从内部控制五个目标的角度说明内部控制设计有效性的标准。

5. 财务报告内部控制缺陷的严重程度取决于哪些因素?哪些迹象可能表明企业的内部控制存在重大缺陷?

6. 企业进行内部控制评价工作时,如何对被评价单位进行现场测试?

7. 内部控制评价报告应当披露的内容有哪些?

五、案例分析题

【案例一】

QY 股份有限公司(以下简称"QY 公司")为境内外同时上市的公司,主营建筑施工。2017 年 7 月,X 会计师事务所接受委托,对 QY 公司本部及其子公司 2016 年的内部控制设计与运行进行审计,以下是审计时了解到的情况:

(1)在审计委员会领导下,由内部审计部牵头,从各子公司抽调 30 位精通业务、年富力强、责任心强的成员成立了内部控制评价工作组。评价工作组进驻评价现场后,从内部环境、风险评估、信息与沟通、内部监督要素入手,对内部控制设计与运行进行全面评价。评价工作组在对甲公司(QY 公司控股子公司)进行评价时发现,甲公司的部分员工由于施工不慎,破坏了当地庄稼,引起村民不满,导致纠纷,甲公司已被告上法庭,目前该诉讼尚在进行中。评价工作组认为,甲公司的这些纠纷完全是管理不善造成的,并据此认定甲公司存在非财务报告重大缺陷。

内部控制评价部门在编制内部控制缺陷认定汇总表时,对内部控制缺陷及其成因、影响程度进行综合分析和全面复核后,认为上述事项属于一般缺陷,出具了评价期期末内部控制有效结论的评价报告,该报告经经理层审核、董事会审批后报出。

(2)X 会计师事务所在对 QY 公司实施了企业层面和业务层面的测试后,发现了如下事项:

一是在审计报告方面。注册会计师完成审计工作后,取得了经企业签署的书面声明,随后编制了内部投资缺陷汇总表,在审计中共发现两个财务报告内部控制重要缺陷和三个非财务报告内部控制重要缺陷,以及数十个一般缺陷。X 会计师事务所认为上述缺陷及其组合不构成重大缺陷,出具了 QY 公司在报告期期末内部控制整体有效的无保留意见审计报告。在提交审计报告的同时,X 会计师事务所以书面形式与 QY 公司经理层、董事会就审计中发现的重要缺陷和一般缺陷进行了沟通。

二是在后续审计方面。鉴于 X 会计师事务所在审计中体现的良好职业道德和较高的专业水准,经 QY 公司股东大会批准,决定聘请 X 会计师事务所进行下一年度的财务报表审计和内部控制审计,并分别签订了业务约定书。

【要求】 根据《企业内部控制基本规范》及其配套指引,指出上述材料中哪些地方存在不当之处;存在不当之处的,请逐项指出并简要说明理由。

【案例二】

甲会计师事务所 2019 年接受了 CY 股份有限公司(以下简称"CY 公司")2018 年度内部

控制审计业务,并于 2019 年 3 月份对上述上市公司出具了内部控制审计报告。有关情况如下:

(1)CY 公司于 2018 年 2 月通过并购实现了对 X 公司的全资控股,交易前 CY 公司与 X 公司不存在关联方关系,CY 公司在收购后将 X 公司纳入了 2018 年度内部控制建设与实施的范围。甲会计师事务所在 2018 年 1 月为 X 公司提供内部控制咨询服务。甲会计师事务所的咨询部门和审计部门相互独立,各自提供服务,人员不交叉使用。

(2)甲会计师事务所在了解 CY 公司的内部控制时发现以下问题:①销售经理对客户的信用状况作充分评估,并在确认符合条件后经审批签订销售合同。②销售部门负责应收款项的催收,财会部门负责办理资金结算,内部审计部门负责监督款项回收。

(3)甲会计师事务所在检查采购业务时发现,CY 公司委托第三方代为销售 α 产品,自 2018 年 1 月起,α 产品 70% 委托新增的客户 A 公司代为销售,A 公司支付给 CY 公司的售价高于其他方 20%;CY 公司自设立初期为规范关联交易行为就已经制定了关联交易内部控制制度,并将其纳入"公司内部控制手册";CY 公司在财务报表附注中未披露任何关联方及关联方交易的信息。甲会计师事务所认定,CY 公司的关联方交易内部控制制度存在重大运行缺陷。

【要求】

(1)根据《企业内部控制基本规范》及其配套指引的要求,逐项分析、判断资料(1)至资料(2)中是否存在不当之处;对存在不当之处的,分别指出并简要说明理由。

(2)根据资料(3)针对 CY 公司的关联方交易内部控制制度存在重大运行缺陷,说明甲会计师事务所在内部控制审计报告中应当如何处理。

【思政】　　　　　　健全内控制度　夯实内部建设

党的二十大指出,要"构建全国统一大市场,深化要素市场化改革,建设高标准市场体系。完善产权保护、市场准入、公平竞争、社会信用等市场经济基础制度,优化营商环境"。企业合规建设的过程,就是企业在经营管理中检验遵守其各项规则的合规义务过程,也是其建设完善内部各项制度、程序及流程的过程。因此,企业要强化党建对内控工作的引领作用,以聚焦制度建设将内控作为重要板块内容,完善内控制度机制。

第二节　内部控制审计

本节要点提示

了解内部控制审计的含义;
掌握内部控制审计组织实施;
掌握内部控制审计报告的内容。

本节内容提要

企业内部控制审计是注册会计师行业开拓执业领域、拓展经济业务的新的增长点,也是促进企业深入贯彻内部控制规范的制度安排。为了规范注册会计师的内部控制审计业务,明确职业的要求和质量,注册会计师在执行内部控制审计时,除必须遵守审计指引外,还要遵守中国注册会计师的相关执业准则。本节以内部控制审计相关理论为基础,从内部控制审计组织实施和内部控制审计报告两个方面对相关内容进行了介绍。

一、内部控制审计概述

(一)内部控制审计的含义

内部控制审计是指会计师事务所受企业委托,对特定基准日企业内部控制的设计和运行的有效性进行审计。注册会计师基于基准日内部控制的有效性发表意见,并不是只关注基准日当天的内部控制,也不是只关注财务报告涵盖的整个期间的内部控制,而是要考察一个时期内企业内部控制的设计和运行状况。这里的基准日不是一个简单的时点概念,而是体现内部控制这个过程向前的延续性。注册会计师应当对财务报告内部控制的有效性发表审计意见,并在内部控制审计报告中,针对内部控制审计中注意到的非财务报告内部控制的重大缺陷,增加"非财务报告内部控制重大缺陷描述段"予以披露。注册会计师可以单独进行内部控制审计,也可以把内部控制审计和财务报表审计放在一起进行整合审计。

(二)内部控制审计与财务报告审计的联系

1. 最终目的相同

内部控制审计与财务报告审计的最终目的都是提高财务信息质量,增强财务报告的可靠性。

2. 审计模式相同

内部控制审计与财务报告审计都采用风险导向的审计模式,注册会计师首先实施风险评估程序,然后针对重大缺陷或错报的风险实施相应的审计程序。

3. 对内部控制有效性的定义和评价方法相同

内部控制审计与财务报告审计都要了解和测试内部控制,都可能用到询问、检查、观察、穿行测试、重新执行等方法和程序。

4. 识别领域相同

内部控制审计与财务报告审计识别的领域都是重点账户、重要交易类别等重点审计领域,注册会计师在内部控制审计中要评价这些账户和交易是否被内部控制覆盖,在财务报告审计中要评价这些重点账户和重要交易类别是否存在重大错报。

5. 重要性水平相同

内部控制审计与财务报告审计的审计对象和判断标准都相同,注册会计师在内部控制审计中确定的重要性水平是为了检查财务报告内部控制是否存在重大缺陷,在财务报告审计中是为了检查财务报告中是否存在重大错报。

(三)内部控制审计与财务报告审计的区别

1. 审计目标

内部控制审计对财务报告内部控制的有效性发表审计意见,并在内部控制审计报告中,针对财务报告内部控制的重大缺陷,增加"非财务报告内部控制重大缺陷描述段"进行披露。

财务报告审计对财务报表是否符合会计准则,是否公允反映被审计单位的财务状况和经营成果发表意见。

2. 了解和测试内部控制的目的

内部控制审计了解和测试内部控制的目的是对内部控制设计和运行的有效性发表意见。

财务报告审计按照风险导向的审计模式,了解内部控制的目的是评估重大错报风险,测试内部控制的目的是进一步指明了解内部控制时得出的初步结论。

内部控制审计与财务报告审计的最终目的都是为财务报告发表审计意见服务。

3. 测试时间

内部控制审计对特定基准日内部控制的有效性发表意见。

财务报告审计要测试内部控制在整个审计期间运行的有效性。

4. 测试范围

内部控制审计要对所有重要账户、各类交易和列报的相关认定进行了解和测试。

财务报告审计只有在以下两种情况下强制对内部控制进行测试:在评估和认定重大错报风险时,预期控制的运行是有效的,即在确定实质性程序的性质、时间安排和范围时,注册会计师拟信赖控制运行的有效性;或仅实施实质性程序并不能提供认定存在层次上的充分、适当的审计证据。在其他情况下,注册会计师可以不测试内部控制。

5. 测试样本量

内部控制审计对结论的可靠性要求高,因此测试的样本量相对较大。

财务报告审计对结论的可靠性要求取决于减少实质性程序工作量的程度,测试样本量相对较小。

6. 报告结果

内部控制审计需要对外披露,还要以正面、积极的方式对内部控制的有效性发表审计意见。

财务报告审计不对外披露内部控制情况,除非内部控制影响了对财务报表发表的审计意见。审计结果通常以管理建议书的方式向管理层报告财务报告审计过程中发现的内部控制重大缺陷,但注册会计师没有义务专门实施审计程序来发现和报告内部控制重大缺陷。

注册会计师可以单独进行审计,也可以把内部控制审计和财务报告审计整合在一起审计。在整合审计中,注册会计师在对内部控制设计与运行的有效性进行测试时,要同时实现两个目的:一是获取充分、适当的证据,支持在内部控制审计中对内部控制有效性发表的意见;二是获取充分、适当的证据,支持在财务报告审计中对控制风险的评估结果。

二、内部控制审计组织实施

注册会计师在进行内部控制审计时,采取自上而下的方法是识别风险、选择拟测试控制的基本思路,包括计划审计、实施审计和完成审计三个阶段。

(一)计划审计

计划审计工作包括注册会计师如何评估舞弊风险、调整审计工作、应对舞弊风险、利用其他相关人员的工作、确定重要性水平和利用服务机构。注册会计师应当恰当地计划内部控制审计工作,配备具有专业胜任能力的项目组,并对助理人员进行监督和引导。

1. 调查企业的内部控制概况

在计划审计工作时,注册会计师应当评价下列事项对财务报表和内部控制是否有重要影响,以及有重要影响的事项将如何影响审计工作:(1)与企业相关的风险;(2)相关法律法规和行业概况;(3)企业组织结构、经营特点和资本结构等相关重要事项;(4)企业内部控制最近发生变化的程度;(5)与企业沟通过的内部控制缺陷;(6)重要性、风险等与确定内部控制重大缺陷相关的因素;(7)对内部控制有效性的初步判断;(8)可获取的、与内部控制有效性相关的证据的类型和范围。另外,对于企业一些与内部控制有效性及评价财务报表重大错报可能性相关的公开信息,都是注册会计师需要关注的内容。

2. 评估企业的内部控制风险

注册会计师应当在风险评估的基础上,确定重要账户、列报及其相关认定,选择拟测试的控制及确定该控制所需收集的证据。企业评估的风险包括识别与财务报告相关的经营风险和其他经营管理风险,以及针对这些风险采取的措施。注册会计师在进行内部控制风险评估时要考虑的因素包括:(1)交易数量和性质是否发生变化,是否会对特定内部控制的设计和执行产生不利影响;(2)内部控制是否已经变化;(3)特定内部控制的执行是依靠人工还是电子设备;(4)特定内部控制的复杂程度;(5)特定内部控制对其他内部控制有效性的依赖程度;(6)特定内部控制目标的实现是否依赖于多项内部控制;(7)执行或监控内部控制的关键人员是否发生变动。

3. 计划内部控制测试的性质、时间和范围

注册会计师要根据内部控制风险评估的初步结果,计划内部控制测试的性质、时间和范围。内部控制测试的性质包括了解内部控制设计、测试内部控制设计的有效性以及测试内部控制运行的有效性。内部控制测试的时间选择是注册会计师根据实际情况选择期中或期末基准日进行测试。内部控制测试的范围是指内部控制测试的样本量,内部控制重要程度越高,风险越大,选择样本量越多。

4. 利用其他相关人员的工作

在内部控制审计中,注册会计师需要利用专业能力强并且客观性强的人员的工作。注册会计师利用他人工作的程度还受到与被测试控制相关的风险的影响,与某项控制相关的风险越高,可利用他人工作的程度就越低。影响后续审计中与某项控制相关风险的因素有:(1)以前年度审计中实施程序的性质、时间和范围;(2)以前年度控制测试的结果;(3)上次审计后控制或运行流程是否变化。

(二)实施审计

企业应当根据审计计划测试内部控制设计和运行的有效性。企业层面的内部控制有效性测试内容有:(1)与内部环境相关的控制,包括治理职能和管理职能,以及治理层和管理层对内部控制及其重要性的态度、认识和措施;(2)针对管理层凌驾于控制之上的风险而设计的控制;(3)企业的风险评估过程包括识别与财务报告相关的经营风险和其他经营管理风险,以及针对这些风险采取的措施;(4)对内部信息传递和财务报告流程的控制;(5)对控制有效性的内部监

督和自我评价。这些可以在企业层面上实施，也可以在业务流程层面上实施，包括对运行报告的复核和核对、与外部人士的沟通、对其他未参与控制执行人员的监控活动以及将信息系统记录数据与实物资产进行核对等。

(三)内部控制审计意见及处理

1. 评价内部控制缺陷

内部控制缺陷按照严重程度，可分为重大缺陷、重要缺陷和一般缺陷。

(1)重大缺陷是指财务报告内部控制中存在的、不能及时发现并纠正财务报表重大错报的、可能导致企业严重偏离控制目标的一个或多个控制缺陷的组合。

(2)重要缺陷是指财务报告内部控制中存在的、其严重程度不如重大缺陷但足以引起财务报告监督人员关注的一个或多个控制缺陷的组合。

(3)一般缺陷是指除重大缺陷和重要缺陷外的其他缺陷。

内部控制缺陷按照成因，可分为设计缺陷和运行缺陷。

(1)设计缺陷是指控制设计不当，即便正常运行也很难实现控制目标。

(2)运行缺陷是指设计适当但没有根据设计运行，或执行人员能力不足，不能进行有效控制。

注册会计师要对识别到的各项控制缺陷的严重程度进行评价，从而确定这些缺陷单独或组合在一起是否会构成重大缺陷。

表明企业的内部控制可能存在重大缺陷迹象的情况有：(1)注册会计师发现董事、监事和高级管理人员舞弊；(2)企业更正已经公布的财务报表；(3)注册会计师发现当期财务报表存在重大错报，而内部控制在运行过程中并没有发现该错报；(4)企业审计委员会和内部审计机构对内部控制的监督无效。

财务报告内部控制缺陷的严重程度取决于控制缺陷导致账户余额或列报错报的可能性及因一个或多个控制缺陷的组合导致潜在错报的金额大小。控制缺陷的严重程度取决于控制缺陷是否可能导致错报，与账户余额或列报是否发生错报没有必然联系。

【例5-4】 某公司每月设计大量公司间常规交易，单项交易并不重大，主要涉及资产负债表的活动。公司制度要求逐月进行公司间对账，并在业务单元间函证余额。注册会计师了解到，目前公司没有按时开展对账工作，但公司管理层每月执行相应的程序对挑选出的大额公司间账目进行调查，并编制详细的营业费用差异分析表来评估其合理性。

【分析】 注册会计师可以确定此控制缺陷为重要缺陷。由于公司间单项交易并不重大，因此该控制缺陷引起的财务报表错报可以被合理地预计在重要和重大之间，这些交易限于资产负债表科目，而且每月执行的补偿性控制应该能够发现重大错报。

2. 形成审计意见

注册会计师根据财务报表审计中发现的错报、控制的测试结果以及识别到的控制缺陷，对内部控制的有效性形成意见。如果审计范围受到限制，注册会计师就需要解除业务约定或出具无法表示意见的内部控制审计报告。

3. 获取管理层书面声明

注册会计师应当以书面形式与被审计单位沟通，向管理层和审计委员会报告审计过程中识别出的重大缺陷。若注册会计师认为审计委员会和内部审计机构对内部控制的监督无效,则应当采取书面形式直接与董事会和经理层沟通。注册会计师需要在出具审计报告前取得管理层的书面声明。

书面声明的内容包括:(1)企业董事会认可其对建立健全和有效实施内部控制负责;(2)企业已对内部控制的有效性做出自我评价,并说明评价时采用的标准以及得出的结论;(3)企业没有利用注册会计师执行的审计程序及其结果作为自我评价的基础;(4)企业已向注册会计师披露识别出的内部控制所有缺陷,并单独披露其中的重大缺陷和重要缺陷;(5)对于注册会计师在以前年度审计中识别的、已与审计委员会沟通的重大缺陷和重要缺陷,企业是否已经采取措施予以解决;(6)在企业内部控制自我评价基准日后,内部控制是否发生重大变化,或者存在对内部控制具有重要影响的其他因素;(7)导致财务报表重大错报的所有舞弊;(8)不会导致财务报表重大错报但涉及管理层和其他在内部控制中具有重要作用的员工的所有舞弊。

如果企业拒绝或回避书面声明,注册会计师就需要将其视为审计范围受到限制,解除业务约定或出具无法表示意见的内部控制审计报告。

4. 出具审计报告

内部控制的一般缺陷不影响内部控制的审计意见,不要求注册会计师与被审计单位沟通。注册会计师无须在审计报告中声明未发现严重程度小于重大缺陷的控制缺陷。

内部控制的重要缺陷不影响内部控制的审计意见,但需要注册会计师与被审计单位沟通。注册会计师无须在审计报告中声明重要缺陷的内容。

内部控制的重大缺陷影响内部控制的审计意见,注册会计师需要在审计报告中发表无保留意见外的其他审计意见。

5. 审计工作底稿

内部控制审计工作底稿是注册会计师对审计计划、审计程序、审计证据及审计结论所做的记录,内容包括:审计计划及重大修改情况、内部控制设计和运行有效性的程序和结果、对识别的控制缺陷的评价、形成的审计结论及意见等。

三、内部控制审计报告

注册会计师在完成审计工作后,应当出具审计报告,清楚表达对财务报告内部控制的意见,并对出具的审计报告负责。

(一)审计报告的基本内容

标准的内部控制审计报告一般包括:(1)标题;(2)收件人;(3)引言段;(4)企业对内部控制的责任段;(5)注册会计师的责任段;(6)内部控制固有局限性的说明段;(7)财务报告内部控制审计意见段;(8)非财务报告内部控制重大缺陷描述段;(9)注册会计师的签名和盖章;(10)会计师事务所的名称、地址及盖章;(11)报告日期。

(二)审计报告的格式

根据使用者对审计报告的需求,要采用独立、书面、所需样式的报告格式编制审计报告。目前,内部控制审计报告的格式都采用书面形式。

(三) 审计报告的类型

审计报告有标准无保留意见、带强调事项段的无保留意见、否定意见和无法表示意见四种类型。

1. 标准无保留意见的内部控制审计报告

标准无保留意见的内部控制审计报告是指注册会计师出具的内部控制审计报告中不附加说明段、强调事项段或任何修饰性用语。符合下列所有条件的,注册会计师应当对财务报告内部控制出具无保留意见的内部控制审计报告：

(1) 企业按照《企业内部控制基本规范》及其应用指引、《企业内部控制评价指引》及企业自身内部控制制度的要求,在所有重大方面保持了有效的内部控制。

(2) 注册会计师已经按照《企业内部控制审计指引》的要求计划并实施审计工作,在审计过程中未受到限制。

无保留意见的内部控制审计报告参考格式如下：

内部控制审计报告

××股份有限公司全体股东：

按照《企业内部控制审计指引》及中国注册会计师执业准则的相关要求,我们审计了××股份有限公司（以下简称"××公司"）××××年×月×日的财务报告内部控制的有效性。

按照《企业内部控制基本规范》及其应用指引、《企业内部控制评价指引》的规定,建立健全和有效实施内部控制,并评价其有效性是企业董事会的责任。【企业对内部控制的责任】我们的责任是在实施审计工作的基础上,对财务报告内部控制的有效性发表审计意见,并对注意到的非财务报告内部控制的重大缺陷进行披露。【注册会计师的责任】

内部控制具有固有局限性,存在不能防止和发现错报的可能性。此外,由于情况的变化可能导致内部控制变得不恰当,或对控制政策和程序遵循的程度降低,根据内部控制审计结果推测未来内部控制的有效性具有一定风险。【内部控制的固有局限性】

我们认为,××公司按照《企业内部控制基本规范》和相关规定在所有重大方面保持了有效的财务报告内部控制。【财务报告内部控制审计意见】

在内部控制审计过程中,我们注意到××公司的非财务报告内部控制存在重大缺陷。[描述该缺陷的性质及其对实现相关控制目标的影响程度]由于存在上述重大缺陷,因此我们提醒本报告使用者注意相关风险。需要指出的是,我们并不对××公司的非财务报告内部控制发表意见或提供保证。本段内容不影响对财务报告内部控制有效性发表的审计意见。【非财务报告内部控制的重大缺陷】

××会计师事务所	中国注册会计师：
（盖章）	×××（签名并盖章）
	中国注册会计师：
	×××（签名并盖章）
中国××市	××××年×月×日

2. 带强调事项段的非标准内部控制审计报告

带强调事项段的内部控制审计报告是指注册会计师认为财务报告内部控制虽不存在重大缺陷,但仍有一项或者多项重大事项需要在内部控制审计报告中增加强调事项段予以说明,用来提醒内部控制审计报告使用人注意。注册会计师需要在强调事项段中指明,该段内容仅用于提醒内部控制审计报告使用者关注,并不影响对财务报告内部控制发表的审计意见。

带强调事项段的内部控制审计报告参考格式如下:

内部控制审计报告

××股份有限公司全体股东:

按照《企业内部控制审计指引》及中国注册会计师执业准则的相关要求,我们审计了××股份有限公司(以下简称"××公司")××××年×月×日的财务报告内部控制的有效性。

["一、企业对内部控制的责任"至"五、非财务报告内部控制的重大缺陷"参见标准内部控制审计报告相关段落表述。]

我们提醒内部控制审计报告使用者关注……[描述强调事项的性质及其对内部控制的重大影响]本段内容不影响已对财务报告内部控制发表的审计意见。【强调事项】

××会计师事务所	中国注册会计师:×××(签名并盖章)
(盖章)	中国注册会计师:×××(签名并盖章)
中国××市	××××年×月×日

3. 否定意见的内部控制审计报告

否定意见的内部控制审计报告是指注册会计师认为财务报告内部控制存在一项或多项重大缺陷,除非审计范围受到限制,否则需要对财务报告内部控制发表否定意见。注册会计师出具的否定意见的内部控制审计报告,还需要包括重大缺陷的定义、性质及其对财务报告内部控制的影响程度。

否定意见的内部控制审计报告参考格式如下:

内部控制审计报告

××股份有限公司全体股东:

按照《企业内部控制审计指引》及中国注册会计师执业准则的相关要求,我们审计了××股份有限公司(以下简称"××公司")××××年×月×日的财务报告内部控制的有效性。["一、企业对内部控制的责任"至"三、内部控制的固有局限性"参见标准内部控制审计报告相关段落表述。]

重大缺陷,是指一个或多个控制缺陷的组合,可能导致企业严重偏离控制目标。

[指出注册会计师已识别出的重大缺陷,并说明重大缺陷的性质及其对财务报告内部控制的影响程度。]

有效的内部控制能够为财务报告及相关信息的真实完整提供合理保证,而上述重大缺陷使××公司内部控制失去这一功能。【导致否定意见的事项】

我们认为,由于存在上述重大缺陷及其对实现控制目标的影响,因此××公司未能按照《企业内部控制基本规范》和相关规定在所有重大方面保持有效的财务报告内部控制。【财务报告内部控制审计意见】

［参见标准内部控制审计报告相关段落表述。］【非财务报告内部控制的重大缺陷】

××会计师事务所	中国注册会计师:×××(签名并盖章)
(盖章)	中国注册会计师:×××(签名并盖章)
中国××市	××××年×月×日

4. 无法表示意见的内部控制审计报告

无法表示意见的内部控制审计报告是指当注册会计师因为审计范围受到限制而无法表示意见时,在审计报告中说明工作范围不足以为发表意见提供保证,只有实施了必要的审计程序,才能对内部控制的有效性发表意见。注册会计师审计范围受到限制的,需要解除业务约定或出具无法表示意见的内部控制审计报告,并就审计范围受到限制的情况,以书面形式与董事会沟通。

无法表示意见的内部控制审计报告参考格式如下:

内部控制审计报告

××股份有限公司全体股东:

我们接受委托,对××股份有限公司(以下简称××公司)××××年×月×日的财务报告内部控制进行审计。

［删除注册会计师的责任段,"一、企业对内部控制的责任"和"二、内部控制的固有局限性",参见标准内部控制审计报告相关段落表述。］

［描述审计范围受到限制的具体情况。］【导致无法表示意见的事项】

由于审计范围受到上述限制,我们未能实施必要的审计程序以获取发表意见所需的充分、适当证据,因此,我们无法对××公司财务报告内部控制的有效性发表意见。【财务报告内部控制审计意见】

重大缺陷,是指一个或多个控制缺陷的组合,可能导致企业严重偏离控制目标。尽管我们无法对××公司财务报告内部控制的有效性发表意见,但在我们实施的有限程序的过程中,发现了以下重大缺陷:

［指出注册会计师已识别出的重大缺陷,并说明重大缺陷的性质及其对财务报告内部控制的影响程度。］

有效的内部控制能够为财务报告及相关信息的真实完整提供合理保证,而上述重大缺陷使××公司内部控制失去这一功能。【识别的财务报告内部控制重大缺陷(如在审计范围受到限制前,执行有限程序未能识别出重大缺陷,则应删除本段)】

［参见标准内部控制审计报告相关段落表述。］【非财务报告内部控制的重大缺陷】

××会计师事务所　　　　　　　　　中国注册会计师:×××(签名并盖章)

(盖章) 中国注册会计师：×××（签名并盖章）
中国××市 ××××年×月×日

加强企业内部控制审计对企业而言是一项长期的、系统的工程，企业要重视内部控制审计在企业内部控制中的重要作用，按照法律法规和企业内部控制规范的要求，建立和完善内部控制审计制度，提高内部控制管理水平和风险能力，进一步促进我国经济持续健康、快速地发展。

关键概念

内部控制审计　　财务报告审计　　审计报告

综合案例

【案例一】

甲公司为在境内外同时上市、主营石油开采和炼制业务的上市公司。乙会计师事务所接受委托对甲公司及其子公司上一年度的内部控制设计和运行的有效性进行审计。注册会计师在完成审计工作后获得了企业签署的书面声明，编制了内部控制缺陷汇总表，发现了两个财务报告内部控制重要缺陷、三个非财务报告内部控制重要缺陷及几十个一般缺陷。乙会计师事务所认为上述缺陷组合不构成重大缺陷，遂出具了甲公司内部控制整体有效的无保留意见的审计报告。乙会计师事务所以书面形式与甲公司管理层就审计中发现的重要缺陷和一般缺陷进行了沟通，甲公司认为乙会计师事务所表现出的专业水平和职业道德都很好，经股东大会批准，决定聘请乙会计师事务所进行下一年度的财务报表审计和内部控制审计。

【思考】 上述材料中存在哪些不当之处？请说明理由。

【案例分析】

（1）乙会计师事务所认为甲公司不存在重大缺陷，出具了甲公司内部控制整体有效的无保留意见的审计报告，这一行为存在不当。企业董事会对内部控制整体有效性发表意见，注册会计师对财务报告内部控制的有效性发表意见，对内部控制审计过程中注意到的非财务报告内部控制的重大缺陷，应在内部控制审计报告中增加"非财务报告内部控制重大缺陷描述段"予以披露。

（2）在提交审计报告的同时，乙会计师事务所以书面形式与甲公司管理层就审计中发现的重要缺陷和一般缺陷进行沟通，这一行为不当。注册会计师应在出具审计报告前与企业就审计过程中识别到的所有控制缺陷进行沟通，对于重大缺陷和重要缺陷必须以书面形式与管理层沟通。

【案例二】

步步高集团（以下简称"步步高"）于1995年3月创立，于2008年在深交所上市，致力于成为中国领先的商业及服务业的运营商。2018年3月，步步高启动大数据内部审计建设项目。通过引入大数据、机器学习、爬虫等数字技术，对各业态关键领域实现风险预警、事中监控、智慧审计，最终实现公司内控、审计等传统风险管理模式的变革和创新；同时，为利用数字技术开展内部审计工作,步步高紧紧围绕重预防、强监控、严查处三个环节,对内部审计的流程做了重新设计。步步高对原内部审计部门进行了重组并将其命名为内控审计监察中心,任命陈德平副总裁为内审总监,且对部门进行了重新设置:内控审计监察中心下设四个二级部门,包括管理审计部、工程审计部、内部控制与风险管理部、监察部,各部门分管不同的审计职责。

2020年6月,步步高成为茅台集团的直销商,消费者能在步步高"better购"小程序和超市实体卖场门店,预约购买到飞天茅台酒。然而此次活动引起了投机分子的注意,他们利用规则购取并倒卖茅台。内控审计监察中心意识到亟须基于公司内部的基本情况,建立完善的数字化风控预警平台。步步高通过整合数字资产,建立了风险模型;又将各业务系统与中台数据库连接,实现数据共享;并且通过搭建数字化风控预警平台,实现审计智能化。在未来,内控审计监察中心将围绕价值链进行审计,助力公司实现价值增值。

【思考】 步步高集团是如何进行内部审计数字化建设并保证其实施的?

【案例分析】 步步高集团进行内部审计数字化转型的路径,可以总结为以下三点:

第一,数字化审计技术的应用。智慧新零售的推行,从本质来看是传统零售模式与大数据技术的结合,而大数据技术最根本的特征就是数据的海量化、价值密度低,传统的审计技术无法有效应对,因此,要想通过智慧新零售在零售行业中分"一杯羹",应用数字化技术展开审计工作是必然的。

第二,内部审计人员队伍的建设。从步步高内控审计监察中心的构成可以看出,即使在这一个部门中,也下设四个部门,而在管理审计部门下又设了信息审计部,在这种职责分工明确的情况下,员工很难浑水摸鱼,对内部审计人员个人提出了更高的要求;同时,内部审计部门的部长能够兼任副总裁,能够极大地激励内审计人员的工作积极性。

第三,内部审计理念的提升。内部审计数字化并非一种新的审计形式,而是一种技术推动理念的革新,步步高内部审计部门将数字化技术应用于具体的工作中,通过数字技术进行实时监控,将内部审计和价值链进行有机的整合,将价值链各部分当作审计对象,对其价值增值和转移的过程进行全方位的把握,找出价值链上可能存在的问题,有助于内部审计部门及时提出合理化建议,助力公司实现价值增值。

练习题

一、单项选择题

1. 企业内部控制评价中的重大缺陷应当由( )予以最终认定。

  A. 董事会 B. 股东大会 C. 经理层 D. 监事会

2. 注册会计师应当对( )的有效性发表审计意见。

  A. 全面内部控制 B. 公司层面内部控制

  C. 业务层面内部控制 D. 财务报告内部控制

3. 某公司对资金的审批权限和程序有专门的制度规定。由于具体实践的变化,之后公司对组织机构和岗位设置进行了调整,但并没有对制度做相应的修订,从而导致制度规定与实际操作并不相符。这表明公司的内部控制存在( )缺陷。

  A. 设计缺陷

B. 运行缺陷

C. 制度缺陷和运行缺陷

D. 既不属于设计缺陷,也不属于运行缺陷

4. 内部控制审计的对象不包括(　　)。

A. 特定基准日财务报告内部控制设计与运行的有效性

B. 整个期间财务报告内部控制设计与运行的有效性

C. 被审计单位编制的内部控制评价报告

D. 被审计单位的财务报告

5. 注册会计师发现的内部控制缺陷可能导致财务报表重大错报,且缺乏补偿性控制,注册会计师应该将该缺陷认定为(　　)。

A. 一般缺陷　　　　B. 重大缺陷　　　　C. 重要缺陷　　　　D. 无法确定

二、多项选择题

1. 企业财务报告内部控制审计报告的审计意见类型包括(　　)。

A. 无保留意见　　　B. 保留意见　　　　C. 否定意见　　　　D. 无法表示意见

2. 在财务报表审计与财务报告内部控制审计中,注册会计师均需评价内部控制。下列说法中,正确的有(　　)。

A. 财务报表审计中对内部控制的了解和测试工作足以支持对财务报告内部控制审计发表审计意见,不需执行额外的工作

B. 两者评价内部控制可以选用的审计程序相同,都可能采用询问、观察、检查、重新执行等程序

C. 两者评价内部控制的目的不同,前者是为了支持注册会计师对控制风险的评估结果,进而确定实质性程序的性质、时间安排和范围;后者是为了支持对内部控制有效性发表的意见

D. 两者对控制缺陷的评价要求不同,后者要求比前者更严

3. 关于同一企业的内部控制审计和财务报表审计的审计意见之间的关系,下列说法中,正确的有(　　)。

A. 如果注册会计师对企业的财务报表审计出具了否定意见的财务报表审计报告,对于该企业的内部控制审计,通常则应当出具否定意见的内部控制审计报告

B. 如果注册会计师对企业的内部控制审计出具了否定意见的内部控制审计报告,对于该企业的财务报表审计,则应当出具否定意见的财务报表审计报告

C. 如果注册会计师对企业的财务报表审计出具了否定意见的财务报表审计报告,对于该企业的内部控制审计,则应当出具无法表示意见的内部控制审计报告

D. 如果注册会计师对企业的内部控制审计出具了否定意见的内部控制审计报告,对于该企业的财务报表审计,则可能出具无保留意见的财务报表审计报告

4. 内部控制的审计方式有(　　)。

A. 内部审计　　　　B. 独立审计　　　　C. 整合审计　　　　D. 外部审计

5. 注册会计师在测试企业层面控制时,应当把握重要性原则,至少应关注的内容有

(   )。
   A. 与控制环境(内部环境)相关的控制
   B. 针对董事会、经理层凌驾于控制之上的风险而设计的控制
   C. 对内部信息传递和财务报告流程的控制
   D. 对控制有效性的内部监督和自我评价
   6. 标准内部控制审计报告应当包括的要素有(   )。
   A. 标题
   B. 引言段
   C. 内部控制固有局限性的说明段
   D. 非财务报告内部控制重大缺陷描述段

三、判断题

1. 注册会计师应当对财务报告内部控制和非财务报告内部控制的有效性发表审计意见。
(   )
2. 注册会计师必须将内部控制审计与财务报告审计整合进行审计。(   )
3. 与某项控制相关的风险越高,对相关人员工作的可利用程度就越高,注册会计师应当更少地对该项控制亲自进行测试。(   )
4. 注册会计师在实施审计时,可以将企业层面控制与业务层面控制的测试结合进行。
(   )
5. 如果某项控制正在按照设计运行,执行人员拥有必要授权和专业胜任能力,能够实现控制目标,就表明该项控制的设计是有效的。(   )

四、简答题

1. 什么是内部控制审计?
2. 审计报告有哪几种类型?每种类型的出具条件是什么?
3. 内部控制审计和财务报告审计在测试范围上有什么不同?
4. 注册会计师在进行内部控制风险评估时要考虑的因素有哪些?
5. 企业层面的内部控制有效性测试有哪些内容?
6. 表明企业的内部控制可能存在重大缺陷迹象有哪些?

五、案例分析题

【案例一】

某上市公司在年初召开了由管理层、会计师事务所代表参加的会议,对企业的内部控制审计和风险管理问题进行研究讨论。会议发言如下:

(1)企业内部控制审计属于注册会计师对内部控制整体有效性发表意见。

(2)在内部控制审计过程中,为了不影响独立性,注册会计师不得利用内部审计人员及内部控制评价人员的工作。

(3)财务报表审计的范围大于内部控制审计,如果已经进行了财务报表审计,就没有必要

再进行内部控制审计。

(4)内部控制审计中,注册会计师只需与企业沟通审计过程中识别出的重大缺陷和重要缺陷。

(5)由于注册会计师是对基准日财务报告内部控制的有效性发表审计意见,因此注册会计师不应当关注基准日之后发生的事项。

(6)风险管理是针对企业经营管理过程中发生的对企业产生负面影响的事件进行管理。

【要求】 指出上述人员有关内部控制的表述存在的错误。

【案例二】

某注册会计师担任多家上市公司内部控制审计的项目质量复审人,以下是与内部控制审计报告相关的事项:

(1)受提供资料的限制,审计项目组未对甲公司下属某重要组成部分2019年度的内部控制制度执行情况进行测试。考虑到甲公司及其他的重要组成部分均已测试且结果令人满意,审计项目组拟发表保留意见的内部控制审计报告。

(2)乙公司未经授权调整客户授信额度,审计项目组将其认定为财务报告内部控制的重大缺陷。管理层已识别出上述重大缺陷,并将其包含在企业内部控制评价报告中予以公允反映。审计项目组拟出具无保留意见的内部控制审计报告。

(3)对丙公司内部控制有效性形成审计意见时,审计项目组认为应当评价丙公司内部控制报告对要素的列报是否完整和恰当,如果不完整或不恰当,则应当出具否定意见的内部控制报告。

【要求】 逐项指出审计项目组的做法是否存在不当之处。如果存在,请简要说明理由。

【思政】　　　　　聚焦精准内控评价审计　　推进审计监督全覆盖

二十大报告中指出:"全面依法治国是国家治理的一场深刻革命,关系党执政兴国,关系人民幸福安康,关系党和国家长治久安。"审计是党和国家监督体系的重要组成部分,内部审计部门是实施审计监督的主体,应聚焦主责主业,依法履职尽责,切实发挥内部审计"防未病、治已病、祛病根"的作用,为推进企业治理体系和治理能力现代化做出新的更大贡献。

练习题参考答案

参考文献

[1]中华人民共和国财政部.企业内部控制规范讲解(2010)[M].北京:经济科学出版社,2010.

[2]企业内部控制编审委员会.企业内部控制配套指引讲解[M].北京:立信会计出版社,2015.

[3]方红星,池国华.内部控制[M].大连:东北财经大学出版社,2022.

[4]中国注册会计师协会.公司战略与风险管理——2023年度注册会计师全国统一考试辅导教材[M].北京:经济科学出版社,2023.

[5]杨有红.企业内部控制系统——构建、运行与评价[M].北京:北京大学出版社,2013.

[6]企业内部控制编审委员会.企业内部控制配套指引解读与案例分析[M].上海:立信会计出版社,2010.

[7]贺志东.企业内部控制实务[M].北京:电子工业出版社,2015.

[8]刘胜强.企业内部控制[M].北京:清华大学出版社,2014.

[9]池国华.内部控制学[M].北京:北京大学出版社,2013.

[10]胡为民.内部控制与企业风险管理——案例与评析.电子工业出版社,2009.

[11]COSO.内部控制——整合框架.方红星,译.大连:东北财经大学出版社,2008.

[12]李晓慧.内部控制与风险管理:理论、实务与案例[M].北京:中国人民大学出版社,2012.

[13]企业内部控制编审委员会.企业内部控制主要风险点关键点控制点与案例解析[M].上海:立信会计出版社,2015.

[14]侯其锋.企业内部控制基本规范操作指南(图解版)[M].北京:人民邮电出版社,2016.

[15]宋方红,高立法,王士民.企业内部控制手册[M].北京:经济管理出版社,2015.

[16]张玉,邱胜利.企业内部控制规范性操作实务[M].北京:企业管理出版社,2013.

[17]张俊民.内部控制理论与实务[M].大连:东北财经大学出版社,2012.

[18]郑洪涛.企业内部控制学[M].大连:东北财经大学出版社,2015.

[19]普华永道内部控制基本规范专业团队.《企业内部控制基本规范》管理层实务操作指南[M].北京:中国财政经济出版社,2012.

[20]程新生.内部控制理论与实务[M].北京:北京交通大学出版社,2008.

[21]刘华.内部控制案例研究[M].上海:上海财经大学出版社,2012.

[22]刘岳华,魏蓉等.玩转内部控制——内部控制习题与案例[M].北京:中国财政经济出版社,2012.

[23]罗勇.企业内部控制规范解读及案例精析[M].上海:立信会计出版社,2009.

[24]池国华,樊子君.内部控制习题与案例[M].大连:东北财经大学出版社,2014.

[25]傅胜,池国华.企业内部控制规范指引操作案例点评[M].北京:北京大学出版社,2011.

[26]龚杰,方时雄.企业内部控制:理论、方法与案例[M].杭州:浙江大学出版社,2006.

[27]企业内部控制编审委员会.企业内部控制基本规范及配套指引案例讲解[M].上海:立信会计出版社,2023.

[28]企业内部控制委员会.企业内部控制主要风险点、关键控制点与案例解析[M].上海:立信会计出版社,2022.

[29]李素鹏.行政事业单位内部控制体系建设全流程操作指南[M].北京:人民邮电出版社,2020.

[30]李天国.企业内部控制与风险管理[M].北京:中国铁道出版社,2023.

[31]陈智,陈学广,邓路.内部控制质量影响公司债券契约条款吗?[J].会计研究,2023(6)150-166.

[32]李哲,凌子曦.内部控制"多言寡行"是否会影响审计风险识别?[J].审计研究,2023(5)148-160.

[33]张钦成,杨明增.企业数字化转型与内部控制质量——基于"两化融合"贯标试点的准自然实验[J].审计研究,2022(11)117-128.